Advanced Financial Accounting
Theory and Practice

高级财务会计：理论与实务

主编　孔宁宁

机械工业出版社
China Machine Press

图书在版编目（CIP）数据

高级财务会计：理论与实务 / 孔宁宁主编 . —北京：机械工业出版社，2022.8
会计学专业新企业会计准则系列教材
ISBN 978-7-111-71319-7

I. ①高…　II. ①孔…　III. ①财务会计 - 高等学校 - 教材　IV. ①F234.4

中国版本图书馆 CIP 数据核字（2022）第 135012 号

本书依据《企业会计准则》（2006 年版）、《企业会计准则》（2014 年修订）以及 2017 年以来新增和修订的新会计准则，结合作者在高级财务会计课程教学中的丰富经验，全面系统地介绍了高级财务会计的基本理论，同时展现和追踪了中国企业的最新会计实践。全书分为 10 章，涵盖长期股权投资、企业合并、合并财务报表、外币业务会计、资产减值、金融资产、收入、租赁会计、所得税会计、股份支付等财务会计领域的重点和难点专题，理论知识丰富，同时所选案例素材取自我国上市公司，突出"鲜活性"和"典型性"的运用特色，是一本理论与实务兼具的高级财务会计教科书。

本书适合作为高等院校会计学、财务管理、金融学等专业的本科生和研究生的教材，也适合作为注册会计师考试、中高级会计师职称考试、企业财务从业人员和管理人员的参考用书。

出版发行：机械工业出版社（北京市西城区百万庄大街 22 号　邮政编码：100037）
责任编辑：吴亚军　　　　　　　　　　　　　责任校对：张　薇　刘雅娜
印　　刷：北京铭成印刷有限公司　　　　　　版　　次：2023 年 1 月第 1 版第 1 次印刷
开　　本：185mm×260mm　1/16　　　　　　印　　张：20
书　　号：ISBN 978-7-111-71319-7　　　　　定　　价：59.00 元

客服电话：（010）88361066　68326294

前　言
PREFACE

　　近年来，会计理论研究置身于国际经济环境变化和全球会计准则趋同的背景下，取得了前所未有的创新和发展，会计计量和信息披露与金融风险等的关系日益密切，会计准则的经济影响和后果更加明显。从会计实践看，自 2006 年我国财政部颁布新会计准则以来，伴随着经济业务的复杂化，会计核算的复杂程度也越来越大。会计理论的创新发展和新会计准则的陆续重新修订，使得"高级财务会计"相关课程面临严峻挑战，教学体系需要不断更新和补充。在这样的背景下，围绕"高级财务会计"课程的目标定位和培养要求进行教材建设，实时追踪会计准则的最新发展并将其及时引入会计教学课堂，成为亟待解决的重要课题。

　　本书依据《企业会计准则》（2006 年版）、《企业会计准则》（2014 年修订）以及 2017 年以来新增和修订的最新会计准则，结合作者团队在"高级财务会计"课程教学中的丰富经验，全面系统地阐述了高级财务会计的基本理论，同时展现了中国企业的最新会计实践。本书的特色具体表现在以下四个方面。

　　（1）全书密切呼应我国企业会计准则的最新修订和变化，科学设置高级财务会计的框架体系，内容涵盖长期股权投资、企业合并、合并财务报表、外币业务会计、资产减值、金融资产、收入、租赁会计、所得税会计、股份支付等财务会计领域的重点和难点专题，力求实现教学安排与实践现状的"无缝对接"，在书中及时反映会计实务的最新规范要求，促进学生对我国会计准则最新发展及其实践应用的深入理解和掌握。

　　（2）每个章节按照学习目标、章前案例、本章小结、关键术语、思考题、自测题、练习题、章后案例进行谋篇布局，并附有部分习题的参考答案和案例分析要点，充分结合会计理论、业务核算和案例探究内容。在对财务会计核心理论和最新企业会计准则进行系统梳理的基础上，通过实际业务例题展示会计处理原则的具体应用流程，进一步运用资本市场最新案例拓展学生的思维和专业技能。

　　（3）体现研究性课程教学思想，贯穿问题导向和案例引领教学的教授方法。各章章前案例着力于引发学生研究问题和学习相关理论的兴趣，章中解释型示例展示如何在一定的准则框架内对知识加以具体应用，章后案例分析搭建理论联系实践的逻辑桥梁，演练运用知识点的理论支撑解决会计现实问题的能力，注重思维视角拓展，强调会计信息披露与公司管理决策、投资者利益保护以及更广泛的外部环境的融合。

（4）本书所选案例素材全部取自我国上市公司，兼具"鲜活性"和"典型性"。书中案例既包括华谊兄弟通过长期股权投资转换和美化业绩、乐视网利用递延所得税资产粉饰报表、360借力反向购买实现"蛇吞象"的合并过程还原等经典案例，也包括新金融工具准则变动对恒生电子利润质量的影响、新收入准则变动对中国移动公司业绩呈现的影响、新租赁准则变动对南方航空公司财务状况的影响等"新鲜"事件。这些案例反映了我国资本市场中会计准则应用的现实图景，更折射出新兴国家会计准则的发展变迁过程。

本书受到中央高校教育教学改革专项项目和对外经济贸易大学研究生课程建设项目资助，由对外经济贸易大学从事高级财务会计相关课程教学的教师参与编写，具体分工如下：孙泽钰（第一章）、孔宁宁（第二章）、赵旸（第三章）、刘鑫（第四章、第八章）、刘慧龙（第五章）、赵宜一（第六章）、刘雪娇（第七章）、刘思义（第九章、第十章），孔宁宁还参与了第四章和第八章部分内容的编写，同时负责全书的结构设计以及对初稿进行整合、修改、补充和总纂。

本书适合作为高等院校会计学、财务管理、金融学等专业的本科生和研究生的教材，也适合作为注册会计师考试、中高级会计师职称考试、企业财务从业人员和管理人员的参考用书。受作者水平和时间所限，书中错漏之处在所难免，恳请读者提出批评和完善建议。

最后，希望阅读和使用本书的教师、学生、理论和实务工作者都能加深对高级财务会计理论和我国新会计准则的理解和掌握，有效提升独立分析和探索资本市场实践中各种复杂会计问题的研究能力和批判性思维能力。

孔宁宁

2022年6月于对外经济贸易大学

教学建议
SUGGESTION

　　"高级财务会计"是会计学专业的重要高阶必修课，是基于学生系统掌握"初级财务会计"和"中级财务会计"内容的前提，旨在通过整合会计理论和实务中的难点专题，促使学生完善自身的会计理论体系框架，熟悉我国会计准则的最新发展变化，并能联系丰富的企业经营管理实务，培养独立分析和探索会计问题的研究能力和批判性思维，运用所学知识深刻阐释真实的商业世界，实现理论基础与实践应用的更好契合。

　　本书的十章内容基本上是按照"高级财务会计"课程的教学内容顺序设计，每个章节聚焦一个独立的准则专题，教师在使用过程中可以根据需要变更顺序组织教学，也可以结合本校相关课程开设情况跳过某些章节（例如，如果开设税务会计课程，可略过"所得税会计"一章）。当各章授课安排发生变动时，可以通过相应变更其他部分的案例分析时间加以调整。

　　对于会计学专业的本科生，建议按照3个学分总计48学时安排教学；对于财务管理等其他管理学专业的学生，建议按照2个学分总计32学时安排教学。各章学习要点和具体授课学时可参考下表。在本科教学中，建议更加重视章节知识中的基本理论和方法的课堂传授以及课后习题演练，将案例分析作为教学的多种方法之一，帮助学生培养有扎实理论根基支持的解决问题的能力，可要求学生在课下完成案例讨论和分析，课上由教师做简要点评。

　　对于会计学术型研究生和专业学位研究生（如MPAcc），建议按照同样的学时安排教学，但更应偏重对学生系统化思维方式和灵活运用理论知识解决现实问题的能力的培养，教师可适当缩减知识传授时间，尝试案例主导教学，组织学生进行课堂案例分组讨论，并将结果在课堂上展示，允许和鼓励发散式思维和多种解决问题的路径，通过抽丝剥茧的案例实战分析，促进学生加深对各部分模块知识的理解和融会贯通。

教学内容	学习目标	课时安排	
		会计学专业	其他管理学专业
第一章 长期股权投资	（1）了解长期股权投资的概念和范围 （2）掌握长期股权投资的初始计量原则 （3）掌握成本法和权益法的核算范围、核算原则和账务处理 （4）掌握长期股权投资核算方法的转换处理原则和处置原则 ◆ 案例讨论与点评	4	3
第二章 企业合并	（1）了解企业合并的基本概念、方式和类型 （2）掌握企业合并的会计处理及合并日（购买日）合并财务报表的编制 （3）掌握或有对价的会计处理 （4）掌握反向并购的会计处理 ◆ 案例讨论与点评	6	4
第三章 合并财务报表	（1）了解合并财务报表的概念和合并理论 （2）掌握合并范围的判定方法 （3）掌握合并日后合并财务报表的编制方法 （4）理解合并现金流量表的编制原则 ◆ 案例讨论与点评	8	4
第四章 外币业务会计	（1）了解外币业务涉及的基本概念 （2）掌握确定记账本位币应考虑的因素 （3）掌握外币交易的会计处理方法 （4）掌握境外经营财务报表的折算方法 ◆ 案例评论与点评	4	3
第五章 资产减值	（1）了解资产减值的含义和范围 （2）掌握资产减值损失的确认与计量 （3）掌握资产组的认定与减值处理 （4）掌握商誉减值的测试与处理 ◆ 案例讨论与点评	4	3
第六章 金融资产	（1）掌握金融资产的概念和分类 （2）掌握各类金融资产初始和后续计量的会计处理 （3）理解金融工具减值的处理方法 （4）理解金融资产重分类和转移的会计处理 ◆ 案例讨论与点评	4	3
第七章 收入	（1）理解合同成立的条件 （2）掌握履约义务的划分 （3）掌握可变对价、重大融资成分、非现金对价以及应付客户对价如何影响收入确认 （4）理解合同资产和合同负债等会计科目的处理 ◆ 案例讨论与点评	6	4
第八章 租赁会计	（1）了解租赁会计涉及的主要概念 （2）掌握租赁的识别 （3）掌握承租人和出租人的会计处理 （4）理解特殊租赁业务的会计处理 ◆ 案例讨论与点评	4	3

（续）

教学内容	学习目标	课时安排	
		会计学专业	其他管理学专业
第九章 所得税会计	（1）理解资产负债表债务法会计处理的一般原理 （2）掌握资产、负债计税基础和暂时性差异的计算 （3）理解递延所得税资产和递延所得税负债的确认与计量 （4）掌握所得税费用的确认与计量 ◆ 案例讨论与点评	4	3
第十章 股份支付	（1）理解股份支付的概念和主要环节 （2）理解可行权条件的含义和种类 （3）掌握以权益结算的股份支付和以现金结算的股份支付的会计处理 （4）理解可行权条件修改和限制性股票的会计处理 ◆ 案例讨论与点评	4	2
课时总计		48	32

目 录
CONTENTS

第一章
CHAPTER1

长期股权投资

📖 学习目标

1. 了解长期股权投资的概念和范围
2. 掌握长期股权投资的初始计量原则
3. 掌握成本法和权益法的核算范围、核算原则和账务处理
4. 掌握长期股权投资核算方法的转换处理原则和处置原则

📖 章前案例

保险资金是资本市场上最重要的机构投资者之一。"险资举牌"是指当保险资金持有一个上市公司已发行股份的 5% 时，应在该事实发生之日起 3 日内，向国务院证券监督管理机构、证券交易所做出书面报告，通知该上市公司并予以公告，并且履行有关法律规定的义务。

2019 年以来，我国资本市场"险资举牌"开始回温。例如，2019 年 8 月，中国人寿在中国保险行业协会官网发布公告称，已两次增持并举牌港股上市公司中国太保，与关联方国寿集团合计持股达到 5.01%，并将该投资纳入股权投资管理。相关专业人士认为，中国太保是一家适合长期集中持股的上市公司，其分红相对较高，业绩也比较稳定，而保险公司举牌上市公司，其根本原因是希望通过长期股权投资来提高收益，特别是规避二级市场的波动对公司利润的影响。

为什么长期股权投资有利于保险公司规避二级市场的波动对公司利润的影响并提高收益？通过本章的学习，我们将能够解答这个问题。

第一节　长期股权投资概述

一、长期股权投资的基本概念

本章涉及的长期股权投资指的是按照《企业会计准则第 2 号——长期股权投资》来核算的权益性投资。具体而言，长期股权投资是指投资方对被投资单位实施控制（又称控股合并形成的长期股权投资、企业合并形成的长期股权投资、对子公司投资）、重大影响的权益性投资，以及对其合营企业的权益性投资。

二、长期股权投资的范围

长期股权投资的范围主要包括对子公司投资、对联营企业投资、对合营企业投资三个方面。

1. 对子公司投资

对子公司投资指的是投资方能够对被投资单位实施控制的权益性投资。控制指的是投资方拥有对被投资单位的权利，通过参与被投资单位的相关活动而享有可变回报，并且有能力运用对被投资单位的权利影响其回报金额。

2. 对联营企业投资

对联营企业投资指的是投资方对被投资单位具有重大影响的权益性投资。重大影响是指投资方对被投资单位的财务和生产经营决策有参与决策的权力，但并不能控制或与其他方一起共同控制这些政策的制定。在实务中较常见的重大影响体现为在被投资单位的董事会中派有代表，通过在被投资单位财务和经营决策制定过程中的发言权实施重大影响。

3. 对合营企业投资

对合营企业投资指的是投资方与其他合营方一同对被投资单位实施共同控制且对被投资单位净资产享有权利的权益性投资。共同控制指的是按照相关约定对某项安排所共有的控制，并且该安排的相关活动必须经过分享控制权的参与方一致同意后才能决策。

第二节　长期股权投资的初始计量

长期股权投资在取得时，应按初始投资成本入账。初始投资成本的确定取决于长期股权投资的形成方式。因此，长期股权投资初始投资成本的确认应首先区分是否形成企业合并，如果形成企业合并，再进一步区分同一控制下和非同一控制下控股合并两种情况。

一、非企业合并方式形成的长期股权投资

非企业合并方式形成的长期股权投资，应根据实际付出的成本确认初始投资成本，取得长期股权投资的直接相关费用、税金及其他必要支出也应一并计入初始投资成本。

（一）以支付现金取得的长期股权投资

以支付现金的方式取得的长期股权投资，应当按照实际支付的购买价款和取得长期股权投资的直接相关费用、税金及其他必要支出作为初始投资成本，借记"长期股权投资"，购买价款中包含的被投资单位已宣告但尚未发放的现金股利或利润应单独借记"应收股利"，并根据支付的价款贷记"银行存款"等科目。

【例1-1】　甲公司于2020年1月10日自公开市场中买入乙公司30%的股份，实际支付价款5 000万元，并在购买过程中支付手续费100万元。甲公司取得该部分股权后能够对乙公司施加重大影响。甲公司取得该项投资时，乙公司已宣告但尚未发放现金股利，甲公司按照持股比例计算可分得30万元。

甲公司应当按照实际支付的购买价款扣减应收未收的现金股利后的余额作为取得长期股权投资的成本，账务处理如下：

借：长期股权投资——投资成本　　　　　　　　　50 700 000
　　应收股利　　　　　　　　　　　　　　　　　　300 000
　　贷：银行存款　　　　　　　　　　　　　　　　　　51 000 000

（二）以发行权益性证券取得的长期股权投资

以发行权益性证券的方式取得的长期股权投资，应当按照发行权益性证券的公允价值作为初始投资成本，借记"长期股权投资"，购买价款中包含的被投资单位已宣告但尚未发放的现金股利或利润应单独作为应收项目处理，借记"应收股利"。按照发行权益性证券的面值总额贷记"股本"，溢价部分贷记"资本公积——股本溢价"。为发行权益性证券支付的手续费、佣金等与发行直接相关的费用，不构成长期股权投资的初始投资成本，从溢价发行收入中扣除，即借记"资本公积——股本溢价"，权益性证券溢价收入不足冲减的，应冲减盈余公积和未分配利润。

【例1-2】　2020年3月5日，A公司通过增发8 000万股本公司普通股（每股面值1元）取得B公司20%的股权，该8 000万股股份的公允价值为12 600万元。为增发该部分股份，A公司向证券承销机构等支付了300万元的佣金和手续费。假定A公司取得该部分股权后，能够对B公司的财务和生产经营决策施加重大影响。

本例中，A公司应以所发行股份的公允价值作为取得长期股权投资的成本。

借：长期股权投资——投资成本　　　　　　　　　126 000 000

　　贷：股本　　　　　　　　　　　　　　　　　　　　　　80 000 000

　　　　资本公积——股本溢价　　　　　　　　　　　　　　46 000 000

A公司发行权益性证券过程中向证券承销机构支付的佣金和手续费，应冲减权益性证券的溢价发行收入：

借：资本公积——股本溢价　　　　　　　　　　　3 000 000

　　贷：银行存款　　　　　　　　　　　　　　　　　　　　3 000 000

二、企业合并形成的长期股权投资

（一）同一控制下企业合并形成的长期股权投资

同一控制下企业合并形成的长期股权投资，应按照合并日被合并方在最终控制方合并财务报表中的净资产账面价值的份额作为初始投资成本。同时，初始投资成本还应包括最终控制方收购被合并方而形成的商誉。被合并方在合并日的净资产账面价值为负数的，长期股权投资初始投资成本按零确定，同时在备查簿中予以登记。

1. 一次交换交易实现的企业合并

合并方以支付现金、转让非现金资产或承担债务方式作为合并对价的，应根据合并日被合并方在最终控制方合并财务报表中的净资产账面价值的份额借记"长期股权投资"，按照支付现金、转让非现金资产或承担债务的账面价值贷记相关科目，长期股权投资的初始投资成本与支付现金、转让非现金资产或承担债务的账面价值之间的差额，应当调整资本公积（股本溢价或资本溢价），资本公积（股本溢价或资本溢价）的余额不足冲减的，依次冲减盈余公积和未分配利润。合并方以发行权益性工具作为合并对价的，应按照发行股份的面值总额贷记"股本"，长期股权投资的初始投资成本与发行股份面值总额之间的差额，应当调整资本公积（股本溢价或资本溢价），资本公积（股本溢价或资本溢价）的余额不足冲减的，依次冲减盈余公积和未分配利润。

合并方发生的审计、法律服务、评估咨询等中介费用以及其他相关管理费用，应当于发生时计入当期损益，借记"管理费用"。以发行权益性工具作为合并对价而支付的手续费、佣金等与发行直接相关的费用，应当冲减资本公积（股本溢价或资本溢价），资本公积（股本溢价或资本溢价）的余额不足冲减的，依次冲减盈余公积和未分配利润。

在确定长期股权投资的初始投资成本时，应注意合并前合并方与被合并方采用的会计政策是否一致。企业合并前合并方与被合并方采用的会计政策不同的，应基于重要性原则统一合并方与被合并方的会计政策。在按照合并方的会计政策对被合并方净资产的账面价值进行调整的基础上，计算确定长期股权投资的初始投资成本。

【例1-3】 甲公司和乙公司同属某企业集团内的企业，2020年1月1日，甲公司以银行存款1 500万元购入乙公司60%的普通股权，并准备长期持有。乙公司2020年1月1日在集团最终控制方合并财务报表中的净资产账面价值总额为2 000万元。假定不考虑相关税费等其他因素影响。

本例中，甲公司应在合并日确认对乙公司的长期股权投资，初始投资成本为应享有乙公司在集团最终控制方合并财务报表中净资产账面价值的60%，即2 000×60%＝1 200（万元）。

借：长期股权投资　　　　　　　　　　　　　　　12 000 000
　　　资本公积——资本溢价　　　　　　　　　　　 3 000 000
　　　贷：银行存款　　　　　　　　　　　　　　　　　　　　15 000 000

【例1-4】 2020年6月30日，A公司向其母公司P发行1 000万股普通股（每股面值1元，每股公允价值5元），取得母公司P拥有的对S公司100%的股权，并于当日起能够对S公司实施控制。合并后S公司仍维持其独立法人地位继续经营。2020年6月30日，母公司P合并财务报表中的S公司净资产账面价值为4 000万元。假定A公司和S公司都受母公司P最终同一控制，在企业合并前采用的会计政策相同。不考虑相关税费等其他因素影响。

本例中，A公司在合并日应按照享有S公司在母公司P合并财务报表中的净资产账面价值的份额来确认对S公司长期股权投资的初始投资成本，为4 000×100%＝4 000（万元）。

借：长期股权投资　　　　　　　　　　　　　　　40 000 000
　　　贷：股本　　　　　　　　　　　　　　　　　　　　　　10 000 000
　　　　　资本公积——资本溢价　　　　　　　　　　　　　　30 000 000

2. 企业通过多次交换交易，分步取得股权最终形成控股合并

企业通过多次交换交易，分步取得同一控制下被投资单位的股权，最终形成企业合并，应在取得控制权日，按照以下步骤进行会计处理。

（1）确定同一控制下企业合并形成的长期股权投资的初始投资成本。在合并日，应根据合并后享有被合并方净资产在最终控制方合并财务报表中的净资产账面价值的份额和最终控制方收购被合并方而形成的商誉，确定长期股权投资的初始投资成本。

（2）处理长期股权投资初始投资成本与合并对价账面价值之间的差额。合并日长期股权投资的初始投资成本，与合并前持有的被合并方股权在合并日的账面价值加上合并日取得新股权支付对价的账面价值之和的差额，应调整资本公积（资本溢价或股本溢价），资本公积不足冲减的，依次冲减盈余公积和未分配利润。

【例1-5】 A公司和B公司分别为乙公司的两家子公司。2019年1月1日，A公司与乙公司签订协议，以支付银行存款2 000万元的方式换取乙公司持有的B公司50%股权。2019年1月1日，B公司在最终控制方乙公司合并财务报表中净资产账面价值为5 000万元。此前，A公司尚持有B公司30%的股份，按照权益法核算，账面价值为1 500万元（其中投资成本账面余额1 000万元，损益调整账面余额500万元）。进一步取得投资后，A公司能够

对 B 公司实施控制。

（1）确定合并日长期股权投资的初始投资成本。

合并日追加投资后，A 公司持有 B 公司股权比例为 80%（＝30%＋50%）。因此，合并日 A 公司享有 B 公司在最终控制方乙公司合并财务报表中净资产账面价值的份额为 4 000（＝5 000×80%）万元。

（2）处理长期股权投资与合并对价账面价值之间的差额。

原股权投资部分（30%）的账面价值为 1 500 万元，新增投资（50%）支付的对价账面价值为 2 000 万元，因此，合并对价账面价值为 3 500 万元。

长期股权投资初始投资成本与合并对价账面价值的差额为 500（＝4 000-3 500）万元。

合并日，A 公司的账务处理为：

借：长期股权投资　　　　　　　　　　　　　　　　　　40 000 000
　　贷：长期股权投资——投资成本　　　　　　　　　　　　　　　　10 000 000
　　　　　　　　　　——损益调整　　　　　　　　　　　　　　　　　 5 000 000
　　　　银行存款　　　　　　　　　　　　　　　　　　　　　　　　 20 000 000
　　　　资本公积——股本溢价　　　　　　　　　　　　　　　　　　　 5 000 000

（二）非同一控制下企业合并形成的长期股权投资

非同一控制下企业合并形成的长期股权投资应采用购买法确定初始投资成本，即将企业合并视为合并方以一定的价款购买被合并方净资产的行为。因此，非同一控制下的企业合并，应根据合并方支付的合并成本作为初始投资成本。

1. 一次交换交易实现的企业合并

长期股权投资的初始投资成本为非同一控制下企业合并中购买方的企业合并成本。企业合并成本包括购买方为进行企业合并支付的现金或非现金资产、发行或承担的债务、发行的权益性证券等在购买日的公允价值。因此，应按照购买方支付的资产、承担的债务、发行的权益性证券在购买日的公允价值之和，借记"长期股权投资"，贷记对应资产、负债、所有者权益科目。购买方在购买日对作为企业合并对价付出的资产、发生或承担的负债公允价值与账面价值的差额计入当期损益。当购买方支付的对价为非货币性资产时，投出资产的公允价值与账面价值的差额应根据具体资产进行会计处理，与出售该类资产的会计处理相同。非同一控制下企业合并中发生的与企业合并相关的费用应计入管理费用。

【例 1-6】　A 公司于 2020 年 6 月 30 日取得 B 公司 80% 的股权。为核实 B 公司的资产价值，A 公司聘请专业资产评估机构对 B 公司的资产进行评估，支付评估费用 400 万元。合并中，A 公司支付的有关资产在购买日的账面价值与公允价值如表 1-1 所示。假定合并前 A 公司与 B 公司不存在任何关联方关系，不考虑相关税费等其他因素影响。

表 1-1 A 公司支付的账面价值与公允价值　（单位：万元）

项　目	账面价值	公允价值
土地使用权（自用）	5 000 （成本 6 000，累计摊销 1 000）	6 600
专利技术	3 000 （成本 5 000，累计摊销 2 000）	5 000
银行存款	2 000	2 000
合计	10 000	13 600

本例中，A 公司与 B 公司在合并前不存在任何关联方关系，因此应作为非同一控制下的企业合并处理。A 公司对于合并形成的对 B 公司的长期股权投资，应按支付对价的公允价值确定其初始投资成本，因此，初始投资成本为 13 600 万元。A 公司应进行如下账务处理：

借：长期股权投资　　　　　　　　　　　　　136 000 000
　　累计摊销　　　　　　　　　　　　　　　　30 000 000
　　贷：无形资产　　　　　　　　　　　　　　　　110 000 000
　　　　银行存款　　　　　　　　　　　　　　　　20 000 000
　　　　资产处置损益　　　　　　　　　　　　　　36 000 000
借：管理费用　　　　　　　　　　　　　　　　4 000 000
　　贷：银行存款　　　　　　　　　　　　　　　　4 000 000

2. 企业通过多次交换交易，分步取得股权最终形成控股合并

企业通过多次交换交易，分步取得股权最终形成非同一控制下企业合并，应当区分个别财务报表和合并财务报表进行处理。在编制个别财务报表时，应判断原持有的股权投资在购买日之前采用何种方法或资产科目计量。

购买日之前持有的股权采用权益法核算的，购买日长期股权投资的初始投资成本为原持有股权投资的账面价值与新增股权投资的公允价值之和。购买日之前持有的股权为以公允价值计量且其变动计入当期损益的金融资产的，购买日长期股权投资的初始投资成本为原持有股权投资在购买日的公允价值与新增股权投资的公允价值之和。购买日之前持有的股权为以公允价值计量且其变动计入其他综合收益的金融资产的，购买日长期股权投资的初始投资成本为原持有股权投资在购买日的公允价值与新增股权投资的公允价值之和。

需要注意的是，购买日之前因权益法形成的其他综合收益或资本公积——其他资本公积暂时不做处理，待到处置该项投资时将与其相关的其他综合收益或资本公积——其他资本公积，再按长期股权投资的规定进行处理。

【例 1-7】 A 公司于 2018 年 3 月 31 日以 12 000 万元取得 B 公司 20% 的股权，并能对 B 公司施加重大影响，采用权益法核算该项股权投资，当年度确认对 B 公司的投资收益 450 万元。2019 年 1 月 1 日，A 公司又斥资 15 000 万元自 C 公司取得 B 公司另外 40% 的股权。A 公司除净利润外，无其他所有者权益变动，按净利润的 10% 提取盈余公积。A 公司对该

项长期股权投资未计提任何减值准备。

本例中，A公司持有的B公司20%股权在购买日的账面价值为12 450（＝12 000＋450）万元。购买日新增投资的公允价值为15 000万元。因此，购买日应确认长期股权投资初始投资成本为27 450（＝12 450＋15 000）万元。账务处理如下：

借：长期股权投资　　　　　　　　　　　　　　　　274 500 000
　　贷：长期股权投资——投资成本　　　　　　　　　　　　120 000 000
　　　　　　　　　　——损益调整　　　　　　　　　　　　4 500 000
　　　　银行存款　　　　　　　　　　　　　　　　　　　　150 000 000

第三节　长期股权投资的后续计量

企业取得的长期股权投资，在确定其初始投资成本之后，在后续持有期间，应根据对被投资单位影响程度的不同，分别采用成本法和权益法进行核算。对子公司的长期股权投资应按照成本法核算，对合营企业、联营企业的长期股权投资应按照权益法核算。

一、成本法

成本法是指投资按成本计价的方法。成本法适用于对子公司的长期股权投资。采用成本法核算的长期股权投资，应设置"长期股权投资"科目反映取得时的成本。只有在追加投资和减少投资时才调整长期股权投资的成本。

被投资单位宣告分派现金股利或利润的，投资方根据应享有的部分确认当期投资收益，借记"应收股利"，贷记"投资收益"。

【例1-8】　2019年6月20日，甲公司以2 500万元购入乙公司80%的股权。甲公司取得该部分股权后，能够有权利主导乙公司的相关活动并获得可变回报。2019年9月30日，乙公司宣告分派现金股利，甲公司按照其持有比例确定可分得40万元。

本例中，甲公司对乙公司长期股权投资的账务处理如下：

借：长期股权投资　　　　　　　　　　　　　25 000 000
　　贷：银行存款　　　　　　　　　　　　　　　　　25 000 000
借：应收股利　　　　　　　　　　　　　　　400 000
　　贷：投资收益　　　　　　　　　　　　　　　　　400 000

二、权益法

权益法指的是投资以初始投资成本计量后，在投资持有期间根据投资企业享有的被投资单位所有者权益份额的变动对投资的账面价值进行调整的方法。对合营企业、联营企业的长期股权投资应按照权益法核算。

权益法核算的长期股权投资，应对"长期股权投资"科目设置"投资成本""损益调整""其他综合收益""其他权益变动"明细科目。

（一）初始投资成本的调整

初始投资成本确定后，应在投资时点比较初始投资成本与投资时应享有的被投资单位可辨认净资产公允价值的份额。

（1）如果初始投资成本大于投资时应享有被投资单位可辨认净资产公允价值份额，则不调整长期股权投资的初始投资成本。

（2）如果初始投资成本小于投资时应享有被投资单位可辨认净资产公允价值份额，则两者之间的差额体现的是交易作价过程中转让方的让步，因此应将该部分经济利益流入计入取得投资当期的营业外收入，按照两者之间的差额调增长期股权投资的账面价值，即借记"长期股权投资——投资成本"，贷记"营业外收入"。

【例1-9】　A公司于2020年1月取得B公司30%的股权，支付价款9 000万元。取得投资时被投资单位净资产账面价值为24 000万元（假定被投资单位各项可辨认资产、负债的公允价值与其账面价值相同）。

在B公司的生产经营决策过程中，所有股东均按持股比例行使表决权。A公司在取得B公司的股权后，派人参与了B公司的生产经营决策，能够对B公司施加重大影响。A公司对该投资应当采用权益法核算。

取得投资时，A公司账务处理为：

借：长期股权投资——投资成本　　　　　　　　　　　90 000 000
　　贷：银行存款　　　　　　　　　　　　　　　　　　　　90 000 000

本例中，长期股权投资的初始投资成本为9 000万元，大于取得投资时A公司应享有B公司可辨认净资产公允价值的份额7 200（＝24 000×30%）万元，因此两者间的差额不调整长期股权投资的账面价值。

如果本例中取得投资时被投资单位可辨认净资产的公允价值为35 000万元，A企业按持股比例30%计算确定应享有10 500万元，则初始投资成本与应享有被投资单位可辨认净资产公允价值份额之间的差额1 500万元应计入取得投资当期的营业外收入，账务处理如下：

借：长期股权投资——投资成本　　　　　　　　　　　90 000 000
　　贷：银行存款　　　　　　　　　　　　　　　　　　　　90 000 000
借：长期股权投资——投资成本　　　　　　　　　　　15 000 000
　　贷：营业外收入　　　　　　　　　　　　　　　　　　　15 000 000

（二）投资损益的确认

采用权益法核算的长期股权投资，在投资企业取得长期股权投资后，应按照应享有（或分担）被投资单位的净利润（或净亏损）的份额，确认投资损益，并调整长期股权投资的账面价值。当被投资单位实现净利润时，应借记"长期股权投资——损益调整"，贷记"投资收益"；当被投资单位发生净亏损时，则做相反分录。

采用权益法核算的长期股权投资，在确认应享有或应分担被投资单位的净利润或净亏损时，在被投资单位账面净利润的基础上，应考虑以下因素的影响进行适当调整：

（1）被投资单位采用的会计政策及会计期间与投资企业不一致的，应按投资方的会计政策及会计期间对被投资单位的财务报表进行调整。

（2）投资方在确认应享有被投资单位净损益的份额时，应当以取得投资时被投资单位可辨认净资产的公允价值为基础，对被投资单位的净利润进行调整后确认。投资方取得投资时，如果被投资单位有关资产、负债的公允价值与其账面价值不同，在未来期间计算归属于投资方应享有的净利润或应承担的净亏损时，应考虑对被投资单位计提的折旧额、摊销额以及资产减值准备金额等进行调整。

（3）在评估投资方对被投资单位是否具有重大影响时，应当考虑潜在表决权的影响，但在确认应享有的被投资单位实现的净损益、其他综合收益和其他所有者权益变动的份额时，潜在表决权所对应的权益份额不应予以考虑。

（4）在确认应享有或应分担的被投资单位净利润（或净亏损）金额时，法规或章程规定不属于投资方的净损益应当予以剔除后计算，例如，被投资单位发行了分类为权益的可累积优先股等类似的权益工具，无论被投资单位是否宣告分配优先股股利，投资方计算应享有被投资单位的净利润时，均应将归属于其他投资方的累积优先股股利予以扣除。

【例1-10】甲公司于2019年1月1日购入乙公司30%的股份，购买价款为3 400万元，并自取得投资之日起派人参与乙公司的财务和生产经营决策。取得投资当日，乙公司可辨认净资产公允价值为9 500万元，除表1-2所列项目外，乙公司其他资产、负债的公允价值与账面价值相同。

表　1-2　　　　　　　　　　　（金额单位：万元）

项　　　目	账面原价	已提折旧或摊销	公允价值	乙公司预计使用年限（年）	甲公司取得投资后剩余使用年限（年）
存货	850		1 150		
固定资产	1 800	360	2 400	20	16
无形资产	1 000	200	1 200	10	8
合计	3 650	560	4 750		

假定乙公司于2019年实现净利润960万元，其中，在甲公司取得投资时的账面存货有80%对外出售。甲公司与乙公司的会计年度及采用的会计政策相同。固定资产、无形资产均按年限平均法（直线法）提取折旧或摊销，预计净残值均为0。假定甲、乙公司间未发生任何内部交易。

本例中，甲公司在确定其应享有的投资收益时，应在乙公司实现净利润的基础上，根据取得投资时乙公司有关资产的账面价值与其公允价值差额的影响进行调整（假定不考虑所得税影响）：

存货账面价值与公允价值的差额应调减的利润＝（1 150－850）×80%＝240（万元）

固定资产公允价值与账面价值的差额应调整增加的折旧额＝2 400÷16－1 800÷20＝60（万元）

无形资产公允价值与账面价值的差额应调整增加的摊销额＝1 200÷8－1 000÷10＝50（万元）

调整后的净利润＝960－240－60－50＝610（万元）

甲公司应享有份额＝610×30%＝183（万元）

确认投资收益的账务处理如下：

借：长期股权投资——损益调整　　　　　　　　　1 830 000

　　贷：投资收益　　　　　　　　　　　　　　　　　　　1 830 000

（5）对于投资方或纳入投资方合并财务报表范围的子公司与其联营企业及合营企业之间发生的未实现内部交易损益应予抵销，即投资方与联营企业及合营企业之间发生的未实现内部交易损益，按照应享有的比例计算归属于投资方的部分，应当予以抵销，在此基础上确认投资损益。

内部交易损益，指的是投资方与联营企业或合营企业之间因出售资产而产生的交易损益。未实现内部交易损益，是指尚未销售给外部独立第三方或尚未消耗的内部交易资产对应的内部交易损益。未实现内部交易损益的抵销，应当区分顺流交易和逆流交易进行会计处理。顺流交易指的是投资方向其联营企业或合营企业投出或出售资产。逆流交易指的是联营企业或合营企业向投资方出售资产。未实现内部交易损益体现在投资方或其联营企业、合营企业持有的资产账面价值中的，在计算确认投资损益时应予以抵销。

1）对于投资方向联营企业或合营企业投出或出售资产的顺流交易，在该交易存在未实现内部交易损益的情况下，投资方应在采用权益法计算确认应享有联营企业或合营企业的投资损益时，应抵销该未实现内部交易损益的影响，同时调整对联营企业或合营企业长期股权投资的账面价值。投资方因投出或出售资产给其联营企业而产生的损益中，应仅限于确认归属于联营企业或合营企业其他投资方的部分，按照持股比例计算确定归属于本企业的部分不予确认。

2）对于联营企业或合营企业向投资方投出或出售资产的逆流交易，比照上述顺流交易处理。

【例1-11】　甲企业2019年1月1日持有乙公司20%的有表决权股份，能够对乙公司生产经营施加重大影响。2019年11月，甲企业将其账面价值为1 250万元的商品以1 850万元的价格出售给乙公司，至2019年12月31日，该批商品尚未对外销售。假定甲企业取得该项投资时，乙公司2019年度实现净利润2 500万元。不考虑所得税等其他因素影响。

本例中，甲企业向联营企业乙公司销售商品，并在该项交易中实现利润600万元，其中的120（＝600×20%）万元是针对本公司持有的对联营企业的权益份额，在采用权益法计算确认投资损益时应予抵销。甲公司账务处理如下：

借：长期股权投资——损益调整（25 000 000×20%-1 200 000）　3 800 000
　　贷：投资损益　　　　　　　　　　　　　　　　　　　　　　　　3 800 000

【例1-12】　甲企业于2019年1月取得乙公司20%的有表决权股份，能够对乙公司施加重大影响。假定甲企业取得该项投资时，乙公司各项可辨认资产、负债的公允价值与其账面价值相同。2019年8月，乙公司将其成本为500万元的某商品以1 000万元的价格出售给甲企业，甲企业将取得的商品作为存货。至2019年资产负债表日，甲企业仍未对外出售该存货。乙公司2019年实现净利润为3 500万元。假定不考虑所得税因素。

本例中，甲公司在按照权益法确认应享有乙公司2019年净损益时，应进行以下账务处理：

借：长期股权投资——损益调整〔（3 500-500）×20%〕　6 000 000
　　贷：投资收益　　　　　　　　　　　　　　　　　　　　　　　6 000 000

（三）取得现金股利或利润的处理

投资企业自被投资单位取得的现金股利或利润，应抵减长期股权投资的账面价值。在被投资单位宣告分派现金股利或利润时，借记"应收股利"科目，贷记"长期股权投资——损益调整"科目。收到现金股利或利润时，借记"银行存款"科目，贷记"应收股利"科目。

（四）超额亏损的处理

在权益法下，投资方确认应分担被投资单位发生的损失，原则上应以长期股权投资及其他实质上构成对被投资单位净投资的长期权益减记至零为限，投资方负有承担额外损失义务的除外。这里所讲的"其他实质上构成对被投资单位净投资的长期权益"通常是指长期应收项目，比如，投资方对被投资单位的长期债权（长期应收款），该债权没有明确的清收计划且在可预见的未来期间不准备收回的，实质上构成对被投资单位的净投资。应予说明的是，该类长期权益不包括投资方与被投资单位之间因销售商品、提供劳务等日常活动所产生的长期债权。

投资方在确认应分担被投资单位发生的损失时，应按照以下顺序处理：

首先，减记长期股权投资账面价值。

其次，在长期股权投资的账面价值减记至零的情况下，考虑是否有其他构成长期股权投资的项目，如果有，则以其他实质上构成对被投资单位长期权益的账面价值为限，继续确认投资损失，冲减长期应收项目等的账面价值。

最后，在其他实质上构成对被投资单位长期权益的价值也减记至零的情况下，如果按照投资合同或协定约定，投资方需要履行其他额外的损失赔偿义务，则需按预计承担责任的金额确认预计负债，计入当期投资损失。

按上述顺序确认损失后仍有额外损失的，应在账外进行备查登记，不再予以确认。

被投资单位以后期间实现盈利的，扣除未确认的亏损分担额后，应按与上述顺序相反的顺序处理。

【例 1-13】　甲公司持有乙公司 30% 的股权，2018 年 12 月 31 日该项长期股权投资的账面价值为 1 500 万元，包括投资成本以及因乙公司实现净利润而确认的投资收益。假定甲企业在取得投资时，乙公司各项可辨认资产、负债的公允价值与其账面价值相同，采用的会计政策和会计期间也相同。2019 年乙公司由于一项主要经营业务市场条件发生骤变，发生亏损额为 6 000 万元。甲公司账上仍有应收乙公司的长期应收款 800 万元（实质上构成对乙公司净投资）。

本例中，甲公司按照持股比例应分担的损失为 1 800 万元，但长期股权投资账面价值仅为 1 500 万元，甲公司账上仍有应收乙公司的长期应收款 800 万元，因此，在确认 1 500 万元的投资损失后并将长期股权投资账面价值减记至零后，应进一步确认投资损失 300 万元，并相应减记长期应收款账面价值。甲公司的账务处理为：

借：投资收益　　　　　　　　　　　　　　　　　18 000 000
　　贷：长期股权投资——损益调整　　　　　　　　　　　　15 000 000
　　　　长期应收款——乙公司　　　　　　　　　　　　　　 3 000 000

（五）被投资单位其他综合收益变动的处理

被投资单位其他综合收益发生变动的，投资方应按照归属于本企业的部分，相应调整长期股权投资的账面价值，同时增加或减少其他综合收益。

【例 1-14】　甲公司持有乙公司 25% 的股份，并能对乙公司施加重大影响。当期，乙公司因持有分类为以公允价值计量且其变动计入其他综合收益的金融资产（其他债权投资），公允价值变动计入其他综合收益的金额为 1 200 万元。除该事项外，乙公司当期实现的净利润为 8 000 万元，且当期及以前期间未发生任何内部交易。不考虑其他因素，甲公司当期按照权益法核算应确认的其他综合收益的会计处理是怎样的？

甲公司的账务处理如下：

借：长期股权投资——损益调整（80 000 000×25%）　　20 000 000
　　　　　　　　　　——其他综合收益（12 000 000×25%）　　3 000 000
　　贷：投资收益　　　　　　　　　　　　　　　　　　　　20 000 000
　　　　其他综合收益　　　　　　　　　　　　　　　　　　 3 000 000

（六）被投资单位所有者权益其他变动的处理

被投资单位除净损益、其他综合收益以及利润分配以外所有者权益的其他变动的因素，主要包括被投资单位接受其他股东的资本性投入、被投资单位发行可分离交易的可转债中包含的权益成分、以权益结算的股份支付、其他股东对被投资单位增资导致投资方持股比例变动等。投资方应按所持股比例计算应享有的份额，调整长期股权投资的账面价值，同时计入资本公积（其他资本公积），即借记"长期股权投资——其他权益变动"，贷记"资本公积——其他资本公积"，或相反分录，并在备查簿中予以登记。

【例 1-15】 A 企业持有 B 企业 25% 的股份，能够对 B 企业施加重大影响。B 企业为上市公司，当期 B 企业的母公司给予 B 公司捐赠 2 000 万元，该捐赠实质上属于资本性投入，B 公司将其计入资本公积（股本溢价）。不考虑其他因素，A 企业确认应享有被投资单位所有者权益的其他变动为 500（=2 000×25%）万元。因此，A 企业按权益法应进行如下账务处理：

借：长期股权投资——其他权益变动   5 000 000

    贷：资本公积——其他资本公积   5 000 000

第四节　长期股权投资的核算方法的转换及处置

长期股权投资核算方法的转换，主要包括由股权上升和股权下降引起的六种转换情形，具体而言，股权上升引起的转换包括公允价值计量转权益法核算、公允价值计量或权益法核算转成本法核算三种情形，股权下降引起的转换包括权益法核算转公允价值计量、成本法核算转权益法核算、成本法核算转公允价值计量三种情形。

一、公允价值计量转权益法核算

投资方原持有的以公允价值计量的权益性投资（交易性金融资产或其他权益工具投资），因追加投资等原因导致持股比例上升，能够对被投资单位施加重大影响或共同控制的，应转换为权益法核算。在转换时，按权益法核算的初始投资成本为投资方原持有的股权投资在转换日的公允价值加上为取得新增投资而支付对价的公允价值之和。

如果原持有的股权投资分类为以公允价值计量且其变动计入当期损益的金融资产（交易性金融资产），在转换日其公允价值与账面价值之间的差额应当转入当期损益。如果原持有的股权投资分类为以公允价值计量且其变动计入其他综合收益的非交易性权益工具投资（其他权益工具投资），在转换日其公允价值与账面价值之间的差额应当转入留存收益，同时，应将原计入其他综合收益的累计公允价值变动一并转入留存收益。换言之，对于公允价值计量转权益法核算的情形，对原股权投资在转换日的公允价值与账面价值之间差额的处理应参照出售该类金融资产的处置原则来进行处理。

在确定了权益法核算的初始投资成本后，应比较其与按照追加投资后的持股比例计算确定的应享有被投资单位在追加投资日可辨认净资产公允价值份额之间的差额，如果初始投资成本大于享有的份额，则不调整长期股权投资的账面价值；如果初始投资成本小于享有的份额，差额应调增长期股权投资的账面价值，并计入当期营业外收入。

【例 1-16】 甲公司于 2019 年 2 月取得乙公司 10% 的股权，对乙公司不具有控制、共同控制和重大影响，甲公司将其分类为以公允计量且其变动计入其他综合收益的非交易性权益工具投资的金融资产，投资成本为 900 万元。2020 年 3 月 2 日，甲公司又以 1 800 万元取得乙公司 12% 的股权，当日乙公司可辨认净资产公允价值总额为 12 000 万元。取得该部分股权后，按照乙公司章程规定，甲公司能够派人参与乙公司的财务和生产经营决策，对该项长期股权投资转为采用权益法核算。假定甲公司在取得对乙公司 10% 的股权后，双方未发生任何内部交易，未派发现金股利或利润。除所实现净利润外，未发生其他所有者权益变动事项。

2020 年 3 月 2 日，甲公司对乙公司投资原 10% 股权的公允价值为 1 300 万元，原计入其他综合收益的累计公允价值变动收益为 100 万元。

2020 年 3 月 2 日甲公司增持后的持股比例为 22%（＝10%＋12%），初始投资成本为 3 100（＝1 300＋1 800）万元。甲公司应享有乙公司可辨认净资产公允价值份额为 2 640（＝12 000×22%）万元，因此不需要调整长期股权投资初始投资成本。

甲公司原 10% 股权在 2020 年 3 月 2 日的账面价值为 1 000（＝900＋100）万元，公允价值为 1 300 万元，因此应确认 300 万元留存收益。

甲公司 2020 年 3 月 2 日的账务处理如下：

借：长期股权投资——投资成本　　　　　　　　　31 000 000
　　贷：银行存款　　　　　　　　　　　　　　　　　　　18 000 000
　　　　其他权益工具投资　　　　　　　　　　　　　　　10 000 000
　　　　盈余公积　　　　　　　　　　　　　　　　　　　　 300 000
　　　　利润分配——未分配利润　　　　　　　　　　　　　2 700 000
借：其他综合收益　　　　　　　　　　　　　　　 1 000 000
　　贷：盈余公积　　　　　　　　　　　　　　　　　　　　 100 000
　　　　利润分配——未分配利润　　　　　　　　　　　　　 900 000

二、公允价值计量或权益法核算转成本法核算

投资方原持有的以公允价值计量的权益性投资（交易性金融资产或其他权益工具投资），因追加投资等原因导致持股比例上升，能够对被投资单位实施控制的，应转换为长期股权投资成本法核算。在转换时，长期股权投资的初始投资成本应根据企业合并的类型来确认。如果形成非同一控制下的企业合并，长期股权投资初始投资成本为投资方原持有的股权投资在转换日的公允价值加上为取得新增投资而支付对价的公允价值之和。如果形成同一控制下的企业合并，初始投资成本应根据合并后享有被合并方净资产在最终控制方合并财务报表中的净资产账面价值的份额和最终控制方收购被合并方而形成的商誉，确定长期股权投资的初始投资成本。

投资方原持有的以权益法核算的长期股权投资，因追加投资等原因，能够对被投资单位实施控制的，应按照企业合并形成长期股权投资来进行会计处理。如果追加投资后形成非同一控制下的企业合并，长期股权投资初始投资成本为投资方原持有的股权投资的账面价值加上为取得新增投资而支付对价的公允价值之和。如果形成同一控制下的企业合并，初始投资

成本应根据合并后享有被合并方净资产在最终控制方合并财务报表中的净资产账面价值的份额和最终控制方收购被合并方而形成的商誉，确定长期股权投资的初始投资成本。具体请参见本章第二节企业通过多次交换交易，分步取得股权最终形成控股合并的内容。

三、权益法核算转公允价值计量

投资单位持有的对被投资单位具有共同控制或重大影响的长期股权投资，因部分处置等原因导致持股比例下降，不能再对被投资单位实施共同控制或重大影响，应对剩余股权投资按照公允价值计量，并将转换日当天剩余股权投资的公允价值与账面价值之间的差额计入当期投资收益。

同时，由于转换日后剩余股权终止采用权益法，原采用权益法核算的相关其他综合收益应当在终止采用权益法时全部转入当期损益或留存收益，并将原采用权益法核算时因被投资单位除净损益、其他综合收益和利润分配以外的其他所有者权益变动而确认的所有者权益，在终止采用权益法时全部转入当期损益。需要注意的是，对原权益法核算的相关其他综合收益的处理，应该采用与被投资单位直接处置相关资产或负债相同的基础进行会计处理。例如，如果原权益法下的其他综合收益是根据被投资单位持有的一项其他债权投资的累计公允价值变动而确认的，则转换日需将这部分其他综合收益转入当期损益。

【例 1-17】 甲公司持有乙公司 30% 有表决权的股份，能够对乙公司施加重大影响，对该股权采用权益法核算。2019 年 10 月，甲公司将该项投资中的 60% 出售给非关联方，取得价款 3 150 万元，并于当日完成相关手续。甲公司无法再对乙公司施加重大影响，将剩余股权转为以公允价值计量且其变动计入当期损益的金融资产。出售时，该项长期股权投资的账面价值为 4 800 万元，其中投资成本 3 900 万元，损益调整 450 万元，其他综合收益 300 万元（为被投资单位其他债权投资的累计公允价值变动），除净损益、其他综合收益和利润分配以外的其他所有者权益变动为 150 万元。剩余股权的公允价值为 2 100 万元。不考虑相关税费等其他因素的影响。

甲公司的账务处理如下：

（1）确认被处置股权的处置损益：

借：银行存款　　　　　　　　　　　　　　　　　31 500 000

　　贷：长期股权投资——投资成本（39 000 000×60%）　　23 400 000

　　　　　　　　　　——损益调整（4 500 000×60%）　　　2 700 000

　　　　　　　　　　——其他综合收益（3 000 000×60%）　　1 800 000

　　　　　　　　　　——其他权益变动（1 500 000×60%）　　　900 000

　　　　投资收益　　　　　　　　　　　　　　　　2 700 000

（2）将原确认的其他综合收益全部转入当期损益：

借：其他综合收益　　　　　　　　　　　　　　　3 000 000

　　贷：投资收益　　　　　　　　　　　　　　　　3 000 000

（3）将原计入资本公积的其他所有者权益变动全部转入当期损益：

借：资本公积——其他资本公积 1 500 000

    贷：投资收益 1 500 000

（4）将剩余股权投资转为交易性金融资产，当日公允价值为 2 100 万元，账面价值为 1 920（=4 800×40%）万元：

借：交易性金融资产 21 000 000

    贷：长期股权投资——投资成本（39 000 000×40%） 15 600 000

           ——损益调整（4 500 000×40%） 1 800 000

           ——其他综合收益（3 000 000×40%） 1 200 000

           ——其他权益变动（1 500 000×40%） 600 000

        投资收益 1 800 000

四、成本法核算转权益法核算

投资单位持有的对被投资单位能够实施控制的长期股权投资，因部分处置等原因导致持股比例下降，转变为对被投资单位实施共同控制或重大影响，应将剩余股权投资由成本法核算转为权益法核算。投资单位应根据处置投资的比例结转应终止确认的长期股权投资成本，剩余股权应按照权益法进行后续计量，同时，还应对剩余股权按照权益法进行追溯调整，即对剩余股权视同取得投资时点采用权益法核算。对于剩余股权的调整具体分为以下几个方面。

首先，比较剩余长期股权投资的成本与按照剩余持股比例计算原投资时应享有被投资单位可辨认净资产公允价值的份额，如果前者大于后者，则不调整长期股权投资的账面价值；如果前者小于后者，则应调增长期股权投资的账面价值，并调增留存收益。

其次，对于原取得投资日至处置投资日之间被投资单位实现净损益中投资方按照剩余持股比例应享有的份额，应调整长期股权投资的账面价值，同时，对于原取得投资日至处置投资当期期初被投资单位实现的净损益（扣除已宣告发放的现金股利和利润）中应享有的份额，调整留存收益，对于处置投资当期期初至处置投资日之间被投资单位实现的净损益中应享有的份额，调整当期损益。

另外，对于被投资单位其他综合收益变动中应享有的份额，在调整长期股权投资账面价值的同时，应当计入其他综合收益；除净损益、其他综合收益和利润分配外的其他原因导致被投资单位其他所有者权益变动中应享有的份额，在调整长期股权投资账面价值的同时，应当计入资本公积（其他资本公积）。

【例1-18】 甲公司原持有乙公司 60% 的股权，能够对乙公司实施控制。2019 年 11 月 6 日，甲公司对乙公司的长期股权投资账面价值为 3 000 万元，未计提减值准备，甲公司将其持有的对乙公司长期股权投资中的 1/3 出售给非关联方，取得价款 1 800 万元，当日乙公司可辨认净资产公允价值总额为 8 000 万元。相关手续于当日完成，甲公司对乙公司不再实施控制，但具有重大影响。甲公司原取得乙公司 60% 股权时，乙公司可辨认净资产公允价值总额为 4 500 万元（假定公允价值与账面价值相同）。自甲公司取得对乙公司长期股权投资至部分处置投资前，乙公司实现净利润 2 500 万元。其中，自甲公司取得投资日至 2019 年年初实现净利润 2 000 万元。假定乙公司一直未进行利润分配，也未发生计入资本公积的交易或事项。甲公司按净利润的 10% 提取法定盈余公积。不考虑相关税费等影响因素。

甲公司相关账务处理如下：

（1）确认长期股权投资处置损益：

借：银行存款　　　　　　　　　　　　　　　　　　　　18 000 000

　　贷：长期股权投资　　　　　　　　　　　　　　　　　　10 000 000

　　　　投资收益　　　　　　　　　　　　　　　　　　　　8 000 000

（2）对剩余股权按照权益法进行追溯调整：

剩余长期股权投资的账面价值为 2 000 万元，原投资时点应享有被投资单位可辨认净资产公允价值份额为 1 800 万元，因此不需要调整剩余股权的投资成本。

自甲公司取得对乙公司长期股权投资至部分处置投资前，乙公司实现净利润 2 500 万元，其中，自甲公司取得投资日至 2019 年年初实现净利润 2 000 万元。由此可知，2019 年年初至部分处置投资前乙公司实现净利润为 500 万元。因此，应增加调整长期股权投资账面价值合计 1 000（=2 500×40%）万元，其中应计入留存收益 800（=2 000×40%）万元，计入投资收益 200（=500×40%）万元。

借：长期股权投资——损益调整　　　　　　　　　　　　10 000 000

　　贷：盈余公积　　　　　　　　　　　　　　　　　　　　800 000

　　　　利润分配——未分配利润　　　　　　　　　　　　7 200 000

　　　　投资收益　　　　　　　　　　　　　　　　　　　2 000 000

五、成本法核算转公允价值计量

原持有的对被投资单位能够实施控制的长期股权投资，因部分处置等原因，导致持股比例下降，不再对被投资单位实施控制、共同控制或重大影响的，应对剩余股权按照公允价值计量，并将剩余股权在丧失控制权日的公允价值与账面价值之间的差额计入当期投资收益。

【例 1-19】 甲公司持有乙公司 60% 的股权，并对乙公司实施控制，投资成本为 1 200 万元，按成本法核算。2019 年 5 月 12 日，甲公司出售所持乙公司股权的 90% 给非关联方，所得价款为 1 800 万元，剩余 6% 股权于丧失控制权日的公允价值为 200 万元，甲公司将其分类为以公允价值计量且其变动计入当期损益的金融资产。假定不考虑其他因素，甲公司于丧失控制权日的会计处理是怎样的？

甲公司账务处理如下：

（1）确认长期股权投资处置损益：

借：银行存款　　　　　　　　　　　　　　　　　　　　　　　　　　18 000 000

　　贷：长期股权投资　　　　　　　　　　　　　　　　　　　　　　　　10 800 000

　　　　投资收益　　　　　　　　　　　　　　　　　　　　　　　　　　7 200 000

（2）将剩余股权投资转为交易性金融资产，当日剩余股权的公允价值为 200 万元，账面价值为 120 万元。

借：交易性金融资产　　　　　　　　　　　　　　　　　　　　　　　　2 000 000

　　贷：长期股权投资　　　　　　　　　　　　　　　　　　　　　　　　1 200 000

　　　　投资收益　　　　　　　　　　　　　　　　　　　　　　　　　　　800 000

六、长期股权投资的处置

处置长期股权投资时，应结转被处置股权对应的长期股权投资账面价值，并将处置价款与长期股权投资账面价值的差额确认为处置损益。

当处置采用权益法核算的长期股权投资时，还应将权益法核算的相关其他综合收益转入投资收益或留存收益，并将原采用权益法核算时因被投资单位除净损益、其他综合收益和利润分配以外的其他所有者权益变动而确认的所有者权益，在终止采用权益法时转入当期损益。这里需要注意两点：第一，对原权益法核算的相关其他综合收益的处理，应该采用与被投资单位直接处置相关资产或负债相同的基础进行会计处理。例如，如果原权益法下的其他综合收益是根据被投资单位持有的一项其他债权投资的累计公允价值变动而确认的，则转换日需将这部分其他综合收益转入当期损益；如果原权益法的其他综合收益是根据被投资单位持有的一项其他权益工具投资的累计公允价值变动而确认的，则转换日需将这部分其他综合收益转入留存收益。第二，关于其他综合收益以及其他所有者权益变动对应的所有者权益的结转比例，判断的依据是处置后的剩余股权是否终止采用权益法核算。如果剩余股权仍采用权益法核算，应按比例结转；如果剩余股权终止采用权益法核算，应全额结转。

【例 1-20】　甲企业原持有乙企业 40% 的股权，2019 年 12 月 20 日，甲企业决定出售 10% 的乙企业股权给非关联的第三方，取得价款 705 万元，对剩余 30% 的股权仍采用权益法核算。出售时甲企业对乙企业的长期股权投资账面价值为 2 580 万元，具体构成为：投资成本 1 800 万元，损益调整 480 万元，其他综合收益 120 万元（为按比例享有的乙企业其他债权投资金融资产的公允价值变动），其他权益变动 180 万元。不考虑相关税费等其他因素的影响。

甲企业的账务处理如下：

（1）确认处置损益：

借：银行存款　　　　　　　　　　　　　　　　　　　　　　　　　　7 050 000

　　贷：长期股权投资　　　　　　　　　　　　　　　　　　　　　　　　6 450 000

　　　投资收益 600 000

（2）将原计入其他综合收益或资本公积的部分按比例转入当期损益：

借：其他综合收益 300 000

　　资本公积——其他资本公积 450 000

　　贷：投资收益 750 000

◈ 本章小结

1. 长期股权投资是指投资方对被投资单位实施控制（又称控股合并形成的长期股权投资、企业合并形成的长期股权投资、对子公司投资）、重大影响的权益性投资，以及对其合营企业的权益性投资。

2. 控制指的是投资方拥有对被投资单位的权利，通过参与被投资单位的相关活动而享有可变回报，并且有能力运用对被投资单位的权利影响其回报金额。重大影响是指投资方对被投资单位的财务和生产经营有参与决策的权力，但并不能控制或与其他方一起共同控制这些政策的制定。共同控制指的是按照相关约定对某项安排所共有的控制，并且该安排的相关活动必须经过分享控制权的参与方一致同意后才能决策。

3. 长期股权投资在取得时，应按初始投资成本入账。初始投资成本的确定取决于长期股权投资的形成方式。因此，长期股权投资初始投资成本的确认应首先区分是否形成企业合并，如果形成企业合并，再进一步区分同一控制下和非同一控制下控股合并两种情况。非企业合并方式形成的长期股权投资，应根据实际付出的成本确认初始投资成本，取得长期股权投资的直接相关费用、税金及其他必要支出也应一并计入初始投资成本。同一控制下企业合并形成的长期股权投资，应按照合并日被合并方在最终控制方合并财务报表中的净资产账面价值的份额作为初始投资成本。同时，初始投资成本还应包括最终控制方收购被合并方而形成的商誉。非同一控制下企业合并形成的长期股权投资应采用购买法确定初始投资成本，即将企业合并视为合并方以一定的价款购买被合并方净资产的行为。因此，非同一控制下的企业合并，应根据合并方支付的合并成本作为初始投资成本。

4. 企业取得的长期股权投资，在确定其初始投资成本之后，在后续持有期间，应根据对被投资单位影响程度的不同，分别采用成本法和权益法进行核算。对子公司的长期股权投资应按照成本法核算，对合营企业、联营企业的长期股权投资应按照权益法核算。

5. 长期股权投资核算方法的转换，主要包括由股权上升和股权下降引起的六种转换情形，具体而言，股权上升引起的转换包括公允价值计量转权益法核算、公允价值计量或权益法核算转成本法核算三种情形，股权下降引起的转换包括权益法核算转公允价值计量、成本法核算转权益法核算、成本法核算转公允价值计量三种情形。

关键术语

长期股权投资、联营企业、控股合并、同一控制下的企业合并、非同一控制下的企业合并、可辨认净资产、合并成本、成本法、权益法、商誉

思考题

1. 长期股权投资属于金融资产吗？为什么？

2. 长期股权投资的范围主要包括哪三个方面？

3. 请简述同一控制下控股合并形成的长期股权投资的初始计量原则。

4. 请简述非同一控制下控股合并形成的长期股权投资的初始计量原则。

5. 非合并方式形成的长期股权投资的初始计量原则是什么？

6. 请分别简述成本法和权益法下被投资单位宣告分派现金股利的账务处理。

7. 请分别说明被投资单位净资产的哪些变动会导致长期股权投资的投资成本、损益调整、其他综合收益和其他权益变动等明细的变动。

8. 请简述成本法转权益法的会计处理。

9. 请简述权益法下的长期股权投资转换为公允价值计量时的会计处理。

自测题

1. M公司2019年5月1日，以1 700万元购入甲公司25%的普通股权，并对甲公司有重大影响，2019年5月1日甲公司可辨认净资产的公允价值为6 400万元，款项已以银行存款支付。M公司应确认对甲公司的长期股权投资的入账价值是（　　）万元。

   A. 1 700　　　　　B. 1 300

   C. 1 600　　　　　D. 2 000

2. 非同一控制下的企业合并取得长期股权投资发生的下列项目中，不应计入初始投资成本的是（　　）。

   A. 作为合并对价发行的权益性证券的公允价值

   B. 企业合并中发行权益性证券发生的手续费、佣金等费用

   C. 为进行企业合并而支付的审计、评估费用

   D. 作为合并对价发行的债券的公允价值

3. 甲股份有限公司于2019年1月1日取得对联营企业D公司30%的股权，取得投资时D公司固定资产的公允价值为1 200万元，账面价值为700万元，固定资产的剩余使用年限为10年，净残值为零，按照直线法计提折旧。2019年12月31日，甲公司期末存货中包含当年从D公司购买的商品一批，该批商品的价款为210万元，成本为170万元。D公司2019年度净利润为600万元。甲公司2019年对D公司投资应确认的投资收益为（　　）万元。

   A. 180　　　　　B. 165

   C. 153　　　　　D. 168

4. 2018年1月1日，甲公司支付银行存款1 100万元取得乙公司20%股权，对乙公司施加重大影响。2018年甲公司按照权益法核算该股权投资确认的投资收益为60万元，确认的可转至损益的其他综合收益25万元，资本公积15万元。2019年2月1日将上述投资出售50%，售价610万元，剩余投资公允价值610万元。

出售后，甲公司将剩余投资作为交易性金融资产核算。不考虑其他因素，甲公司2019年2月1日出售投资时应确认的投资收益为（　　）万元。

A. 20 　　　　　　B. 40

C. 60 　　　　　　D. 50

5. 甲公司和乙公司为非关联方。2019年6月2日，甲公司按每股5元增发每股面值1元的普通股股票2 000万股，并以此为对价取得乙公司70%的股权，能够对乙公司实施控制。甲公司另以银行存款支付审计费、评估费等共计20万元。乙公司2019年6月2日可辨认净资产公允价值为12 000万元。不考虑其他因素，甲公司取得乙公司80%股权时的初始投资成本为（　　）万元。

A. 9 600 　　　　　B. 10 000

C. 9 980 　　　　　D. 9 680

6. A、B两家公司属于非同一控制下的独立公司。A公司于2019年4月1日以本企业的固定资产对B公司投资，取得B公司60%的股份。该固定资产原值1 500万元，已计提折旧400万元，已提取减值准备50万元，4月1日该固定资产公允价值为1 250万元。B公司2019年4月1日所有者权益账面价值为2 000万元，公允价值为2 200万元。A公司取得该项长期股权投资的入账价值是（　　）万元。

A. 1 200 　　　　　B. 1 320

C. 1 500 　　　　　D. 1 250

7. 甲公司和乙公司同为X集团的子公司，2019年3月1日，甲公司以无形资产和固定资产作为合并对价取得乙公司80%的表决权资本。无形资产原值为1 000万元，累计摊销额为200万元，公允价值为2 000万元；固定资产原值为300万元，累计折旧额为100万元，公允价值为250万元。合并日乙公司相对于X集团而言的所有者权益账面价值为2 000万元，可辨认净资产的公允价值为3 000万元。发生直接相关费用15万元。

（1）甲公司对乙公司长期股权投资的初始投资成本是（　　）万元。

A. 2 250 　　　　　B. 2 265

C. 2 400 　　　　　D. 1 600

（2）在合并日甲公司因此项投资业务对当期损益产生的影响是（　　）万元。

A. 1 200 　　　　　B. 1 250

C. 15 　　　　　　D. 0

（3）在合并日甲公司因此项投资业务产生的资本公积（股本溢价）是（　　）万元。

A. 600 　　　　　　B. 1 400

C. 0 　　　　　　　D. −10

◈ 练习题

1. 2021年6月30日，A公司向其母公司P公司发行1 000万股普通股（每股面值1元，每股公允价值4元），取得P公司持有的对S公司100%的股权，自合并日起A公司能够对S公司实施控制。A公司此次发行普通股的过程中支付给证券发行机构200万元佣金和手续费。2021年6月30日，P公司合并报表中的S公司净资产账面价值为4 500万元。假定A公司和S公司在合并前所采用的会计政策相同，不考虑相关税费等其他影响因素。

要求：

根据上述资料，编制A公司有关的会计分录。

2. A公司于2020年6月30日取得B公司70%的股权，合并前A公司与B公司不存在任何关联方关系。为取得B公司股权，A公司以其持有的一项高端仪器设备作为对价，并支付了3 000万元银行存款。该仪器设备的原值为2 000万元，已计提折旧100万元，公允价值3 000万元。A公司另以银行存款支付评估费50万元。假定不考虑相关税费等其他因素影响。

　　要求：

　　根据上述资料，编制A公司有关的会计分录。

3. 甲公司持有乙公司40%的有表决权股份，能够对乙公司施加重大影响，对该股权投资采用权益法核算。2018年10月，甲公司将该项投资中的50%出售给非关联方，取得价款1 900万元。相关股权划转手续于当日完成。甲公司持有乙公司剩余20%股权，无法再对乙公司施加重大影响，转为以公允价值计量且其变动计入其他综合收益的金融资产核算。股权出售日，剩余股权的公允价值为1 900万元。

　　出售该股权时，长期股权投资的账面价值为3 400万元，其中投资成本2 800万元，损益调整为300万元，因被投资单位的非交易性权益工具投资以公允价值计量且其变动计入其他综合收益的金融资产的累计公允价值变动享有部分为200万元，除净损益、其他综合收益和利润分配以外的其他所有者权益变动为100万元。不考虑相关税费等其他因素影响。假定甲公司按净利润的10%提取法定盈余公积。

　　要求：

　　根据上述资料，编制甲公司与投资业务有关的会计分录。

4. 鸿兴股份有限公司（以下简称"鸿兴公司"）为上市公司，2019年发生如下与长期股权投资有关的业务：

　　（1）2019年1月1日，鸿兴公司向M公司定向发行500万股普通股（每股面值1元，每股市价8元）作为对价，取得M公司拥有的甲公司80%的股权。在此之前，甲公司、M公司与鸿兴公司不存在任何关联方关系。鸿兴公司另以银行存款支付评估费、审计费以及律师费35万元；为发行股票，鸿兴公司以银行存款支付了证券商佣金、手续费45万元。

　　2019年1月1日，甲公司可辨认净资产公允价值为4 800万元，与账面价值相同，相关手续于当日办理完毕，鸿兴公司于当日取得甲公司的控制权。

　　2019年3月10日，甲公司股东大会做出决议，宣告分配现金股利300万元。2019年3月20日，鸿兴公司收到该现金股利。

　　2019年度甲公司实现净利润1 800万元，其持有的以公允价值计量且其变动计入其他综合收益的金融资产（债务工具）期末公允价值增加了150万元。

　　期末经减值测试，鸿兴公司对甲公司的股权投资未发生减值。

　　（2）2020年1月10日，鸿兴公司将持有的甲公司的长期股权投资的1/2对外出售，出售取得价款3 300万元，当日甲公司自购买日起以公允价值持续计算的可辨认净资产的账面价值为6 450万元。在出售40%的股权后，鸿兴公司对甲公司的剩余持股比例为40%，在被投资单位董事会中派有代表，但不能对甲公司的生产经营决策实施控制，剩余股权投资在当日的公允价值为3 250万元。鸿兴公司对甲公司长期股权投资应由成本法改为按照权益法核算。

其他资料：鸿兴公司按净利润的10%提取法定盈余公积。不考虑所得税等相关因素的影响。

要求：

（1）根据资料（1），分析、判断鸿兴公司并购甲公司属于何种合并类型，并说明理由。

（2）根据资料（1），编制鸿兴公司在2019年度与长期股权投资相关的会计分录。

（3）根据资料（2），计算鸿兴公司处置40%股权时个别财务报表中应确认的投资收益金额，并编制鸿兴公司个别财务报表中处置40%长期股权投资以及对剩余股权投资进行调整的相关会计分录。

◈ 章后案例

华谊兄弟传媒股份有限公司（简称"华谊兄弟"，深交所：300027），是中国一家知名综合性娱乐集团，成立于1994年。以下为华谊兄弟的相关资料。

资料1：

2020年4月29日，华谊兄弟发布《关于丧失控股子公司控制权导致合并报表范围发生变化的公告》。根据公告，2019年12月，华谊兄弟与爱奇艺、上海云锋新呈投资中心（有限合伙）等签订关于浙江东阳浩瀚影视娱乐有限公司（以下简称"东阳浩瀚"）的投资协议及股东协议，爱奇艺及云锋投资分别对东阳浩瀚进行增资和受让公司持有的东阳浩瀚部分股权。此次交易完成后，华谊兄弟对东阳浩瀚的持股比例下降至48.13%，丧失对东阳浩瀚的控制权，但仍具有重大影响。从2019年12月31日开始东阳浩瀚不再纳入华谊兄弟合并报表范围。根据上市公司信息披露，东阳浩瀚在爱奇艺投后估值为220 000万元。

资料2：

2015年10月22日，华谊兄弟发布投资控股东阳浩瀚的公告。东阳浩瀚的成立与核准日期为2015年10月21日，主要经营业务包括影视剧项目的投资、制作和发行，艺人衍生品业务的开发和经营。股东艺人若干。华谊兄弟拟出资7.56亿元收购其70%的股权，而东阳浩瀚的净资产仅为1 000万元。此次并购产生商誉7.49亿元。根据公告，明星股东给出了业绩承诺，承诺期限为5年。该投资交易依据2015年承诺净利润的12倍作为公司估值，作价10.8亿元。

表1-3　2015～2019年东阳浩瀚业绩承诺及实现情况　（单位：万元）

项　　目	2015年	2016年	2017年	2018年	2019年
净利润承诺	9 000	10 350	11 903	13 688	15 741
净利润实现	5 112	10 142	15 594	19 534	3 263

根据表1-3，2019年12月31日东阳浩瀚业绩承诺到期，受到影视行业环境不景气的影响，东阳浩瀚未能完成业绩承诺。因此，2019年东阳浩瀚7.49亿元的商誉存在减值风险。年报显示，华谊兄弟2019年由于股权转让丧失了对东阳浩瀚的控制权，因此东阳浩瀚商誉净值减少7.49亿元，并未对东阳浩瀚计提商誉减值。

资料3：

2019年，华谊兄弟的长期股权投资变动情况如表1-4～表1-6所示。

表 1-4　2019 年长期股权投资期初期末余额　　（单位：万元）

项　　目	年初余额	本年变动额	年末余额
长期股权投资	5 107 723 015	−732 721 697	4 375 001 318

表 1-5　2019 年长期股权投资变动明细　　（单位：万元）

变动项目	变动金额
追加投资	95 319 719
减少投资	29 596 678
权益法下确认的投资收益	84 709 166
成本法转权益法	1 165 080 000
宣告发放现金股利或利润	4 000 000
计提减值准备	1 873 366 038
其他	−1 449 534
变动合计	3 250 622 067

表 1-6　2019 年长期股权投资成本法转权益法明细　　（单位：万元）

被投资单位	成本法转权益法变动金额
浙江东阳浩瀚影视娱乐有限公司	1 058 860 000
深圳市华宇讯科技有限公司	106 220 000

分析并思考：

（1）华谊兄弟对东阳浩瀚的长期股权投资核算方法转换的依据是什么？

（2）华谊兄弟将东阳浩瀚长期股权投资由成本法转为权益法背后的动机是什么？

参考答案

扫码查看
参考答案

第二章
CHAPTER2

企业合并

学习目标

1. 了解企业合并的基本概念、方式和类型
2. 掌握企业合并的会计处理及合并日（购买日）合并财务报表的编制
3. 掌握或有对价的会计处理
4. 掌握反向并购的会计处理

章前案例

五矿稀土股份有限公司（以下简称"五矿稀土"，000831）是中国五矿集团的子公司，1998年9月11日在深交所上市。公司主要从事稀土氧化物、稀土金属、稀土深加工产品经营及贸易，以及稀土技术研发和咨询服务，是中国最大的离子型稀土分离加工企业之一。

五矿稀土2014年、2015年和2016年前三个季度的净利润如下表所示。

（单位：亿元）

年份	2014年	2015年	2016年第一季度	2016年第二季度	2016年第三季度
净利润	-0.55	-3.98	-1.36	-2.26	-0.86

可以看到，五矿稀土2014年和2015年连续两年亏损，2016年前三个季度依旧亏损严重，面临退市风险。在这样的背景下，五矿稀土实施了同一控制下企业合并。具体流程是：2016年9月8日，中国五矿集团的子公司五矿勘察与北京华夏纪元签订《关于华夏纪元财务咨询有限公司60%股权之无偿划转协议》，将持有的60%股权无偿划转给同属于中国五矿集团的华泰鑫拓；2016年12月6日，华泰鑫拓又将所持华夏纪元18%的股权出让给中国新元资产管理公司，取得对价

1.24 亿元；2016 年 12 月 9 日，*ST 五稀发布公告，通过协议转让方式出资 3.13 亿元现金收购五矿勘察所持华泰鑫拓 100% 股权。

由于五矿稀土与华泰鑫拓的实际控制人均为中国五矿集团，合并发生前后均受中国五矿集团控制，此次合并属于同一控制下企业合并。因为合并交易于 2016 年年末完成，华泰鑫拓应该纳入五矿稀土 2016 年度合并财务报表范围，根据《企业会计准则第 20 号——企业合并》的相关规定，华泰鑫拓 2016 年度实现的经营成果并入五矿稀土合并财务报表，使得五矿稀土 2016 年度净利润及归属于母公司净利润增加约 1.15 亿元，从而实现盈利 0.18 亿元。

华泰鑫拓 2016 年实现的净利润主要来自对中国新元资产管理公司进行的股权转让。在收到五矿勘察无偿划拨的华夏纪元 60% 股权后，华泰鑫拓将其中的 18% 出售给中国新元资产管理公司，因此，股权转让结束后，华泰鑫拓对中国新元资产管理公司所持股权比例下降为 42%，由控制转变为重大影响，相应确认的投资收益全部计入当期损益。

综上可知，在五矿稀土面临亏损甚至退市风险的情境下，通过在母公司集团内部做出股权转让和突击并购安排，使用同一控制下企业合并的会计方法实现了粉饰报表和美化业绩，最终化解了公司因连续 3 年亏损而不得不退市的危机。

根据上述资料，思考以下问题：哪些情形下的企业合并属于同一控制下企业合并？同一控制下企业合并应该采用何种方法编制合并财务报表，这样的会计处理方法会对主并公司当期财务报表产生什么影响？公司进行同一控制下企业合并的动机可能有哪些？通过本章的学习，我们将解答这些问题。

第一节　企业合并概述

一、企业合并的基本概念

根据我国《企业会计准则第 20 号——企业合并》，企业合并是指将两个或者两个以上单独的企业合并形成一个报告主体的交易或事项。构成企业合并至少包括两层含义：①取得对另一个或多个企业（或业务）的控制权；②所合并的企业必须构成业务。业务是指企业内部某些生产经营活动或资产负债的组合，该组合具有投入、加工处理过程和产出能力，能够独立计算其成本费用或所产生的收入。

如果一个企业取得了对另一个或多个企业的控制权，而被购买方（或被合并方）并不构成业务，则该交易或事项不形成企业合并。企业取得了不形成业务的一组资产或资产和负债的组合时，应将购买成本基于购买日所取得各项可辨认资产、负债的相对公允价值进行分配，不按照企业合并准则进行处理，从而不会产生商誉或购买利得。

二、企业合并的方式

1. 吸收合并

吸收合并又称兼并，是指合并方（或购买方）通过企业合并取得被合并方（或被购买方）的全部净资产，被合并方（或被购买方）随即解散，法人资格被注销。被合并方（或被购买方）原持有的资产和负债在合并后成为合并方（或购买方）的资产和负债，合并方（或购买方）在合并后成为唯一的经济主体和法律主体。

2. 新设合并

新设合并又称创立合并，是指两家或两家以上企业合并形成一家新的企业，参与合并的各方在合并后宣告解散，法人资格均被注销。参与合并各方原持有的资产和负债在合并后成为新设企业的资产和负债，新设企业在合并后成为唯一的经济主体和法律主体。

3. 控股合并

控股合并是指合并方（或购买方）在企业合并中取得对被合并方（或被购买方）的控制权，被合并方（或被购买方）在合并后仍保持独立的法人资格并继续经营，合并方（或购买方）确认企业合并形成的对被合并方（或被购买方）投资。控股合并不是法律意义上的合并，合并方（或购买方）和被合并方（或被购买方）在合并后各自仍保持独立的经济主体和法律主体，但同时又形成一个新的经济主体——企业集团，需要编制合并财务报表。

三、企业合并的种类

根据我国《企业会计准则第 20 号——企业合并》，企业合并可以分为同一控制下的企业合并和非同一控制下的企业合并。

同一控制下的企业合并，是指参与合并的企业在合并前后均受同一方或相同多方最终控制且该控制并非暂时性的。其中，"同一方"是指能够对参与合并各方在合并前后均实施最终控制的一方，通常指企业集团的母公司。"相同多方"是指根据合同或协议的约定，拥有最终决定参与合并企业的财务和经营政策，并从中获取利益的投资者群体。"控制"是指投资方拥有对被投资方的权利，通过参与被投资方的相关活动而享有可变回报，并且有能力运用对被投资方的权利影响其回报金额。"控制并非暂时性"是指参与合并各方在合并前后较长时间内为最终控制方所控制，具体是指在企业合并之前（即合并日之前），参与合并各方在最终控制方的控制时间一般在 1 年以上（含 1 年），企业合并后所形成的报告主体在最终控制方的控制时间也应达到 1 年以上（含 1 年）。通常情况下，同一控制下的企业合并是指发生在同一企业集团内部企业之间的合并。同一控制下企业合并的判断，应当遵循实质重于形式的原则，同受国家控制的企业之间发生的合并，不属于同一控制下的企业合并。

非同一控制下的企业合并，则是指参与合并各方在合并前后不受同一方或相同多方最终控制的合并交易，即除判断属于同一控制下企业合并的情况以外其他的企业合并。

同一控制下企业合并形成的长期股权投资采用权益结合法进行会计处理，而非同一控制下企业合并形成的长期股权投资采用购买法进行会计处理。

第二节　同一控制下企业合并的会计处理

一、会计处理原则

同一控制下企业合并的会计处理，是指合并方在合并日对于企业合并事项进行的会计处理。合并方是指取得控制权的一方，合并日是指合并方实际取得控制权的日期。由于同一最终控制方的存在，同一控制下企业合并不会造成企业集团整体利益的流入和流出，最终控制方在合并前后实际控制的经济资源并没有发生变化，合并交易不作为出售或购买。因此，同一控制下的企业合并采用权益结合法进行账务处理。

权益结合法是企业合并的会计处理方法之一，将企业合并视作参与合并双方通过股权交换形成的所有者权益的联合，而非资产的交易。在权益结合法下，企业合并实质上是由两个或两个以上经营主体对一个联合后的企业或集团公司开展经营活动的资产贡献，即经济资源的联合。合并完成后，双方股东共同控制其全部或实质上全部净资产和经营活动。

根据权益结合法，原所有者权益继续存在，以前会计基础保持不变。参与合并的各企业的资产和负债继续按其原来的账面价值记录，合并后企业的利润包括合并日之前本年度已实现的利润；以前年度累积的留存利润也应予以合并。

具体而言，同一控制下企业合并应遵循以下会计处理原则。①合并方取得的被合并方资产和负债仅限于被合并方账面已经确认的资产和负债，合并中不产生新的资产和负债。②合并方取得的被合并方资产和负债，应当按其合并日在被合并方的账面价值计量。③合并方取得的被合并方净资产账面价值的份额与支付的合并对价账面价值（或发行股份面值总额）的差额，应当调整资本公积（资本溢价或股本溢价），不确认商誉或影响当期损益；资本公积（资本溢价或股本溢价）不足冲减的，调整盈余公积和未分配利润。④同一控制控股合并下，合并日合并方长期股权投资与被合并方所有者权益应当相互抵销，同时确认少数股东权益；被合并方在企业合并前实现的留存收益（盈余公积和未分配利润之和）中归属于合并方的部分，应当自合并方的资本公积转入留存收益。

二、会计处理

1. 同一控制下吸收合并的会计处理

在同一控制下的吸收合并中，合并方取得的资产和负债应当按其合并日在被合并方的账面价值计量，合并方取得的净资产账面价值与支付的合并对价账面价值（或发行股份面值总额）的差额，应当调整资本公积（资本溢价或股本溢价）；资本公积（资本溢价或股本溢价）不足冲减的，调整盈余公积和未分配利润。具体会计处理如下所示。

借：资产（合并日被合并方各项资产的账面价值）

贷：负债（合并日被合并方各项负债的账面价值）

有关资产、负债（支付合并对价的账面价值）

股本（发行股票的面值）

资本公积——资本溢价或股本溢价（差额）

【例2-1】 A公司和B公司是P公司控制下的两家子公司。A公司于2019年7月1日向B公司股东定向增发2 500万股普通股（每股面值1元，市价5元）作为对价，对B公司进行吸收合并，并于当日取得B公司净资产。假定两家公司采用的会计政策相同。合并前两家公司的资产负债表如表2-1所示。

表2-1 A公司和B公司合并前资产负债表 （单位：万元）

A公司		B公司		
项 目	账面价值	项 目	账面价值	市场价值
货币资金	8 000	货币资金	2 000	2 000
应收账款	6 000	应收账款	1 500	1 500
存货	5 000	存货	500	800
固定资产	10 000	固定资产	5 000	8 000
无形资产	3 000	无形资产	1 000	2 500
资产总计	32 000	资产总计	10 000	14 800
短期借款	2 500	短期借款	1 000	1 000
应付账款	4 000	应付账款	1 500	1 500
其他应付款	2 000	其他应付款	500	500
长期借款	5 000	长期借款	1 000	1 000
负债合计	13 500	负债合计	4 000	4 000
股本	9 000	股本	2 500	
资本公积	2 500	资本公积	500	
盈余公积	2 000	盈余公积	1 000	
未分配利润	5 000	未分配利润	2 000	
所有者权益合计	18 500	所有者权益合计	6 000	

在本例中，A公司和B公司同为P公司的子公司，合并前后均由P公司最终控制，因此属于同一控制下的企业合并。自2019年7月1日起，A公司可以对B公司的净资产实施控制，该日即为合并日。因合并日B公司丧失法人资格，A公司应确认合并中取得的各项资产和负债。A公司的会计处理如下：

借：货币资金　　　　　　　　　　　　　　　　　　20 000 000

　　应收账款　　　　　　　　　　　　　　　　　　15 000 000

存货	5 000 000	
固定资产	50 000 000	
无形资产	10 000 000	
贷：短期借款		10 000 000
应付账款		15 000 000
其他应付款		5 000 000
长期借款		10 000 000
股本		25 000 000
资本公积		35 000 000

2. 同一控制下控股合并的会计处理

同一控制下控股合并的会计处理主要涉及合并日合并方在个别报表中进行的长期股权投资确认和计量以及在合并工作底稿中所进行的相关调整和抵销分录。

（1）长期股权投资的确认和计量。

合并方以支付现金、转让非现金资产或承担债务方式作为合并对价的，应根据合并日被合并方在最终控制方合并财务报表中的净资产账面价值的份额借记"长期股权投资"，按照支付现金、转让非现金资产或承担债务的账面价值贷记相关科目，长期股权投资的初始投资成本与支付现金、转让非现金资产或承担债务的账面价值之间的差额，应当调整资本公积（资本溢价或股本溢价），资本公积（资本溢价或股本溢价）的余额不足冲减的，依次冲减盈余公积和未分配利润。

合并方以发行权益性工具作为合并对价的，应按照发行股份的面值总额贷记"股本"，长期股权投资的初始投资成本与发行股份面值总额之间的差额，应当调整资本公积（股本溢价或资本溢价），资本公积（股本溢价或资本溢价）的余额不足冲减的，依次冲减盈余公积和未分配利润。

合并方发生的审计、法律服务、评估咨询等中介费用以及其他相关管理费用，应当于发生时计入当期损益，借记"管理费用"。以发行权益性工具作为合并对价而支付的手续费、佣金等与发行直接相关的费用，应当冲减资本公积（股本溢价或资本溢价），资本公积（股本溢价或资本溢价）的余额不足冲减的，依次冲减盈余公积和未分配利润。

具体会计处理为：

借：长期股权投资（合并日被合并方在最终控制方合并财务报表中的净资产账面价值的份额）
　　贷：有关资产、负债（支付合并对价的账面价值）
　　　　股本（发行股票的面值）
　　　　资本公积——资本溢价或股本溢价（差额）

（2）合并日合并方长期股权投资与被合并方所有者权益的抵销。

合并财务报表的主体是合并方和被合并方组成的企业集团，该集团的所有者是合并方的投资者，因此，在合并日，应该在合并报表工作底稿中抵销合并方长期股权投资与被合并方所有者权益，同时确认少数股东权益。具体会计处理为：

　　借：股本

　　　　资本公积

　　　　盈余公积

　　　　未分配利润

　　　贷：长期股权投资

　　　　　少数股东权益

（3）被合并方合并前实现留存收益的恢复。

　　根据一体化存续理念，同一控制下控股合并视同合并后形成的报告主体在合并日及以前期间一直存在，被合并方原来由集团其他企业控制时实现的留存收益应该体现为合并财务报表中的留存收益，但在合并日合并方长期股权投资已经与被合并方所有者权益抵销，因此对于被合并方在企业合并前实现的留存收益（盈余公积和未分配利润之和）中归属于合并方的部分，需要进行恢复，在合并工作底稿中应编制下列会计分录：

　　借：资本公积（以资本溢价或股本溢价的贷方余额为限）

　　　贷：盈余公积（归属于现行合并方部分）

　　　　　未分配利润（归属于现行合并方部分）

【例2-2】　A公司和B公司是P公司控制下的两家子公司。A公司于2019年7月1日向B公司股东定向增发2 500万股普通股（每股面值1元，市价5元）作为对价，从P公司处取得B公司90%股权，合并后B公司仍维持独立法人资格持续经营。假定两家公司采用的会计政策相同。合并前两家公司的资产负债表如表2-1所示。

　　在本例中，A公司和B公司同为P公司的子公司，合并前后均由P公司最终控制，因此属于同一控制下的企业合并。自2019年7月1日起，A公司可以对B公司的净资产实施控制，该日即为合并日。因合并日B公司仍维持独立法人资格，A公司应确认长期股权投资，并在合并工作底稿中编制相关调整和抵销分录。A公司在合并日的会计处理如下：

（1）确认长期股权投资（个别报表）。

　　借：长期股权投资　　　　　　　　　　　　　　54 000 000

　　　贷：股本　　　　　　　　　　　　　　　　　　　　25 000 000

　　　　　资本公积　　　　　　　　　　　　　　　　　　29 000 000

（2）A公司长期股权投资与B公司所有者权益的抵销（合并工作底稿）。

　　借：股本　　　　　　　　　　　　　　　　　　25 000 000

　　　　资本公积　　　　　　　　　　　　　　　　 5 000 000

　　　　盈余公积　　　　　　　　　　　　　　　　10 000 000

　　　　未分配利润　　　　　　　　　　　　　　　20 000 000

　　　贷：长期股权投资　　　　　　　　　　　　　　　　54 000 000

　　　　　少数股东权益　　　　　　　　　　　　　　　　 6 000 000

（3）B公司合并前实现留存收益的恢复（合并工作底稿）。

借：资本公积 30 000 000

贷：盈余公积 10 000 000

未分配利润 20 000 000

第三节　非同一控制下企业合并的会计处理

一、会计处理原则

非同一控制下的企业合并是合并方购买被合并方净资产的交易，采用购买法进行会计处理，即将企业合并视作购买方支付一定价款购进被购买方的机器设备、存货等资产项目，同时承担被购买方所有负债的行为，因而按合并时的公允价值计量被购买方的净资产，将购买价格与所获净资产公允价值份额的借方差额确认为商誉，贷方差额计入合并当期损益，调整合并资产负债表留存收益。

非同一控制下企业合并的会计处理，通常遵循以下步骤。

1. 确定购买方

购买方是指在购买日取得对其他参与合并企业控制权的一方，参与合并的其他企业为被购买方。购买方通常为合并中取得另一方半数以上有表决权股份的一方，或者虽然没有取得另一方半数以上有表决权股份，但可以通过与其他投资者的协议拥有被投资方过半数的有表决权股份、有权控制被投资方的财务和经营政策、有权任免董事会等类似权力机构的多数成员，在董事会或类似权力机构会议上有半数以上投票权的一方。

2. 确定购买日

购买日是指购买方实际取得对被购买方控制权的日期，即企业合并交易中发生控制权转移的日期。同时满足以下条件时，一般可认为实现了控制权的转移：①企业合并合同或协议已获股东大会等内部权力机构通过；②按照规定，合并事项需要经过国家有关主管部门审批的，已获得相关部门的批准；③参与合并各方已办理了必要的财产权交接手续；④购买方已支付了购买价款的大部分（一般应超过50%），并且有能力、有计划支付剩余款项；⑤购买方实际上已经控制了被购买方的财务和经营政策，享有相应的收益并承担相应的风险。

3. 确定企业合并成本

企业合并成本是指购买方为进行企业合并所支付的代价，包括购买方在购买日支付的现金或非现金资产、发行或承担的债务、发行的权益性证券等的公允价值。合并成本中包含或有对价的公允价值。

4. 企业合并成本在取得的可辨认资产和负债之间的分配

（1）合并中取得的被购买方除无形资产以外的其他各项资产，其所带来的未来经济利益预期很可能流入企业且公允价值能够可靠计量的，应当单独予以确认并按照公允价值计量。

（2）对于合并中取得的被购买方拥有但在其财务报表中未确认的无形资产，应进行充分辨认和合理判断，满足以下条件之一的，确认为无形资产：①源于合同性权利或其他法定权利；②能够从被购买方中分离或者划分出来，并能单独或与相关合同、资产和负债一起，用于出售、转移、授予许可、租赁或交换。

（3）合并中取得的被购买方除或有负债以外的其他各项负债，履行相关义务很可能导致经济利益流出企业且公允价值能够可靠计量的，应当单独确认为负债并按照公允价值计量。

（4）合并中取得的被购买方的或有负债，在购买日其公允价值能够可靠计量的，应当单独确认为负债并按照公允价值计量。

（5）如果购买方按照会计准则规定确认和计量合并中取得的被购买方的资产、负债在购买方财务报表中的价值与其计税基础不一致，需要确认递延所得税资产或递延所得税负债。例如，在以控股合并方式完成的非同一控制下企业合并中，购买方取得的被购买方可辨认资产在购买方的合并报表中按照购买日公允价值确认和计量，但计税基础并未发生变化。因为公允价值通常大于计税基础，会形成应纳税暂时性差异，需要确认递延所得税负债。

5. 企业合并成本与合并中取得的被购买方可辨认净资产公允价值份额差额的处理

（1）购买方对合并成本大于合并中取得的被购买方可辨认净资产公允价值份额的差额，应当确认为商誉。

（2）购买方对合并成本小于合并中取得的被购买方可辨认净资产公允价值份额的差额，应当按照下列规定处理：

①对取得的被购买方各项可辨认资产、负债及或有负债的公允价值以及合并成本的计量进行复核；

②经复核后合并成本仍小于合并中取得的被购买方可辨认净资产公允价值份额的，其差额应当计入当期损益，并在会计报表附注中予以说明。

6. 企业合并成本或合并中取得的有关可辨认资产、负债公允价值暂时确定的情况

企业合并发生当期的期末，因合并中取得的各项可辨认资产、负债及或有负债的公允价值或企业合并成本只能暂时确定的，购买方应当以所确定的暂时价值为基础对企业合并进行确认和计量。

购买日后12个月内对原确认的暂时价值进行调整的，视同在购买日进行的确认和计量，即进行追溯调整。

二、会计处理

非同一控制下控股合并的会计处理主要涉及购买日购买方在个别报表中进行的长期股权

投资确认和计量以及在合并工作底稿中所进行的相关调整和抵销分录。

1. 长期股权投资的确认和计量

非同一控制下控股合并取得的长期股权投资，应在购买日按企业合并成本借记"长期股权投资"科目，按应享有被投资单位已宣告但尚未发放的现金股利或利润借记"应收股利"科目，按付出合并对价的账面价值贷记对应的资产、负债科目，按其差额计入当期损益。当购买方支付的对价为非货币性资产时，投出资产的公允价值与账面价值的差额应根据具体资产进行会计处理，与出售该类资产的会计处理相同。企业合并中发生的直接相关费用，应计入管理费用。

2. 购买日合并财务报表工作底稿中的调整和抵销

（1）将子公司各项资产、负债由账面价值调整到公允价值。

以固定资产为例，假定固定资产的公允价值大于账面价值。

借：固定资产

　　贷：资本公积

（2）确认递延所得税资产或负债。

借：资本公积

　　贷：递延所得税负债

（3）购买方长期股权投资与被购买方所有者权益的抵销。

借：股本

　　　资本公积

　　　其他综合收益

　　　盈余公积

　　　未分配利润

　　　商誉（借方差额）

　　贷：长期股权投资

　　　　少数股东权益

　　　　盈余公积、未分配利润（贷方差额）

【例2-3】　A公司于2019年7月1日发行2 500万股普通股（每股面值1元，市价5元），取得了B公司90%的股权。合并前两家公司的资产负债表如表2-1所示。假定不考虑所得税影响。

在本例中，A公司于2019年7月1日通过发行权益性证券取得B公司90%的股权，合并前两家公司不存在关联方关系，因此属于非同一控制下的企业合并。自2019年7月1日起，A公司可以对B公司的净资产实施控制，A公司为购买方，该日即为购买日。因购买日B公司仍维持独立法人资格，A公司应确定企业合并成本，确认长期股权投资，并在合并工作底稿中编制相关调整和抵销分录。

A公司在购买日的会计处理如下：

（1）确认长期股权投资。

借：长期股权投资   125 000 000

  贷：股本   10 000 000

    资本公积——股本溢价   115 000 000

（2）购买日合并财务报表工作底稿中的调整和抵销。

①将子公司各项资产、负债由账面价值调整到公允价值。

借：存货   3 000 000

  固定资产   30 000 000

  无形资产   15 000 000

  贷：资本公积   48 000 000

②计算确定商誉。

假定 B 公司除已确认资产外，不存在其他需要确认的资产及负债，则 A 公司需要计算合并中应确认的合并商誉：

$$合并商誉＝企业合并成本－合并中取得被购买方可辨认净资产公允价值份额$$
$$＝12\ 500－（14\ 800－4\ 000）×90\%$$
$$＝2\ 780（万元）$$

（3）编制调整和抵销分录。

借：股本   25 000 000

  资本公积（500＋4 800）   53 000 000

  盈余公积   10 000 000

  未分配利润   20 000 000

  商誉   27 800 000

  贷：长期股权投资   125 000 000

    少数股东权益［（2 500＋5 300＋1 000＋2 000）×10%］ 10 800 000

第四节　企业合并涉及的或有对价

为了缓解并购交易中的信息不对称，促进实现标的资产公平定价，业绩补偿承诺协议在我国并购实践中被大量使用，已经成为并购重组市场化发展的标志特征。在并购双方签订的业绩补偿协议中，通常约定由标的方对未来期间（通常为三年）的业绩做出承诺，若承诺期内未能达标，需要通过返还已经支付的对价（现金或股权）方式对利润差额进行补偿；也可能约定若标的方承诺期内超额达标，由主并方通过发行额外证券、支付额外现金等方式追加合并对价，从而产生企业合并的或有对价问题。

一、同一控制下企业合并涉及的或有对价

同一控制下企业合并形成的长期股权投资初始确认时可能存在或有对价。在这种情况

下，初始投资时应按照《企业会计准则第 13 号——或有事项》（以下简称"或有事项准则"）的规定，判断是否应就或有对价确认预计负债或资产以及应确认的金额；如果确认了预计负债或资产，该预计负债或资产金额与后续或有对价结算金额之间的差额不影响当期损益，应当调整资本公积（资本溢价或股本溢价），资本公积（资本溢价或股本溢价）不足冲减的，调整留存收益。

【例 2-4】 A 公司和 B 公司是 P 公司控制下的两家子公司。2019 年 12 月 31 日，A 公司向 P 公司定向增发 2 500 万股普通股（每股面值 1 元，市价 5 元）作为对价，取得 B 公司 100% 的股权，合并后 B 公司仍维持独立法人资格持续经营。双方约定若 B 公司 2020 年获利超过 1 000 万元，A 公司需在 2020 年 12 月 31 日另向 P 公司支付 500 万元。B 公司之前为 P 公司以非同一控制下企业合并方式收购的全资子公司。合并日，B 公司财务报表中净资产的账面价值为 6 000 万元，P 公司合并财务报表中的 B 公司净资产账面价值为 9 000 万元（含商誉 1 000 万元）。假定 B 公司 2020 年很可能获利超过 1 000 万元。不考虑相关税费等其他因素影响，两家公司采用的会计政策相同。

在本例中，A 公司和 B 公司同为 P 公司的子公司，合并前后均由 P 公司最终控制，因此属于同一控制下的企业合并。A 公司在初始投资时应按照相对于最终控制方而言的账面价值（即 P 公司合并财务报表中的 B 公司净资产账面价值）确认长期股权投资的成本，同时就或有负债确认预计负债的金额。

（1）A 公司在合并日的会计处理为：

借：长期股权投资　　　　　　　　　　　　　　90 000 000
　　贷：股本　　　　　　　　　　　　　　　　　　25 000 000
　　　　预计负债　　　　　　　　　　　　　　　　 5 000 000
　　　　资本公积——股本溢价　　　　　　　　　　60 000 000

（2）如果 B 公司 2019 年获利超过 1 000 万元，A 公司在 2019 年年末的会计处理为：

借：预计负债　　　　　　　　　　　　　　　　 5 000 000
　　贷：银行存款　　　　　　　　　　　　　　　　 5 000 000

（3）如果 B 公司 2019 年获利未超过 1 000 万元，A 公司在 2020 年年末的会计处理为：

借：预计负债　　　　　　　　　　　　　　　　 5 000 000
　　贷：资本公积——股本溢价　　　　　　　　　　 5 000 000

二、非同一控制下企业合并涉及的或有对价

非同一控制下企业合并涉及或有对价时，购买方应当将合并协议约定的或有对价作为企业合并转移对价的一部分，按照其在购买日的公允价值计入企业合并成本。根据《企业会计准则第 37 号——金融工具列报》《企业会计准则第 22 号——金融工具确认和计量》以及其他相关准则的规定，或有对价符合权益工具和金融负债定义的，购买方应当将支付或有对价的义务确认为一项权益或负债；符合资产定义并满足资产确认条件的，购买方应当将符合合

并协议约定条件、可回收部分已支付合并对价的权利确认为一项资产。

购买日后12个月内出现对购买日已存在情况的新的或者进一步证据而需要调整或有对价的，应当予以确认并对原计入合并商誉的金额进行调整；其他情况下发生的或有对价变化或调整，应当区分以下情况进行会计处理：或有对价为权益性质的，不进行会计处理；或有对价为资产或负债性质的，按照企业会计准则有关规定处理，如果属于《企业会计准则第22号——金融工具确认和计量》中的金融工具，应当按照以公允价值计量且其变动计入当期损益进行会计处理，不得指定为以公允价值计量且其变动计入其他综合收益的金融资产。

【例2-5】 2019年1月5日，A公司以现金5亿元购买B公司持有的C公司100%的股权，并于当日向C公司董事会派出成员，主导其财务和生产经营决策。在股权转让协议中，B公司向A公司承诺C公司在收购完成后的2019年、2020年和2021年经审计扣除非经常性损益后归属于母公司股东的净利润分别不低于3 000万元、4 000万元和5 000万元。如果C公司未达到承诺业绩，B公司将在C公司每一相应年度的审计报告出具后30日内，按C公司实际实现的净利润与承诺净利润的差额，以现金方式对A公司进行补偿。购买日，A公司综合分析各方面情况，预计C公司能够完成承诺净利润。A公司与B公司不存在关联方关系。

2019年，C公司实现净利润3 200万元。2020年，由于宏观经济形势变化，C公司仅实现净利润3 500万元，未达到承诺净利润，而且预期2021年也无法达到承诺净利润，预计能够实现净利润4 100万元。

在本例中，A公司与B公司在交易前不存在关联方关系，因此属于非同一控制下企业合并。购买日为2019年1月5日，A公司支付价款5亿元，同时预计C公司能够实现承诺净利润，因此或有对价为0，A公司应当确认对C公司的长期股权投资成本5亿元。

A公司在购买日的会计处理为：

借：长期股权投资　　　　　　　　　　　　　　　　　　500 000 000

　　贷：银行存款　　　　　　　　　　　　　　　　　　　　　　500 000 000

2019年C公司实现了承诺净利润，A公司无须进行会计处理。

2020年C公司未实现承诺净利润，且预计2021年也无法实现，因此A公司需要估计该或有对价的公允价值并予以确认。由于该承诺净利润未实现的情况不是购买日后12个月内出现的对购买日已存在情况新的或者进一步证据，因此不需要调整或有对价，在个别财务报表中不作为对长期股权投资成本的调整，在合并财务报表中也不能调整购买日原已确认的合并商誉金额。B公司需要用现金对相关利润差额进行补偿，该或有对价属于金融工具，按照准则规定，应该确认为以公允价值计量且其变动计入当期损益的金融资产。2020年年末A公司估计该或有对价的公允价值为1 400万元，并进行如下会计处理：

借：交易性金融资产　　　　　　　　　　　　　　　　　14 000 000

　　贷：公允价值变动损益　　　　　　　　　　　　　　　　　　14 000 000

由于C公司未实现承诺净利润，表明购买日原已确认的合并商誉可能发生了减值，A公司应对商誉进行减值测试。

【例 2-6】 2019 年 12 月 31 日，A 公司收购 B 公司 80% 的股权，完成非同一控制下的企业合并。双方约定，A 公司先于 2019 年 12 月 31 日支付第一笔收购价款 8 000 万元，随后，在 B 公司经 A 公司指定的会计师事务所完成 2020 年度财务报表审计后 1 个月内，A 公司按照 B 公司 2020 年净利润的 2 倍计算，支付第二笔收购价款。B 公司承诺 2020 年实现净利润 1 800 万元，若 2020 年实际完成净利润不足 1 800 万元，由 B 公司原股东以其所持 A 公司股票 100 万股（不构成控制）无偿赠予 A 公司。购买日，A 公司预计 1 800 万元为 2020 年 B 公司实现净利润的最佳估计数。

在本例中，A 公司应当将双方约定的或有对价作为合并转移对价的一部分，按照其在购买日的公允价值计入企业合并成本，同时将支付或有对价的义务确认为一项金融负债或权益。因此，A 公司或有应付金额的公允价值为 3 600（＝1 800×2）万元，确认为交易性金融负债；因为 B 公司无偿赠予的股票股数固定，符合权益工具的定义[⊖]，但购买日预计 B 公司能够实现承诺净利润，所以权益工具的公允价值为 0；企业合并成本应为 11 600（＝8 000＋3 600）万元。

（1）A 公司在购买日的会计处理为：

借：长期股权投资　　　　　　　　　　　　　　116 000 000
　　贷：银行存款　　　　　　　　　　　　　　　　　　80 000 000
　　　　交易性金融负债　　　　　　　　　　　　　　　36 000 000

（2）如果 2020 年 B 公司实现的净利润为 2 100 万元，则 A 公司应支付的或有应付金额为 4 200（＝2 100×2）万元，实际支付款项时 A 公司个别报表中的会计处理为：

借：交易性金融负债　　　　　　　　　　　　　　36 000 000
　　投资收益　　　　　　　　　　　　　　　　　　6 000 000
　　贷：银行存款　　　　　　　　　　　　　　　　　　42 000 000

（3）如果 2020 年 B 公司实现的净利润为 1 500 万元，则 A 公司应支付的或有应付金额为 3 000（＝1 500×2）万元，实际支付款项时 A 公司个别报表中的会计处理为：

借：交易性金融负债　　　　　　　　　　　　　　36 000 000
　　贷：银行存款　　　　　　　　　　　　　　　　　　30 000 000
　　　　投资收益　　　　　　　　　　　　　　　　　　6 000 000

A 公司 2020 年季报和半年报对权益工具或有对价公允价值的变动不做会计处理[⊖]。因为 2020 年 B 公司实际完成的净利润不足 1 800 万元，A 公司收到 B 公司原股东无偿赠予的 A 公司股票 100 万股，在办理注销手续后，应该借记股本 100 万元，贷记资本公积 100 万元。

【例 2-7】 2019 年 12 月 31 日，A 公司收购 B 公司 80% 的股权，完成非同一控制下的企业合并。双方约定，A 公司先于 2019 年 12 月 31 日支付第一笔收购价款 8 000 万元，随后，

⊖　一般情况下，被购买方股东以持有购买方股票作为业绩承诺对价，因股数不固定，不能作为权益工具处理，应确认为金融资产。

⊖　国际财务报告准则中对或有对价的相关表述为："被分类为权益的或有对价不应被重新计量，其后续清偿应在权益内部进行会计处理。"

在 B 公司经 A 公司指定的会计师事务所完成 2020 年度财务报表审计后 1 个月内，A 公司按照 B 公司 2020 年净利润的 2 倍计算，支付第二笔收购价款。B 公司承诺 2020 年实现净利润 1 600 万元，若 2020 年实际完成净利润不足 1 600 万元，由 B 公司原股东向 A 公司支付其差额的 60%。

（1）假定 A 公司在购买日预计 1 800 万元为 2020 年 B 公司实现净利润的最佳估计数。

在本例中，A 公司应当将双方约定的或有对价作为合并转移对价的一部分，按照其在购买日的公允价值计入企业合并成本；将支付或有对价的义务确认为一项金融负债；将符合合并协议约定条件、可回收部分已支付合并对价的权利确认为一项资产。因此，A 公司或有应付金额的公允价值为 3 600（＝1 800×2）万元，确认为交易性金融负债；因为购买日预计 B 公司能够实现承诺净利润，或有应收金额的公允价值为 0；企业合并成本应为 11 600（＝8 000＋3 600）万元。

①A 公司在购买日的会计处理为：

借：长期股权投资 116 000 000
　　贷：银行存款 80 000 000
　　　　交易性金融负债 36 000 000

②如果 2020 年 B 公司实现的净利润为 2 100 万元，则 A 公司应支付的或有应付金额为 4 200（＝2 100×2）万元，实际支付款项时 A 公司个别报表中的会计处理为：

借：交易性金融负债 36 000 000
　　投资收益 6 000 000
　　贷：银行存款 42 000 000

③如果 2020 年 B 公司实现的净利润为 1 300 万元，则 A 公司应支付的或有应付金额为 2 600（＝1 300×2）万元，应收业绩补偿款为 180〔＝（1 600-1 300）×60%〕万元，A 公司个别报表中的会计处理为：

确认应收业绩补偿款时：

借：交易性金融资产 1 800 000
　　贷：公允价值变动损益 1 800 000

实际支付款项时：

借：交易性金融负债 36 000 000
　　贷：银行存款 26 000 000
　　　　投资收益 10 000 000

收到业绩补偿款时：

借：银行存款 1 800 000
　　贷：交易性金融资产 1 800 000

（2）假定 A 公司在购买日预计 1 400 万元为 2020 年 B 公司实现净利润的最佳估计数。

在这种情况下，A 公司或有应付金额的公允价值为 2 800（＝1 400×2）万元，确认为交易性金融负债；因为购买日预计 B 公司不能实现承诺净利润，或有应收金额的公允价值为

120〔＝（1 600－1 400）×60%〕万元；企业合并成本应为10 680（＝8 000＋2 800－120）万元。

①A公司在购买日的会计处理为：

借：长期股权投资 106 800 000
　　交易性金融资产 1 200 000
　　贷：银行存款 80 000 000
　　　　交易性金融负债 28 000 000

②如果2020年B公司实现的净利润为2 100万元，则A公司应确认的公允价值变动损益为120万元，应支付的或有应付金额为4 200（＝2 100×2）万元，A公司个别报表中的会计处理为：

A公司应确认金融资产公允价值变动损益：

借：公允价值变动损益 1 200 000
　　贷：交易性金融资产 1 200 000

实际支付款项时：

借：交易性金融负债 28 000 000
　　投资收益 14 000 000
　　贷：银行存款 42 000 000

③如果2020年B公司实现的净利润为1 300万元，则A公司可收回的业绩补偿款为180〔＝（1 600－1 300）×60%〕万元，应确认的公允价值变动损益为60万元，应支付的或有应付金额为2 600（＝1 300×2）万元，A公司个别报表中的会计处理为：

实际收到补偿款时：

借：银行存款 1 800 000
　　贷：交易性金融资产 1 200 000
　　　　公允价值变动损益 600 000

实际支付款项时：

借：交易性金融负债 26 000 000
　　贷：银行存款 26 000 000

第五节　反向购买

一、反向购买的含义

通常情况下，以发行权益性证券交换股权方式进行非同一控制下企业合并，发行权益性证券的一方为购买方。但在某些企业合并中，发行权益性证券一方的生产经营决策在合并后反而会被参与合并的另一方控制，我们称之为"反向购买"。在"反向购买"中，发行权益性证券的一方虽然为法律上的母公司，却为会计上的被收购方；参与合并的另一方虽然为法律上的子公司，但为会计上的购买方。

例如，A 公司为一家规模较小的上市公司，B 公司为一家规模较大、资产优良、盈利状况较好的非上市公司。B 公司拟通过收购 A 公司的方式达到上市的目的，于是 A 公司原股东与 B 公司原股东达成协议，并经相关政府部门批准，A 公司发行自身普通股股票（份数超过原来已发行股数）给 B 公司原股东，用以交换 B 公司原股东持有的对 B 公司股权。该项交易完成后，B 公司原股东持有 A 公司 50% 以上的股权，A 公司持有 B 公司 50% 以上的股权，A 公司为法律上的母公司，B 公司为法律上的子公司。但从会计角度，根据实质重于形式原则，A 公司为会计上实质的被购买方，B 公司为会计上实质的购买方。

二、反向购买的会计处理

（一）合并成本的确定

合并成本是指合并方付出的对价。在反向购买中，合并方是会计上的购买方，因此企业合并成本是会计上的购买方为获取在合并后报告主体的股权比例，应向会计上的被购买方股东发行的虚拟权益性证券数量乘以其公允价值计算的结果。购买方权益性证券的公允价值通常为其在购买日的公开报价。

（二）商誉的确定

根据会计准则的解释，在反向购买中，如果法律上母公司（被购买方）保留的资产、负债构成业务的，有关可辨认资产、负债在并入合并财务报表时，应以其在购买日确定的公允价值进行合并。企业合并成本大于合并中取得的法律上母公司（被购买方）可辨认净资产公允价值的份额体现为商誉，小于合并中取得的法律上母公司（被购买方）可辨认净资产公允价值的份额确认为合并当期损益。

如果被购买方不构成业务的（例如，未持有资产、负债或仅持有现金、交易性金融资产等不构成业务的资产或负债），购买方应按照权益性交易的原则进行处理，不得确认商誉或计入当期损益，差额调整资本公积。

应该看到，借壳上市很多情况下买的就是壳资源，壳资源的原有业务可能并不值钱，因此合并成本可以分成购买壳资源和购买原有业务两部分，购买壳资源的差额计入资本公积，购买原有业务的差额计入商誉。与业务相关的合并差额才能确认商誉，原因在于商誉通常包括被购买方现有业务持续经营产生的公允价值以及购买方与被购买方净资产和业务整合后可获得的协同效应或其他利益。我国企业合并准则强调业务合并，仅有业务合并差额才会产生商誉。

需要注意的是，对于构成业务的反向购买，在计算商誉时，购买方（法律上子公司）享有被购买方（法律上母公司）所有者权益的份额为 100%，与购买方原股东持有被购买方的股权比例和被购买方持有购买方的股权比例无关。根据准则讲解，在合并过程中未将所持股份转换为被购买方股份的购买方股东，仅对购买方的净资产和损益拥有权益份额，不拥有合并后形成报告主体的权益，即少数股东权益按购买方少数股东所持合并前净资产账面价值的份额确定。因此，购买方长期股权投资与被购买方所有者权益相互抵销时，不能产生少数股东权益，购买方享有被购买方所有者权益的份额只能按100%计算。

（三）少数股东权益的确定

如果法律上子公司的一些股东在合并过程中未将所持股份转换为法律上母公司的股份，则他们享有的权益份额仅限于法律上的子公司，应该在合并报表中作为少数股东权益列示。少数股东权益反映少数股东按持股比例计算享有法律上子公司合并前净资产账面价值的份额。

虽然法律上母公司的所有股东在合并中被认为是被购买方，但因其享有合并后形成报告主体的净资产和损益，不应该作为少数股东权益列示。

（四）合并财务报表的编制

在购买日合并财务报表的编制中，总的原则是体现"反向"，即以购买方（法律上子公司）为主体，保留购买方的股东权益各项目，抵销被购买方（法律上母公司）的股东权益各项目。因此，在合并财务报表中，法律上子公司的资产、负债应当按照合并前的账面价值进行确认和计量，法律上母公司的有关可辨认资产、负债则应按其在购买日确定的公允价值进行合并。股东权益部分股本的金额应当反映法律上子公司合并前发行在外的股份面值以及在确定企业合并成本过程中假定新发行的虚拟权益性证券的面值，但因为法律上母公司是上市公司，权益结构应当反映法律上母公司的权益结构，即法律上母公司发行在外权益性证券的数量。留存收益和其他权益性项目余额应当反映法律上子公司在合并前的留存收益和其他权益项目余额。少数股东权益应当反映法律上子公司的少数股东按持股比例计算应享有合并前净资产账面价值的份额。合并财务报表的比较信息应当是法律上子公司的比较信息（即与法律上子公司的前期合并财务报表相比较）。

为进一步具体说明反向购买情形下合并财务报表中合并金额的计算过程，假定A上市公司通过定向增发本公司普通股对非上市公司B公司进行企业合并，同时B公司原股东能够对A上市公司实施控制，则合并财务报表中各项目合并金额的计算如表2-2所示。

表2-2 反向购买情形下合并财务报表相关项目的合并金额计算

项　　目	合并金额
流动资产	B公司账面价值＋A公司公允价值
非流动资产	B公司账面价值＋A公司公允价值（不含反向购买时产生的长期股权投资）
商誉	合并成本－A公司可辨认净资产公允价值（如为负数应反映在留存收益中）
资产总额	合计
流动负债	B公司账面价值＋A公司公允价值
非流动负债	B公司账面价值＋A公司公允价值
负债总额	合计

（续）

项　目	合并金额
股本 （A公司股票股数）	B公司合并前发行在外的股份面值×A公司持股比例＋在确定企业合并成本过程中假定新发行的虚拟权益性证券的面值
资本公积	差额
盈余公积	B公司合并前盈余公积×A公司持股比例
未分配利润	B公司合并前未分配利润×A公司持股比例
少数股东权益	少数股东按持股比例计算享有B公司合并前净资产账面价值的份额
所有者权益总额	资产总额－负债总额

（五）每股收益的计算

在反向购买发生当期，用于计算每股收益的发行在外普通股加权平均数应当基于以下股数计算：①自当期期初至购买日，发行在外的普通股数量为法律上母公司在该项合并中向法律上子公司股东发行的普通股股数；②自购买日至期末，发行在外的普通股数量为法律上母公司实际发行在外的普通股股数。

反向购买后对外提供比较合并财务报表的，比较合并财务报表中的前期基本每股收益，应以法律上子公司在每一比较报表期间归属于普通股股东的净损益除以在反向购买中法律上母公司向法律上子公司股东发行的普通股股数计算确定。

需要指出的是，上述反向购买的会计处理原则仅适用于合并财务报表的编制。法律上母公司在合并中形成的对法律上子公司长期股权投资成本的确定，应当遵从《企业会计准则第2号——长期股权投资》的相关规定。

【例2-8】 A上市公司于2020年9月30日通过定向增发本公司普通股对B企业进行合并，取得B企业90%的股权。假定不考虑所得税影响。A公司和B企业的合并前简化的资产负债表如表2-3所示。

表2-3　A公司和B企业合并前简化的资产负债表　　（单位：万元）

项　目	A公司	B企业
流动资产	3 000	4 500
非流动资产	21 000	60 000
资产总额	24 000	64 500
流动负债	1 200	1 500
非流动负债	300	3 000
负债总额	1 500	4 500
所有者权益：		
股本	1 500	900
资本公积		
盈余公积	6 000	17 100
未分配利润	15 000	42 000
所有者权益总额	22 500	60 000

其他资料：

（1）2020年9月30日，A公司通过定向增发本公司普通股1620（＝900×90%×2）万股，以2股换1股的比例自B企业原股东处取得B企业90%的股权。

（2）2020年9月30日，A公司每股普通股的公允价值为20元，B企业每股普通股的公允价值为40元。A公司和B企业每股普通股的面值均为1元。

（3）2020年9月30日，A公司除非流动资产公允价值较账面价值高4500万元以外，其他资产、负债项目的公允价值与账面价值相同。

（4）假定A公司与B企业在合并前不存在关联方关系。

在本例中，A公司上市发行1620万股普通股取得B企业90%的股权，合并后B企业原股东持有A公司的股权比例为51.92%（＝1620/3120），A公司持有B企业的股权比例为90%。在这项合并中，虽然发行权益性证券的一方为A公司，但合并后B企业原股东能够控制A公司的生产经营决策，因此为反向购买，B企业为购买方，A公司为被购买方。同时，因被购买方A公司持有资产和负债，构成业务，该项反向购买为构成业务的反向购买。个别财务报表和合并财务报表具体会计处理过程如下：

（1）确认A公司的长期股权投资。

A公司编制个别财务报表时，对取得B企业的投资，按照支付合并对价的公允价值确定为长期股权投资的入账价值，并采用成本法进行后续计量。具体会计分录为：

借：长期股权投资（16200000×20）　　　　　324000000

　　贷：股本　　　　　　　　　　　　　　　　　　　16200000

　　　　资本公积——股本溢价　　　　　　　　　　　307800000

完成该项会计处理后，A公司的所有者权益变为：股本3120（＝1500＋1620）万元，资本公积30780万元，盈余公积6000万元，未分配利润15000万元。

（2）确定反向购买中的合并成本。

如前所述，A上市公司发行1620万股普通股取得B企业90%的股权，合并后B企业原股东持有A公司的股权比例为51.92%（＝1620/3120），如果假定B企业向A公司发行本企业普通股在合并后主体中享有同样的股权比例，在计算B企业需要发行的普通股数量时不考虑少数股权因素，则B企业应当发行的普通股股数为750（＝900×90%÷51.92%-900×90%）万股，B企业在该项反向购买中的合并成本应为30000（＝750×40）万元。

因为A公司在编制合并财务报表时，应将B企业视为购买方，A公司视为被购买方，所以应在合并工作底稿中编制B企业取得对A公司投资的会计分录：

借：长期股权投资　　　　　　　　　　　　　300000000

　　贷：股本　　　　　　　　　　　　　　　　　　　7500000

　　　　资本公积——股本溢价　　　　　　　　　　　292500000

需要注意的是，这笔分录仅出现在合并工作底稿中，并不是真正的账务处理，既不计入B企业的账簿和报表，也不计入A公司的账簿和报表。

（3）抵销A公司对B企业的投资。

借：股本   16 200 000

　　资本公积——股本溢价   307 800 000

　　贷：长期股权投资（1 620×20）   324 000 000

抵销后，A公司的所有者权益在合并财务报表中恢复到合并前的金额22 500万元。

（4）A公司资产负债账面价值调整为公允价值。

借：非流动资产   45 000 000

　　贷：资本公积   45 000 000

调整后，A公司可辨认资产的公允价值为27 000（=22 500+4 500）万元。

（5）确定反向购买中的商誉。

$$商誉=30 000-27 000=3 000（万元）$$

需要注意的是，B企业享有A公司净资产的份额为100%，不是51.92%或90%。

（6）抵销母公司长期股权投资与子公司所有者权益。

在本例中，应抵销购买方B企业（法律上子公司）的长期股权投资与被购买方A公司（法律上母公司）的所有者权益。

借：股本   15 000 000

　　资本公积   45 000 000

　　盈余公积   60 000 000

　　未分配利润   150 000 000

　　商誉   30 000 000

　　贷：长期股权投资   300 000 000

（7）对购买方（法律上子公司）合并前净资产中属于少数股东的权益进行调整。

在本例中，购买方B企业（法律上子公司）有10%股东未参与股权交换，因此这部分股东享有的权益份额仅限于B企业，应按所持B企业合并前净资产账面价值的10%在合并报表中列示为少数股东权益，即少数股东权益应为6 000（=60 000×10%）万元。

借：股本   900 000

　　盈余公积   17 100 000

　　未分配利润   42 000 000

　　贷：少数股东权益   60 000 000

A公司2020年9月30日合并资产负债表如表2-4所示。

表2-4　A公司2020年9月30日合并资产负债表　　（单位：万元）

项　　目	金　　额
流动资产	7 500
非流动资产	85 500
商誉	3 000
资产总额	96 000
流动负债	2 700

（续）

项 目	金 额
非流动负债	3 300
负债总额	6 000
少数股东权益	6 000
所有者权益：	
股本（3 300万股普通股）	1 560
资本公积	29 250
盈余公积	15 390
未分配利润	37 800
所有者权益总额	84 000

（8）每股收益的计算。

在本例中，假定B企业2019年实现合并净利润1 620万元，2020年A公司与B企业形成的合并会计主体实现的合并净利润为3 250万元，自2019年1月1日至2020年9月30日，B企业发行在外的普通股股数未发生变化。那么，A公司2020年基本每股收益应为1.63［＝3 250/（1 620×9÷12＋3 120×3÷12）］元。在提供比较报表的情况下，应对比较报表中的每股收益进行调整，A公司2019年基本每股收益应为1（＝1 620/1 620）元。

本章小结

1. 企业合并是指将两个或者两个以上单独的企业合并形成一个报告主体的交易或事项。构成企业合并至少包括两层含义：①取得对另一个或多个企业（或业务）的控制权；②所合并的企业必须构成业务。企业合并的方式包括吸收合并、新设合并和控股合并。在我国企业会计准则中，将企业合并分为同一控制下的企业合并与非同一控制下的企业合并。

2. 同一控制下企业合并采用权益结合法进行会计处理，具体而言，应遵循以下会计处理原则：①合并方取得的被合并方资产和负债仅限于被合并方账面已经确认的资产和负债，合并中不产生新的资产和负债。②合并方取得的被合并方资产和负债，应当按其合并日在被合并方的账面价值计量。③合并方取得的被合并方净资产账面

价值的份额与支付的合并对价账面价值（或发行股份面值总额）的差额，应当调整资本公积（资本溢价或股本溢价），不确认商誉或影响当期损益；资本公积（资本溢价或股本溢价）不足冲减的，调整盈余公积和未分配利润。④合并日合并方长期股权投资与被合并方所有者权益应当相互抵销，同时确认少数股东权益；被合并方在企业合并前实现的留存收益（盈余公积和未分配利润之和）中归属于合并方的部分，应当自合并方的资本公积转入留存收益。

3. 非同一控制下企业合并采用购买法进行会计处理，具体而言，应遵循以下步骤：①确定购买方；②确定购买日；③确定企业合并成本；④企业合并成本在取得的可辨认资产和负债之间的分配；⑤企业合并

成本与合并中取得的被购买方可辨认净资产公允价值份额差额的处理；⑥企业合并成本或合并中取得的有关可辨认资产、负债公允价值暂时确定情况的处理。

4. 在同一控制下的吸收合并中，合并方取得的资产和负债应当按其合并日在被合并方的账面价值计量，合并方取得的净资产账面价值与支付的合并对价账面价值（或发行股份面值总额）的差额，应当调整资本公积（资本溢价或股本溢价）；资本公积（资本溢价或股本溢价）不足冲减的，调整盈余公积和未分配利润。

5. 同一控制下控股合并的会计处理主要包括：①合并日合并方在个别报表中进行的长期股权投资确认和计量；②合并日合并方在合并工作底稿中所进行的相关调整和抵销分录，具体包括长期股权投资的确认和计量、长期股权投资与被合并方所有者权益的抵销、被合并方合并前留存收益的恢复等。

6. 非同一控制下控股合并的会计处理主要包括：①购买日购买方在个别报表中进行的长期股权投资的确认和计量；②购买方在合并财务报表工作底稿中所进行的相关调整和抵销分录，具体包括将子公司各项资产、负债由账面价值调整到公允价值、确认递延所得税资产或负债、购买方长期股权投资与被购买方所有者权益的抵销等。

7. 同一控制下企业合并形成的长期股权投资初始确认时可能存在或有对价。在这种情况下，初始投资时应判断是否应就或有对价确认预计负债或资产以及应确认的金额；如果确认了预计负债或资产，该预计负债或资产金额与后续或有对价结算金额之间的差额不影响当期损益，应当调整资本公积（资本溢价或股本溢价），资本公

积（资本溢价或股本溢价）不足冲减的，调整留存收益。

8. 非同一控制下企业合并涉及或有对价时，购买方应当将合并协议约定的或有对价作为企业合并转移对价的一部分，按照其在购买日的公允价值计入企业合并成本。或有对价符合权益工具和金融负债定义的，购买方应当将支付或有对价的义务确认为一项权益或负债；符合资产定义并满足资产确认条件的，购买方应当将符合合并协议约定条件、可回收部分已支付合并对价的权利确认为一项资产。购买日后12个月内出现对购买日已存在情况的新的或者进一步证据而需要调整或有对价的，应当予以确认并对原计入合并商誉的金额进行调整；其他情况下发生的或有对价变化或调整，应当区分以下情况进行会计处理：或有对价为权益性质的，不进行会计处理；或有对价为资产或负债性质的，按照企业会计准则有关规定处理，如果属于金融工具，应当按照以公允价值计量且其变动计入当期损益进行会计处理。

9. 反向购买是指上市公司通过向非上市公司原股东发行普通股，用以交换非上市公司原股东持有的对非上市公司的控制性股权，导致在合并后其生产经营决策被参与合并的另一方所控制的企业合并。上市公司虽然为法律上的母公司，但为会计上的被收购方，因此称为反向购买。在反向购买中，企业合并成本是会计上的购买方为获取在合并后报告主体的股权比例，应向会计上的被购买方股东发行的虚拟权益性证券数量乘以其公允价值计算的结果。企业合并成本大于合并中取得的被购买方（构成业务）可辨认净资产公允价值的份额体现为商誉，小于合并中取得的被购

买方可辨认净资产公允价值的份额确认为合并当期损益。少数股东权益反映少数股东按持股比例计算享有被购买方合并前净资产账面价值的份额。在购买日合并财务报表的编制中，总的原则是体现"反向"，即以购买方为主体，保留购买方的股东权益各项目，抵销被购买方的股东权益各项目。

关键术语

企业合并、业务、同一控制下企业合并、非同一控制下企业合并、购买法、权益结合法、或有对价、反向购买

思考题

1. 什么是企业合并？企业合并的方式有哪些？
2. 企业合并的类型有哪些？
3. 请简述同一控制下企业合并的会计处理原则。
4. 请简述非同一控制下企业合并的会计处理原则。
5. 比较购买法和权益结合法，简述我国保留权益结合法的原因。
6. 简述同一控制下企业合并的会计处理和合并日合并财务报表编制流程。
7. 简述非同一控制下企业合并的会计处理和合并日合并财务报表编制流程。
8. 简述或有对价的会计处理。
9. 简述反向购买的会计处理和合并报表编制流程。

自测题

1. 2019年1月1日，甲公司通过向乙公司股东定向增发1 500万股普通股（每股面值为1元，市价为6元），取得乙公司80%的股权，并控制乙公司，另以银行存款支付财务顾问费300万元。双方约定，如果乙公司未来3年平均净利润增长率超过8%，甲公司需要另外向乙公司原股东支付100万元的合并对价；当日，甲公司预计乙公司未来3年平均净利润增长率很可能达到10%。该项交易前，甲公司与乙公司及其控股股东不存在关联方关系。不考虑其他因素，甲公司该项企业合并的合并成本是（　　）。

A. 9 000万元　　　B. 9 300万元
C. 9 100万元　　　D. 9 400万元

2. 甲公司以一项固定资产和一项无形资产作为对价取得同一集团（长江集团）内乙公司100%的股权，该固定资产和无形资产账面价值分别为700万元和400万元，公允价值分别为800万元和500万元。合并日乙公司所有者权益账面价值为1 300万元，相对于最终控制方而言的账面价值为1 400万元，长江集团原合并乙公司时产生商誉200万元。假定不考虑增值税等相关税费。甲公司在确认对乙公司的长期股权投资时，应确认的资本公积为（　　）。

A. 200万元（贷方）　B. 100万元（贷方）
C. 300万元（贷方）　D. 500万元（贷方）

3. 甲公司使用的所得税税率为15%。2019年1月1日，甲公司以增发1 000万股普通股（每股市价1.6元，每股面值1元）作为对价，从W公司处取得乙公司80%的股权，能够对乙公司实施控制，另用银

行存款支付发行费用 80 万元。当日，乙公司可辨认净资产账面价值为 1 600 万元，乙公司除一项固定资产外，其他资产公允价值与账面价值相等，该项固定资产的账面价值为 300 万元，公允价值为 500 万元。甲公司与 W 公司不具有关联方关系。该项企业合并在合并财务报表中形成的商誉为（　　）万元。

A. 200　　　　　　B. -200

C. 160　　　　　　D. 184

4. 关于反向购买，下列说法中错误的是（　　）。

　　A. 合并财务报表中，法律上子公司的资产、负债应以其在合并前的账面价值进行确认并计量

　　B. 合并财务报表中的权益性工具的金额应当反映法律上子公司合并前发行在外的股份面值以及假定在确定该项企业合并成本过程中新发行的权益性工具的金额

　　C. 合并财务报表的比较信息应当是法律上子公司的比较信息（即法律上子公司的前期合并财务报表）

　　D. 法律上母公司的有关可辨认资产、负债在并入合并财务报表时，应以其在购买日的账面价值进行合并

5. 甲公司是上市公司。2018 年 2 月 1 日，甲公司临时股东大会审议通过向 W 公司（非关联方）非公开发行股份，购买 W 公司持有的乙公司的 100% 股权。甲公司此次非公开发行前的股份为 2 000 万股，经对乙公司净资产进行评估，向 W 公司发行股份数量为 6 000 万股，按有关规定确定的股票价格为每股 4 元。非公开发行完成后，W 公司能够控制甲公司。2018 年 9 月 30 日，非公开发行经监管部门核准

并办理完成股份登记等手续。该反向购买的合并成本为（　　）万元。

A. 24 000　　　　　B. 6 000

C. 8 000　　　　　　D. 0

6. 下列各项中，不属于《企业会计准则第 20 号——企业合并》规范的企业合并的有（　　）。

　　A. 购买子公司少数股权

　　B. 一个企业取得对另一个企业的控制权，而被购买方（或被合并方）并不构成业务

　　C. 两方或多方形成合营企业

　　D. 企业 A 和企业 B 构成业务，企业 A 通过增发自身的普通股自企业 B 原股东处取得企业 B 的全部股权，该交易事项发生后，企业 B 仍持续经营

7. 关于同一控制下企业合并，下列会计处理中正确的有（　　）。

　　A. 同一控制下企业合并，需要确认被合并方原有商誉

　　B. 同一控制下企业合并，需要确认新的商誉

　　C. 同一控制下企业合并，不确认被合并方原有商誉

　　D. 同一控制下企业合并，不确认新的商誉

8. 非同一控制下控股合并购买日编制合并报表，下列处理中正确的有（　　）。

　　A. 合并资产负债表中取得的被购买方各项资产和负债按照公允价值确认

　　B. 合并前留存收益中归属于合并方的部分应自资本公积转入留存收益

　　C. 无须将合并前留存收益自资本公积转入留存收益

　　D. 购买方合并成本大于购买日享有被购买方可辨认净资产账面价值份额的差额确认为合并商誉

9. 甲公司为一家 ST 公司。2017 年 8 月，乙公司购买甲公司 40 万股股票，持股比例

0.2%。2018 年 9 月，甲公司定向增发 3.6 亿股普通股取得乙公司持有全资子公司丙公司 100% 的股权。交易完成后，乙公司持有甲上市公司 30% 的股权，同时，甲公司原控股股东丁公司的持股比例下降为 3%，甲公司其他股东持股比例非常分散，乙公司有权提名甲公司董事会中过半数的董事，乙公司因此成为甲公司新的控股股东。下列说法中正确的有（　　）。

A.甲公司取得丙公司 100% 股权属于同一控制下的企业合并

B.甲公司取得丙公司 100% 股权属于非同一控制下的企业合并

C.2018 年 9 月发生的企业合并属于反向购买

D.2018 年 9 月发生的企业合并不属于反向购买

10. A 公司为一家规模较小的上市公司，B 公司为一家规模较大的贸易公司。B 公司拟通过收购 A 公司的方式达到上市的目的，但该交易是通过 A 公司向 B 公司原股东发行普通股用以交换 B 公司原股东持有的对 B 公司股权方式实现。该项交易后，B 公司原控股股东持有 A 公司 60% 股权，A 公司持有 B 公司 90% 股权。关于合并报表中的少数股东权益，下列说法中正确的有（　　）。

A.少数股东权益是法律上母公司在合并前原股东享有的权益

B.少数股东权益是法律上子公司部分没有以其权益交换法律上母公司权益的所有者享有的合并前法律上子公司的权益部分

C.少数股东权益金额按照法律上子公司合并前账面净资产和少数股东持股比例计算

D.少数股东权益金额按照合并净资产和少数股东持股比例计算

练习题

1. 2019 年 6 月 30 日，上市公司甲公司向乙公司股东定向增发 10 000 万股普通股股票（每股面值为 1 元，每股市价为 3.5 元）对乙公司进行合并，当日取得乙公司 70% 股权并对乙公司实施控制，两家公司在合并前不存在关联方关系。购买日，乙公司所有者权益账面价值为 22 000 万元，其中股本 10 000 万元，资本公积 5 000 万元，其他综合收益 1 000 万元，盈余公积 2 000 万元，未分配利润 4 000 万元。购买日，乙公司除存货、固定资产和无形资产外，其他资产、负债的公允价值与账面价值相等。存货的账面价值为 1 020 万元，公允价值为 1 800 万元；固定资产的账面价值为 12 000 万元，公允价值为 22 000 万元；无形资产的账面价值为 2 000 万元，公允价值为 6 000 万元。甲公司和乙公司适用的所得税税率均为 25%。

要求：

（1）编制甲公司个别财务报表中取得对乙公司长期股权投资的会计分录。

（2）编制购买日合并财务报表调整和抵销分录。

2. 甲公司为境内上市公司，专门从事能源生产业务。2019 年，甲公司发生的企业合并及相关交易或事项如下：

（1）2019 年 2 月 20 日，甲公司召开董事会，审议通过了以换股方式购买专门从事新能源开发业务的乙公司 80% 股权的议案。2019 年 3 月 10 日，甲公司、乙公司及其控股股东丙公司各自内部决策机构批准了该项交易方案。2019 年 6 月 15

日，证券监管机构核准了甲公司以换股方式购买乙公司80%的股权的方案。

2019年6月30日，甲公司以3:1的比例向丙公司发行6 000万股普通股，取得乙公司80%的股权，有关股份登记和股东变更手续当日完成；同日，甲公司、乙公司的董事会进行了改选，丙公司开始控制甲公司，甲公司开始控制乙公司。甲公司、乙公司普通股每股面值均为1元，2019年6月30日甲公司普通股的公允价值为每股3元，乙公司普通股的公允价值为每股9元。

2019年7月16日，甲公司支付为实施上述换股合并而发生的会计师、律师、评估师等费用350万元，支付财务顾问费1 200万元。

（2）甲公司、乙公司资产、负债等情况如下：

2019年6月30日，甲公司账面资产总额17 200万元，其中固定资产账面价值4 500万元，无形资产账面价值1 500万元；账面负债总额9 000万元；账面所有者权益（股东权益）合计8 200万元，其中：股本5 000万元（每股面值1元），资本公积1 200万元，盈余公积600万元，未分配利润1 400万元。

2019年6月30日，甲公司除一项无形资产外，其他资产、负债的公允价值与其账面价值相同，该无形资产为一项商标权，账面价值1 000万元，公允价值3 000万元，按直线法摊销，预计尚可使用5年，预计净残值为零。

2019年6月30日，乙公司账面资产总额34 400万元，其中固定资产账面价值8 000万元，无形资产账面价值3 500万元，账面负债总额13 400万元，账面所有者权益（股东权益）合计21 000万元。其中，股本2 500万元（每股面值1元），资本公积500万元，盈余公积1 800万元，未分配利润16 200万元。

2019年6月30日，乙公司除一项固定资产外，其他资产、负债的公允价值与其账面价值相同，该固定资产为一栋办公楼，账面价值3 500万元，公允价值6 000万元，按年限平均法计提折旧，预计尚可使用20年，预计净残值为零。

（3）2019年12月20日，甲公司向乙公司销售一批产品，销售价格（不含增值税）为100万元，成本为80万元，款项已收取。截至2019年12月31日，乙公司确认甲公司购入的产品已对外出售50%，其余50%形成存货。

其他相关资料如下：

合并前，丙公司、丁公司分别持有乙公司80%和20%的股权，甲公司与乙公司、丙公司、丁公司不存在任何关联方关系；合并后，甲公司与乙公司除资料（3）所述内部交易外，不存在其他任何内部交易。

甲公司和乙公司均按照年度净利润的10%计提法定盈余公积，不计提任意盈余公积。企业合并后，甲公司和乙公司没有向股东分配利润。

甲公司和乙公司适用的企业所得税税率均为25%，甲公司以换股方式购买乙公司80%的股权的交易适用特殊税务处理规定，即收购企业、被收购企业的原有各项资产和负债的计税基础保持不变，甲公司和乙公司合并前的各项资产、负债的账面价值与其计税基础相同。不存在其他未确认暂时性差异所得税影响的事项。甲公司和乙公司预计未来年度均有足够的应纳税所得额用以抵扣可抵扣暂时性差异。

除所得税外，不考虑增值税及其他相关税费，不考虑其他因素。

要求：

（1）根据资料（1）、资料（2）及其他有关资料，判断该项企业合并的类型及会计上的购买方和被购买方，并说明理由。

（2）根据资料（1）、资料（2）及其他有关资料，确定该项企业合并的购买日（或合并日），并说明理由。

（3）根据资料（1）、资料（2）及其他有关资料，计算甲公司取得乙公司80%股权投资的成本，并编制相关会计分录。

（4）根据资料（1）、资料（2）及其他有关资料，计算该项企业合并的合并成本和商誉（如有）。

（5）根据资料（1）、资料（2）及其他有关资料，计算甲公司购买日（或合并日）合并资产负债表中固定资产、无形资产、递延所得税资产（或负债）、盈余公积和未分配利润的列报金额。

（6）根据资料（3），编制甲公司2019年合并财务报表相关的抵销分录。

■ 章后案例

2019年10月18日，证监会发布《关于修改〈上市公司重大资产重组管理办法〉的决定》，取消了重组上市认定标准中的"净利润"指标、缩短"累计首次原则"计算期间、允许符合国家战略的高新技术产业和战略性新兴产业相关资产在创业板借壳上市。

借壳上市，是指非上市公司通过并购、重组、资产置换等方式取得壳公司（上市公司）控制权，再将自身资产装入壳公司，实现"迂回"上市。通常所指的壳，就是企业具有的上市资格。在我国，IPO上市审核通常较为严格，而且流程较长，常常使部分公司望而却步。借壳上市具有审核程序简单、审核标准较宽松等优势，已成为多数非上市公司，特别是独角兽企业较为青睐的上市方式。

2017年，360公司通过借壳江南嘉捷进行资产重组，演绎了通过"反向购买"回归A股的传奇故事。

周鸿祎于2005年9月创建奇虎360；2011年3月底登录纳斯达克；2014年3月股价达到121美元巅峰，此后持续下跌；2015年6月提出私有化计划；2015年12月以93亿美元实现私有化；2016年7月完成私有化退市；2017年3月接受IPO辅导，虚晃一枪；2017年11月江南嘉捷发布重大资产重组公告，2018年2月更名为360安全科技股份有限公司。

360公司与江南嘉捷主要通过重大资产出售、重大资产置换以及发行股份购买资产三步成功实现借壳上市。首先通过资产划转和子公司股权转让将江南嘉捷清理为标准的"净壳"，即转出所有资产和负债，只保留上市资格，以便于后续360公司优质资产的注入。在资产划转方面，江南嘉捷全资子公司嘉捷机电承接了江南嘉捷转出的所有资产和负债。在子公司股权转让方面，江南嘉捷以现金16.90亿元的交易对价出售嘉捷机电90.29%的股权，交易对手方是公司控股股东金氏父子或其指定的第三方。接下来江南嘉捷作价1.82亿元，向360公司置换出嘉捷机电9.71%的股权；360公司则置换出自身100%的股权，估值为504.16亿元。为补足502.35亿元差额，江南嘉捷以7.89元/股价格，向360公司全体股东发行63.67亿股。至此，360公司完成了对江南嘉捷的反向购买，成功借壳上市。

虽然江南嘉捷发行股份收购了360公司的100%股权，但是以稀释原股东股权为代价的。通过向360公司原股东发行股份，使得360公司原股东成为江南嘉捷的控股股东。合并后，江南嘉捷的生产经营决策被360公司原股东所控制。虽然360公司股东让渡了360公司100%股权给江南嘉捷，但通过实际控股江南嘉捷，其最终还是控制360公司。

根据实质重于形式原则，江南嘉捷虽为法律上的母公司，却成为实际的被购买方。而360公司虽为法律上的子公司，但其股东却成为实际购买方。360公司股东可通过控股江南嘉捷和360公司，将360公司资产注入江南嘉捷，实现360公司借壳上市，同时主导上市后360公司的经营活动。虽然表面上360公司原股东并未支付任何对价，但因让渡360公司100%股权，在取得对江南嘉捷控股权后其所持360公司股权比例随即被稀释。

360公司在美国私有化退市时的市值仅约600亿元，而挂牌A股时的市值一度达到了3 850.10亿元，大股东赚得盆满钵满。但从长期来看，这很可能会催生借壳上市公司的估值泡沫。

资料来源：程小可，等.蛇吞象？"象"意在借"蛇壳"上市：360回归A股之路.准则注，2019年10月25日。

分析并思考：

（1）江南嘉捷应如何确定企业合并成本？

（2）在该项企业合并中，是否应该确认商誉？为什么？

（3）在编制合并财务报表时，下列合并金额应该如何填列（括号中应填写哪家公司）？

（4）所有规模较大的非上市公司都可以找到一个已上市公司的"壳"，通过一系列并购重组安排实现借壳上市吗？

项　目	合并金额
流动资产	（　）公司在购买日的公允价值＋（　）公司账面价值
非流动资产	（　）公司在购买日的公允价值＋（　）公司账面价值
商誉	（　）公司的合并成本－（　）公司可辨认净资产公允价值的份额
资产总额	合计
流动负债	（　）公司在购买日的公允价值＋（　）公司账面价值
非流动负债	（　）公司在购买日的公允价值＋（　）公司账面价值
负债总额	合计
股本（（　）公司新旧股票总股数）	（　）公司合并前发行在外的股份面值×（　）公司持有（　）公司的股份比例＋假定（　）公司发行虚拟股面值总额
资本公积	资产总额－负债总额－所有者权益总额
盈余公积	（　）公司合并前盈余公积×（　）共计持有（　）公司股份比例
未分配利润	（　）公司合并前未分配利润×（　）持有（　）公司股份比例
少数股东权益（（　）公司少数股东享有部分）	按少数股东持有（　）公司股份比例计算享有（　）公司合并前净资产账面价值的份额
所有者权益总额	资产总额－负债总额

◈ 参考答案

扫码查看
参考答案

第三章
CHAPTER3
合并财务报表

📖 学习目标

1. 了解合并财务报表的概念和合并理论
2. 掌握合并范围的判定方法
3. 掌握合并日后合并财务报表的编制方法
4. 理解合并现金流量表的编制原则

📖 章前案例

同仁堂品牌始创于1669年（清康熙八年）。1992年中国北京同仁堂集团公司（以下简称"同仁堂集团"）组建并于2001年改制为国有独资公司，是首批中华老字号企业，至今公司构建了集种植（养殖）、制造、销售、医疗、康养、研发于一体的大健康产业链条。截至2020年年末，同仁堂集团旗下拥有包括三家上市公司在内的七个二级集团和多家直属子公司，业务布局遍及五大洲。[一]

北京同仁堂股份有限公司（股票代码：600085，以下简称"同仁堂"）是同仁堂集团的首家上市公司，下表列示了同仁堂的部分财务报表数据。

同仁堂2019年财务数据摘录 （单位：元）

报表项目（2019年12月31日）	母公司资产负债表	合并资产负债表
货币资金	1 972 860 621.65	7 557 050 623.46
应收账款	99 440 741.60	1 208 559 452.98
存货	1 928 297 896.94	5 951 525 372.69
长期股权投资	704 074 716.62	16 688 034.67
其中：对子公司投资	704 074 716.62	—
对联营和合营企业投资	—	16 688 034.67

㊀ 资料来源：同仁堂集团官网，www.tongrentang.com/article/70.html。

（续）

报表项目（2019年12月31日）	母公司资产负债表	合并资产负债表
商誉	—	47 402 291.75
资产总额	6 495 787 480.39	20 921 822 081.20
负债总额	991 072 116.04	6 261 601 202.83
股东权益总额	5 504 715 364.35	14 660 220 878.37
其中：股本	1 371 470 262.00	1 371 470 262.00
资本公积	1 353 754 682.55	2 006 500 148.44
盈余公积	812 632 940.51	812 632 940.51
未分配利润	1 966 857 479.29	4 968 494 206.02
少数股东权益	—	9 235 073 114.22
报表项目（2019年度）	母公司利润表	合并利润表
营业收入	2 940 526 156.90	13 277 123 199.46
净利润	937 008 495.61	1 561 601 328.39
其中：归属于母公司股东的净利润	—	985 435 905.02
少数股东损益	—	576 165 423.37

资料来源：同仁堂2019年年度报告。

在同仁堂2019年年报的"在其他主体中的权益"附注之下，以表格形式披露的子公司信息主要包括子公司的名称、主要经营地、注册地、业务性质、母公司持股比例和取得方式等。作为企业集团的同仁堂（600085），拥有上百家子公司，子公司的相关情况如下：

（1）涉足制造业、商业、种植业、养殖业和服务业。

（2）绝大部分通过设立或投资方式取得，20多家通过同一控制下的企业合并取得，两家通过非同一控制下的企业合并取得。

（3）绝大部分是非全资子公司，除了同仁堂科技外，均由母公司持股半数以上，全资子公司不超过十家；仅十几家由母公司直接持股。

此外，2019年同仁堂新设三家子公司并注销一家子公司，引起合并范围的变更。

根据上述资料，思考以下问题：合并财务报表和母公司报表之间的差异及其形成原因是什么？合并范围的判定依据是什么？对于设立、通过同一控制下和非同一控制下合并取得的子公司，对于全资或非全资子公司，母公司在合并财务报表的编制上有什么不同处理？通过本章的学习，我们将解答这些问题。

第一节　合并财务报表概述

合并财务报表有助于企业集团的股东和长期债权人等使用者做出正确的经济决策，也有助于评价企业集团最高管理层的业绩。相关会计规范的更迭以及不同合并理论的运用可能导致合并财务报表在会计信息的呈现上存在一些差异。

一、合并财务报表的基本概念

合并财务报表，是指反映母公司与其全部子公司形成的企业集团整体财务状况、经营成果和现金流量的财务报表。

母公司是指控制一个或一个以上主体的主体。子公司是指被母公司控制的主体。子公司是不围于公司制企业的一种法律形式。大部分子公司由母公司以股权方式控制，也有一些子公司如结构化主体[⊖]是由母公司通过与被投资方签署协议获取控制的。子公司通常为被投资方的整体，极个别情况下是被投资方的可分割部分[⊜]。

企业集团年度财务报告中的合并财务报表至少应当包括合并资产负债表、合并利润表、合并现金流量表、合并所有者权益（或股东权益）变动表和附注。企业集团中期期末编制合并财务报表的，至少应当包括合并资产负债表、合并利润表、合并现金流量表和附注。

二、合并财务报表的相关会计规范

我国财政部在 1995 年发布《合并会计报表暂行条例》，2006 年发布《企业会计准则第 33 号——合并财务报表》，2014 年发布《企业会计准则第 33 号——合并财务报表（修订版）》。对于会计实务中遇到的有关合并财务报表的特殊问题或难点问题，财政部通过不定期发布的《企业会计准则解释》进行解答。截至 2021 年 9 月底，第 1、2、4、7 和 8 号《企业会计准则解释》涉及合并财务报表编制的内容。企业提供合并财务报表还需遵从其他相关准则，如《企业会计准则第 19 号——外币折算》《企业会计准则第 31 号——现金流量表》《企业会计准则第 41 号——在其他主体中权益的披露》。

我国财政部会不定期发布和更新合并财务报表格式，为企业编制合并财务报表提供指导。例如，2019 年 9 月，财政部修订印发了《合并财务报表格式（2019 版）》，涵盖母公司和从事各类经济业务的子公司的情况，包括一般企业、商业银行、保险公司和证券公司等。其中，要求企业应当根据重要性原则并结合本企业实际情况，对确需单独列示的内容，可增加合并财务报表项目；对不存在相应业务的合并财务报表项目，可进行必要删减。此外，我国上市公司应当遵循由中国证监会发布的信息披露内容与格式的准则，用于提供招股说明书或定期报告。

美国会计程序委员会在 1959 年发布了会计研究公告第 51 号《合并财务报表》（ARB51），该文件是第一个关于合并财务报表的正式会计规范；美国财务会计准则委员会（FASB）在 1987 年发布财务会计准则公告第 94 号《全部拥有多数股权子公司的合并》（SFAS94）。以上

⊖　结构化主体是指在确定其控制方时没有将表决权或类似权利作为决定因素而设计的主体。如上市公司发起设立、投资或管理的合伙企业、信托计划、资产管理计划、资产支持证券、基金、理财产品等。

⊜　被投资方可分割的部分是指被投资方的一部分，且有确凿证据表明同时满足下列条件并且符合相关法律法规规定：①该部分的资产是偿付该部分负债或该部分其他权益的唯一来源，不能用于偿还该部分以外的被投资方的其他负债；②除与该部分相关的各方外，其他方不享有与该部分资产相关的权利，也不享有与该部分资产剩余现金流量相关的权利。

两个准则都将拥有半数以上表决权作为合并的通常条件。2003 年 FASB 发布准则解释第 46 号《可变利益实体的合并》（FIN46），以解决特殊目的实体的合并问题；2007 年发布财务会计准则公告第 160 号《合并财务报表中的非控制权益：对 ARB 51 的修订》（SFAS160）。

国际会计准则委员会（IASC）在 1989 年发布国际会计准则第 27 号《合并财务报表和对子公司投资会计》（IAS27）。这一准则随后被国际会计准则理事会（IASB）修订，更名为《合并财务报表和单独财务报表》，并于 2005 年生效。2011 年 IASB 又发布了国际财务报告准则第 10 号《合并财务报表》（IFRS10）和第 12 号《在其他主体中权益的披露》（IFRS12），对控制定义做了新的表述，旨在包揽所有可能的使得一方对另一方拥有权利的方式，如通过表决权、协议、决策权等方式。

三、合并财务报表的合并理论

合并理论包括所有权理论、母公司理论和实体理论。下面基于非同一控制下的企业合并，比较不同合并理论对合并报表的影响，包括子公司可辨认净资产的并表比例及计量、合并商誉的计量、少数股东权益的确认和计量等。

【例 3-1】 20×1 年 1 月 1 日，甲公司以现金 2 250 万元购买乙公司 75% 有表决权的股份，取得对乙公司的控制权，属于非同一控制下的企业合并。购买日 20×1 年 1 月 1 日，乙公司可辨认净资产的账面价值为 1 620 万元。甲公司和乙公司的存货、固定资产和应付债券均存在不同的账面价值和公允价值，如表 3-1 所示，其他项目无差异。

表 3-1　甲公司和乙公司部分资产和负债项目的账面价值和公允价值　（单位：万元）

报表项目	甲公司		乙公司	
	账面价值	公允价值	账面价值	公允价值
存货	650	670	200	192
固定资产	1 200	1 300	900	916
应付债券	1 000	1 080	612	600

甲公司全部净资产按账面价值计入合并报表。不同合并理论下，乙公司净资产计入合并报表的方式有所不同。子公司可辨认资产和负债项目的公允价值和账面价值之差，包括存货减值 8 万元、固定资产增值 16 万元和应付债券减值 12 万元。

购买日乙公司可辨认净资产公允价值＝1 620−8＋16−（−12）＝1 640（万元）

1. 所有权理论

所有权理论认为，合并财务报表用于向母公司股东提供其所拥有的资源信息。母公司作为子公司的股东，以其持有的子公司股权比例为限，享有子公司的净资产和损益。母公司应

⊖　子公司的非控制权益。

当按其持有的子公司股权比例，将子公司的资产和负债、收入和费用并入合并报表，称为比例合并法。

在合并资产负债表中，①可辨认资产和负债的合并数＝母公司账面价值＋子公司公允价值×母公司应享比例；②商誉为母公司商誉，母公司商誉＝企业合并成本－子公司可辨认净资产公允价值×母公司应享比例；③由于合并报表未并入属于少数股东的子公司净资产，不列报少数股东权益。

在合并利润表中，不列报少数股东损益[一]，最终经营成果是归属于母公司股东的净利润，集团内部交易未实现损益按母公司持有的子公司股权比例消除。

续【例3-1】 采用比例合并法计算合并报表项目：

$$存货合并数＝650＋192×75\%＝794（万元）$$
$$固定资产合并数＝1\,200＋916×75\%＝1\,887（万元）$$
$$应付债券合并数＝1\,000＋600×75\%＝1\,450（万元）$$
$$商誉＝2\,250-1\,640×75\%＝1\,020（万元）$$

不确认少数股东权益。

2. 母公司理论

母公司理论认为，母公司有权决定子公司的财务政策和经营政策，能够对子公司的全部净资产实施控制，进而影响子公司的全部经营成果，合并财务报表用于向母公司股东提供其所控制的资源信息。母公司应当将子公司的资产和负债、收入和费用以全额并入合并报表。少数股东不是合并报表的服务对象，未参与子公司净资产的购买，不关心子公司净资产的公允价值。基于母公司理论编制合并报表的方法，称为母公司法。

在合并资产负债表中，①可辨认资产和负债合并数＝母公司账面价值＋子公司公允价值×母公司应享比例＋子公司账面价值×少数股东应享比例，其中取得的子公司可辨认资产和负债采用双重计价；②商誉为母公司商誉；③少数股东权益被视为负债，在负债和股东权益之间列报，少数股东权益＝子公司可辨认净资产账面价值×少数股东应享比例。

在合并利润表中，将少数股东损益列报为费用，最终经营成果是归属于母公司股东的净利润，集团内部交易未实现损益全额消除。

续【例3-1】 采用母公司法计算合并报表项目：

$$存货合并数＝650＋192×75\%＋200×25\%＝844（万元）$$
$$固定资产合并数＝1\,200＋916×75\%＋900×25\%＝2\,112（万元）$$
$$应付债券合并数＝1\,000＋600×75\%＋612×25\%＝1\,603（万元）$$
$$商誉＝2\,250-1\,640×75\%＝1\,020（万元）$$
$$少数股东权益＝1\,620×25\%＝405（万元）$$

[一] 少数股东享有的子公司损益。

3. 实体理论

实体理论认为，合并财务报表应当向企业集团的利益相关者报告企业集团整体的财务状况和经营成果。子公司作为企业集团经济实体的一部分，其全部资产和负债、全部收入和费用均应并入合并报表。此外，子公司的少数股东和母公司具有同样的股东身份，对子公司的利益诉求是一致的。

在合并资产负债表中，可辨认资产和负债的合并数＝母公司账面价值＋子公司公允价值，确认少数股东权益并单独列报于股东权益部分。

续【例3-1】 采用实体理论计算合并报表的可辨认资产和负债项目：
$$存货合并数＝650＋192＝842（万元）$$
$$固定资产合并数＝1\,200＋916＝2\,116（万元）$$
$$应付债券合并数＝1\,000＋600＝1\,600（万元）$$

在合并利润表中，最终经营成果是集团全部利润，由少数股东损益和归属于母公司股东的净利润构成，两者并列披露于集团合并净利润之下；集团内部交易未实现损益全额消除。

基于实体理论编制合并财务报表包括实体法和修正实体法，这两种方法对于商誉和少数股东权益的计量有所不同。

（1）修正实体法下的商誉和少数股东权益。

修正实体法下，少数股东权益的评估基础是子公司可辨认净资产的公允价值，即少数股东权益＝可辨认净资产公允价值×少数股东应享比例。少数股东权益不包含商誉，商誉仅为母公司商誉。我国会计实务采用修正实体法，国际会计准则允许修正实体法。

续【例3-1】 采用修正实体法计算商誉和少数股东权益：
$$商誉＝2\,250-1\,640×75\%＝1\,020（万元）$$
$$少数股东权益＝1\,640×25\%＝410（万元）$$

（2）实体法下的商誉和少数股东权益。

实体法下，少数股东权益按照公允价值计量，其公允价值超出少数股东应享子公司可辨认净资产公允价值的部分，形成少数股东商誉。因此，少数股东权益计量含有一部分商誉值。商誉包括母公司商誉和少数股东商誉，称为完全商誉。美国会计实务采用实体法，国际会计准则允许实体法。

假定不存在控制权溢价，少数股东和母公司在购买日持有的子公司每股普通股价值是相同的，完全商誉和少数股东权益的计算方法如下：
$$子公司整体公允价值＝企业合并成本÷母公司应享比例$$
$$（完全）商誉＝子公司整体公允价值-子公司可辨认净资产公允价值$$
$$少数股东权益＝子公司整体公允价值×少数股东应享比例$$

续【例3-1】 采用实体法计算商誉和少数股东权益：

$$乙公司整体公允价值 = 2\,250 \div 75\% = 3\,000（万元）$$

$$（完全）商誉 = 3\,000 - 1\,640 = 1\,360（万元）$$

$$少数股东权益 = 3\,000 \times 25\% = 750（万元）$$

还可以做如下的验证计算：

$$少数股东商誉 = 少数股东权益公允价值 - 子公司可辨认净资产公允价值 \times 少数股东应享比例$$

$$完全商誉 = 母公司商誉 + 少数股东商誉$$

$$少数股东权益 = 可辨认净资产公允价值 \times 少数股东应享比例 + 少数股东商誉$$

$$少数股东商誉 = 750 - 1\,640 \times 25\% = 340（万元）$$

$$（完全）商誉 = 1\,020 + 340 = 1\,360（万元）$$

$$少数股东权益 = 1\,640 \times 25\% + 340 = 750（万元）$$

第二节　合并政策

合并政策的恰当执行有助于提高合并财务报表的信息质量。合并政策包括合并范围的判定、母子公司之间会计政策和会计期间的统一、子公司应履行的义务以及考虑投资性主体的影响等。

一、合并范围

合并范围界定了哪些主体的经济活动应当反映在合并报表之中，合并财务报表的报告主体是企业集团，所以合并范围是指构成企业集团的母公司及其所有子公司。判定合并范围，离不开回答一个问题：哪些主体是企业集团的子公司？

（一）合并范围的判定基础

基于经济实质重于法律形式的原则，合并范围的判定应当以控制为基础，母公司持有子公司股权的多少不是唯一的判断标准。控制，是指投资方拥有对被投资方的权利，通过参与被投资方的相关活动而享有可变回报，并且有能力运用对被投资方的权利影响其回报金额。

投资方对被投资方的权利，是指投资方享有的（不论其是否实际行使）、使其目前有能力主导被投资方的相关活动的现时权利，应该是实质性权利[一]而非保护性权利[二]，通常表现为表决权，也可能表现为其他合同安排。

[一] 实质性权利，是指持有人在对相关活动进行决策时有实际能力行使的可执行权利。对相关活动做出的决策包括但不限于：对被投资方经营、融资等活动做出决策，如被投资方经营计划、投资方案、年度财务预算和决算方案、利润分配方案和弥补亏损方案等；内部管理机构的设置；公司基本管理制度相关事项；任命被投资方的关键管理人员或服务提供商，并决定其报酬以及终止与其的劳务关系或业务关系。

[二] 保护性权利，是指仅为了保护权利持有人利益却没有赋予持有人对相关活动决策权的一项权利。可能的保护性决策事项包括修改章程、增减注册资本、发行债券、合并、分立、解散或变更形式等与改变被投资方基本性质相关的事项。

相关活动是指对被投资方的回报产生重大影响的活动。相关活动通常包括商品或劳务的销售和购买、金融资产的管理、资产的购买和处置、研发活动以及融资活动等。是否成为被投资方的相关活动，应当根据企业的行业特征、业务特点、发展阶段、市场环境等具体情况进行判断。

可变回报，是指不固定且可能随着被投资方业绩而变化的由投资方享有的回报。可变回报表现为正回报、负回报或兼而有之。投资方应当基于合同安排的实质而非回报的法律形式对回报的可变性进行评价。可变回报的主要形式有以下几种。

（1）股利或被投资方经济利益的其他分配方式、投资方对被投资方投资的价值变动。

（2）因向被投资方的资产或负债提供服务而得到的报酬、因提供信用或流动性支持收取的费用或承担的损失、被投资方清算时在其剩余净资产中所享有的权益、税务利益、因参与被投资方而获得的未来流动性。

（3）其他利益持有方无法得到的回报。例如，投资方因投资形成规模经济而节约成本；投资方因获得稀缺资源、专有技术或限制被投资方某些运营或资产而提高自身的资产价值。

（二）合并范围的判定方法

投资方应当在综合考虑所有相关事实和情况的基础上对是否控制被投资方进行判断。一旦相关事实和情况发生变化，导致控制定义所涉及的相关要素发生变化，投资方应当进行重新评估。相关事实和情况主要包括以下几种。

（1）被投资方的设立目的。

（2）被投资方的相关活动以及如何对相关活动做出决策。

（3）投资方是否通过参与被投资方的相关活动而享有可变回报。

（4）投资方享有的权利是否使其目前有能力主导被投资方的相关活动。

（5）投资方是否有能力运用对被投资方的权利影响其回报金额。

（6）投资方与其他方的关系。

被投资方的规模、所处行业、形成方式（设立或企业合并）、法律形式、经营情况、作为境外企业向母公司转移资金的能力（使母公司丧失控制的除外）不是判定合并范围应予考虑的因素。

（三）投资方对被投资方拥有权利的情形

1. 投资方掌握被投资方半数以上的表决权

除非有确凿证据表明投资方不能主导被投资方的相关活动，下列两种情况，表明投资方对被投资方拥有权利。

（1）投资方持有被投资方半数以上的表决权。

持有方式包括直接持有、通过子公司间接持有或者两者兼而有之。通过子公司间接持有的表决权比例，应采用加法原则计算，不宜采用乘法原则，乘法原则适用于权益金额的计算。

【例3-2】 同仁堂（600085）2018 年度财务报告披露，直接持有其子公司北京同仁堂商业投资集团有限公司 51.98% 的股权[⊖]。通过该子公司，同仁堂间接持有其遍布于全国各地的上百家药店，间接持有的股权比例至少为 51%（北京同仁堂王府井中医医院有限公司及北京同仁堂广州药业连锁有限公司除外）。

子公司同仁堂国药的 33.62% 股权由同仁堂直接持有，38.05% 股权由同仁堂通过其子公司同仁堂科技间接持有，应用加法原则，同仁堂持有同仁堂国药的表决权比例为 71.67%（＝33.62%＋38.05%），如图 3-1 所示。

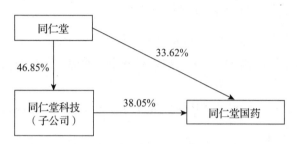

图 3-1 直接和间接持有被投资方表决权（加法原则）

（2）投资方持有被投资方半数或以下的表决权，但通过与其他表决权持有人之间的协议能够控制半数以上的表决权。

投资方通过与其他投资方签署协议，可以代理行使其他投资方的表决权，与其他投资方之间在被投资方相关活动的决策中达成一致行动[⊖]。对于一致行动协议的实质作用，会计人员需要做出审慎的判断。一方面，应关注其他股东将表决权授权给投资方行使的商业合理性。例如，投资方是不是被投资方所从事行业的专家，是否具有其他股东缺乏的行业经验。另一方面，需要结合授权委托书的相关条款及其法律含义，关注其他事实如投资者在决策机构表决前协商的情况，分析投资方是不是其他股东的代理人。

【例3-3】 华能国际（600011）2018 年度财务报告披露，其持有子公司华能北京热电有限责任公司（以下简称"北京热电"）41% 的权益，却拥有其 66% 的表决权。注明的理由是："根据本公司与其他股东的协议，其中一个股东将其拥有的北京热电 25% 股权的表决权委托本公司代为行使。由于本公司拥有超过半数的表决权，根据其公司章程能够控制北京热电的经营和财务政策，因此本公司认为对北京热电拥有控制权。"

香港能源是华能国际的子公司，最初由华能国际的子公司华能山东（香港）投资有限公司（以下简称"香港投资"）及另一股东合资成立，两者各持有香港能源 50% 的权益。2018 年12 月25 日，另一股东签署同意与香港投资签署一致行动函，同意在香港能源及其子公司生产经营过程中涉及的重大经营、筹资和投资及相关财务决策方面与香港投资保持一致行动，以及促使其委派的董事在董事会层面与香港投资委派的董事投票保持一致，自此香港投资取

⊖ 一股一票，股权比例等同于表决权比例。

⊖ 我国《上市公司收购管理办法》第 83 条规定，一致行动，是指投资者通过协议、其他安排，与其他投资者共同扩大其所能够支配的一个上市公司股份表决权数量的行为或者事实。

得香港能源控制权。所以，华能国际通过子公司香港投资间接控制了香港能源并将香港能源纳入合并范围。

值得注意的是，在某些情况下，尽管投资方控制被投资方半数以上的表决权，也可能有确凿证据表明投资方不能主导被投资方的相关活动，对被投资方不拥有权利。例如，主导相关活动决策所要求的表决权比例高于半数以上；投资方拥有的表决权非实质性权利，由于无法获得必要的信息或存在法律法规方面的障碍导致投资方无法行使表决权。

2. 投资方掌握被投资方半数或以下的表决权

投资方持有被投资方半数或以下的表决权，但综合考虑下列事实和情况后，判断投资方持有的表决权足以使其目前有能力主导被投资方相关活动的，视为投资方对被投资方拥有权利。

（1）投资方持有的表决权相对于其他投资方持有的表决权的份额大小，以及其他投资方持有表决权的分散程度。

（2）投资方和其他投资方持有的被投资方的潜在表决权，如可转换公司债券、可执行认股权证等。

（3）其他合同安排产生的权利。

（4）被投资方以往的表决权行使情况等其他相关事实和情况。

【例3-4】　上汽集团（600104）2018年度财务报告披露，上汽集团直接持有上海柴油机股份有限公司48.05%的股权，将其作为子公司。注明的原因为"本集团对上柴股份的持股比例小于50.00%，但是上柴股份其他股东持有股份的相对规模较小且较为分散，故本集团对上柴股份拥有实质控制权"。

上海电气（601727）2018年度财务报告披露，"本集团持有上海电气输配电集团有限公司50%的股权以及1%的潜在认股权，能够主导其重大财务和经营决策，有控制权，因此本集团对其具有实质控制，进而认定其为子公司并合并其财务报表"。

万科A（000002）2018年度财务报告披露，集团年末分别持有常州市沛凌房地产开发有限公司、温州万聚置业有限公司和贵州中凯瑞房地产开发有限公司的46.67%、42%和42%的股权，但是根据这三家公司的章程约定，具备对这三家公司的控制权。

海螺水泥（600585）2018年度财务报告披露，公司直接持有子公司水城海螺盘江水泥有限责任公司40%的股权，根据该子公司章程，"本公司在其股东会享有除特别决议事项外其他股东会决议事项100%的表决权。特别决议主要包括企业增资、减资、修改公司章程等行使保护性权利的事项"。

3. 其他考虑因素

在某些情况下，投资方可能难以通过前述方法做出判断，则应当考虑"其具有实际能力以单方面主导被投资方相关活动"的证据，从而判断其是否拥有对被投资方的权利。投资方应考虑的因素包括但不限于下列事项：

（1）投资方能否任命或批准被投资方的关键管理人员。

（2）投资方能否出于其自身利益决定或否决被投资方的重大交易。

（3）投资方能否掌控被投资方董事会等类似权力机构成员的任命程序，或者从其他表决权持有人手中获得代理权。

（4）投资方与被投资方的关键管理人员或董事会等类似权力机构中的多数成员是否存在关联方关系。

在评价投资方是否拥有对被投资方的权利时，还应适当考虑特殊关系的影响。特殊关系通常包括：被投资方的关键管理人员是投资方的现任或前任职工、被投资方的经营依赖于投资方、被投资方活动的重大部分有投资方参与其中或者是以投资方的名义进行、投资方自被投资方承担可变回报的风险或享有可变回报的收益远超过其持有的表决权或其他类似权利的比例等。

【例 3-5】 上港集团（600018）2018 年度财务报告披露：①其全资子公司上海锦江航运（集团）有限公司下属的全资子公司上海锦昶物流有限公司持有锦茂国际物流（上海）有限公司 40% 的股权，因锦茂国际物流（上海）有限公司的主要管理人员均由上海锦昶物流有限公司派出，故对该公司具有实际控制权；②分别持有子公司上海集装箱码头有限公司和上海浦东国际集装箱码头有限公司 50% 和 40% 的股权，但拥有这两家公司的生产指泊权，故对它们的生产经营起控制作用；③间接持有子公司上海联合国际船舶代理有限公司 50% 的股权，但根据协议拥有董事会半数以上表决权。

同仁堂（600085）2018 年度财务报告披露，其持有子公司北京同仁堂科技 46.85% 的股权，虽然持有半数以下的表决权，但纳入合并范围，原因是同仁堂为其第一大股东，在董事会占有多数席位。

（四）主要责任人和代理人

被投资方相关活动的决策者可能是主要责任人，也可能是代理人。主要责任人对被投资方拥有权力，代理人仅代表主要责任人行使决策权，不控制被投资方。投资方将决策权委托给代理人的，应当视其自身直接持有决策权，控制被投资方。

确定决策者是否为代理人，应当综合考虑该决策者、被投资方以及其他投资方之间的关系。存在单独一方拥有实质性权利可以无条件罢免决策者的，该决策者为代理人；除此以外，应当综合考虑相关因素进行判断，主要包括决策者对被投资方的决策权范围、其他方享有的实质性权利、决策者的薪酬水平、决策者因持有被投资方的其他权益所承担的可变回报风险等。

【例 3-6】 甲公司发起设立一项资产管理计划，目的在于为投资者提供投资机会和服务。资管计划的相关活动包括配置资产、风险管理等。甲公司以自有资金参与该计划 10% 的份额，又是该资管计划相关活动的决策者即管理人。由于投资者的投资比例分散，甲公司在决策中起主导作用。假定存在单一投资者可以无条件罢免甲公司管理人资格的条款，甲公司虽为决策者，却是代理人，不控制该资管计划，不能将其纳入合并范围。

如果罢免甲公司的管理人资格是在甲公司违反合同等特定情况下发生的，罢免决定是由众多投资者在投资者大会上通过的，众多投资者拥有的仅是保护性权利，不会影响甲公司享有的实质性权利以及对该资管计划拥有的权利。那么，下一步需要从甲公司可能获取的可变回报种类、量级和风险方面进行分析。作为管理人，常见的可变回报包括管理费、业绩报酬、对投资方做出的利益承诺等。

假定甲公司没有向投资者承诺保本或最低收益以及承担投资者的损失，管理费按照资管计划资产净值的 1.5% 收取，业绩报酬基于其他投资者实际收益率超过 6% 的部分按 20% 收取。甲公司获取的管理费和业绩报酬符合市场和行业惯例，与甲公司所提供的服务相称。那么，甲公司从资管计划中获取的可变回报量级和可变程度较小。

根据上述事实和情况综合判断，甲公司是资管计划的代理人，不需要将该资管计划纳入合并范围。如果业绩报酬的计提比例较高远高于行业惯例，或者向投资者做出高风险投资损失的担保，甲公司可能是资管计划的主要责任人，应当将资管计划纳入合并范围。但是，在实务中应当审慎地综合考察所有相关事实和情况，做出判断。

二、其他合并政策

（一）会计政策和会计期间的统一

母公司编制合并财务报表，应当将在企业集团内采用统一的会计政策和会计期间，反映企业集团整体的财务状况、经营成果和现金流量。子公司所采用的会计政策及会计期间，应当与母公司保持一致；如果与母公司不一致，母公司应当按照自身的会计政策和会计期间对子公司的财务报表进行必要的调整，或者要求子公司按照母公司的会计政策和会计期间另行编报财务报表。

（二）子公司的义务

作为子公司，除了应当向母公司提供财务报表外，还应当向母公司提供下列有关资料：

（1）采用的与母公司不一致的会计政策及其影响金额。

（2）与母公司不一致的会计期间的说明。

（3）与母公司、其他子公司之间发生的所有内部交易的相关资料。

（4）所有者权益变动的有关资料。

（5）编制合并财务报表所需要的其他资料。

（三）投资性主体

投资性主体，是指从投资者处获取资金且向投资者提供投资管理服务的企业。投资性主体的唯一经营目的是：通过资本增值、投资收益或两者兼有，让投资者获得回报。投资性主体必须按照公允价值对几乎所有投资的业绩进行考量和评价。通常情况下，投资性主体还应当同时符合以下特征：①拥有一个以上投资；②拥有一个以上投资者；③投资者不是该主体的关联方；④所有者权益以股权或类似权益方式存在。

　　母公司是否为投资性主体，以及在投资性主体和非投资性主体之间的转换，都会影响合并范围的确定。

　　（1）母公司是投资性主体，应当仅将为其投资活动提供相关服务的子公司纳入合并范围，对其他子公司的投资应当按照公允价值计量并将公允价值的变动计入当期损益。也就是说，作为投资性主体的母公司，如果不存在为其投资活动提供相关服务的子公司，可以豁免编制合并财务报表。

　　（2）母公司不是投资性主体，应当将其控制的全部主体，包括那些通过投资性主体所间接控制的主体，纳入合并范围。

　　（3）当母公司由非投资性主体转变为投资性主体时，除仅将为其投资活动提供相关服务的子公司纳入合并范围外，企业自转变日起对其他子公司不再予以合并，并参照《企业会计准则第33号——合并财务报表》第四十九条的规定，按照视同在转变日部分处置子公司股权但不丧失控制权的原则进行会计处理，转变日对其他子公司投资的公允价值与其他子公司净资产在合并财务报表中账面价值之间的差额应当调整资本公积，资本公积不足冲减的，调整留存收益。

　　（4）当母公司由投资性主体转变为非投资性主体时，应将原未纳入合并范围的子公司于转变日纳入合并范围，采用非同一控制下企业合并的会计处理方法，原未纳入合并范围的子公司在转变日的公允价值视同为购买日支付的交易对价的公允价值。

（四）某些特殊交易或者事项

　　对于某些特殊交易或者事项，在个别报表层面与合并报表层面之间，其确认和计量可能存在不一致的结果。在编制合并财务报表时，应当做出必要调整，站在企业集团角度进行确认和计量。例如，子公司作为投资性房地产的楼宇，出租给集团内其他企业作为固定资产在经营中使用，合并报表层面应当按固定资产进行确认和计量；母公司以取得的借款向子公司进行权益性投资，子公司记为实收资本的增加，并将资金用于固定资产的建造，合并报表层面应当将借款费用资本化计入固定资产成本。

第三节　合并日的合并财务报表编制

　　企业合并划分为同一控制下的企业合并和非同一控制下的企业合并。这两种企业合并秉持不同的合并理念和会计方法，由此形成不同特征的合并财务报表。本节分别介绍这两种合并下的合并日合并财务报表的编制。无论面临何种企业合并，无论在合并当日还是在合并日后编制合并财务报表，都要选择合适的编制技术。

一、合并财务报表的编制技术

合并财务报表的编制技术多样，包括工作底稿法、直接计算法等。无论采用何种编制技术，都基于相同的编制原理，会得到一致的编制结果。本节采用工作底稿法，说明合并财务报表的编制过程。

工作底稿样式如表 3-2 所示，表格左侧第一列为报表项目，右侧依次列出编制基础、调整抵销和编制结果三部分。

表 3-2　合并财务报表工作底稿样式

报表项目	个别报表（编制基础）		调整抵销		合并数（编制结果）
	母公司	子公司	借方	贷方	

1. 编制基础

本部分列示母公司及其所有子公司的编表日个别报表。所有个别报表同一项目的金额之和是后续调整的基础。合并财务报表以母公司和子公司的个别报表为基础编制，被视为表上表。

2. 调整抵销

本部分包括借方栏和贷方栏，可填入调整抵销分录的金额。调整抵销分录使用的是报表项目名称而不是账户名称，作为编表分录，不会计入公司的正式账簿。

3. 编制结果

本部分列出合并数，即母子公司个别报表同一项目之和（编制基础）受到调整抵销后的结果，用于编制合并报表。

二、非同一控制下企业合并的合并日合并财务报表编制

对于非同一控制下的企业合并，在个别报表层面采用购买法进行会计处理；在合并报表层面，企业集团的净资产价值等于母公司净资产的账面价值和所有子公司净资产的公允价值之和。在合并日，该类合并形成的企业集团是新产生的报告主体，尚未展开后续的经营，仅能编制合并资产负债表，新增子公司在合并日前产生的留存收益不应当计入合并日资产负债表。

主要调整抵销分录包括：①按照公允价值对子公司财务报表进行调整，子公司可辨认资产和负债公允价值与账面价值的差额调整资本公积，同时确认递延所得税资产或负债；②抵销母公司对子公司长期股权投资与子公司所有者权益，同时确认合并商誉（或便宜购买利得）和少数股东权益；③抵销集团内公司之间反映债权与债务关系的往来项目。以下举例遵从我国会计实务，采用修正实体法编制合并财务报表。

【例 3-7】　20×1 年 1 月 1 日，甲公司以现金 700 万元购买乙公司 60% 有表决权的股份，取得对乙公司的控制权，属于非同一控制下的企业合并。购买日 20×1 年 1 月 1 日，乙公司

可辨认净资产账面价值为 1 030 万元，其中股本 320 万元、资本公积 90 万元、盈余公积 180 万元、未分配利润 440 万元。乙公司购买日公允价值与账面价值的差额包括存货减值 20 万元、固定资产增值 50 万元和应付债券增值 15 万元。购买日甲公司对乙公司的应收账款为 8 万元。假定不考虑所得税因素。

购买日乙公司可辨认净资产公允价值＝1 030−20＋50−15＝1 045（万元）

购买日合并商誉＝合并成本－购买日乙公司可辨认净资产公允价值×母公司应享比例
＝700−1 045×60%＝73（万元）

购买日少数股东权益＝购买日乙公司可辨认净资产公允价值×少数股东应享比例
＝1 045×40%＝418（万元）

购买日的调整抵销分录如下（单位：万元）：

（1）借：固定资产　　　　　　　　　　　　　　　　　　　　　50

　　　　贷：存货　　　　　　　　　　　　　　　　　　　　　　　　　　　20

　　　　　　应付债券　　　　　　　　　　　　　　　　　　　　　　　　　15

　　　　　　资本公积　　　　　　　　　　　　　　　　　　　　　　　　　15

子公司调整后资本公积＝90+15＝105（万元）。

（2）借：股本　　　　　　　　　　　　　　　　　　　　　　　320

　　　　　资本公积　　　　　　　　　　　　　　　　　　　　　105

　　　　　盈余公积　　　　　　　　　　　　　　　　　　　　　180

　　　　　未分配利润　　　　　　　　　　　　　　　　　　　　440

　　　　　商誉　　　　　　　　　　　　　　　　　　　　　　　 73

　　　　贷：长期股权投资　　　　　　　　　　　　　　　　　　　　　　　700

　　　　　　少数股东权益　　　　　　　　　　　　　　　　　　　　　　　418

（3）借：应付账款　　　　　　　　　　　　　　　　　　　　　 8

　　　　贷：应收账款　　　　　　　　　　　　　　　　　　　　　　　　　 8

购买日工作底稿如表 3-3 所示。将上述调整抵销分录填入工作底稿，计算各报表项目的合并数。最后，计算资产总额与负债和股东权益总额，检查是否平衡。

表 3-3　甲公司 20×1 年 1 月 1 日合并报表工作底稿　　（单位：万元）

报表项目	个别报表		调整抵销分录		合并数
	甲公司	乙公司	借方	贷方	
货币资金	800	380			1 180
应收账款	500	900		（3）8	1 392
存货	1 500	450		（1）20	1 930
长期股权投资	700	—		（2）700	—
固定资产	5 500	1 030	（1）50		6 580
无形资产	1 000	500			1 500
商誉			（2）73		73
资产合计	10 000	3 260			12 655
应付账款	600	535	（3）8		1 127

（续）

报表项目	个别报表		调整抵销分录		合并数
	甲公司	乙公司	借方	贷方	
应付职工薪酬	900	800			1 700
应付债券	1 500	895		（1）15	2 410
股本	2 000	320	（2）320		2 000
资本公积	1 200	90	（2）105	（1）15	1 200
盈余公积	1 200	180	（2）180		1 200
未分配利润	2 600	440	（2）440		2 600
少数股东权益				（2）418	418
负债和股东权益合计	10 000	3 260	1 176	1 176	12 655

根据购买日工作底稿中的合并数，编制合并资产负债表如表 3-4 所示。

表 3-4　甲公司 20×1 年 1 月 1 日合并资产负债表　（单位：万元）

货币资金	1 180		应付账款	1 127	
应收账款	1 392		应付职工薪酬	1 700	
存货	1 930		应付债券	2 410	
流动资产合计		4 502	负债合计		5 237
长期股权投资	—		股本	2 000	
固定资产	6 580		资本公积	1 200	
无形资产	1 500		盈余公积	1 200	
商誉	73		未分配利润	2 600	
非流动资产合计		8 153	少数股东权益		418
			股东权益合计		7 418
资产总额		12 655	负债和股东权益总额		12 655

在会计实务中，需要考虑所得税的影响。对于非同一控制下的企业合并，购买方取得的子公司可辨认资产和负债在合并报表层面上的账面价值和计税基础可能不一致。账面价值是购买日的公允价值，计税基础是子公司个别报表上的账面价值，两者之间的差额形成暂时性差异，应当确认递延所得税资产或递延所得税负债。合并交易新产生的递延所得税项目构成购买日子公司可辨认净资产公允价值的一部分，会影响商誉和少数股东权益的计量。

续【例 3-7】　假定子公司的所得税率为 25%，合并对价支付方式和比例符合免税合并条件。购买日形成的递延所得税资产和递延所得税负债如表 3-5 所示。

表 3-5　企业合并形成的递延所得税　（单位：万元）

项目	合并报表账面价值即子公司公允价值 ①	计税基础即子公司账面价值 ②	应税（可抵扣）暂时性差异 ③＝①－②	递延所得税负债（资产）＝③×25%
存货	430	450	（20）	（5）
固定资产	1 080	1 030	50	12.5
应付债券	（910）	（895）	（15）	（3.75）

根据表3-5，企业合并形成的递延所得税如下：

$$递延所得税资产＝5＋3.75＝8.75（万元）$$
$$递延所得税负债＝12.5（万元）$$

购买日乙公司可辨认净资产公允价值＝1 030－20＋50－15＋8.75－12.5＝1 041.25（万元）

$$购买日合并商誉＝700－1 041.25×60\%＝75.25（万元）$$
$$购买日少数股东权益＝1 041.25×40\%＝416.5（万元）$$

调整抵销分录如下（单位：万元）：

（1）借：固定资产　　　　　　　　　　　　　　　50
　　　　贷：存货　　　　　　　　　　　　　　　　　　　20
　　　　　　应付债券　　　　　　　　　　　　　　　　　15
　　　　　　资本公积　　　　　　　　　　　　　　　　　15
　　借：递延所得税资产　　　　　　　　　　　　8.75
　　　　资本公积　　　　　　　　　　　　　　　3.75
　　　　贷：递延所得税负债　　　　　　　　　　　　　12.5

子公司调整后资本公积＝90＋15－3.75＝101.25（万元）。

（2）借：股本　　　　　　　　　　　　　　　　320
　　　　资本公积　　　　　　　　　　　　　　101.25
　　　　盈余公积　　　　　　　　　　　　　　180
　　　　未分配利润　　　　　　　　　　　　　440
　　　　商誉　　　　　　　　　　　　　　　　75.25
　　　　贷：长期股权投资　　　　　　　　　　　　　700
　　　　　　少数股东权益　　　　　　　　　　　　　416.5

（3）借：应付账款　　　　　　　　　　　　　　　8
　　　　贷：应收账款　　　　　　　　　　　　　　　　　8

合并商誉的账面价值大于为零的计税基础，产生应税暂时性差异。但是，不应当确认递延所得税负债。一旦确认，会减少子公司可辨认净资产的公允价值，增加商誉额形成新的应税暂时性差异，重新计量递延所得税负债和商誉，陷入循环计算。

三、同一控制下企业合并的合并日合并财务报表编制

对于同一控制下的企业合并，个别报表层面采用权益结合法进行会计处理；在合并报表层面，企业集团的净资产价值等于母公司净资产的账面价值和所有子公司净资产的账面价值之和。由于该类合并形成的企业集团被视为一直存在（由最终控制方开始控制新增子公司起至合并日的期间），合并日的合并财务报表既包括合并资产负债表，也包括截至合并日的合并利润表、合并所有者权益变动表和合并现金流量表。新增子公司在合并日前产生的收入、费用、利润、留存收益以及现金流量都归属于本集团，应当计入合并日的合并报表。

编制合并日合并资产负债表的主要调整抵销分录包括：①抵销母公司对子公司长期股权投资和子公司所有者权益，同时确认少数股东权益；②恢复子公司合并前实现的留存收益（盈余公积和未分配利润之和）中归属于合并方的部分；③抵销集团内公司之间反映债权与债务关系的往来项目。

【例 3-8】 20×1 年 1 月 1 日，甲公司以现金 700 万元购入同一集团内的乙公司 60% 有表决权的股份，取得对乙公司的控制权，属于同一控制下的企业合并。合并日 20×1 年 1 月 1 日，乙公司可辨认净资产账面价值（同最终控制方合并报表上列报的账面价值）为 1 030 万元，其中股本 320 万元、资本公积 90 万元、盈余公积 180 万元、未分配利润 440 万元。合并日甲公司有对乙公司的应收账款 8 万元。

合并日长期股权投资 = 合并日乙公司可辨认净资产账面价值 × 母公司应享比例

$$= 1\,030 × 60\% = 618（万元）$$

合并日少数股东权益 = 合并日乙公司可辨认净资产账面价值 × 少数股东应享比例

$$= 1\,030 × 40\% = 412（万元）$$

调整抵销分录如下（单位：万元）：

（1）借：股本　　　　　　　　　　　　　　　　　320

　　　　　资本公积　　　　　　　　　　　　　　 90

　　　　　盈余公积　　　　　　　　　　　　　　180

　　　　　未分配利润　　　　　　　　　　　　　440

　　　　　贷：长期股权投资　　　　　　　　　　　　　　618

　　　　　　　少数股东权益　　　　　　　　　　　　　　412

（2）子公司合并前盈余公积归属于合并方的部分 = 180 × 60% = 108（万元）

子公司合并前未分配利润归属于合并方的部分 = 440 × 60% = 264（万元）

借：资本公积　　　　　　　　　　　　　　　　372

　　贷：盈余公积　　　　　　　　　　　　　　　　　108

　　　　未分配利润　　　　　　　　　　　　　　　　264

（3）借：应付账款　　　　　　　　　　　　　　　　8

　　　　贷：应收账款　　　　　　　　　　　　　　　　　8

合并日工作底稿如表 3-6 所示。将上述（1）至（3）调整抵销分录填入工作底稿，计算各报表项目的合并数。最后，计算资产总额与负债和股东权益总额，检查是否平衡。

表 3-6　甲公司 20×1 年 1 月 1 日合并报表工作底稿　　（单位：万元）

报表项目	个别报表		调整抵销分录		合并数
	甲公司	乙公司	借方	贷方	
货币资金	800	380			1 180
应收账款	500	900		（3）8	1 392
存货	1 500	450			1 950
长期股权投资	618	—		（1）618	—

（续）

报表项目	个别报表		调整抵销分录		合并数
	甲公司	乙公司	借方	贷方	
固定资产	5 500	1 030			6 530
无形资产	1 000	500			1 500
资产合计	9 918	3 260			12 552
应付账款	600	535	（3）8		1 127
应付职工薪酬	900	800			1 700
应付债券	1 500	895			2 395
股本	2 000	320	（1）320		2 000
资本公积	1 118	90	（1）90 （2）372		746
盈余公积	1 200	180	（1）180	（2）108	1 308
未分配利润	2 600	440	（1）440	（2）264	2 864
少数股东权益				（1）412	412
负债和股东权益合计	9 918	3 260	1 410	1 410	12 552

根据合并日工作底稿中合并数，编制合并资产负债表，如表3-7所示。

表3-7 甲公司20×1年1月1日合并资产负债表 （单位：万元）

货币资金	1 180		应付账款	1 127	
应收账款	1 392		应付职工薪酬	1 700	
存货	1 950		应付债券	2 395	
流动资产合计		4 522	负债合计		5 222
长期股权投资	—		股本	2 000	
固定资产	6 530		资本公积	746	
无形资产	1 500		盈余公积	1 308	
非流动资产合计		8 030	未分配利润	2 864	
			少数股东权益	412	
			股东权益合计		7 330
资产总额		12 552	负债和股东权益总额		12 552

第四节　集团内部交易

企业集团的母公司和子公司之间、子公司和子公司之间发生的交易，称为内部交易。母公司向子公司销售商品、提供劳务以及进行投资等，视为顺流交易（以下称"顺销"）；反之，视为逆流交易（以下称"逆销"）。子公司和子公司之间的交易，属于平行交易。

编制合并财务报表应当从企业集团角度抵销内部交易的影响。此外，逆销和平行交易的损益是子公司损益和股东权益的一部分，会影响少数股东应享的子公司损益和股东权益的份额，即少数股东损益和少数股东权益。下面，分别介绍集团内部商品交易和长期资产交易对合并报表的影响。

一、集团内部商品交易

集团内部商品交易的未实现损益在编制合并财务报表时应当予以抵销。内部商品交易损益影响销售方的所得税，抵销过程应考虑所得税的影响。内部商品交易形成的应收款及其坏账准备应予抵销；对于企业集团持有的内部交易商品，其存货跌价准备根据情况予以抵销。

（一）内部交易损益的调整抵销

1. 本期内部交易的全部商品在本期向集团外出售

集团将内部交易商品全部向集团外出售，内部交易损益已经全部实现。内部交易双方利润表列报的相关商品销售信息如下：

购买方利润表：①向集团外销售收入　　②向集团外销售成本

销售方利润表：③内部交易销售收入　　④内部交易销售成本

集团计量相关商品销售利润，采用①向集团外销售收入和④内部交易销售成本。对于金额相等的②向集团外销售成本和③内部交易销售收入，应当相互抵销。

抵销分录如下：

借：营业收入　　　　　　　　　　　　　××（内部交易销售收入）

　　贷：营业成本　　　　　　　　　　　　　　　　　　　　××

这一抵销分录不影响利润额。所以，即便内部交易是逆销，少数股东损益和少数股东权益不受影响。

【例3-9】　乙公司是甲公司的子公司。20×1年，乙公司向甲公司出售商品存货，售价1 000万元，结转成本900万元。本年甲公司以1 100万元将该批商品全部出售到集团之外。站在集团角度，商品销售收入为1 100万元，销售成本为900万元。抵销说明如表3-8所示。

表3-8　内部交易商品全部向集团外售出的抵销分析表　　（单位：万元）

报表项目	个别报表 甲公司①	个别报表 乙公司②	编制结果 集团合并数③	抵销 =①+②-③
营业收入	1 100	1 000	1 100	1 000
营业成本	1 000	900	900	1 000
毛利	100	100	200	—
存货	—	—	—	—

编制20×1年合并报表的抵销分录如下（单位：万元）：

借：营业收入　　　　　　　　　　　　　　　　1 000

　　贷：营业成本　　　　　　　　　　　　　　　　　　　1 000

2. 本期内部交易的部分商品在本期向集团外出售

由于部分商品没有向集团外出售，站在集团的角度，该部分商品的内部交易利润没有实现，应当予以抵销。未实现利润的两种计算方式如下：

$$未实现利润＝未出售商品成本×内部交易毛利率$$

$$未实现利润＝未出售商品比例×内部交易毛利$$

首先，假定内部交易商品全部向集团外售出，抵销分录①如下所示：

借：营业收入　　　　　　　　　　　　××（内部交易销售收入）

　　贷：营业成本　　　　　　　　　　　　　　　　　　　××

其次，购买方未售出的内部交易商品成本包含未实现利润，从集团角度看，存货成本被高估，应当予以抵销；营业成本被低估，应当予以恢复。抵销分录②如下所示：

借：营业成本　　　　　　　　　　　　××（未实现利润）

　　贷：存货　　　　　　　　　　　　　　　　　　　　　××

将上述①和②两个抵销分录合并，可以得到如下复合抵销分录：

借：营业收入　　　　　　　　　　　　××（内部交易销售收入）

　　贷：营业成本　　　　　　　　　　　　　　　　　　　××

　　　　存货　　　　　　　　　　　　　　　　××（未实现利润）

在逆销情形下未实现利润是子公司利润的一部分，消除未实现利润的同时，应当抵减少数股东损益和少数股东权益。

抵销分录如下：

借：少数股东权益　　　　××（未实现利润×少数股东应享比例）

　　贷：少数股东损益　　　　　　　　　　　　　　　　　××

【例3-10】 乙公司是甲公司的子公司。20×1年，乙公司向甲公司出售商品存货，售价1 000万元，结转成本900万元。该批商品的80%本年向集团之外出售，售价为M万元。

　　未实现利润＝未出售商品比例×内部交易毛利＝20%×（1 000－900）＝20（万元）

　　或：

　　　　未实现利润＝未出售商品成本×内部交易毛利率

　　　　　　＝1 000×20%×（1 000－900）÷1 000＝200×10%＝20（万元）

抵销说明如表3-9所示，据此编制20×1年合并报表的抵销分录如下所示（单位：万元）：

借：营业收入　　　　　　　　　　　　　　　　　　　　1 000

　　贷：营业成本　　　　　　　　　　　　　　　　　　　　980

　　　　存货　　　　　　　　　　　　　　　　　　　　　　20

表3-9　内部交易商品部分向集团外售出的抵销分析表　　（单位：万元）

报表项目	个别报表 甲公司①	个别报表 乙公司②	编制结果 集团合并数③	抵销 ＝①＋②－③
营业收入	M	1 000	M	1 000
营业成本	1 000×80%＝800	900	900×80%＝720	980
毛利	M－800	100	M－720	20
存货	1 000×20%＝200	—	900×20%＝180	20

假定乙公司存在少数股东，少数股东持股比例为40%。上述内部交易是逆销，未实现利润的消除会减少少数股东损益和少数股东权益。

$$减少额＝未实现利润 \times 少数股东应享比例＝20 \times 40\%＝8（万元）$$

抵销分录如下（单位：万元）：

借：少数股东权益　　　　　　　　　　　　　　　　　　　　　　　8

　　贷：少数股东损益　　　　　　　　　　　　　　　　　　　　　　　　　　8

3. 以前期间内部交易的商品在本期向集团外出售

一方面，从年初未分配利润中消除以前期间内部交易的未实现利润；另一方面，向集团外出售前的存货成本包含未实现利润，导致向集团外出售后结转的销售成本包含未实现利润，站在集团角度，销售成本被高估，应当予以消除。同时，冲减销售成本会提升集团利润，表明以前期间的未实现利润在本期实现。

抵销分录如下：

借：年初未分配利润　　　　　　　　××（以前期间的未实现利润）

　　贷：营业成本　　　　　　　　　　　　　　　　　　　　　　　　　××

【例3-11】　乙公司是甲公司的子公司。20×1年，乙公司向甲公司出售商品存货，售价1 000万元，结转成本900万元，年末20%未出售到集团之外，产生未实现利润20万元。20×2年，甲公司将这些商品全部向集团外出售。

编制20×2年合并报表的抵销分录如下（单位：万元）：

借：年初未分配利润　　　　　　　　　　　　　　　　　　　　　20

　　贷：营业成本　　　　　　　　　　　　　　　　　　　　　　　　　　20

（二）考虑所得税的影响

当集团内公司分别纳税，对于内部交易的未实现利润，销售方在交易当年已经缴纳所得税、确认所得税费用。从集团角度，抵销未实现利润，也需要抵销相关的所得税费用；同时，税款实际已缴。对于企业集团，尚未发生的费用已经支付，会产生预付所得税，应当确认递延所得税资产。

抵销分录如下：

借：递延所得税资产　　　　　　××（未实现利润×所得税税率）

　　贷：所得税费用　　　　　　　　　　　　　　　　　　　　　　××

内部交易商品向集团外售出，未实现利润得以实现，应当确认所得税费用，摊销递延所得税资产。

抵销分录如下：

借：所得税费用　　　　　　　　××（已实现利润×所得税税率）

　　贷：递延所得税资产　　　　　　　　　　　　　　　　　　　　××

【例3-12】　乙公司是甲公司的子公司。20×1年，乙公司向甲公司出售商品存货，售价1 000万元，结转成本900万元，年末20%未出售到集团之外，产生未实现利润20万元。20×2年，甲公司将这些商品全部向集团外出售。乙公司的所得税税率为25%，少数股东持股比例为40%。由于内部交易是逆销，还需要抵减少数股东损益和少数股东权益。

　　未实现利润的所得税＝未实现利润×所得税税率＝20×25%＝5（万元）

　　少数股东损益和少数股东权益的抵销额＝未实现税后利润×少数股东应享比例

$$＝（20-5）×40%＝6（万元）$$

　　编制20×1年合并报表的抵销分录如下（单位：万元）：

借：营业收入　　　　　　　　　　　　　　　　　　　　1 000

　　贷：营业成本　　　　　　　　　　　　　　　　　　　　　　980

　　　　存货　　　　　　　　　　　　　　　　　　　　　　　　20

借：递延所得税资产　　　　　　　　　　　　　　　　　　5

　　贷：所得税费用　　　　　　　　　　　　　　　　　　　　　　5

借：少数股东权益　　　　　　　　　　　　　　　　　　6

　　贷：少数股东损益　　　　　　　　　　　　　　　　　　　　　6

　　编制20×2年合并报表的抵销分录如下（单位：万元）：

借：年初未分配利润（抵减上年归属于母公司的未实现税后利润）　9

　　少数股东损益（确认本年归属于少数股东的已实现税后利润）　6

　　所得税费用（确认本年已实现利润的所得税费用）　　　　　　5

　　贷：营业成本（确认本年已实现利润）　　　　　　　　　　　　20

　　上述分录中，少数股东损益、所得税费用和营业成本均为合并利润表项目，三者发生额合计为9（＝20-5-6）万元，代表本年归属于母公司的已实现税后利润9万元。

(三) 内部交易商品的应收款及其坏账准备的抵销

　　内部商品交易采用信用方式，购销双方形成应收账款和应付账款、应收票据和应付票据等往来项目。其中，应收账款和应收票据可能计提或转回坏账准备。编制合并报表，抵销内部往来项目，应当抵减与应收款相关的已经计提或转回的坏账准备。

【例3-13】　乙公司是甲公司的子公司。20×1年年末，乙公司因以前年度向甲公司赊销商品，尚未收回的应收账款账面余额为1 500万元；坏账准备余额为14万元，其中，本年计提坏账准备8万元。

　　按账面余额抵销内部往来项目，同时抵减已经计提的坏账准备，以前期间计提的调整年初未分配利润，本年计提的冲减信用减值损失。

　　编制20×1年合并报表的抵销分录如下（单位：万元）：

借：应付账款　　　　　　　　　　　　　　　　　　　　1 500

　　贷：应收账款　　　　　　　　　　　　　　　　　　　　　1 500

借：坏账准备[⊖] 14

　　贷：年初未分配利润 6

　　　　信用减值损失 8

在逆销情形下，子公司确认应收款，若抵销已计提或转回的坏账准备，会影响少数股东损益和少数股东权益，本例对此影响从略，且不考虑所得税因素。

（四）内部交易商品跌价准备的抵销

内部商品交易的购买方对于未出售的部分可能计提或转回存货跌价准备。从集团角度分析，如果这些商品没有发生跌价，需要消除已经计提或转回的跌价准备。

【例3-14】　乙公司是甲公司的子公司。20×1年，乙公司向甲公司出售商品存货，售价1 000万元，结转成本900万元。该批商品的80%本年尚未向集团外出售。年末，甲公司账面上该批商品成本800万元，可变现净值为750万元，甲公司对其计提存货跌价准备50万元。但是，从集团角度看，该批商品成本为720（＝900×80%）万元，低于可变现净值750万元，没有发生跌价损失。

$$未实现利润＝（1 000－900）×80\%＝80（万元）$$

编制20×1年合并报表的抵销分录如下（单位：万元）：

借：营业收入 1 000

　　贷：营业成本 920

　　　　存货 80

借：存货跌价准备[⊖] 50

　　贷：资产减值损失 50

假定20×2年年末，该批商品仍未向集团外出售，年末可变现净值为730，编制20×2年合并报表的抵销分录如下（单位：万元）：

借：年初留存收益 80

　　贷：存货 80

借：存货跌价准备 70

　　贷：年初留存收益 50

　　　　资产减值损失 20

顺销时，内部交易商品是子公司的存货，若抵销已计提或转回的存货跌价准备，会影响少数股东损益和少数股权。本例对此影响从略，且不考虑所得税因素。

⊖　资产负债表中应收账款以一行按可变现净值列报时，编表分录中对坏账准备的调整抵销额，须填列在合并报表工作底稿中的应收账款行。或者，在编表分录中直接使用"应收账款"替代"坏账准备"。

⊖　资产负债表中存货以一行按可变现净值列报时，编表分录中对存货跌价准备的调整抵销额，须填列在合并报表工作底稿中的存货行。或者，在编表分录中直接使用"存货"替代"存货跌价准备"。

二、集团内部长期资产交易

(一) 内部交易损益的调整抵销

对于固定资产和无形资产等长期资产的集团内部交易，存在以下两方面的调整：

一方面，购买方将长期资产在营业活动中自用，没有向集团外出售，从集团角度看，交易产生的全部利得或损失没有实现，应当予以抵减；随着资产的逐期使用，未实现损益逐步实现；在处置资产时，未实现损益一次性实现。另一方面，购买方记录的长期资产原值包含内部交易损益，应当予以消除，以反映集团角度下的资产原值。

下面以内部固定资产交易为例，说明调整抵销分录的编制。内部无形资产交易的调整抵销，原则相同，分录中报表项目从固定资产替换为无形资产、累计折旧替换为累计摊销。

【例3-15】 乙公司是甲公司的子公司，是一家设备制造商。20×1年1月1日，乙公司向甲公司出售一台设备存货，售价1 000万元，制造成本800万元。甲公司将设备用于销售活动。这台设备的使用寿命预计4年，无残值，采用直线法计提折旧。

$$设备出售利得 = 1\,000 - 800 = 200（万元）$$

1. 交易当年的调整抵销

首先，应消除内部交易未实现利润200万元和固定资产原值被高估的200万元。抵销分录如下（单位：万元）：

借：营业收入　　　　　　　　　　　　　　　　　　　1 000
　　贷：营业成本　　　　　　　　　　　　　　　　　　　　　　800
　　　　固定资产　　　　　　　　　　　　　　　　　　　　　　200

如果乙公司不是设备制造商，是将自用固定资产出售，如将账面价值为800万元设备以1 000万元出售给甲公司，产生出售设备利得200万元，相关抵销分录如下（单位：万元）：

借：资产处置收益　　　　　　　　　　　　　　　　　　200
　　贷：固定资产　　　　　　　　　　　　　　　　　　　　　　200

由于甲公司和集团计提折旧的基础分别为1 000万元和800万元，每年计提的折旧分别为250万元和200万元，需要抵销甲公司比集团多计提的折旧50（=250-200或=200÷4）万元。该笔分录冲减销售费用，会增加集团利润，意味着未实现利润200万元中，通过固定资产的本年使用，已经实现50万元。抵销分录如下（单位：万元）：

借：累计折旧[⊖]　　　　　　　　　　　　　　　　　　50
　　贷：销售费用　　　　　　　　　　　　　　　　　　　　　　50

由于内部交易为逆销，逆销损益会影响少数股东损益和少数股东权益。假定少数股东持股比例为40%。本年未实现损益=200-50=150万元。少数股东损益和少数股东权益的抵减额=本年未实现损益×少数股东应享比例=150×40%=60万元。抵销分录如下（单位：

⊖　资产负债表中固定资产以一行按账面价值列报时，编表分录中对累计折旧的调整抵销额，须填列在合并报表工作底稿中的固定资产行。或者，在编表分录中直接使用"固定资产"替代"累计折旧"。

万元）：

　　借：少数股东权益 60

　　　贷：少数股东损益 60

2. 交易以后各年的调整抵销

（1）正常使用。

　　在固定资产正常使用的每一年，合并报表的调整抵销分录如表3-10所示。第一个分录反映报告期初尚未实现的利润和已实现的利润，并冲减固定资产原值中高估的部分；第二个分录反映固定资产本年使用所实现的利润。其中，第一个分录模式和相关计算如下：

　　借：年初留存收益＝年初未实现利润＝每年实现利润 × 年初剩余年限

　　　　累计折旧　　　＝年初已实现利润＝每年实现利润 × 年初已用年限

　　　贷：固定资产　　＝内部交易利润

表 3-10　内部交易固定资产正常使用的调整抵销分录　　（单位：万元）

正常使用	20×2 年		20×3 年		20×4 年		20×5 年超期	
借：年初未分配利润	150		100		50			
累计折旧	50		100		150		200	
贷：固定资产		200		200		200		200
借：累计折旧	50		50		50			
贷：销售费用		50		50		50		

　　在逆销情形下，需要考虑对少数股东损益和少数股东权益的影响。假定少数股东持股比例为40%，各年调整抵销分录如表3-11所示。其中，第一个抵销分录模式和相关计算如下：

　　借：年初未分配利润　　　＝年初未实现利润 × 母公司应享比例

　　　　少数股东权益　　　　＝年初未实现利润 × 少数股东应享比例

　　　　累计折旧　　　　　　＝年初已实现利润

　　　贷：固定资产　　　　　＝内部交易利润

　　此外，当年实现利润50万元，增加少数股东损益和少数股东权益20（＝50×40%）万元。

表 3-11　内部交易固定资产正常使用的调整抵销分录（逆销且存在少数股东权益）

（单位：万元）

正常使用	20×2 年		20×3 年		20×4 年		20×5 年超期	
借：年初未分配利润	90		60		30			
少数股东权益	60		40		20			
累计折旧	50		100		150		200	
贷：固定资产		200		200		200		200
借：累计折旧	50		50		50			
贷：销售费用		50		50		50		
借：少数股东损益	20		20		20			
贷：少数股东权益		20		20		20		

（2）提前处置。

　　提前处置内部交易的固定资产，处置日前尚未实现的利润得以全部实现，计入资产处置收益，调整抵销分录如表 3-12 所示。

表 3-12 内部交易固定资产提前处置的调整抵销分录 （单位：万元）

年末处置	20×2 年		20×3 年		20×4 年	
借：年初未分配利润	150		100		50	
贷：销售费用		50		50		50
资产处置收益		100		50		—

在逆销情形下，需要考虑对少数股东损益和少数股东权益的影响。假定少数股东持股比例为 40%，各年调整抵销分录如表 3-13 所示。

表 3-13 内部交易固定资产提前处置的调整抵销分录（逆销且存在少数股东权益）

（单位：万元）

年末处置	20×2 年		20×3 年		20×4 年	
借：年初未分配利润	90		60		30	
少数股东损益	60		40		20	
贷：销售费用		50		50		50
资产处置收益		100		50		—

（二）考虑所得税的影响

因为集团内的公司分别纳税，需要抵销与内部交易未实现利润相关的所得税费用，并确认递延所得税资产。随着资产的使用，未实现利润逐步实现，应当确认已实现利润的相关所得税费用，并摊销递延所得税资产。

【例 3-16】 沿用【例 3-15】的资料，假定乙公司将自己使用的固定资产出售给甲公司，所得税税率为 25%，少数股东持股比例为 40%。

交易当年：

所得税影响额＝未实现利润 × 所得税税率＝150×25%＝37.5（万元）

少数股东损益和少数股东权益影响额＝未实现税后利润 × 少数股东应享比例

$$＝150×（1-25%）×40%＝45（万元）$$

调整抵销分录如下（单位：万元）：

借：资产处置收益 　　　　　　　　　　　　　　　　　　200

　　贷：固定资产 　　　　　　　　　　　　　　　　　　　　　　200

借：累计折旧 　　　　　　　　　　　　　　　　　　　50

　　贷：销售费用 　　　　　　　　　　　　　　　　　　　　　　50

借：递延所得税资产 　　　　　　　　　　　　　　　37.5

　　贷：所得税费用 　　　　　　　　　　　　　　　　　　　　　37.5

借：少数股东权益 　　　　　　　　　　　　　　　　45

　　贷：少数股东损益 　　　　　　　　　　　　　　　　　　　　45

以后正常使用固定资产年份的调整抵销分录如表 3-14 所示。其中，第一个抵销分录模式和相关计算如下：

借：年初未分配利润　＝年初未实现税后利润 × 母公司应享比例

少数股东权益　　＝年初未实现税后利润 × 少数股东应享比例

递延所得税资产　＝年初未实现利润 × 所得税税率

累计折旧　　　　＝年初已实现利润

贷：固定资产　　　＝内部交易利润

表 3-14　内部交易固定资产正常使用的调整抵销分录（逆销且存在少数股东权益、考虑所得税）

（单位：万元）

正常使用	20×2 年		20×3 年		20×4 年		20×5 年超期	
借：年初未分配利润	67.5		45		22.5			
少数股东权益	45		30		15			
递延所得税资产	37.5		25		12.5			
累计折旧	50		100		150		200	
贷：固定资产		200		200		200		200
借：累计折旧	50		50		50			
贷：销售费用		50		50		50		
借：所得税费用	12.5		12.5		12.5			
贷：递延所得税资产		12.5①		12.5		12.5		
借：少数股东损益	15		15		15			
贷：少数股东权益		15②		15		15		

①＝本期已实现利润 × 所得税税率＝50×25%＝12.5（万元）。

②＝本期已实现税后利润 × 少数股东应享比例＝50×（1-25%）×40%＝15（万元）。

第五节　合并日后的合并财务报表编制

本节以非同一控制下企业合并形成的企业集团为报告主体，采用修正实体法，利用工作底稿，介绍合并日后合并财务报表的编制方法。下面从编制程序、编制过程涉及的计算、调整抵销分录以及工作底稿的使用等方面依次介绍。

一、编制程序

首先，准备编制基础。在工作底稿中，依次列出母公司和子公司的个别报表，包括报告期的利润表、报告期的留存收益表和报告期末的资产负债表。

其次，编制调整抵销分录，填入工作底稿。调整抵销内容主要包括对子公司长期股权投资及其投资收益的抵销、少数股东损益及权益的确认、合并价差⊖的摊销（包括公允价值差

───────────

⊖　合并价差，是企业合并成本与取得的子公司可辨认净资产账面价值之差，由子公司可辨认资产公允价值与账面价值之差和商誉构成。合并价差的摊销包括子公司可辨认资产和负债增值或减值的摊销和商誉减值损失。

摊销和商誉减值损失）、集团内部交易的抵销等。其中，对子公司长期股权投资及其投资收益的抵销存在两种方式。一种是基于成本法的抵销，一种是基于权益法的抵销。我国采用成本法后续计量对子公司长期股权投资。基于权益法抵销，首先需要将对子公司长期股权投资及其投资收益调整为权益法下的结果。本节举例采用基于权益法的抵销方式。

最后，将工作底稿中母公司和子公司个别报表的同一项目求和，并考虑上述调整抵销，计算出合并数，据此编制合并财务报表。

【例3-17】 20×1年1月1日，甲公司以现金700万元购买乙公司60%有表决权的股份，取得对乙公司的控制权，属于非同一控制下的企业合并。购买日20×1年1月1日，乙公司可辨认净资产账面价值为1 030万元，其中股本320万元、资本公积90万元、盈余公积180万元、未分配利润440万元。

购买日20×1年1月1日，乙公司的存货减值20万元，存货采用先进先出法，在当年全部出售到集团之外；固定资产增值50万元，预计剩余使用年限为5年，无残值，采用直线法计提折旧；应付债券增值15万元，该债券距到期日3年，折溢价摊销采用直线法。购买日后，合并商誉没有发生减值。

20×1年是合并后第一年，相关资料如下：

（1）乙公司本年净利润140万元，宣布并支付股利60万元。甲公司和乙公司均按10%提取法定盈余公积金。

（2）乙公司本年向甲公司出售商品存货，售价150万元，结转成本100万元。年末20%未出售到集团之外。

（3）年末，甲公司向乙公司出售一项固定资产，售价1 000万元，出售日账面价值800万元。该项固定资产剩余年限为8年，无残值，采用直线法计提折旧。乙公司将其作为管理用固定资产。

（4）年末，两家公司互有往来款项40万元。

20×2年是合并后第二年，相关资料如下：

（1）乙公司本年净利润220万元，宣布并支付股利100万元。甲公司和乙公司均按10%提取法定盈余公积金。

（2）上年内部交易未出售的商品存货，在本年向集团外出售。

（3）甲公司本年向乙公司出售商品存货，售价150万元，毛利率20%。年末，乙公司仍持有该批一部分存货，成本100万元。

（4）上年末乙公司从甲公司取得的固定资产，仍由乙公司在经营中使用。

（5）甲公司和乙公司新增的长期股权投资都是对联营企业的投资。

本例在编制合并报表时忽略所得税影响。

二、编制过程涉及的计算

下面根据【例3-17】中的数据资料，计算合并价差的摊销额、内部交易未实现损益额及其后期实现额，以及购买日后子公司净资产的变动和结余。

1. 合并价差的摊销额

20×1 年	20×2 年
存货减值摊销额＝20 万元 固定资产增值摊销额＝50÷5＝10（万元） 应付债券增值摊销额＝15÷3＝5（万元） 商誉没有减值	— 固定资产增值摊销额 10 万元 应付债券增值摊销额 5 万元 商誉没有减值

2. 内部交易未实现损益额及其后期实现额

20×1 年	20×2 年
本年逆销商品未实现利润 ＝（150−100）×20%＝10（万元） 本年顺销固定资产未实现利润 ＝1 000−800＝200（万元）	上年逆销商品本年已实现利润 10 万元 上年固定资产顺销本年已实现利润 ＝200÷8＝25（万元） 本年顺销商品未实现利润 ＝100×20%＝20（万元）

3. 购买日后子公司净资产的变动和结余

采用子公司净资产的账面价值变动和结余、合并价差的摊销、逆销未实现损益及其后期已实现损益等数据，基于公允价值、从集团角度计算购买日后子公司净资产的变动和结余，如表 3-15 所示。

表 3-15　购买日后子公司（乙公司）净资产的变动和结余　（单位：万元）

项目	20×1 年 1 月 1 日	净利润	提取盈余公积	股利	20×1 年 12 月 31 日	净利润	提取盈余公积	股利	20×2 年 12 月 31 日
可辨认净资产账面价值： 股本	320				320				320
资本公积	90				90				90
盈余公积	180		14		194		22		216
未分配利润	440	140	（14）	（60）	506	220	（22）	（100）	604
公允价值和账面价值之差： 存货减值	（20）	20			—				—
固定资产增值	50	（10）			40	（10）			30
应付债券增值	（15）	5			（10）	5			（5）
逆销未实现利润		（10）			（10）	10			—
可辨认净资产公允价值	1 045	145	—	（60）	1 130	225	—	（100）	1 255
商誉	73[①]	—			73	—			73
净资产公允价值	1 118	145	—	（60）	1 203	225	—	（100）	1 328

①商誉＝700−1 045×60%＝73（万元）。

表 3-15 中子公司调整后净利润和子公司可辨认净资产公允价值的计算方式如下：

（1）子公司调整后净利润＝子公司账面净利润 ± 合并价差本期摊销 ± 本期逆销损益调整

20×1 年子公司调整后净利润＝140+（20－10+5）－10＝145（万元）

20×2 年子公司调整后净利润＝220＋（－10+5）+10＝225（万元）

（2）子公司可辨认净资产公允价值＝子公司可辨认净资产账面价值 ± 期末未摊销合并价差 ± 期末累计逆销未实现损益

20×1 年末子公司可辨认净资产公允价值＝（320+90+194+506）+（40－10）－10＝1 130（万元）

20×2 年末子公司可辨认净资产公允价值＝（320+90+216+604）+（30－5）＝1 255（万元）

4. 计算调整抵销分录所用的数据和相关合并报表项目金额

计算过程和结果如表 3-16 所示，计算公式列于表下。

表 3-16 调整抵销分录数据和相关合并报表项目金额的计算 （单位：万元）

项 目	20×1 年	20×2 年
（1）子公司年末调整后未分配利润	＝440＋145－14－60＝511	＝511＋225－22－100＝614
（2）母公司权益法下投资收益	＝145×60%－0＝87	＝225×60%－0＝135
（3）少数股东损益	＝145×40%＝58	＝225×40%＝90
（4）母公司获得的子公司股利	＝60×60%＝36	＝100×60%＝60
（5）少数股东获得的子公司股利	＝60×40%＝24	＝100×40%＝40
（6）年末权益法下对子公司长期股权投资	＝1 130×60%＋73＝751	＝1 255×60%+73＝826
（7）年末少数股东权益	＝1 130×40%＝452	＝1 255×40%＝502
（8）归属于母公司股东的净利润	＝（1 050－36－200）+87 ＝901	＝（1 295－60－20＋25）+135 ＝1 375
（9）年末合并未分配利润	＝（2 527－200）+（511－440＋14）×60%－0＝2 378	＝（3 025.5－200＋25－20）+（614－440＋14＋22）×60%－0＝2 956.5

计算公式：

（1）子公司年末调整后未分配利润

＝子公司年初调整后未分配利润＋子公司调整后净利润－提取盈余公积－子公司股利

（2）母公司权益法下投资收益

＝子公司调整后净利润（未扣除商誉减值损失）× 母公司应享比例－本期商誉减值损失

（3）少数股东损益＝子公司调整后净利润（未扣除商誉减值损失）× 少数股东应享比例

（4）母公司获得的子公司股利＝子公司股利 × 母公司应享比例

（5）少数股东获得的子公司股利＝子公司股利 × 少数股东应享比例

（6）年末权益法下对子公司长期股权投资

＝年末子公司可辨认净资产公允价值 × 母公司应享比例＋年末商誉

（7）年末少数股东权益＝年末子公司可辨认净资产公允价值 × 少数股东应享比例

（8）归属于母公司股东的净利润

＝母公司调整后净利润＋母公司应享子公司利润

=（母公司账面净利润－成本法下投资收益－本期未实现/＋已实现顺销利润）＋母公司权益法下投资收益

（9）年末合并未分配利润

=母公司年末调整后未分配利润＋母公司应享子公司购买日后新增留存收益

=（母公司年末账面未分配利润－累计顺销未实现利润）＋购买日后子公司留存收益变动（未扣除累计商誉减值损失）×母公司应享比例－累计商誉减值损失

三、调整抵销分录

调整抵销分录包括六个方面。下面使用本节二中的数据，对比编制购买日后两年的调整抵销分录（单位：万元）。其中，第（1）、（2）和（3）方面的分录涉及对子公司长期股权投资及其投资收益的调整抵销，第（4）方面分录涉及合并价差的摊销，第（5）和（6）方面的分录涉及集团内部交易的抵销。

（1）将成本法下的期末对子公司长期股权投资和本期投资收益调整为权益法下的金额。由于甲公司合并后两年内没有再对子公司追加投资，成本法下对子公司长期股权投资的年末结余等于购买日初始成本700万元。

20×1 年		20×2 年	
借：长期股权投资　　51		借：长期股权投资　　126	
贷：投资收益　　　　　51		贷：年初留存收益　　　　51	
		投资收益　　　　　　75	
长期股权投资调整数=751－700=51		长期股权投资调整数=826－700=126	
投资收益调整数=751－700 或 87－36=51		投资收益调整数=826－751 或 135－60=75	

（2）将子公司可辨认资产和负债的账面价值调整为公允价值，抵销母公司对子公司长期股权投资与子公司所有者权益，同时确认合并商誉（或便宜购买利得）和少数股东权益。

其中，对子公司长期股权投资、少数股东权益、子公司所有者权益项目为报告期末的余额，合并价差均为购买日的金额。

20×1 年		20×2 年	
a.		a.	
借：固定资产　　　　50		借：固定资产　　　　50	
贷：存货　　　　　　20		贷：存货　　　　　　20	
应付债券　　　　15		应付债券　　　　15	
资本公积　　　　15		资本公积　　　　15	
资本公积调整后余额=90＋15=105		资本公积调整后余额=90＋15=105	
b.		b.	
借：股本　　　　　320		借：股本　　　　　320	
资本公积　　　105		资本公积　　　105	
盈余公积　　　194		盈余公积　　　216	
年末未分配利润　511（调整后）		年末未分配利润　614（调整后）	
商誉　　　　　73		商誉　　　　　73	
贷：长期股权投资　　　751		贷：长期股权投资　　　826	
少数股东权益　　　452		少数股东权益　　　502	

（3）反映子公司未分配利润的变动及结果。年初调整后未分配利润＋调整后净利润（包括母公司享有的部分和少数股东损益）＝提取盈余公积＋派发的股利＋年末调整后未分配利润。

20×1 年		20×2 年	
借：年初未分配利润 440		借：年初未分配利润 511	
投资收益 87		投资收益 135	
少数股东损益 58		少数股东损益 90	
贷：提取盈余公积	14	贷：提取盈余公积	22
股利	60	股利	100
年末未分配利润	511	年末未分配利润	614

（4）记录合并价差从购买日至报告期末的累计摊销。

20×1 年		20×2 年	
a.借：存货 20		a.借：存货 20	
贷：营业成本	20	贷：年初未分配利润	20
b.借：管理费用 10		b.借：年初未分配利润 10	
贷：累计折旧	10	管理费用 10	
		贷：累计折旧	20
c.借：应付债券 5		c.借：应付债券 10	
贷：财务费用	5	贷：年初未分配利润	5
		财务费用	5

（5）抵销内部交易损益从购买日至报告期末的累计影响。

20×1 年		20×2 年	
a.借：营业收入 150		a.借：年初未分配利润 10	
贷：营业成本	140	贷：营业成本	10
存货	10	b.借：营业收入 150	
		贷：营业成本	130
		存货	20
b.借：资产处置收益 200		c.借：年初未分配利润 200	
贷：固定资产	200	贷：固定资产	200
		d.借：累计折旧 25	
		贷：管理费用	25

（6）抵销集团内公司之间的债权与债务，同时抵销相应的减值准备。

20×1 年		20×2 年
借：应付账款 40		—
贷：应收账款	40	

四、工作底稿和合并财务报表

将甲公司 20×1 年调整抵销分录填入 20×1 年工作底稿（表 3-17），计算合并数，据此编制甲公司 20×1 年合并利润表（表 3-18）、合并未分配利润表（表 3-19）和 20×1 年末合并资产负债表（表 3-20）。

在工作底稿合并数栏中，资产负债表内的年末合并未分配利润 2 378 万元直接来自未分配利润表的年末合并数；利润表中的归属于母公司股东的净利润 901 万元、未分配利润表内的年末合并未分配利润 2 378 万元、资产负债表中的资产合计 12 583 万元及负债和股东权益合计 12 583 万元是合并数栏内相关项目的汇总数，不是由个别报表相应数据调整得到的。

表 3-17　甲公司 20×1 年 12 月 31 日合并报表工作底稿　（单位：万元）

报表项目	个别报表		调整抵销分录		合并数
	甲公司	乙公司	借方	贷方	
营业收入	6 900	3 200	（5a）150		9 950
减：营业成本	3 800	1 810		（4a）20 （5a）140	5 450
销售费用	1 100	720			1 820
管理费用	700	450	（4b）10		1 160
财务费用	90	35		（4c）5	120
资产减值损失	45	5			50
加：资产处置收益	200	—	（5b）200		—
投资收益	36	—	（3）87	（1）51	—
减：所得税费用	351	40			391
减：少数股东损益			（3）58		58
净利润	1 050	140			901
未分配利润，1 月 1 日	2 600	440	（3）440		2 600
减：提取盈余公积	105	14		（3）14	105
股利	1 018	60		（3）60	1 018
未分配利润，12 月 31 日	2 527	506			2 378
货币资金	750	400			1 150
应收账款	600	740		（6）40	1 300
存货	1 350	620	（4a）20	（2a）20 （5a）10	1 960
长期股权投资	700	—	（1）51	（2b）751	—
固定资产	5 760	1 160	（2a）50	（4b）10 （5b）200	6 760
无形资产	940	400			1 340
商誉			（2）73		73
资产合计	10 100	3 320			12 583
应付账款	800	615	（6）40		1 375
应付职工薪酬	850	700			1 550
应付债券	1 418	895	（4c）5	（2a）15	2 323
股本	2 000	320	（2b）320		2 000
资本公积	1 200	90	（2b）105	（2a）15	1 200
盈余公积	1 305	194	（2b）194		1 305
未分配利润，12 月 31 日	2 527	506	（2b）511	（3）511	2 378
少数股东权益				（2b）452	452
负债和股东权益合计	10 100	3 320	2 314	2 314	12 583

表 3-18　甲公司 20×1 年合并利润表　　　　（单位：万元）

营业收入		9 950
减：营业成本	5 450	
销售费用	1 820	
管理费用	1 160	
财务费用	120	
资产减值损失	50	
加：资产处置收益	—	
投资收益	—	8 600
营业利润		1 350
加：营业外收入		—
减：营业外支出		—
利润总额		1 350
减：所得税费用		391
净利润		959
其中：归属于母公司股东的净利润		901
少数股东损益		58

表 3-19　甲公司 20×1 年合并未分配利润表　　　　（单位：万元）

未分配利润，1 月 1 日	2 600
加：归属于母公司股东的净利润	901
减：提取盈余公积	105
股利	1 018
未分配利润，12 月 31 日	2 378

表 3-20　甲公司 20×1 年 12 月 31 日合并资产负债表　　　　（单位：万元）

货币资金	1 150		应付账款	1 375	
应收账款	1 300		应付职工薪酬	1 550	
存货	1 960		应付债券	2 323	
流动资产合计		4 410	负债合计		5 248
长期股权投资	—		股本	2 000	
固定资产	6 760		资本公积	1 200	
无形资产	1 340		盈余公积	1 305	
商誉	73		未分配利润	2 378	
非流动资产合计		8 173	少数股东权益		452
			股东权益合计		7 335
资产总额		12 583	负债和股东权益总额		12 583

　　将甲公司 20×2 年的调整抵销分录填入 20×2 年工作底稿（表 3-21），计算合并数，据此编制甲公司 20×2 年的合并利润表（表 3-22）、合并未分配利润表（表 3-23）和 20×2 年末合

并资产负债表（表3-24）。

表3-21   甲公司20×2年12月31日合并报表工作底稿   （单位：万元）

| 报表项目 | 个别报表 | | 调整抵销分录 | | 合并数 |
	甲公司	乙公司	借方	贷方	
营业收入	7 580	3 300	（5b）150		10 730
减：营业成本	4 050	1 825		（5b）130 （5a）10	5 735
销售费用	1 170	720			1 890
管理费用	750	428	（4b）10	（5d）25	1 163
财务费用	90	35		（4c）5	120
资产减值损失	20	7			27
加：资产处置收益	—	—			—
投资收益	100	10	（3）135	（1）75	50
减：所得税费用	305	75			380
减：少数股东损益			（3）90		90
净利润	1 295	220			1 375
未分配利润，1月1日	2 527	506	（3）511 （4b）10 （5a）10 （5c）200	（1）51 （4a）20 （4c）5	2 378
减：提取盈余公积	129.5	22		（3）22	129.5
股利	667	100		（3）100	667
未分配利润，12月31日	3 025.5	604			2 956.5
货币资金	968	450			1 418
应收账款	970	780			1 750
存货	1 300	570	（4a）20	（2a）20 （5b）20	1 850
长期股权投资	1 000	150	（1）126	（2b）826	450
固定资产	6 000	1250	（2a）50 （5d）25	（4b）20 （5c）200	7 105
无形资产	880	300			1 180
商誉			（2b）73		73
资产合计	11 118	3 500			13 826
应付账款	1 040	660			1 700
应付职工薪酬	1 000	715			1 715
应付债券	1 418	895	（4c）10	（2a）15	2 318
股本	2 000	320	（2b）320		2 000
资本公积	1 200	90	（2b）105	（2a）15	1 200
盈余公积	1 434.5	216	（2b）216		1 434.5
未分配利润，12月31日	3 025.5	604	（2b）614	（3）614	2 956.5
少数股东权益				（2b）502	502
负债和股东权益合计	11 118	3 500	2 675	2 675	13 826

表 3-22　甲公司 20×2 年合并利润表　　　　　　（单位：万元）

营业收入		10 730
减：营业成本	5 735	
销售费用	1 890	
管理费用	1 163	
财务费用	120	
资产减值损失	27	
加：资产处置收益	—	
投资收益	50	8 885
营业利润		1 845
加：营业外收入		—
减：营业外支出		—
利润总额		1 845
减：所得税费用		380
净利润		1 465
其中：归属于母公司股东的净利润		1 375
少数股东损益		90

表 3-23　甲公司 20×2 年合并未分配利润表　　　　（单位：万元）

未分配利润，1 月 1 日	2 378
加：归属于母公司股东的净利润	1 375
减：提取盈余公积	129.5
股利	667
未分配利润，12 月 31 日	2 956.5

表 3-24　甲公司 20×2 年 12 月 31 日合并资产负债表　　　（单位：万元）

货币资金	1 418		应付账款	1 700	
应收账款	1 750		应付职工薪酬	1 715	
存货	1 850		应付债券	2 318	
流动资产合计		5 018	负债合计		5 733
长期股权投资	450		股本	2 000	
固定资产	7 105		资本公积	1 200	
无形资产	1 180		盈余公积	1 434.5	
商誉	73		未分配利润	2 956.5	
非流动资产合计		8 808	少数股东权益	502	
			股东权益合计		8 093
资产总额		13 826	负债和股东权益总额		13 826

第六节　合并现金流量表

合并现金流量表应当由母公司编制，可以根据合并资产负债表和合并利润表进行编制，也可以基于母公司和子公司的现金流量表、抵销集团内部交易的影响进行编制。

集团内部交易所产生的现金流量应当进行如下抵销。

（1）取得股权所支付的现金与发行股票融资收到的现金相互抵销。

（2）以现金结算的债权与债务所产生的现金流量相互抵销。

（3）取得投资收益、利息收入收到的现金，与分配股利、利润或偿付利息支付的现金相互抵销。

（4）销售和购买商品所产生的现金流量相互抵销。

（5）处置固定资产、无形资产和其他长期资产收回的现金净额，与购建固定资产、无形资产和其他长期资产支付的现金相互抵销。

（6）其他内部交易所产生的现金流量之间的相互抵销。

存在少数股东权益的情况下，合并现金流量的列报应当包括以下项目。

（1）母公司从公开市场购买少数股东持有的股份，会减少投资活动合并现金流量。

（2）母公司出售子公司股票，但不丧失控制权，增加投资活动合并现金流量，相关处置损益调节合并净利润。

（3）股利支出包括母公司支付的现金股利和子公司向少数股东支付的现金股利。

在报告期内，母公司因同一控制下企业合并增加子公司以及业务，应当将该子公司以及业务的合并当期期初至报告期末的现金流量纳入合并现金流量表，同时应当调整比较报表的相关项目，视同合并后的报告主体自最终控制方开始控制时点起一直存在。因非同一控制下企业合并增加子公司以及业务，应当将该子公司购买日至报告期末的现金流量纳入合并现金流量表。

在报告期内，母公司处置子公司以及业务，应当将该子公司以及业务的期初至处置日的现金流量纳入合并现金流量表。

【例 3-18】　根据【例 3-7】中甲公司购买日 20×1 年 1 月 1 日的合并资产负债表（表 3-4）、【例 3-17】中甲公司 20×1 年和 20×2 年的合并利润表（表 3-18、表 3-22）、合并未分配利润表（表 3-19、表 3-23）以及年末的合并资产负债表（表 3-20、表 3-24），采用间接法，编制 20×1 年和 20×2 年的合并现金流量表，如表 3-25 所示。

相关资料如下：

（1）20×1 年和 20×2 年的折旧费用分别为 700 万元和 630 万元，无形资产摊销费用分别为 300 万元和 350 万元。

（2）甲公司在这两年没有向集团之外处置固定资产和无形资产。

（3）甲公司和乙公司的应付债券都是按面值向集团之外的投资者发行的。

（4）资产减值损失是固定资产减值损失。

表 3-25 甲公司 20×1 年和 20×2 年甲公司合并现金流量表（单位：万元）

报表项目	20×1 年		20×2 年	
一、营业活动现金流量				
合并净利润	959		1 465	
折旧费用	700		630	
摊销费用	300		350	
财务费用	120		120	
资产减值损失	50		27	
投资收益	—		（50）	
应收账款变动	92		（450）	
存货变动	（30）		110	
应付账款变动	248		325	
应付职工薪酬变动	（150）		165	
营业活动现金净流量		2 289		2 692
二、投资活动现金流量				
购买固定资产支出	（930）		（1 002）	
购买无形资产支出	（140）		（190）	
购买股权投资支出	—		（400）	
投资活动现金净流量		（1 070）		（1 592）
三、筹资活动现金流量				
应付债券偿还支出	（87）		（5）	
利息支出	（120）		（120）	
母公司股利支出	（1 018）		（667）	
子公司支付给少数股东的股利	（24）		（40）	
筹资活动现金净流量		（1 249）		（832）
四、现金净变动		（30）		268
加：年初现金余额		1 180		1 150
五、年末现金余额		1 150		1 418

❖ 本章小结

1. 合并财务报表，是指反映母公司与其全部子公司形成的企业集团整体财务状况、经营成果和现金流量的财务报表。企业集团年度财务报告中的合并财务报表至少应当包括合并资产负债表、合并利润表、合并现金流量表、合并所有者权益（或股东权益）变动表和附注。

2. 合并理论包括所有权理论、母公司理论和实体理论。①所有权理论采用比例合并法，不确认少数股东权益，商誉为母公司商誉，子公司可辨认资产和负债按母公司的应享比例并入合并报表。②母公司理论采用母公司法，少数股东权益列报为负债，基于子公司可辨认净资产账面价值计量；商誉为母公司商誉；子公司可辨认资产和负债以全额并入合并报表且双重计价。③实体理论将少数股东权益列报为股东权益项。修正实体法下，少数股东权益基于子公司可辨认净资产公允价值计量，商誉为母公司商誉；实体法下，少数股东权益基于子公司净资产整体公允价值计量，商誉为完全商誉。两种方法下子公司可辨认资产和负债按公允价值全部并入合并报表。我国企业采用修正实体法。

3. 合并范围的判定应当以控制为基础。控制是指投资方拥有对被投资方的权利，通过参与被投资方的相关活动而享有可变回报，并且有能力运用对被投资方的权利影响其回报金额。投资方判断是否存在控制，应当综合考虑所有相关事实和情况，主要包括：①被投资方的设立目的；②被投资方的相关活动以及如何对相关活动做出决策；③投资方是否通过参与被投资方的相关活动而享有可变回报；④投资方享有的权利是否使其目前有能力主导被投资方的相关活动；⑤投资方是否有能力运用对被投资方的权利影响其回报金额；⑥投资方与其他方的关系。

4. 除非有确凿证据表明投资方不能主导被投资方的相关活动，投资方持有被投资方半数以上的表决权，或者持有被投资方半数或以下的表决权，但通过与其他表决权持有人之间的协议能够控制半数以上表决权，均表明投资方对被投资方拥有权利。

5. 投资方持有被投资方半数或以下的表决权，但综合考虑下列事实和情况后，判断投资方持有的表决权足以使其目前有能力主导被投资方相关活动的，视为投资方对被投资方拥有权利：①投资方持有的表决

权相对于其他投资方持有的表决权的份额大小，以及其他投资方持有表决权的分散程度；②投资方和其他投资方持有的被投资方的潜在表决权；③其他合同安排产生的权利；④被投资方以往的表决权行使情况等其他相关事实和情况。

6. 在某些情况下，投资方可能难以通过前述方法做出判断，则应当考虑"其具有实际能力以单方面主导被投资方相关活动"的证据，从而判断其是否拥有对被投资方的权利。投资方应考虑的因素包括但不限于下列事项：①投资方能否任命或批准被投资方的关键管理人员；②投资方能否出于其自身利益决定或否决被投资方的重大交易；③投资方能否掌控被投资方董事会等类似权力机构成员的任命程序，或者从其他表决权持有人手中获得代理权；④投资方与被投资方的关键管理人员或董事会等类似权力机构中的多数成员是否存在关联方关系。在评价投资方是否拥有对被投资方的权利时，还应适当考虑特殊关系的影响。

7. 投资方在判断是否控制被投资方时，应当确定被投资方相关活动的决策者是主要责任人还是代理人。代理人仅代表主要责任人行使决策权，不控制被投资方。

8. 合并财务报表的编制技术包括工作底稿法、直接计算法等。合并财务报表被称为表上表。工作底稿法下的调整抵销分录不计入公司的正式账簿。

9. 编制非同一控制下企业合并的合并日合并财务报表，调整抵销分录主要包括：①按照公允价值对子公司财务报表进行调整，子公司可辨认资产和负债公允价值与账面价值的差额调整资本公积，同时确认递延所得税资产或负债；②抵销母公司对子公

司长期股权投资与子公司所有者权益，同时确认合并商誉（或便宜购买利得）和少数股东权益；③抵销集团内公司之间反映债权与债务关系的往来项目。

10. 编制同一控制下企业合并的合并日合并财务报表，调整抵销分录主要包括：①抵销母公司对子公司长期股权投资和子公司所有者权益，同时确认少数股东权益；②恢复子公司合并前实现的留存收益（盈余公积和未分配利润之和）中归属于合并方的部分；③抵销集团内公司之间反映债权与债务关系的往来项目。

11. 集团内部交易包括顺流交易、逆流交易和平行交易。逆流交易和平行交易会影响少数股东损益和少数股东权益。

12. 集团内部商品交易的未实现损益，应当予以抵销。以前期间的未实现利润在报告期实现的，应当同时调减年初未分配利润和销售成本。当集团内公司分别纳税，还应抵销未实现利润相应的所得税费用，并确认递延所得税资产。集团内部商品交易形成的往来款应当相互抵销，相关应收款已经计提或转回的坏账准备应予以抵销，未向集团之外出售的内部交易商品已经计提或转回的存货跌价准备，从集团角度未发生跌价损失的，应予以抵销。

13. 集团内部长期资产交易存在两方面的调整：一是先全额抵减未实现损益，再随着资产的逐期使用或者在资产处置时确认已经实现的部分；二是从长期资产的原值中全额消除内部交易损益，以反映集团角度下的资产原值。在抵销调整过程中，存在少数股东权益的，应相应调整少数股东损益和少数股东权益；还应考虑所得税的影响。

14. 编制合并日后的合并财务报表，调整抵销的主要内容包括：①对子公司的长期股权投资及其投资收益的抵销，可以直接基于成本法抵销，也可以调整为权益法下的结果再抵销。②少数股东损益及权益的确认；③合并价差的摊销；④集团内部交易的抵销。

15. 编制合并日后的合并财务报表，调整抵销分录主要包括：①将成本法下的期末对子公司长期股权投资及其投资收益调整为权益法下的金额；②将子公司可辨认资产和负债的账面价值调整为公允价值，抵销母公司对子公司长期股权投资与子公司所有者权益，同时确认合并商誉（或便宜购买利得）和少数股东权益；③反映子公司未分配利润的变动及结果，即年初调整后未分配利润＋调整后净利润（包括母公司享有的部分和少数股东损益）＝提取盈余公积＋派发的股利＋年末调整后未分配利润；④记录合并价差的累计摊销；⑤抵销内部交易损益的累计影响；⑥抵销集团内公司之间的债权与债务项目。

16. 编制合并现金流量表，应当抵销集团内部交易所产生的现金流量。存在少数股东权益的情况下，母公司出售子公司股票但不丧失控制权和从公开市场购买少数股东持有的股份，分别增加和减少投资活动合并现金流量，股利支出应当包括子公司向少数股东支付的现金股利。

◈ 关键术语

合并财务报表、母公司、子公司、结构化主体、可分割的部分、所有权理论、母公司理论、实体理论、少数股东权益、公允价值差、比例合并法、母公司商誉、少数股东损益、母公司法、修正实体法、实体法、完全商誉、合并政策、合并范围、控制、相关活动、可变回报、投资方对被投资方的权利、实质性权利、保护性权利、一致行动、潜在表决权、主要责任人、代理人、投资性主体、工作底稿法、调整抵销分录、合并价差、内部交易、顺流交易、逆流交易、平行交易、未实现损益、合并价差摊销

◈ 思考题

1. 什么是合并财务报表？说明定期报告中合并财务报表的组成部分。

2. 什么是母公司？什么是子公司？子公司有哪些类型？

3. 存在哪些合并理论？不同合并理论对合并财务报表项目的确认和计量有什么影响？

4. 如何理解控制的含义？有哪些判断是否控制被投资方所依据的主要相关事实和情况？

5. 举例说明投资方对被投资方拥有权利的情形。查看本章第二节举例中提及的上市公司最新年度报告，说明该公司控制子公司的方式。

6. 投资方控制被投资方半数以上的表决权是否表明投资方对被投资方拥有权利？

7. 在判断是否存在控制时，为什么要考虑决策者的主要责任人或代理人的身份？

8. 对于非同一控制下的企业合并和同一控制下的企业合并所形成的企业集团，其合并报表的差异体现在哪些方面？编制合并报表所需的调整抵销分录有什么不同？

9. 如何确认和计量企业合并形成的递延所得税？

10. 集团内部商品交易利润在交易当年全部实现或者没有全部实现，如何进行抵销？未实现利润在次年实现，编制次年合并报表时抵销分录是什么？

11. 集团内部固定资产交易中按存货出售和按固定资产出售，交易当年如何编制抵销分录？

12. 集团内部长期资产交易的未实现利润是如何实现的？实现时的调整抵销分录是什么？

13. 少数股东权益和少数股东损益是否受到所有集团内部交易的影响？消除集团内部资产交易未实现利润，在考虑所得税的影响时，通常调整哪两个报表项目？

14. 采用修正实体法编制合并报表，如何计算子公司调整后的净利润？

15. 如何直接计算归属于母公司股东的净利润和合并留存收益？

16. 编制合并日后的合并财务报表，基于权益法抵销时，应当从哪些方面做出调整抵销？

17. 列举应予抵销的集团内部交易所产生的现金流量。

18. 存在少数股东权益的情况下，哪些与少数股东权益相关的现金流量应当列报于合并现金流量表？

◈ 自测题

1. 企业集团年度财务报告中的合并财务报表至少应当包括（　　）。

A. 合并资产负债表

B. 合并利润表

C. 合并现金流量表

D. 合并所有者权益变动表

2. 企业合并采用购买法，合并报表编制采用修正实体法，少数股东权益按照子公司（　　）的少数股东应享比例计量。

A. 可辨认净资产账面价值

B.可辨认净资产公允价值

C.整体公允价值

D.可辨认净资产在最终控制方的账面价值

3.投资方持有被投资方半数或以下的表决权，综合考虑（　　）后，判断投资方持有的表决权足以使其目前有能力主导被投资方相关活动的，视为投资方对被投资方拥有权利。

A.投资方持有的表决权相对于其他投资方持有的表决权的份额大小，以及其他投资方持有表决权的分散程度。

B.投资方和其他投资方持有的被投资方的潜在表决权

C.其他合同安排产生的权利

D.被投资方以往的表决权行使情况等其他相关事实和情况

4.编制合并报表的工作底稿包括（　　）。

A.母公司个别报表

B.子公司个别报表

C.调整抵销分录

D.合并数

5.同一控制下企业合并的合并日合并财务报表的特征是（　　）。

A.不确认商誉

B.不确认少数股东权益

C.考虑子公司净资产公允价值

D.计入子公司合并前留存收益

6.本期内部交易的全部商品在本期向集团外出售的调整抵销分录包括（　　）。

A.按交易收入额借记营业收入

B.按交易收入额贷记营业成本

C.按未实现毛利贷记存货

D.按营业成本额贷记营业成本

7.本年初发生内部固定资产交易，调整抵销分录可能包括的记录有（　　）。

A.按交易利得借记资产处置收益

B.按交易收入额借记营业收入

C.按交易利得贷记固定资产

D.按营业成本额贷记营业成本

8.编制合并日后的合并报表，调整抵销的主要内容包括（　　）。

A.少数股东损益及权益的确认

B.合并价差的摊销

C.集团内部交易的抵销

D.对子公司长期股权投资及其投资收益的抵销

9.计算子公司调整后净利润，需要使用（　　）数据。

A.子公司账面净利润

B.合并价差的摊销额

C.本年逆销未实现损益

D.本年顺销未实现损益

10.列报于合并现金流量表内的现金流量包括（　　）。

A.集团内部交易产生的现金流量

B.子公司向少数股东支付的现金股利

C.母公司支出的现金股利

D.子公司向母公司支付的现金股利

◈ 练习题

1.20×1年1月1日，甲公司以现金700万元取得乙公司70%有表决权的股份，取得对乙公司的控制权，属于非同一控制下的企业合并。购买日乙公司可辨认净资产的账面价值为500万元。购买日，甲公司和乙公司的固定资产和流动负债的账面价值和公允价值如下表，其他资产和负债的账面价值和公允价值相同。

（单位：万元）

报表项目	甲公司		乙公司	
	账面价值	公允价值	账面价值	公允价值
固定资产	1 100	1 200	650	600
流动负债	800	850	260	300

要求：

分别采用比例合并法、母公司法、修正实体法和实体法计算购买日合并资产负债表中的固定资产、流动负债、商誉和少数股东权益。

2. 20×1 年 1 月 1 日，甲公司以现金 2 000 万元取得乙公司 80% 有表决权的股份，取得对乙公司的控制权，属于非同一控制下的企业合并。购买日乙公司股本 1 200 万元，资本公积 500 万元，留存收益 500 万元。购买日，甲公司和乙公司的无形资产和长期负债的账面价值和公允价值如下表，其他资产和负债的账面价值和公允价值相同。

（单位：万元）

报表项目	甲公司		乙公司	
	账面价值	公允价值	账面价值	公允价值
无形资产	1 200	900	1 500	1 800
长期负债	1 100	1 200	800	950

要求：

分别采用比例合并法、母公司法、修正实体法和实体法计算购买日合并资产负债表中的无形资产、长期负债、商誉和少数股东权益。

3. 20×1 年 1 月 1 日，甲公司以现金 320 万元取得乙公司 80% 有表决权的股份，取得对乙公司的控制权，属于非同一控制下的企业合并。购买日乙公司存货增值 5 万元，固定资产增值 70 万元，其他项目未产生公允价值与账面价值的差异。购买日甲公司和乙公司的个别资产负债表如下表所示。

（单位：万元）

报表项目	合并交易前个别报表	
	甲公司	乙公司
货币资金	360	50
应收账款	65	50
存货	100	60
固定资产	575	340
资产合计	1 100	500
应付账款	100	100
应付债券	200	100
股本	500	200
盈余公积	100	20
未分配利润	200	80
负债和股东权益合计	1 100	500

要求：

编制 20×1 年 1 月 1 日甲公司合并资产负债表。如果甲公司和乙公司隶属于同一企业集团，甲公司以现金 140 万元支付合并对价，合并前无内部交易，重新编制 20×1 年 1 月 1 日甲公司合并资产负债表。

4. 乙公司是甲公司的子公司。20×1 年 12 月 31 日，乙公司向甲公司出售一条生产线，售价 3 000 万元；该条生产线原始成本 5 000 万元，无残值，使用寿命 10 年，乙公司已经使用 3 年，采用直线法计提折旧。甲公司将这条生产线用于生产产品。甲公司和乙公司的所得税率均为 25%，少数股东持股比例均为 30%。

要求：

编制甲公司 20×1 年至 20×3 年合并报表的关于生产线的调整抵销分录。如果甲公司拥有一条生产线并出售给乙公司，关于生产线的其他数据资料相同，编制甲公司 20×1 年至 20×3 年合并报表的关于生产线的调整抵销分录。

5. 乙公司是甲公司的子公司。20×1 年，乙公司向甲公司出售商品存货，售价 3 500 万元，结转成本 2 600 万元。该批商品的 1/3 本年没有向集团外出售；甲公司向乙公司出售商品存货，售价 1 800 万元，毛利率 20%，年末乙公司还持有成本 1 000 万元的商品。20×2 年，甲公司所购的内部交易商品全部向集团外出售，乙公司则依然持有内部交易的商品。20×2 年，甲公司向乙公司出售商品存货，售价 5 000 万元，年末乙公司将这些商品向集团外出售。甲公司和乙公司的所得税税率均为 25%，少数股东持股比例为 30%。

要求：

编制 20×1 年和 20×2 年甲公司合并

报表的调整抵销分录。

6. 乙公司是甲公司的子公司。20×1 年，乙公司向甲公司出售商品存货，售价 6 000 万元，该批商品的 5/6 本年没有向集团外出售；甲公司向乙公司出售商品存货，售价 2 400 万元，年末都已向集团外出售。20×2 年，甲公司将所购内部交易商品全部向集团外出售；甲公司向乙公司出售商品存货，售价 4 800 万元，年末乙公司还持有成本 1 600 万元的商品。甲公司和乙公司的毛利率均为 30%。甲公司和乙公司的所得税税率均为 25%，乙公司的少数股东持股比例为 10%。

要求：

编制 20×1 年和 20×2 年甲公司合并报表的调整抵销分录。

7. 乙公司是甲公司的子公司。20×1 年年末，甲公司账面上有对乙公司的应收账款，账面余额为 600 万元，期末坏账准备余额为 50 万元，其中本年计提坏账准备 30 万元。乙公司手中有去年从甲公司处取得的商品，购买成本 300 万元，去年计提存货跌价准备 10 万元；该批商品本年年末依然没有对外出售，乙公司对其计提存货跌价准备 15 万元。甲公司和乙公司的毛利率均为 30%。

要求：

编制 20×1 年甲公司合并报表的调整抵销分录。

8. 乙公司是甲公司的子公司。20×1 年年末，甲公司账面上有对乙的应收票据，账面余额为 500 万元，期末坏账准备余额为 20 万元，其中上年计提 35 万元，本年转回 15 万元。乙公司手中有本年从甲公司处采购的商品，购买成本 1 000 万元，至年末甲公司没有出售这些商品，对其计提存货跌价准备 60 万元。本年甲公司向乙公司出售商品存货，售价共计 1 500 万元。甲公司和乙公司的毛利率均为 40%。

要求：

编制 20×1 年甲公司合并报表的调整抵销分录。

9. 甲公司和乙公司同属于丙集团。20×0 年 12 月 31 日，乙公司向甲公司出售一项专利权，售价 900 万元。该专利权由乙公司自行研发，去年年初时形成无形资产。去年年初，专利权原始成本 1 200 万元，无残值，预计使用寿命 6 年，采用直线摊销法。甲公司将该专利权用于自己的生产经营。甲公司和乙公司的所得税税率均为 25%，少数股东持股比例均为 20%。

要求：

编制 20×0 年及专利权寿命期内丙集团合并报表的关于专利权交易及以后正常使用的调整抵销分录。

10. 20×1 年 1 月 1 日，甲公司以现金 320 万元取得乙公司 80% 有表决权的股份，取得对乙公司的控制权，属于非同一控制下的企业合并。

（1）购买日乙公司存货增值 5 万元，固定资产增值 70 万元，股东权益为 300 万元（股本 200 万元、盈余公积 20 万元、未分配利润 80 万元）。购买日乙公司增值的存货在 20×1 年全部出售到集团之外；增值的固定资产预计剩余使用年限为 10 年，无残值，采用直线法计提折旧。合并商誉 20×1 年减值 5 万元，20×2 年没有发生减值。

（2）20×1 年，甲公司向乙公司出售商品存货，售价 205 万元，结转成本 180 万元。年末 40% 未出售到集团之外。年末，两家公司互有往来款项 30 万元。

（3）20×2 年上年未出售的内部交易商品存货，在本年向集团外出售。乙公司本年年初向甲公司出售设备存货，售价 100 万元，毛利率 20%。甲公司将设备用于销售活动。设备预计剩余使用年限为 5 年，无残值，采用直线法计提折旧。

（4）甲公司和乙公司每年均按 10% 提取法定盈余公积金，宣布的现金股利均当年支付。

（单位：万元）

报表项目	20×1 年个别报表		20×2 年个别报表	
	甲公司	乙公司	甲公司	乙公司
营业收入	400	200	418	300
减：营业成本	194	115	180	160
销售费用	50	20	50	20
管理费用	40	15	60	45
加：投资收益	24	—	32	—
净利润	140	50	160	75
未分配利润 20×1 年 1 月 1 日	200	80	266	95
减：提取盈余公积	14	5	16	7.5
股利	60	30	60	40
未分配利润 20×1 年 12 月 31 日	266	95	350	122.5
货币资金	160	75	135	85
应收账款	75	50	150	80
存货	100	75	200	90
长期股权投资	320	—	320	—
固定资产	525	320	475	300

（续）

报表项目	20×1年个别报表		20×2年个别报表	
	甲公司	乙公司	甲公司	乙公司
资产合计	1 180	520	1 280	555
应付账款	100	100	100	100
应付债券	200	100	200	100
股本	500	200	500	200
盈余公积	114	25	130	32.5
未分配利润20×1年12月31日	266	95	350	122.5
负债和股东权益合计	1 180	520	1 280	555

要求：

编制甲公司20×1年和20×2年合并财务报表。

章后案例

朗玛信息（股票代码：300288）2017年一季报披露，本季度公司整体经营平稳，各项业务经营正常，实现营业收入28 013.42万元，同比增长211.02%；实现利润总额24 596.94万元，同比增长1 384.36%；归属于上市公司股东的净利润24 080.41万元，同比增长1 507.32%。公司营业收入、利润大幅增长的主要原因为2017年2月4日公司与医药电商（贵阳市医药电商服务有限公司）股东吴××签署了《关于保持一致行动的协议书》，自2017年3月1日起医药电商纳入公司合并报表。经测算，朗玛信息对医药电商的长期股权投资从权益法核算到并入公司合并报表将产生当期投资收益224 751 417.72元，属于一次性非经常性损益项目。公司2017年半年报、三季报以及2017年业绩快报也对该项信息进行了披露。

2018年4月19日，公司发布2017年度业绩快报修正公告，披露2018年因相关政策及有关要求发生变化，公司从维护广大投资者利益的角度出发，对合并范围进行了调整，2017年度医药电商报表不纳入合并范围，上述确认的一次性投资收益2.24亿元因此不计入2017年公司合并报表。

2018年4月20日，公司发布2017年报。年报披露了相关季度数据修正前后的对比，如下表：

（单位：元）

	第一季度		第二季度		第三季度		第四季度
	修正前	修正后	修正前	修正后	修正前	修正后	
营业收入	280 134 177.25	98 412 442.24	702 371 030.49	109 171 671.57	956 526 102.58	101 835 088.89	102 339 127.80
归属于上市公司股东的净利润	240 804 116.78	16 063 458.26	32 547 879.81	32 904 667.42	36 853 593.54	37 326 579.41	10 846 937.39
归属于上市公司股东的扣除非经常性损益的净利润	14 055 078.53	14 066 002.83	32 265 799.26	33 154 139.93	29 940 924.21	30 552 556.28	8 725 689.20
经营活动产生的现金流量净额	36 507 843.86	15 397 956.49	91 448 338.84	24 762 116.57	-84 619 030.70	12 157 666.97	17 629 401.52

公司 2017 年报附注披露，对医药电商股权投资采用权益法处理，并对在合营企业或联营企业的持股比例不同于表决权比例做出了说明：2017 年 2 月，公司与持有医药电商 30% 股权的股东吴×× 签订一致行动人协议。协议约定，吴×× 对医药电商重大事项的决策或以其他方式行使股东权力时与公司保持一致行动。上述协议经公司 2017 年第二次临时股东大会审议通过。公司实际取得医药电商 64.30% 的表决权。

分析并思考：

（1）在合并范围判定中，一致行动人协议的作用是什么？

（2）朗玛信息对医药电商并表和出表的依据是什么？是否合理？

（3）将医药电商并表获得的巨额投资收益是如何计算的？

（4）朗玛信息业绩披露的巨大变化对主要利益相关者会产生什么影响？

◈ 参考答案

扫码查看
参考答案

第四章
CHAPTER4

外币业务会计

学习目标

1. 了解外币业务涉及的基本概念
2. 掌握确定记账本位币应考虑的因素
3. 掌握外币交易的会计处理方法
4. 掌握境外经营财务报表的折算方法

章前案例

截至 2021 年 4 月 10 日，已公布 2020 年年报的上市公司中，中国交通建设集团有限公司（简称"中国交建"）的汇兑损失最多，2020 年合计汇兑损失 13.44 亿元，而公司全年净利润为 162.06 亿元，汇兑损失占公司全年净利润的 8.29%。

中国交建核心业务领域以基建建设、基建设计和疏浚为主，公司拥有 37 家主要全资、控股子公司，业务足迹遍及中国以及世界上其他 139 个国家和地区。公司业务收入虽然以境内为主，但境外收入占比也不小。2020 年年报显示，公司在境内取得营业收入 5 284.62 亿元，占比达 84.21%，同时公司在境外取得营业收入 991.25 亿元，占比达 15.79%。

2020 年人民币汇率大幅波动，以美元为主的外币汇兑损失的增加导致 2020 年公司财务费用净额增加 35.60%，至 82.54 亿元，上年同期为 60.87 亿元。业务收入主要分布在欧美地区的安道麦 A 受汇率波动影响，2020 年汇兑损失达到 11.12 亿元，而公司全年净利润为 3.53 亿元，汇兑损失是 2020 年净利润的 3 倍有余。

安道麦 A 在其年报中提到，以固定汇率计算，公司第四季度在所有关键市场均实现了强劲的两位数增长，第四季度销售额同比增长 17%，全年销售额同比增长 11%。但以美元计算，第四季度销售额同比增长 10%，全年同比增长 3%，反映出因多国货币兑美元普遍疲软而遭受的影响，在公司业务增长最为迅速的发展中国家这种影响尤为显著。

　　根据上述资料，思考以下问题：什么是外币业务？外币业务的折算可能会给企业带来什么样的风险和收益？这些问题在科目和报表中应如何反映？通过本章的学习，我们将解答这些问题。

　　资料来源：王军. 最高升破 6.5！人民币狂升值　60 家公司 2020 年汇兑损失过亿 国内三大航却笑了 [N]. 证券时报，2021-04-10.

第一节　外币业务涉及的基本概念

一、外汇、外币与外币交易

　　外汇是指以外币表示的可用于国际结算的支付手段和资产。外汇主要包括以下几种：①外币现钞，包括纸币、铸币；②外币支付凭证或者支付工具，包括票据、银行存款凭证、银行卡等；③外币有价证券，包括债券、股票等；④特别提款权；⑤其他外汇资产。

　　外币通常是指本国或地区货币以外的其他国家或地区的货币。例如，人民币在中国是本国货币，但对于中国以外的国家是外币。会计学中的外币概念与一般意义上的外币概念有所不同，在会计学中，外币是指记账本位币（或功能性货币）以外的货币。例如，如果企业以人民币为记账本位币，那么各种外国货币均为外币；如果企业以某种非人民币货币（美元）为记账本位币，则除该种货币以外的各种货币（包括人民币）均是外币。

　　外币交易是指以外币计价或者结算的交易。外币交易主要包括以下几类：①买入或卖出以外币计价的商品或劳务；②借入或借出外币资金；③其他以外币计价或结算的交易。需要注意的是，是不是外币交易不取决于企业是否从事跨国经营活动。例如，某企业的记账本位币是本国货币，与外国企业之间的交易以本国货币结算，就不会发生外币交易；但如果与本国另一企业交易，约定以某种外国货币结算，就会发生外币交易。在跨国经营活动中，会产生大量外币交易。

二、记账本位币

　　我国《企业会计准则第 19 号——外币折算》规定，记账本位币是指企业经营所处的主要经济环境中的货币。主要经济环境通常是指企业产生现金收支的主要环境，使用该环境中的货币能更好地反映企业主要交易的经营成果。例如，我国大多数企业产生现金支出的主要环境在国内，因此通常以人民币作为记账本位币。业务收支以人民币以外的货币为主的企业，可以选定其中一种货币作为记账本位币。但是，编报的财务会计报告应当折算为人民币。

　　企业选择记账本位币时，应当考虑下列因素：①该货币主要影响商品和劳务的销售价格，通常以该货币进行商品和劳务的计价及结算；②该货币主要影响商品和劳务所需人工、材料和其他费用，通常以该货币进行上述费用的计价和结算；③融资活动获得的货币以及保存从经营活动中收取款项所使用的货币。例如，甲企业超过80%的营业收入来自对欧盟国家的出口，其商品销售价格主要受欧元的影响，根据第一项因素，甲企业应选择欧元作为记账本位币；但如果与此同时，甲企业95%以上的人工成本以及生产所需原材料和机器设备等都在中国采购并以人民币计价，则需要考虑第三项因素，如果甲企业在中国取得融资、取得的欧元营业收入在汇回国内时转换成人民币，而且对所有以欧元结算的资金往来的外币风险都进行了套期保值，则甲企业应选择人民币作为记账本位币。

在境外经营情形下，也需要确定记账本位币。境外经营包括两种情况，一种是指企业在境外的子公司、合营企业、联营企业、分支机构，另一种是指企业在境内的子公司、合营企业、联营企业或者分支机构采用不同于企业的记账本位币。企业选定境外经营的记账本位币时，还应当特别考虑下列因素：①境外经营对其所从事的活动是否拥有很强的自主性；②境外经营活动中与企业的交易是否在境外经营活动中占有较大比重；③境外经营活动产生的现金流量是否直接影响企业的现金流量、是否可以随时汇回；④境外经营活动产生的现金流量是否足以偿还其现有债务和可预期的债务。例如，A公司的母公司以人民币作为记账本位币，但A公司的主要业务收支环境在美国，对其从事的经营活动拥有完全的自主权，且与其母公司之间除投资与被投资关系外，基本不发生业务往来，则A公司应选择美元作为记账本位币。

企业记账本位币一经确定，不得随意变更，除非企业经营所处的主要经济环境发生重大变化。企业因经营所处的主要经济环境发生重大变化，确需变更记账本位币的，应当采用变更当日的即期汇率将所有项目折算为变更后的记账本位币。

三、汇率

汇率是用一种货币表示另一种货币的价格，即一种货币兑换为另一种货币的比率。

(一) 汇率的标价方法

1. 直接标价法

直接标价法又称应付标价法，是指以一定单位的外币为标准，计算可兑换多少本国货币。在这种标价法下，外币数额固定不变，本国货币数额随汇率的变动而变动，本国货币币值与汇率呈反向变动。例如，如果人民币（本国货币）对美元（外国货币）的汇率为6.5，表示1美元可以兑换6.5元人民币。如果人民币对美元的汇率从6.5上升为6.6，说明人民币相对美元在贬值。我国和世界上绝大多数国家和地区都采用直接标价法。

2. 间接标价法

间接标价法又称应收标价法，是指以一定单位的本国货币为标准，计算可兑换多少外币。在这种标价法下，本国货币数额固定不变，外币数额随汇率的变动而变动，本国货币币值与汇率呈同向变动。例如，如果美元（外国货币）对英镑（本国货币）的汇率为 1.36，表示 1 英镑可以兑换 1.36 美元。如果美元对英镑的汇率从 1.36 上升为 1.38，说明英镑相对美元在升值。英国、澳大利亚、新西兰等国家采用间接标价法。

（二）汇率的种类

1. 固定汇率和浮动汇率

固定汇率是指本国货币与外国货币的兑换比率维持在一个相对固定的水平，汇率波动只能限制在一定范围内。固定汇率一般由政府制定，超出既定范围时，政府会进行干预以保证汇率稳定。

浮动汇率是指本国货币与外国货币的兑换比率没有波动幅度限制，由外汇市场的供求关系自行决定。浮动汇率按政府是否干预，分为自由浮动汇率和管理浮动汇率。自由浮动汇率是指汇率完全根据市场供求自由涨跌、政府不进行干预；管理浮动汇率是指政府根据经济发展需求对外汇市场进行干预，以使汇率不致发生剧烈波动。由于汇率对国际收支和经济均衡具有重大影响，在现实世界中，几乎没有完全实行自由浮动汇率的国家，各国都会采取不同措施控制汇率的走向。

2. 买入汇率、卖出汇率和中间汇率

买入汇率即为买入价，是指银行向同业或客户买入外汇所使用的汇率。卖出汇率即为卖出价，是指银行向同业或客户卖出外汇所使用的汇率。在直接标价法下，外币折合本币数额较少的汇率为买入汇率，外币折合本币数额较多的汇率为卖出汇率。间接标价法下的情况刚好相反。买入汇率与卖出汇率的平均价称为中间汇率。我国汇率采用直接标价法，银行的买入汇率低于卖出汇率，买入汇率与卖出汇率之间的差额即为银行的外汇买卖收益。

3. 即期汇率、远期汇率和即期汇率的近似汇率

即期汇率是外汇即期交易依据的汇率，指立即交付的结算价格，由交易当时的货币供求关系决定。远期汇率与"即期汇率"相对，是进行外汇远期交易依据的汇率，指未来交付时的结算价格。在外汇市场上挂牌的汇率，除特别标明远期汇率外，一般指即期汇率。

我国《企业会计准则》规定，企业在处理外币交易和进行外币报表折算时，应当采用交易发生日的即期汇率将外币金额折算为记账本位币金额，也可以采用按照系统合理的方法确定的、与交易发生日即期汇率近似的汇率折算。

为方便核算，《企业会计准则》中规定企业用于记账的即期汇率通常是指当日中国人民银行公布的人民币外汇牌价的中间价。但是，在企业发生单纯的货币兑换业务或涉及货币兑换的交易事项时，仅用中间价不能反映货币买卖的损益，应当以交易实际采用的汇率，即银行买入价或卖出价折算。

企业发生的外币交易只涉及人民币与美元、欧元、日元等之间折算的，可直接采用中国

人民银行每日公布的人民币汇率的中间价作为即期汇率进行折算；企业发生的外币交易涉及人民币与其他货币之间折算的，应按照国家外汇管理局公布的各种货币对美元折算率采用套算的方法进行折算；发生的外币交易涉及人民币以外的货币之间折算的，可直接采用国家外汇管理局公布的各种货币对美元折算率进行折算。

当汇率变动不大时，为简化核算，企业在外币交易日或对外币报表项目进行折算时，也可以选择即期汇率的近似汇率折算。即期汇率的近似汇率是指按照系统合理的方法确定的、与交易发生日即期汇率近似的汇率，通常是指当期平均汇率或加权平均汇率等。

4. 现行汇率、历史汇率和平均汇率

会计中通常采用双重币种反映企业发生的外币交易，即企业同时按业务发生时使用的外币和主体所在国的本国货币进行记账。若仅以外币记账，则在会计期末必须将外币计价的资产和负债换算为本国货币，因此会涉及外币折算，需要在不同汇率之间做出选择。

现行汇率是指资产负债表日的即期汇率。历史汇率是指交易发生日的即期汇率。平均汇率是指一定期间内即期汇率的简单平均数或加权平均数。

第二节　外币交易的会计处理

一、外币交易会计处理的两种观点

在外币交易中，如果交易发生与款项结算没有同时进行，可能涉及折算所用汇率的选择问题，具体的会计处理主要有两种观点：一项交易观和两项交易观。

1. 一项交易观

一项交易观也称为一笔业务交易观，是指企业应当将交易的发生与以后的款项结算视为一项交易的两个阶段，以外币是否结算来判断业务是否完成。在一项交易观下，将从交易日至结算日汇率变动的影响作为对原来已经入账的销售收入或购货成本的调整，即按记账本位币计量的销售收入和购货成本在交易日不能确定，要根据款项结算时的当日汇率确定。

2. 两项交易观

两项交易观也称为两笔业务交易观，是指企业应当将交易的发生与以后的款项结算视为两项独立的交易，以交易是否发生作为确认销售收入或购货成本的基础。在两项交易观下，交易产生的销售收入或购货成本均按交易当日的汇率确定，以后不再因汇率变动进行调整，汇率变动的风险由交易中形成的外币债权债务承担，因交易日与结算日汇率不同而产生的外币折算差额，作为汇兑差额处理，不再调整销售收入或购货成本。

如果外币交易已经完成，债权债务已经结清，产生的汇兑差额为已实现汇兑差额；如果外币交易已经完成，但债权债务尚未结算，产生的汇兑差额为未实现汇兑差额。对于未实现

汇兑差额，有当期确认法和递延法两种处理方法。当期确认法是指未实现汇兑差额与已实现汇兑差额均在交易发生的当期确认并计入利润表；递延法是指未实现汇兑差额不在交易发生当期确认，而是递延至进行外币交易结算的期间确认，即先作为递延汇兑损益计入资产负债表，结算时再作为已实现汇兑差额确认并计入利润表。我国和大多数国家或地区均采用两项交易观和当期确认法进行外币交易会计处理。

二、外币交易的记账方法

外币交易的记账方法有外汇统账制和外汇分账制两种。

1. 外汇统账制

外汇统账制是指企业在外币业务发生时即折算为记账本位币入账。我国目前绝大多数企业采用外汇统账制。

2. 外汇分账制

外汇分账制是指企业在日常核算时按照外币原币记账，不进行汇率折算，也不反映记账本位币金额；资产负债表日分别对货币性项目和非货币性项目进行调整；货币性项目按资产负债表日即期汇率折算，非货币性项目按交易日即期汇率折算，产生的汇兑差额计入当期损益。外币交易频繁、涉及外币币种较多的金融企业，可以采用外汇分账制进行日常核算。

虽然外汇统账制和外汇分账制的账务处理程序不同，但最终的会计处理结果相同，计算出的汇兑差额相同且均计入当期损益。

三、外币交易的初始确认和期末调整或结算

（一）外币交易的初始确认

企业发生外币交易，应在初始确认时采用交易发生日的即期汇率或按照系统合理方法确定的即期汇率的近似汇率将外币金额折算为记账本位币金额。

1. 外币兑换业务

（1）购汇业务。

企业购入外汇时，应按交易当日的即期汇率或即期汇率的近似汇率折合为记账本位币，借记"银行存款——外币"账户，按银行外汇卖出价确定实际支付的记账本位币，贷记"银行存款——记账本位币"账户，两者之间的差额，记入"财务费用——汇兑差额"账户。

【例4-1】 甲公司以人民币为记账本位币，对外币交易采用交易日的即期汇率折算。2×18年12月31日，银行存款（美元）账户期末余额为100 000美元，即期汇率为1美元＝6.65

元人民币。2×19 年 5 月 1 日，甲公司从银行购入 50 000 美元，银行当日的美元买入价为 1 美元＝6.50 元人民币，中间价为 1 美元＝6.55 元人民币，卖出价为 1 美元＝6.60 元人民币。

甲公司购汇的会计处理为：

借：银行存款——美元（50 000×6.55）　　　　　　　　327 500
　　财务费用——汇兑差额　　　　　　　　　　　　　　　2 500
　　　贷：银行存款——人民币（50 000×6.60）　　　　　　　　　　　330 000

（2）结汇业务。

企业办理结汇时，应按银行外汇买入价确定实际收到的记账本位币，借记"银行存款——记账本位币"账户，按交易当日的即期汇率或即期汇率的近似汇率折算为记账本位币，贷记"银行存款——外币"账户，两者之间的差额，记入"财务费用——汇兑差额"账户。

【例 4-2】　甲公司以人民币为记账本位币，对外币交易采用交易日的即期汇率折算。2×19 年 9 月 1 日，将 25 000 美元到银行兑换为人民币，银行当日的美元买入价为 1 美元＝6.40 元人民币，中间价为 1 美元＝6.45 元人民币，卖出价为 1 美元＝6.50 元人民币。

甲公司结汇的会计处理为：

借：银行存款——人民币（25 000×6.40）　　　　　　　160 000
　　财务费用——汇兑差额　　　　　　　　　　　　　　　1 250
　　　贷：银行存款——美元（25 000×6.45）　　　　　　　　　　　161 250

2. 外币购销业务

（1）采购业务。

企业以外币采购原材料、商品或设备时，应按交易当日的即期汇率将支付的外币或应支付的外币折算为记账本位币入账。

【例 4-3】　乙公司记账本位币为人民币，对外币交易采用交易日的即期汇率折算。2×19 年 10 月 10 日，从美国丙公司购入原材料，价款为 200 000 美元，当日即期汇率为 1 美元＝6.4 元人民币，适用的增值税税率为 13%，款项尚未支付，增值税以银行存款支付。

乙公司采购业务的会计处理为：

借：原材料（200 000×6.4）　　　　　　　　　　　　　1 280 000
　　应缴税费——应缴增值税（进项税额）　　　　　　　166 400
　　　贷：应付账款——丙公司（美元）　　　　　　　　　　　　　1 280 000
　　　　　银行存款　　　　　　　　　　　　　　　　　　　　　　166 400

（2）销售业务。

企业销售出口商品时，应按交易当日的即期汇率将外币销售收入折算为记账本位币入账。

【例 4-4】　乙公司记账本位币为人民币，对外币交易采用交易日的即期汇率折算。2×19 年 10 月 20 日向美国丙公司出售一批商品，价款为 300 000 美元，当日即期汇率为 1 美元＝

6.4 元人民币，款项尚未收到，该企业适用增值税免抵退办法，本例可不考虑增值税问题。

乙公司采购业务的会计处理为：

借：应收账款——丙公司（美元）　　　　　　　　　　1 920 000

　　贷：主营业务收入（300 000×6.4）　　　　　　　　　　　　　1 920 000

3. 外币借款业务

企业取得外币借款时，应按当日即期汇率折算为记账本位币入账。

【例 4-5】 丙公司以人民币为记账本位币，对外币交易采用交易日的即期汇率折算。2×19 年 1 月 1 日，为建设生产线专门从中国建设银行借入 1 200 000 美元，期限为 2 年，年利率为 5%，每年年初支付利息，到期还本，借款当日即期汇率为 1 美元＝6.6 元人民币，假定不考虑相关税费的影响。

丙公司外币借款业务的会计处理为：

借：银行存款——美元（1 200 000×6.6）　　　　　　7 920 000

　　贷：长期借款——美元　　　　　　　　　　　　　　　　　　7 920 000

4. 接受外币投资业务

企业收到投资者以外币投入的资本时，应采用交易发生日的即期汇率折算，不得采用合同约定汇率和即期汇率的近似汇率折算，外币投入资本与相应的货币性项目的记账本位币金额之间不产生外币资本折算差额。

【例 4-6】 美国丁公司以人民币为记账本位币，2×19 年 5 月 1 日，丙公司与丁公司签订投资合同，将向丁公司出资 2 000 000 美元，占丁公司注册资本的 30%，在合同签订后一年内分两次投入丁公司，合同约定的汇率为 1 美元＝6.6 元人民币，当日即期汇率为 1 美元＝6.55 元人民币。

2×19 年 9 月 10 日，丁公司收到丙公司的第一笔投资，当日即期汇率为 1 美元＝6.45 元人民币，相关会计处理为：

借：银行存款——美元（1 000 000×6.45）　　　　　6 450 000

　　贷：实收资本　　　　　　　　　　　　　　　　　　　　　6 450 000

2×20 年 4 月 25 日，丁公司收到丙公司的第二笔投资，当日即期汇率为 1 美元＝6.3 元人民币。有关会计分录如下：

借：银行存款——美元（1 000 000×6.3）　　　　　　6 300 000

　　贷：实收资本　　　　　　　　　　　　　　　　　　　　　6 300 000

（二）外币交易的期末调整或结算

1. 外币货币性项目

外币货币性项目，是指企业持有的货币和将以固定或可确定的金额收取的资产或者偿付的负债。货币性项目分为货币性资产和货币性负债。货币性资产包括库存现金、银行存款、应收账款、其他应收款和长期应收款等;货币性负债包括应付账款、其他应付款、短期借款、长期借款、应付债券和长期应付款等。

外币货币性项目采用资产负债表日即期汇率折算。因资产负债表日即期汇率与初始确认时或者前一资产负债表日即期汇率不同而产生的汇兑差额(除符合资本化条件之外),计入当期损益,同时调增或调减外币货币性项目的记账本位币金额。需要计提减值准备的,应当按资产负债表日的即期汇率折算后,再计提减值准备。

企业为购建或生产符合资本化条件的资产而借入外币专项借款时,在借款费用资本化期间,因外币借款在取得日、使用日和结算日的汇率不同而产生的汇兑差额,应当予以资本化,计入资产成本。

企业发生汇兑损失时,借记"财务费用——汇兑差额"账户,贷记"应收账款""应付账款"等账户;发生汇兑收益时,借记"应收账款""应付账款"等账户,贷记"财务费用——汇兑差额"账户。

【例4-7】 沿用【例4-1】和【例4-2】的资料,假设甲公司本年没有其他涉及美元账户的业务,2×19年12月31日的即期汇率为1美元=6.35元人民币。

甲公司期末调整外币银行存款项目的会计处理为:

借:财务费用——汇兑差额   37 500

    贷:银行存款——美元   37 500

"财务费用——汇兑差额"37 500元是银行存款美元账户的期末余额按照期末即期汇率折算的人民币金额[=(100 000+50 000-25 000)×6.35]与该账户原人民币金额(=100 000×6.65+327 500-161 250)相比较的差额。

【例4-8】 沿用【例4-3】的资料,2×19年12月31日乙公司仍未支付前述应付账款200 000美元,当日即期汇率为1美元=6.35元人民币。

乙公司期末调整外币应付账款项目的会计处理为:

借:应付账款——丙公司(美元)   10 000

    贷:财务费用——汇兑差额[200 000×(6.4-6.35)]   10 000

2×20年1月31日,乙公司支付前欠应付账款200 000美元,当日即期汇率为1美元=6.33元人民币,乙公司的会计处理为:

借:应付账款——丙公司(美元)(200 000×6.35)   1 270 000

    贷:银行存款(200 000×6.33)   1 266 000

        财务费用——汇兑差额   4 000

【例4-9】 沿用【例4-4】的资料,假定2×19年12月31日乙公司仍未收到前述应收账款300 000美元,当日即期汇率为1美元=6.35元人民币。

乙公司期末调整外币应收账款项目的会计处理为:

借：财务费用——汇兑差额　　　　　　　　　　　　　　　15 000

贷：应收账款——丙公司（美元）[300 000×（6.4-6.35）]　　　　　　15 000

假定2×19年12月31日，乙公司收到前述应收账款300 000美元，兑换为人民币后直接存入银行，银行买入价为1美元=6.31元人民币，则乙公司的会计处理为：

借：银行存款——人民币（300 000×6.31）　　　　　1 893 000

财务费用——汇兑差额　　　　　　　　　　　　　27 000

贷：应收账款——丙公司（美元）（300 000×6.4）　　　　　　1 920 000

【例4-10】 沿用【例4-5】的资料，2×19年12月31日的即期汇率为1美元=6.35元人民币，2×20年1月1日的即期汇率为1美元=6.37元人民币。

2×19年12月31日，丙公司计提当年利息的会计处理为：

借：在建工程（1 200 000×5%×6.35）　　　　　　381 000

贷：应付利息——美元　　　　　　　　　　　　　　　381 000

2×19年12月31日，丙公司借款本金由于汇率变动产生汇兑差额的会计处理为：

借：长期借款——美元 [1 200 000×（6.6-6.35）]　　300 000

贷：在建工程　　　　　　　　　　　　　　　　　　　300 000

2×20年1月1日，丙公司支付2×19年利息的会计处理为：

借：应付利息——美元（1 200 000×5%×6.35）　　　381 000

在建工程　　　　　　　　　　　　　　　　　　　1 200

贷：银行存款（1 200 000×5%×6.37）　　　　　　　　382 200

2. 外币非货币性项目

外币非货币性项目是指货币性项目以外的项目，例如预付账款、预收账款、存货、长期股权投资、固定资产、无形资产、交易性金融资产、其他权益工具投资等。

（1）以历史成本计量的外币非货币性项目。

对于以历史成本计量的外币非货币性项目，例如固定资产、长期股权投资、无形资产等，由于已在交易发生日按当日即期汇率折算，资产负债表日不应改变其原记账本位币金额，不产生汇兑差额。

【例4-11】 甲公司记账本位币为人民币，对外币交易采用交易日的即期汇率折算。2×19年12月18日从美国购入一台生产用设备，价款为500 000美元，当日即期汇率为1美元=6.4元人民币，款项尚未支付。2×19年12月31日的即期汇率为1美元=6.35元人民币。

该台生产用设备是企业的固定资产，属于非货币性项目，在购入时已按交易发生当日的即期汇率折算为人民币3 200 000（=500 000×6.4）元，因此在2×19年12月31日无须对其进行调整，不改变其原人民币金额，也不产生汇兑差额。

（2）以成本与可变现净值孰低计量的存货。

对于以成本与可变现净值孰低计量的存货，如果其可变现净值以外币确定，则在确定存货的期末价值时，应先将可变现净值折算为记账本位币金额，再与以记账本位币反映的存货成本进行比较。汇率变动的影响在"资产减值损失"账户中反映。

【例 4-12】　乙公司以人民币为记账本位币，2×19 年 11 月 1 日从英国购入 A 商品 10 000 件，每件价格为 100 英镑，当日即期汇率为 1 英镑＝10 元人民币。2×19 年 12 月 31 日，尚有 1 000 件 A 商品未售出，国内市场仍无 A 商品供应，A 商品在国际市场的价格降至每件 90 英镑，当日即期汇率为 1 英镑＝9.8 元人民币。假定不考虑相关税费。

2×19 年 11 月 1 日，乙公司购入 A 商品的会计处理为：

借：库存商品——A（10 000×100×10）　　　　　　　　10 000 000

　　贷：银行存款——英镑　　　　　　　　　　　　　　　　　　　10 000 000

2×19 年 12 月 31 日，乙公司计提存货跌价准备的会计处理为：

借：资产减值损失　　　　　　　　　　　　　　　　　118 000

　　贷：存货跌价准备　　　　　　　　　　　　　　　　　　　　　118 000

1 000×100×10－1 000×90×9.8＝118 000（元人民币）

（3）以公允价值计量的外币非货币性项目。

对于以公允价值计量的交易性金融资产（股票、基金等），采用公允价值计量当日的即期汇率折算，折算后的记账本位币金额与原记账本位币金额之间的差额，作为公允价值变动（含汇率变动）处理，计入当期损益（公允价值变动损益）。

对于以公允价值计量且其变动计入其他综合收益的非交易性权益工具投资形成的汇兑差额，与其公允价值变动一并计入其他综合收益，但该类金融资产的外币现金股利产生的汇兑差额，应当计入当期损益。

【例 4-13】　丙公司以人民币为记账本位币，2×19 年 12 月 12 日以每股 1.5 美元的价格购入丁公司股票 10 000 股作为交易性金融资产，当日即期汇率为 1 美元＝6.37 元人民币，款项已付。2×19 年 12 月 31 日，所购丁公司股票的市价变为每股 1.2 美元，当日汇率为 1 美元＝6.35 元人民币。假定不考虑相关税费的影响。2×20 年 1 月 18 日，丙公司按当日市价每股 2 美元将所购入丁公司股票全部售出，当日汇率为 1 美元＝6.3 元人民币。

2×19 年 12 月 12 日，丙公司购入丁公司股票时的会计处理为：

借：交易性金融资产（1.5×10 000×6.37）　　　　　　　95 550

　　贷：银行存款——美元　　　　　　　　　　　　　　　　　　　95 550

2×19 年 12 月 31 日，丙公司对公允价值变动（含汇率变动）进行调整的会计处理为：

借：公允价值变动损益（95 500－1.2×10 000×6.35）　　19 350

　　贷：交易性金融资产　　　　　　　　　　　　　　　　　　　　19 350

2×20 年 1 月 18 日，丙公司出售所购丁公司股票的会计处理为：

借：银行存款——美元（2×10 000×6.3）　　　　　　　126 000

　　贷：交易性金融资产（95 550－19 350）　　　　　　　　　　　76 200

　　　　投资收益　　　　　　　　　　　　　　　　　　　　　　　49 800

【例4-14】 丁公司以人民币为记账本位币，2×19年2月15日以每股15港元的价格购入乙公司股票20 000股，指定为以公允价值计量且其变动计入其他综合收益的金融资产，当日即期汇率为1港元＝0.9元人民币，款项已付。2×19年12月31日，由于市价变动，所购乙公司股票的市价变为每股18港元，当日汇率为1港元＝0.85元人民币。假定不考虑相关税费的影响。

2×19年2月15日，丁公司购买非交易性权益工具投资的会计处理为：

借：其他权益工具投资（15×20 000×0.9）　　　　　　　　270 000

　　贷：银行存款——港元　　　　　　　　　　　　　　　　　　　270 000

2×19年12月31日，丁公司对公允价值变动（含汇率变动）进行调整的会计处理为：

借：其他权益工具投资（18×20 000×0.85-270 000）　　　36 000

　　贷：其他综合收益　　　　　　　　　　　　　　　　　　　　　36 000

需要注意的是，以公允价值计量且其变动计入其他综合收益的外币货币性金融资产（其他债权投资）形成的汇兑差额，应当计入当期损益，采用实际利率法计算的该金融资产的外币利息产生的汇兑差额，也应当计入当期损益。

第三节　外币财务报表折算

一、外币财务报表折算的基本方法

（一）外币财务报表折算的含义

企业将境外经营通过合并财务报表或权益法核算等纳入本企业财务报表时，如果境外经营的记账本位币不同于本企业的记账本位币，且境外经营处于非恶性通货膨胀的经济情况下，需要将境外经营的财务报表折算为以企业记账本位币反映的财务报表，这个过程称为外币财务报表折算。外币财务报表折算主要涉及两方面问题：折算汇率的选择和折算差额的处理。

（二）外币财务报表的折算方法

外币财务报表折算常用的方法有四种：流动与非流动项目法、货币与非货币项目法、时态法和现行汇率法。

1. 流动与非流动项目法

流动与非流动项目法是指根据流动性将资产负债表项目分类为流动项目和非流动项目两大类，并分别使用不同汇率进行外币折算的方法。

流动项目包括流动资产和流动负债项目，按资产负债表日的现行汇率折算；非流动项目包括非流动资产、非流动负债和实收资本等项目，按取得时的历史汇率折算；留存收益项目按资产负债表的平衡公式进行轧差倒算。在利润表中，折旧与摊销费用按相应资产取得时的历史汇率折算，其他收入和费用项目按报告期的平均汇率折算，销货成本按"期初存货＋本期购货－期末存货"的关系确定。基于稳健性考虑，在外币报表折算中形成的折算差额，如果是折算损失，计入报告企业的合并损益；如果是折算收益，已实现部分予以确认，未实现部分予以递延，用以抵销以后期间形成的折算损失。

在流动与非流动项目法下，汇率变动只对流动资产和流动负债产生影响。如果企业的流动资产大于流动负债，则在外币贬值时会发生折算损失，在外币升值时会产生折算收益；反之，如果企业的流动资产小于流动负债，则在外币贬值时会发生折算收益，在外币升值时会发生折算损失。

流动与非流动项目法的优点在于能够反映境外经营营运资金的等值报告货币金额，有利于对境外经营营运资金和流动性的分析，缺点在于没有考虑折算汇率与资产和负债计量属性之间的关系，未能提供对于流动项目与非流动项目采用不同汇率折算的理论依据，在两个会计期间汇率变化较大时可能导致经营成果失实。

2. 货币与非货币项目法

货币与非货币项目法是指将外币报表中的资产和负债项目分类为货币性项目和非货币性项目两大类，并分别使用不同的汇率进行折算的方法。

货币性项目是指企业持有的货币和将以固定或可确定金额货币收取的资产或者偿付的负债，包括货币性资产和货币性负债。货币性资产包括现金、银行存款、应收账款、应收票据、债券投资、长期应收款等金额固定的长短期债权，货币性负债包括应付账款、应付票据、其他应付款、短期借款、应付债券、长期借款和长期应付款等金额固定的各种负债。货币性项目受汇率波动影响较大，按资产负债表日的现行汇率折算。非货币性项目是指除货币性项目以外的其他项目，包括存货、固定资产、无形资产、股权投资、实收资本、资本公积等，受汇率波动影响不大，按取得时的历史汇率折算。留存收益项目按资产负债表的平衡公式进行轧差倒算。在利润表中，折旧与摊销费用按相应资产取得时的历史汇率折算，其他收入和费用项目按报告期的平均汇率折算，销货成本按"期初存货＋本期购货－期末存货"的关系确定，但期初存货和期末存货均按取得时的历史汇率折算。在外币报表折算中形成的折算差额，如果是折算损失，计入报告企业的合并损益；如果是折算收益，作为递延处理。

货币与非货币项目法的优点在于依据汇率波动对资产负债的影响程度来选择折算汇率，体现了货币性项目承受汇率风险的事实，缺点在于仍然是用分类来解决外币报表折算问题，没有考虑会计计量问题。在非货币性项目采用现行市价计量的情况下，按历史汇率折算与按市价计量是矛盾的。例如，存货作为非货币性项目应按历史汇率折算，但当存货采用成本与市价孰低计量时，对以市价计量的存货按历史汇率折算显然是不恰当的。

3. 时态法

时态法也称为时间度量法，是指依据资产和负债项目的计量方法和时间的不同，选择不同的汇率进行折算的方法。这种方法认为，外币报表折算只是一种计量变更程序，是对既定价值的重新表述，只应改变计量单位，而不应改变计量属性。因此，应该按照各报表项目的计量基础选择适用的折算汇率。

在时态法下，将外币报表中的资产和负债项目分为货币性项目和非货币性项目两大类，同时在折算时考虑资产和负债的计量属性。货币性项目按资产负债表日的现行汇率折算，采用历史成本计量的非货币性项目按历史汇率折算，采用现行市价计量的非货币性项目按现行汇率折算。留存收益项目按资产负债表的平衡公式进行轧差倒算。在利润表中，折旧与摊销费用按相应资产取得时的历史汇率折算，其他收入和费用项目按报告期的平均汇率折算，销货成本按"期初存货＋本期购货－期末存货"的关系确定。在外币报表折算中形成的折算差额，直接计入当期合并损益，不再对折算差额进行递延处理。

时态法的优点在于基于会计计量基础选择折算汇率，具有更大的灵活性，克服了货币与非货币项目法的缺陷。此外，这种方法与合并报表的母公司理论是一致的，将境外子公司、分支机构等视为报告企业经营活动在境外的延伸，与报告企业本身的外币原则相同。时态法的缺点在于将折算差额计入当期损益可能增加合并利润的波动性，进而影响跨国公司的股票价格。同时，与母公司理论一致也会导致忽视境外经营作为相对独立实体的情况。

4. 现行汇率法

现行汇率法又称期末汇率法，是指将外币报表中的所有资产和负债项目均按期末现行汇率进行折算的方法，在外币报表折算方法中最为简便，在会计实务中采用较为广泛。

在现行汇率法下，资产和负债项目均按资产负债表日的现行汇率折算，实收资本项目仍按发生时的历史汇率折算，利润表中的收入、费用各项目均按平均汇率折算，折算差额作为所有者权益中的单独项目列示。

现行汇率法的优点在于考虑了境外经营作为相对独立实体的情况，着重于汇率变动对报告企业境外经营投资净额的影响，使外币报表中各项目之间的原有财务关系不因折算而改变；缺点在于对所有资产和负债均以现行汇率折算，例如对以历史成本计量的资产按现行汇率折算，会导致折算结果既不是历史成本，也不是现行市价。此外，现行汇率法假设所有资产负债项目都受汇率变动的影响，均按现行汇率进行折算，显然与实际情况不符。

二、我国会计准则采用的折算方法

我国外币财务报表折算采用现行汇率法。根据《企业会计准则第 19 号——外币折算》，在对企业境外经营的财务报表进行折算前，应当调整境外经营的会计期间和会计政策，使之与企业会计期间和会计政策相一致，根据调整后会计政策及会计期间编制相应货币（记账本位币以外的货币）的财务报表，再按照以下方法对境外经营财务报表进行折算。

（1）资产负债表中的资产和负债项目，采用资产负债表日的即期汇率折算，所有者权益项目除"未分配利润"项目外，其他项目采用发生时的即期汇率折算。

（2）利润表中的收入和费用项目，采用交易发生日的即期汇率折算；也可以采用按照系统合理的方法确定的、与交易发生日即期汇率近似的汇率折算。

（3）产生的外币财务报表折算差额，在编制合并财务报表时，应在合并资产负债表中"其他综合收益"项目单独列示，其中属于少数股东权益的部分，应列入少数股东权益项目。

【例4-15】 甲公司的记账本位币为人民币，该公司在美国有一家子公司乙公司，乙公司的记账本位币为美元。根据合同约定，甲公司拥有乙公司70%的股权，能够控制乙公司的财务和经营决策。甲公司采用当期平均汇率折算乙公司的利润表项目。乙公司的有关资料如下：

2×19年12月31日的汇率为1美元＝6.3元人民币，2×19年的平均汇率为1美元＝6.5元人民币，股本、资本公积发生日的即期汇率为1美元＝7元人民币，2×18年12月31日的股本为1000万美元，折算为人民币7000万元；累计盈余公积为100万美元，折算为人民币680万元，是以前年度计提的盈余公积按相应年度平均汇率折算后金额的累计数；累计未分配利润为200万美元，折算为人民币1320万元，是以前年度未分配利润记账本位币金额的累计数；甲、乙公司均在年末提取盈余公积，乙公司当年提取的盈余公积为40万美元，采用当期平均汇率折算。

报表折算见表4-1、表4-2和表4-3。

表4-1　利润表（2×19年）　　　　　　　（单位：万元）

项目	期末数（美元）	折算汇率	折算为人民币金额
一、营业收入	2 000	6.5	13 000
减：营业成本	1 500	6.5	9 750
营业税金及附加	60	6.5	390
管理费用	120	6.5	780
财务费用	20	6.5	130
加：投资收益	50	6.5	325
二、营业利润	350	—	2 275
加：营业外收入	20	6.5	130
减：营业外支出	10	6.5	65
三、利润总额	360	—	2 340
减：所得税费用	90	6.5	585
四、净利润	270	—	1 755
五、每股收益			
六、其他综合收益			
七、综合收益总额			

表4-2　所有者权益变动表（2×19年度）　　　　　　（单位：万元）

项　目	股本			盈余公积			未分配利润		其他综合收益	股东权益合计
	美元	折算汇率	人民币	美元	折算汇率	人民币	美元	人民币		人民币
一、本年年初余额	1 000	7	7 000	100		680	200	1 320		9 000
二、本年增减变动金额										
（一）净利润							270	1 755		1 755
（二）其他综合收益									−864	−864
其中：外币报表折算差额									−864	−864
（三）利润分配										
提取盈余公积				40	6.5	260	−40	−260		0
三、本年年末余额	1 000	7	7 000	140		940	430	2 815	−864	9 891

表4-3　资产负债表（2×19年12月31日）　　　　　　（单位：万元）

资产	期末数（美元）	折算汇率	折算为人民币金额	负债和所有者权益（或股东权益）	期末数（美元）	折算汇率	折算为人民币金额
流动资产：				流动负债：			
货币资金	300	6.3	1 890	短期借款	100	6.3	630
应收票据及应收账款	320	6.3	2 016	应付票据及应付账款	300	6.3	1 890
存货	480	6.3	3 024	其他流动负债	100	6.3	630
其他流动资产	200	6.3	1 260	流动负债合计	500	—	3 150
流动资产合计	1 300	—	8 190	非流动负债：			
非流动资产：				长期借款	250	6.3	1 575
长期应收款	100	6.3	630	应付债券	180	6.3	1 134
固定资产	650	6.3	4 095	其他非流动负债	100	6.3	630
在建工程	150	6.3	945	非流动负债合计	530	—	3 339
无形资产	200	6.3	1 260	负债合计	1 030		6 489
其他非流动资产	200	6.3	1 260	股东权益：			
非流动资产合计	1 300	—	8 190	股本	1 000	7	7 000
				盈余公积	140		940
				未分配利润	430		2 815
				外币报表折算差额[①]			−864
				股东权益合计	1 570		9 891
资产总计	2 600		16 380	负债和股东权益总计	2 600		16 380

　　①外币报表折算差额是以记账本位币反映的净资产减去以记账本位币反映的实收资本、资本公积、累计盈余公积以及累计未分配利润后的余额。

三、境外经营的处置

　　企业在处置境外经营时，应当将资产负债表中所有者权益项目下列示的、与该境外经营相关的外币报表折算差额，自所有者权益项目转入处置当期损益；部分处置境外经营的，应当按处置的比例计算处置部分的外币报表折算差额，转入处置当期损益。处置的境外经营为子公司的，将已列入其他综合收益的外币财务报表折算差额中归属于少数股东的部分，视全部处置或部分处置分别予以终止确认或转入少数股东权益。

四、外币折算信息的披露

根据《企业会计准则第 19 号——外币折算》的规定，企业应当在财务报表附注中披露与外币折算有关的下列信息：①企业及其境外经营选定的记账本位币及选定的原因，记账本位币发生变更的，说明变更的理由；②采用近似汇率的，说明近似汇率的确定方法；③计入当期损益的汇兑差额；④处置境外经营对外币财务报表折算差额的影响。

📖 本章小结

1. 外汇是指以外币表示的可用于国际结算的支付手段和资产，外币通常是指本国或地区货币以外的其他国家或地区的货币，外币交易是指以外币计价或者结算的交易。

2. 记账本位币是指企业经营所处的主要经济环境中的货币。企业选择记账本位币时，应当考虑的因素包括：该货币主要影响商品和劳务的销售价格，通常以该货币进行商品和劳务的计价及结算；该货币主要影响商品和劳务所需人工、材料和其他费用，通常以该货币进行上述费用的计价和结算；融资活动获得的货币以及保存从经营活动中收取款项所使用的货币。

3. 汇率是用一种货币表示另一种货币的价格，即一种货币兑换为另一种货币的比率。汇率有两种标价方法：直接标价法和间接标价法。直接标价法是指以一定单位的外币为标准，计算可兑换多少本国货币。间接标价法是指以一定单位的本国货币为标准，计算可兑换多少外币。在直接标价法下，外币数额固定不变，本国货币数额随汇率的变动而变动，本国货币币值与汇率呈反向变动。间接标价法则刚好相反。

4. 在外币交易中，如果交易发生与款项结算没有同时进行，对于折算汇率选择的会计处理主要有两种观点：一项交易观和两项交易观。一项交易观是指企业应当将交易的发生与以后的款项结算视为一项交易的两个阶段，以外币是否结算来判断业务是否完成。在一项交易观下，按记账本位币计量的销售收入和购货成本在交易日不能确定，要根据款项结算时的当日汇率确定。两项交易观是指企业应当将交易的发生与以后的款项结算视为两项独立的交易，以交易是否发生作为确认销售收入或购货成本的基础。在两项交易观下，交易产生的销售收入或购货成本均按交易当日的汇率确定，以后不再因汇率变动进行调整，汇率变动的风险由交易中形成的外币债权债务承担，因交易日与结算日汇率不同而产生的外币折算差额，作为汇兑差额处理，不再调整销售收入或购货成本。

5. 企业发生外币交易，应在初始确认时采用交易发生日的即期汇率或按照系统合理方法确定的即期汇率的近似汇率将外币金额折算为记账本位币金额。期末调整或结算时,对于货币性项目,采用资产负债表日即期汇率折算,汇兑差额计入当期损益;对于以历史成本计量的非货币性项目,采用交易发生日的即期汇率折算,不产生汇兑差额;对于以成本与可变现净值孰低计量的存货,应先将外币可变现净值折算为记账本位币金额,再与以记账本位币反映的存货成本进行比较;对于以公允价值计量的交易性金融资产,采用公允价值计量当日的即期汇率折算,折算后的记账本位币金额与原记账本位币金额之间的差额,计入当期损益;对于以公允价值计量且其变动计入其他综合收益的非交易性权益工具投资形成的汇兑差额,与其公允价值变动一并计入其他综合收益。

6. 企业将境外经营通过合并财务报表或权益法核算等纳入本企业财务报表时,如果境外经营的记账本位币与本企业记账本位币不同,且境外经营处于非恶性通货膨胀经济情况下,需要将境外经营的财务报表折算为以企业记账本位币反映的财务报表,这个过程称为外币财务报表折算。外币财务报表折算常用的方法有四种:流动与非流动项目法、货币与非货币项目法、时态法和现行汇率法。

7. 企业对境外经营的财务报表进行折算时,资产负债表中的资产和负债项目,采用资产负债表日的即期汇率折算,所有者权益项目除"未分配利润"项目外均采用发生时的即期汇率折算;利润表中的收入和费用项目,采用交易发生日的即期汇率折算;产生的外币财务报表折算差额,在资产负债表的"其他综合收益"项目单独列示,其中属于少数股东权益的部分,列入少数股东权益项目;处置境外经营时,将与该境外经营相关的外币报表折算差额转入处置当期损益;部分处置境外经营的,按处置比例计算。

◈ 关键术语

外汇、外币、外币交易、记账本位币、汇率、直接标价法、间接标价法、一项交易观、两项交易观、外币财务报表折算

◈ 思考题

1. 什么是记账本位币?企业确定记账本位币时应考虑哪些因素?

2. 外汇汇率的基本标价方法有哪几种?各有什么特点?

3. 阐明"一项交易观"和"两项交易观"的主要内容,并比较它们在会计处理上的区别。

4. 什么是外汇统账制和外汇分账制?

5. 外币交易在初始确认时应该怎样进行会计处理?

6. 外币货币性项目在会计期末应该怎样进行调整或结算处理?

7. 外币非货币性项目在会计期末应该怎样进行调整或结算处理?

8. 外币财务报表折算的常用方法有哪些?各有什么特点?

9. 我国会计准则对外币财务报表折算有哪些规定?

10. 在处置境外经营时如何进行会计处理?

自测题

1. 某企业以人民币为记账本位币，外币业务采用交易发生日的即期汇率折算。该企业本月月初持有 60 000 美元存款，月初即期汇率为 1 美元＝6.80 元人民币。本月 20 日将其中的 20 000 美元出售给中国银行，当日中国银行美元买入价为 1 美元＝6.70 元人民币，中间价为 1 美元＝6.74 元人民币。企业售出该美元时应确认的汇兑损失为（　　）元。

A. 0　　　　　　　　B. 800

C. 2 000　　　　　　D. 1 200

2. 甲企业系中外合资经营企业，其注册资本为 400 万美元，合同约定分两次投入，约定折算汇率为 1 美元＝6.50 元人民币。中、外投资者分别于 2×19 年 1 月 1 日和 3 月 1 日投入 300 万美元和 100 万美元。2×19 年 1 月 1 日、3 月 1 日、3 月 31 日和 12 月 31 日美元对人民币的即期汇率分别为：1 美元＝6.20 元人民币、1 美元＝6.25 元人民币、1 美元＝6.24 元人民币和 1 美元＝6.30 元人民币。假定该企业采用人民币作为记账本位币，外币业务采用业务发生当日的即期汇率折算。该企业 2019 年年末资产负债表中"实收资本"项目的金额为人民币（　　）万元。

A. 2 485　　　　　　B. 2 600

C. 2 480　　　　　　D. 2 520

3. 某外商投资企业以人民币作为记账本位币，收到外商作为实收资本投入的设备一台，协议作价 100 万美元，当日的市场汇率为 1 美元＝6.80 元人民币，投资合同约定汇率为 1 美元＝6.85 元人民币，另发生运杂费 2 万元人民币，进口关税 5 万元人民币，安装调试费 3 万元人民币，上述相关税费均以银行存款（人民币户）支付。该设备的入账价值为（　　）万元人民币。

A. 690　　　　　　　B. 695

C. 680　　　　　　　D. 685

4. 某公司境外子公司的记账本位币为美元。本期期末即期汇率为 1 美元＝6.40 元人民币，当期即期汇率的近似汇率（采用平均汇率确定）为 1 美元＝6.50 元人民币。子公司资产负债表中"盈余公积"项目年初余额为 200 万美元，折合人民币 1 320 万元，本期所有者权益变动表"提取盈余公积"项目金额为 160 万美元，该子公司利润表采用平均汇率进行折算。子公司本期资产负债表"盈余公积"项目的期末余额为（　　）万元人民币。

A. 2 304　　　　　　B. 2 360

C. 2 344　　　　　　D. 1 320

5. 企业对境外经营的财务报表进行折算时，产生的外币财务报表折算差额应当（　　）。

A. 在所有者权益项目下单独列示

B. 作为递延收益列示

C. 在相关资产类项目下列示

D. 在资产负债表上无须反映

6. 下列关于外币交易的会计处理的表述中，不正确的是（　　）。

A. 企业为购建固定资产而专门借入的外币借款，在借款费用资本化期间，产生的汇兑差额应该计入固定资产成本

B. 采用实际利率法计算的金融资产的外币利息产生的汇兑差额，应当计入当期损益

C. 非交易性权益工具投资的外币现金股利产生的汇兑差额，应当计入其他综合收益

D. 处置的境外经营为子公司的，将已列入其他综合收益的外币报表折算差额中归属于少数股东的部分，视全部处置或部分处置分别予以终止确认或转入少数股东权益

7. 下列各项关于外币财务报表折算的会计处理中，正确的是（   ）。

A. 合并财务报表中各子公司之间存在实质上构成对另一子公司净投资的外币货币性项目，其产生的汇兑差额应由少数股东承担

B. 在合并财务报表中对境外经营子公司产生的外币报表折算差额应在归属于母公司的所有者权益中单列外币报表折算差额项目反映

C. 以母、子公司记账本位币以外的货币反映的实质上构成对境外经营子公司净投资的外币货币性项目，其产生的汇兑差额在合并财务报表中转入当期财务费用

D. 以母公司记账本位币反映的实质上构成对境外经营子公司净投资的外币货币性项目，其产生的汇兑差额在合并财务报表中应转入其他综合收益

8. 甲公司为我国境内企业，日常核算以人民币作为记账本位币。甲公司在英国和加拿大分别设有子公司，负责当地市场的运营，子公司的记账本位币分别为英镑和加元。甲公司在编制合并财务报表时，下列各项关于境外财务报表折算所采用汇率的表述中，正确的有（   ）。

A. 英国公司的固定资产采用购入时的历史汇率折算为人民币

B. 英国公司持有的作为其他权益工具投资的股票投资采用期末汇率折算为人民币

C. 加拿大公司的未分配利润采用报告期平均汇率折算为人民币

D. 加拿大公司的加元收入和成本采用报告期平均汇率折算为人民币

9. 下列各项中，在对境外经营财务报表进行折算时选用的有关汇率，符合会计准则规定的有（   ）。

A. 股本采用股东出资日的即期汇率折算

B. 其他债权投资采用资产负债表日的即期汇率折算

C. 未分配利润项目采用报告期的平均汇率折算

D. 当期提取的盈余公积采用当期平均汇率折算

10. 对于企业发生的汇兑差额，下列说法中正确的有（   ）。

A. 以公允价值计量且其变动计入当期损益的金融资产发生的汇兑差额计入公允价值变动损益

B. 外币兑换业务产生的汇兑差额计入财务费用

C. 企业因外币交易业务所形成的应收应付款发生的汇兑差额，应计入当期财务费用

D. 以公允价值计量且其变动计入其他综合收益的金融资产（权益工具）发生的汇兑差额计入当期损益

◆ **练习题**

1. 甲公司系增值税一般纳税人，开设有外汇账户，会计核算以人民币作为记账本位币，外币交易采用交易发生日的即期汇率折算。该公司2×19年12月发生的外币业务及相关资料如下：

（1）5日，从国外乙公司进口原料一批，货款200 000欧元，当日即期汇率为1欧元＝8.50元人民币，按规定应缴进口关税人民币170 000元，应缴进口增值税人民币317 900元。货款尚未支付，进口关税及增值税当日以银行存款支付，并取得海关完税凭证。

（2）14日，向国外丙公司出口销售商品一批（不考虑增值税），货款40 000美元，当日即期汇率为1美元＝6.34元人民币，商品已经发出，货款尚未收到，但满足收入确认条件。

（3）16日，以人民币从银行购入200 000欧元并存入银行，当日欧元的卖出价为1欧元＝8.30元人民币，中间价为1欧元＝8.26元人民币。

（4）20日，因增资扩股收到境外投资者投入的1 000 000欧元，当日即期汇率为1欧元＝8.24元人民币，其中，人民币8 000 000元作为注册资本入账。

（5）25日，向乙公司支付部分进口原材料欠款180 000欧元，当日即期汇率为1欧元＝8.51元人民币。

（6）28日，收到丙公司汇来的货款40 000美元，当日即期汇率为1美元＝6.31元人民币。

（7）31日，根据当日即期汇率对有关外币货币性项目进行调整并确认汇兑差额，当日有关外币的即期汇率为1欧元＝8.16元人民币、1美元＝6.30元人民币。有关项目的余额如下：

项　　目	外币金额	调整前人民币金额
银行存款（美元户）	40 000美元（借方）	252 400元（借方）
银行存款（欧元户）	1 020 000欧元（借方）	8 360 200元（借方）
应付账款（欧元户）	20 000欧元（贷方）	170 000元（贷方）
应收账款（美元户）		

要求：

（1）根据资料（1）至（6），编制甲公司与外币业务相关的会计分录。

（2）根据资料（7），计算甲公司2×19年12月31日确认的汇兑差额，并编制相应的会计分录。

2. 甲公司为境内注册的公司，以人民币为记账本位币，其收入主要来自国外销售，甲公司销售商品通常以美元结算，其外币业务按照交易发生日的即期汇率折算，按月计算汇兑损益。2×19年10月31日，应收账款余额400万美元，折合成人民币为2 704万元。2×19年11月甲公司发生如下外币业务：

（1）11月5日，甲公司收到A公司所欠货款400万美元，存入银行。当日的即期汇率为1美元＝6.75元人民币。

（2）11月18日，甲公司进口一批商品，货款为300万美元，尚未支付。当日的即期汇率为1美元＝6.85元人民币。

（3）11月25日，甲公司购入普通股股票200万股，市场价格为每股2.4美元，作为交易性金融资产核算，当日的即期汇率为1美元＝6.80元人民币。11月30日，该股票价格为每股2.60美元。

（4）11月30日，甲公司向美国客户销售一批产品，价款为200万美元，当日即期汇率为1美元＝6.78元人民币，款项尚未收到。

（5）12月5日，甲公司以人民币偿还11月18日进口产生的应付账款300万美元，当日的即期汇率为1美元＝6.85元人民币，银行的卖出价为1美元＝6.90元人民币。

（6）12月20日，以外币银行存款向外国公司支付生产线安装费用100万美元。当日的即期汇率为1美元＝6.91元人民币。

（7）不考虑交易过程中发生的增值税等相关税费。

要求：

计算 2×19 年 11 月甲公司上述事项对营业利润的影响金额并编制相关会计分录。（答案中金额单位用万元表示。）

3. 甲公司持有在境外注册的乙公司 80% 的股权，能够对乙公司的财务和经营政策实施控制。甲公司以人民币为记账本位币，乙公司以港元为记账本位币，发生外币交易时甲公司和乙公司均采用交易日的即期汇率进行折算。

（1）2×19 年 10 月 20 日，甲公司以每股 4 欧元的价格购入丙公司股票 100 万股，支付价款 400 万欧元，另支付交易费用 1 万欧元。甲公司将购入的上述股票作为交易性金融资产核算，当日即期汇率为 1 欧元＝6.82 元人民币。2×19 年 12 月 31 日，丙公司股票的市价为每股 5 欧元。

（2）2×19 年 12 月 31 日，除上述交易性金融资产外，甲公司其他有关资产、负债项目的期末余额如下：上述长期应收款实质上构成了甲公司对乙公司境外经营的净投资，除长期应收款外，其他资产、负债均与关联方无关。

（3）2×19 年 1 月 1 日，乙公司净资产账面价值为 10 000 万港元，折合成人民币为 8 400 万元，2×19 年度，乙公司实现净利润 2 000 万港元，无其他所有者权益变动，即期汇率的平均汇率为 1 港元＝0.85 元人民币。

（4）2×19 年 12 月 31 日，即期汇率为 1 欧元＝6.80 元人民币，1 港元＝0.86 元人民币。假定少数股东不承担实质上构成甲公司对乙公司净投资的长期应收款业务产生的外币报表折算差额。本题不考虑其他因素。

项目	欧元或港元金额	调整前人民币金额（万元人民币）
银行存款	3 000 万欧元	20 360
应收账款	1 500 万欧元	10 225
预付账款	500 万欧元	3 415
长期应收款	7 500 万港元	6 465
持有至到期投资	200 万欧元	1 365
短期借款	100 万欧元	710
应付账款	1 200 万欧元	8 144
预收账款	400 万欧元	2 800

要求：

（1）判断甲公司 2×19 年 12 月 31 日资产和负债中哪些项目属于外币非货币性项目，并说明理由。

（2）计算甲公司个别报表中产生的汇兑收益。

（3）计算甲公司上述业务影响合并报表营业利润的金额。

（4）计算乙公司个别财务报表折算为人民币时产生的外币报表折算差额（其他综合收益）。

（5）计算 2×19 年 12 月 31 日合并报表中"其他综合收益"应列示的金额。

◈ 章后案例

我国进行汇率制度改革后，人民币对美元汇率呈现出双向波动特征，当企业的外币资产负债结构不匹配时，会产生很大的外汇管理风险。航空公司由于具有特殊的行业性质，在海外票务、取得外币贷款、购买和租赁飞机等业务中形成大量的外币资产和外币负债，每年都会确认巨额汇兑损益，汇兑损益对当年净利润的影响不容忽视。

中国国际航空公司（简称"国航"）2010～2019年营业利润、财务费用和汇兑损益数据如下表所示。可以看到，国航每年确认的汇兑损益均超过亿元人民币，且各年变动幅度很大。进一步将营业利润、财务费用和汇兑损益绘制到一张图形中进行比较，可以发现，汇兑损益是财务费用的重要组成部分，两者呈现出几乎完全一致的变动趋势，而营业利润则呈现出与两者大致相反的变动。由此可见，汇率波动对国航业绩的影响不容小觑。

2010～2019年国航营业利润、财务费用与汇兑损益　（单位：人民币百万元）

年份	营业利润	财务费用	汇兑损益
2010	14 264.32	−539.52	−1 891.30
2011	9 150.18	−1 549.77	−3 062.57
2012	5 657.00	2 199.54	−119.12
2013	3 959.30	776.76	−1 937.88
2014	3 985.21	3 151.65	360.15
2015	8 339.80	7 948.53	5 156.04
2016	7 872.75	7 493.77	4 233.67
2017	11 626.31	53.18	−2 938.10
2018	9 826.50	5 276.27	2 376.58
2019	9 178.33	6 168.97	1 211.00

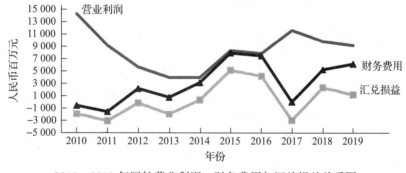

2010～2019年国航营业利润、财务费用与汇兑损益关系图

分析并思考：

根据以上材料，回答如下问题：

（1）观察上面各年汇兑损益数据，思考国航汇兑损益波动与其外币资产负债结构和人民币汇率波动之间的关系。

（2）根据外币折算准则对外币交易业务做出的规定，应将未实现的汇兑损益计入当期损益，思考这种处理方法可能带来哪些问题。

（3）面对汇率波动带来的风险，企业应如何采取有效措施应对？

◈ 参考答案

扫码查看
参考答案

第五章
CHAPTER5

资产减值

📚 学习目标

1. 了解资产减值的含义和范围
2. 掌握资产减值损失的确认与计量
3. 掌握资产组的认定与减值处理
4. 掌握商誉减值的测试与处理

📚 章前案例

2020年8月17日晚间，三峡新材（600293）发布半年报：归属于上市公司股东的净利润亏损6.43亿元。相比2019年同期的盈利4 504万元，为何2020年上半年三峡新材从盈利转为大幅亏损？

三峡新材主营业务为平板玻璃及玻璃深加工和移动互联网终端产品销售及服务。根据半年报，上半年公司实现营业收入13.74亿元，同比下降39.55%；归属于上市公司股东的净利润亏损6.43亿元，同比由盈转亏。对于上半年的亏损，三峡新材表示，报告期内受新型冠状肺炎疫情及"中邮"案影响，以及全资子公司"恒波公司"计提资产减值，经营出现较大亏损；全资子公司"恒波公司"受疫情及中邮诉讼案影响，合作银行持续收贷，流动资金严重不足，部分业务延期或中止，营收额锐减，2020年上半年实现营业收入7.35亿元，同比减少7.56亿元，经营亏损2.27亿元，同比减少2.78亿元。

资产减值损失方面，根据三峡新材半年报，上半年计提信用减值损失1.73亿元、无形资产减值损失8 031万元和商誉减值损失2.94亿元，合计减值损失5.47亿元。这并非三峡新材首次业绩下滑及计提资产减值损失。2019年三峡新材营业收入31.82亿元，同比下降66.23%，计提资产减值损失和信用减值损失合计1.4亿元，扣非后归母净利润366.66万元，同比下降98.34%，实现微盈。对此，上交所曾来函问询，并对恒波公司的商誉计提提出了疑问。问询函称，2019年年末三峡新材商誉余额12.15亿元，其中因投资恒波公司形成的商誉余额9.19亿元。报告期内对恒波公司资产组合计提商誉6 584.86万元，其中对深圳恒波手机板块资产组进行减值测试时，预期收入复合增长率为22.28%。据此，上交所要求三峡新材说明预期恒波公司手机板块收入复合增长率为22.28%的合理性，是否存在为避免亏损而计提商誉减值不充分的情况。

就三峡新材半年报相关问题，8月17日，《每日经济新闻》记者致电公司董秘杨晓凭，其表示，恒波公司是商业连锁公司，属于服务行业，这次受到疫情影响较大；另外公司的玻璃业务方面，因为其生产具有连续性，也受到疫情的影响。同时，疫情影响情况下，对商誉计提也有放大效应。

资料来源：陈晴.“疫情影响叠加资产减值损失 三峡新材上半年亏损6.43亿”[EB/OL].（2020-08-17）[2022-06-07]. http://www.nbd.com.cn/articles/2020-08-17/1483375.html.

根据上述资料，思考以下问题：什么是资产减值？资产减值的范围是什么？如何确认资产减值损失？商誉减值的测试与处理有何特殊性？通过本章的学习，我们将解答这些问题。

第一节　资产减值概述

根据资产的定义，如果某项资产不能为企业带来经济利益或者带来的经济利益低于其账面价值，则该资产就不应予以确认，或者不能再以原账面价值予以确认。否则，该资产的账面金额将无法反映其实际价值，会导致企业资产和利润虚增。资产减值是指资产（含单项资产和资产组）的可收回金额低于其账面价值。当企业资产发生了减值时，应当确认资产减值损失。

一、资产减值的范围

原则上，企业所有的资产在发生减值时，都应及时确认和计量所发生的减值损失。但是，由于有关资产特性不同，其减值会计处理也有所差别，因而所适用的具体准则也不尽相同。本章的资产减值仅涉及《企业会计准则第8号——资产减值》所适用的范围。这些资产通常属于企业非流动资产，具体包括：①对子公司、联营企业和合营企业的长期股权投资；②采用成本模式进行后续计量的投资性房地产；③固定资产；④生产性生物资产；⑤无形资产；⑥商誉；⑦探明石油天然气矿区权益和井及相关设施。其他资产的资产减值问题，分别由相关会计准则进行规范，具体如表5-1所示。

表 5-1　本章未涉及的其他资产的减值及其所适用的会计准则

资产项目	相关资产减值所适用的会计准则
存货	《企业会计准则第 1 号——存货》
采用公允价值模式计量的投资性房地产	《企业会计准则第 3 号——投资性房地产》
消耗性生物资产	《企业会计准则第 5 号——生物资产》
建造合同形成的资产	《企业会计准则第 15 号——建造合同》
递延所得税资产	《企业会计准则第 18 号——所得税》
融资租赁中出租人未担保余值	《企业会计准则第 21 号——租赁》
《企业会计准则第 22 号——金融工具确认和计量》所规范的金融资产	《企业会计准则第 22 号——金融工具确认和计量》
未探明石油天然气矿区权益	《企业会计准则第 27 号——石油天然气开采》

二、资产减值的迹象与测试

（一）资产减值迹象的判断

企业在资产负债表日应当判断资产是否存在可能发生减值的迹象。实务中，企业可结合外部信息来源和内部信息来源加以判断。

从企业外部信息来源来看，下述现象均属于资产可能发生减值的迹象，企业需要据此估计资产的可收回金额，决定是否需要确认减值损失：

（1）资产的市价在当期大幅度下跌，其跌幅明显高于因时间的推移或者正常使用而预计的下跌。

（2）企业经营所处的经济、技术或者法律等环境以及资产所处的市场在当期或者将在近期发生重大变化，从而对企业产生不利影响。

（3）市场利率或者其他市场投资报酬率在当期已经提高，从而影响企业计算资产预计未来现金流量现值的折现率，导致资产可收回金额大幅度降低等。

（4）企业净资产的账面价值远高于其市值，表明企业整体资产价值可能被高估。

从企业内部信息来源来看，下列现象均属于资产可能发生减值的迹象：

（1）如果有证据表明资产已经陈旧过时或者其实体已经损坏。

（2）资产已经或者将被闲置、终止使用或者计划提前处置。

（3）企业内部报告的证据表明资产的经济绩效已经低于或者将低于预期。如资产所创造的净现金流量或者实现的营业利润远远低于原来的预算或者预计金额、资产发生的营业损失远远高于原来的预算或者预计金额、资产在建造或者收购时所需的现金支出远远高于最初的预算、资产在经营或者维护中所需的现金支出远远高于最初的预算等。

（二）资产减值的测试

有确凿证据表明资产存在减值迹象时，企业应当进行减值测试，估计资产的可收回金额。虽然存在减值迹象是资产是否需要进行减值测试的必要前提，但是，对于因合并形成的商誉和使用寿命不确定的无形资产，无论它们是否存在减值迹象，企业都应当至少于每年年度终了时对其进行减值测试。其原因是，因合并所形成的商誉和使用寿命不确定的无形资产在后续计量中不再进行摊销，但是，这些资产的价值和产生的未来经济利益有较大的不确定性，为了避免资产价值高估，及时确认它们的减值损失，如实反映企业财务状况和经营成果，企业至少应当于每年年度终了时对它们进行减值测试。另外，对于尚未达到可使用状态的无形资产，由于其价值具有较大的不确定性，无论其是否存在减值迹象，企业也应当每年对其进行减值测试。

企业应当遵循重要性原则，判断资产减值迹象以决定是否需要估计资产可收回金额。基于重要性原则，对于资产出现的下述情况，企业可以不估计其可回收金额：

（1）以前报告期间的计算结果表明，资产可收回金额远高于其账面价值，之后又没有发生消除这一差异的交易或者事项的，企业在资产负债表日可以不需重新估计该资产的可收回金额。

（2）以前报告期间的计算与分析表明，资产可收回金额对于资产减值准则中所列示的一种或者多种减值迹象反应不敏感，在本报告期间又发生了这些减值迹象的，在资产负债表日企业可以不需因为上述减值迹象的出现而重新估计该资产的可收回金额。例如，在当期市场利率或者其他市场投资报酬率提高的情况下，如果企业计算资产未来现金流量现值时所采用的折现率不大可能受到该市场利率或者其他市场投资报酬率提高的影响；或者即使会受到影响，但以前期间的可收回金额敏感性分析表明，该资产预计未来现金流量也可能有相应增加，因而不大可能导致资产的可收回金额大幅度下降的，企业可以不必对资产可收回金额进行重新估计。

综上所述，并不是所有资产都必须在存在减值迹象时才应进行减值测试，也并不是所有资产一旦出现减值迹象，就必须估计其可收回金额。

第二节　资产可收回金额的计量

一、估计资产可收回金额的基本方法

由于资产减值是指资产的可收回金额低于资产账面价值的现象，因此，估计资产可收回金额对于资产减值的确认和计量非常关键。除非难以对单项资产的可收回金额进行估计，否则企业应当以单项资产为基础；如果确实难以对单项资产的可收回金额进行估计，企业应当以该资产所属的资产组为基础确定资产的可收回金额。

资产可收回金额是指其公允价值减去处置费用后的净额与资产预计未来现金流量的现值两者之间的较高者。因此，要估计资产的可收回金额，往往需要同时估计公允价值减去处置费用后的净额和资产预计未来现金流量的现值，进而通过比较这两个指标的大小，取其较大者作为资产可收回金额。既然同时估计公允价值减去处置费用后的净额和资产预计未来

现金流量的现值，是为了更合理地确定资产的可收回金额，那么，只要这种需求不存在，或者这样做对于更合理地确定资产可收回金额的意义不大，就可以有例外或者做特殊考虑，如下述情形：

（1）公允价值减去处置费用后的净额和资产预计未来现金流量的现值，只要有一项超过了资产的账面价值，就不需再估计另一项金额。这是因为，不管另一项较大还是较小，这种情况下资产的可收回金额必然大于资产的账面价值，即资产并未出现减值，此时，同时估计两个指标以更合理地确定资产的可收回金额，对于资产减值的确认和计量没有意义。

（2）若是可以可靠地估计资产公允价值减去处置费用后的净额，但是没有确凿证据或者理由表明，资产预计未来现金流量现值显著高于其公允价值减去处置费用后的净额的，可以将资产公允价值减去处置费用后的净额视为资产的可收回金额。企业持有待售的资产往往属于这种情况，这是因为，持有待售的资产在持有期间（处置之前）往往并不会用作其他用途，从而它所产生的现金流量可能很少，其最终取得的未来现金流量往往就是资产的处置净收入，既然如此，资产的未来现金流量现值不大可能会显著高于其公允价值减去处置费用后的净额，从而以资产公允价值减去处置费用后的净额作为其可收回金额是适宜的。

（3）资产的公允价值减去处置费用后的净额如果无法可靠估计的，应当以该资产预计未来现金流量的现值作为其可收回金额。既然一项指标无法可靠估计，强行要求估计它对于更合理地确定资产的可收回金额自然无益。

二、资产的公允价值减去处置费用后的净额的估计

资产的公允价值减去处置费用后的净额这一概念的字面含义直观地告诉我们，要估计它，需要确定两个指标：一是该资产的公允价值；二是假定将其处置，可能会产生的处置费用。其中，资产的公允价值是指市场参与者在计量日发生的有序交易中，出售一项资产所能收到或者转移一项负债所需支付的价格；处置费用是指可以直接归属于资产处置的增量成本。所谓增量成本，是指如果一项活动不发生就不会产生的成本。此处的增量成本包括与资产处置有关的法律费用、相关税费、搬运费以及为使资产达到可销售状态所发生的直接费用等，但是，财务费用和所得税费用等不包括在内。只要确定好这两个指标，该资产的公允价值减去处置费用之后的差额，便是该资产的公允价值减去处置费用后的净额。

由于公允价值的确定存在多种策略，不同策略的可靠性存在差异，因此，企业在估计资产的公允价值减去处置费用后的净额时，需要遵循如下顺序。

首先，应当根据公平交易中资产的销售协议价格减去可直接归属于该资产处置费用的金额确定资产的公允价值减去处置费用后的净额。

其次，在资产不存在销售协议但存在活跃市场的情况下，应当根据资产的市场价格减去处置费用后的金额确定。资产的市场价格通常应当按照资产的买方出价确定。

最后，在既不存在资产销售协议又不存在资产活跃市场的情况下，企业应当以可获取的最佳信息为基础，估计资产的公允价值减去处置费用后的净额，该净额可以参考同行业类似

资产的最近交易价格或者结果进行估计。

如果企业按照上述要求仍然无法可靠估计资产的公允价值减去处置费用后的净额的，应当以该资产预计未来现金流量的现值作为其可收回金额。

之所以如此规定，是因为公平交易中资产的销售协议价格最符合公允价值的定义，因而第一种方法是最佳方法，企业应当优先采用这一方法。但是，由于需要进行减值测试的资产往往都是内部持续使用的，而并非像存货那样是为销售目的而持有的，因此，取得资产的销售协议价格并不容易，为此，企业往往需要采用其他方法估计资产的公允价值减去处置费用后的净额。活跃市场上的市场价格虽然不如公平交易中资产的销售协议价格那样符合公允价值的定义，但也与公允价值的内涵非常接近，且它非常客观，相比基于某些假定推测出来的交易价格会更加合适，因此，当第一种方法无法使用时，应优先考虑使用活跃市场上资产的市场价格减去处置费用后的金额作为确定资产的公允价值减去处置费用后的净额的基础。

需要注意的是，此时所指资产的市场价格通常应当按照资产的买方出价而不是卖方出价来确定。这是因为，卖方作为资产的持有方，有动力高估资产的价格。但是，企业若是难以获得资产在估计日的买方出价，可以将资产最近的交易价格作为其公允价值减去处置费用后的净额的估计基础，不过，企业选择这种做法需要满足一定的条件，即资产的交易日和估计日之间，有关经济、市场环境等没有发生重大变化。这是因为，如果交易日和估计日之间经济、市场环境等发生了重大变化，这段时间的交易价格必然也会发生显著变化，使得资产的最近交易价格不再适合作为估计日资产公允价值减去处置费用后净额估计基础。很多时候，相关资产既不存在资产销售协议，又不存在资产活跃市场，因此企业没办法优先使用前面的两种方法，在这种情况下，企业最好的办法就是以可获取的最佳信息为基础，紧扣公允价值的内涵，推测在资产负债表日处置资产时，熟悉情况的交易双方自愿进行公平交易会愿意提供什么样的价格，按照该价值减去推测的资产处置费用后的金额，作为资产的公允价值减去处置费用后的净额。在实务中，该金额可以参考同行业类似资产的最近交易价格或者结果进行估计。

三、资产预计未来现金流量的现值的估计

资产预计未来现金流量的现值，应当按照资产在持续使用过程中和最终处置时所产生的预计未来现金流量，选择恰当的折现率对其进行折现后的金额加以确定。

预计资产未来现金流量的现值，需综合考虑以下因素：

- 资产的预计未来现金流量
- 资产的使用寿命
- 折现率

其中，企业预计资产使用寿命时，需遵循《企业会计准则第 4 号——固定资产》《企业会计准则第 6 号——无形资产》等规定的方法。

（一）资产未来现金流量的预计

1. 预计资产未来现金流量的基础

企业应当尽可能准确地预计资产的未来现金流量，因为这是合理估计资产未来现金流量现值的前提之一。为此，企业管理层应当在合理和有依据的基础上对资产剩余使用寿命内整个经济状况进行最佳估计，并将资产未来现金流量的预计建立在经企业管理层批准的最近财务预算或者预测数据之上。出于数据可靠性和便于操作等方面的考虑，建立在该预算或者预测基础上的预计现金流量最多涵盖5年，企业管理层如能证明更长的期间是合理的，可以涵盖更长的时间。此外，即使企业管理层可以以超过5年的财务预算或者预测为基础对未来现金流量进行预计，企业管理层也应当确保这些预计的可靠性，并提供相应的证明（如过去的经验和实践等），企业能够对超过5年的期间做出较为准确的预测。

如果资产未来现金流量的预计还包括最近财务预算或者预测期之后的现金流量，企业应当以该预算或者预测期之后年份稳定的或者递减的增长率为基础进行估计，企业管理层如能证明递增的增长率是合理的，可以使用更高的增长率，但是企业所使用的增长率也不应当超过企业经营的产品、市场、所处的行业或者所在国家或者地区的长期平均增长率，或者该资产所处市场的平均增长率。此外，在恰当、合理的情况下，企业所使用的增长率可以是零或者负数。

经济环境随时都在变化，这可能导致资产的实际现金流量会与预计数有出入，而且预计资产未来现金流量时的假设也有可能发生变化，因此，企业管理层在每次预计资产未来现金流量时，应当首先分析以前期间现金流量预计数与现金流量实际数出现差异的情况，以评判当期现金流量预计所依据的假设的合理性。通常情况下，企业管理层应当确保当期现金流量预计所依据的假设与前期实际结果一致。

2. 预计资产未来现金流量包括的内容

预计资产未来现金流量应当包括下列各项：

（1）资产持续使用过程中预计产生的现金流入。

（2）为实现资产持续使用过程中产生的现金流入所必需的预计现金流出（包括为使资产达到预定可使用状态所发生的现金流出）。该现金流出应当是可直接归属于或者可通过合理和一致的基础分配到资产中的现金流出，后者通常是指那些与资产直接相关的间接费用。对于在建工程、开发过程中的无形资产等，企业在预计其未来现金流量时，就应当包括预期为使该类资产达到预定可使用（或者可销售状态）而发生的全部现金流出。

（3）资产使用寿命结束时，处置资产所收到或者支付的净现金流量。该现金流量应当是在公平交易中，熟悉情况的交易双方自愿进行交易时，企业预期可从资产的处置中获取或者支付的款项减去预计费用后的金额。

3. 预计资产未来现金流量应当考虑的因素

企业在预计未来现金流量的过程中，应当综合考虑下列因素：

（1）以资产的当前状况为基础预计资产未来现金流量，不应当包括与将来可能会发生的、尚未做出承诺的重组事项或者与资产改良有关的预计未来现金流量。理解该句话的意思时，应当注意如下几点：

①重组通常会对资产的未来现金流量产生影响，有时还会产生较大影响，因此，界定重组的范围和确定已做出承诺的重组事项判断标准非常重要。这里所指的重组，专指企业制定和控制的，将显著改变企业组织方式、经营范围或者经营方式的计划实施行为。重组的界定和已做出承诺的重组事项判断标准参见《企业会计准则第 13 号——或有事项》。

②企业已经承诺重组的，预计的未来现金流入数和流出数，应当反映重组所能节约的费用和由重组所带来的其他利益，以及因重组所导致的估计未来现金流出数。其中，重组所能节约的费用和由重组所带来的其他利益，通常应根据企业管理层批准的最近财务预算或者预测数据进行估计；因重组所导致的估计未来现金流出数应当根据《企业会计准则第 13 号——或有事项》所确认的因重组所发生的预计负债进行估计。

③企业在发生与资产改良（含提高资产的营运绩效）有关的现金流出之前，预计的资产未来现金流量仍然应当以资产的当前状况为基础，不应当包括因与该现金流出相关的未来经济利益增加而导致的预计未来现金流入金额。

④企业未来发生的现金流出如果是为了维持正常运转或者资产正常产出水平而必要的支出或者属于资产维护支出，应当在预计资产未来现金流量时将其考虑在内。

（2）预计资产未来现金流量不应当包括筹资活动和所得税收付产生的现金流量。其原因在于：一是所筹集资金的货币时间价值已经通过折现因素予以考虑；二是折现率要求以税前基础计算确定，因此，现金流量的预计也必须建立在税前基础之上。

（3）对通货膨胀因素的考虑应当和折现率相一致，即如果折现率考虑了通货膨胀因素，预计资产未来现金流量也应予以考虑，反之，若折现率未考虑通货膨胀因素，预计资产未来现金流量也应剔除这一影响因素。

（4）内部转移价格应当予以调整。企业集团里，成员企业的某些资产生产的产品或者其他产出可能是提供给集团内部其他企业的，集团成员企业之间交易所确定的交易价格或者结算价格很可能与市场交易价格不同，且很容易被操纵，为了如实测算资产价值，就不应当简单地以内部转移价格为基础预计资产未来现金流量，而应当采用在公平交易中企业管理层能够达成的最佳的未来价格估计数进行预计。

4. 预计资产未来现金流量的方法

预计资产未来现金流量，通常可以根据资产未来每期最有可能产生的现金流量进行预测。这种方法通常称为传统法，它使用的是单一的未来每期预计现金流量和单一的折现率计算资产未来现金流量的现值。

【例 5-1】 甲企业某固定资产剩余使用寿命为 3 年，预计未来 3 年里，该资产在正常的情况下每年可为企业产生的净现金流量分别为 200 万元、100 万元、20 万元。该现金流量通常即为最有可能产生的现金流量，甲企业应以该现金流量的预计数为基础计算资产未来现金流量的现值。

但是，在实务中，影响企业资产未来现金流量的因素往往较多，情况复杂，从而未来现金流量的可实现金额有很大的不确定性，使用单一的现金流量可能无法如实反映资产创造现金流量的实际情况。这样，企业应当采用期望现金流量法预计资产未来现金流量。

【例5-2】 假定甲企业利用固定资产生产的产品受市场行情波动影响大，甲企业预计未来3年每年的现金流量的情况如表5-2所示。

表5-2　各年现金流量概率分布及发生情况　　　　　　　　　（单位：万元）

年份	产品行情较好（20%的可能性）	产品行情一般（70%的可能性）	产品行情较差（10%的可能性）
第1年	300	200	100
第2年	160	100	40
第3年	40	20	0

在该例中，采用期望现金流量法比传统法就更为合理。在期望现金流量法下，资产未来现金流量应当根据每期现金流量期望值进行预计，每期现金流量期望值按照各种可能情况下的现金流量与其发生概率加权计算。

基于表5-2提供的信息，甲企业应当计算资产每年的预计未来现金流量如下：

第1年的预计现金流量（期望现金流量）：

$300 \times 20\% + 200 \times 70\% + 100 \times 10\% = 210$（万元）

第2年的预计现金流量（期望现金流量）：

$160 \times 20\% + 100 \times 70\% + 40 \times 10\% = 106$（万元）

第3年的预计现金流量（期望现金流量）：

$40 \times 20\% + 20 \times 70\% + 0 \times 10\% = 22$（万元）

值得注意的是，上例假定资产未来现金流量的发生时间是确定的，如果资产未来现金流量的发生时间是不确定的，则企业应当根据资产在每一种可能情况下的现值及其发生概率直接加权计算资产未来现金流量的现值。

（二）折现率的估计

仅仅估计出资产的未来现金流量，尚不足以确定资产未来现金流量的现值，还要估计好计算现值所需的折现率。为资产减值测试目的而计算资产未来现金流量现值时所使用的折现率，应当是反映当前市场货币时间价值和资产特定风险的税前利率。该折现率是企业在购置或者投资资产时所要求的必要报酬率。需说明的是，若企业在预计资产未来现金流量时已对资产特定风险的影响进行了调整，则折现率的估计不需要考虑这些特定风险；此外，由于资产未来现金流量的估计没有考虑所得税支付，因此，若折现率的估计基础是税后的，企业应当将其调整为税前的折现率，以便与资产未来现金流量的估计基础相一致。

由于资产的市场利率能够较好地反映当前市场的货币时间价值和资产特定风险，因此，在实务中，应当首先以该资产的市场利率为依据确定折现率。若资产的市场利率无法获得，企业可使用替代利率估计。在估计替代利率时，企业应充分考虑资产剩余使用寿命期间的货币时间价值和其他相关因素，如资产未来现金流量金额及其时间的预计离异程度、资产内在不确定性的定价等。需要注意的是，若在估计资产预计未来现金流量时企业已经对这些因素进行了有关调整，为了与资产未来现金流量的估计基础相一致，企业在估计替代利率时也应当予以剔除。企业可以根据企业加权平均资金成本、增量借款利率或者其他相关市场借款利率做适当调整后确定替代利率。调整时，企业应当考虑与资产预计现金流量有关的特定风险以及其他有关政治风险、货币风险和价格风险等。企业估计未来现金流量现值时，通常应当使用单一的折现率。但是，在资产未来现金流量的现值对未来不同期间的风险差异或者利率的期限结构反应敏感的情形下，企业应当在不同期间采用不同的折现率。

（三）资产未来现金流量现值的预计

一旦确定了资产的未来现金流量和折现率，资产未来现金流量的现值计算公式如下：

资产未来现金流量的现值 $PV = \sum [$ 第 t 年预计资产未来现金流量 $NCF_t / (1 + 折现率 R)^t]$

【例 5-3】 丙航运公司于 20×0 年年末对一艘远洋运输船舶进行减值测试。该船舶账面价值为 1.6 亿元，预计尚可使用为 8 年。该船舶的公允价值减去处置费用后的净额难以确定。假定公司当初购置该船舶用的资金是银行长期借款资金，借款年利率为 15%，公司认为 15% 是该资产的最低必要报酬率，已考虑了与该资产有关的货币时间价值和特定风险。公司管理层批准的财务预算显示：公司将于 20×5 年更新船舶的发动机系统，预计为此发生资本性支出 1 500 万元，这一支出将降低船舶运输油耗、提高使用效率等。

假定公司管理层批准的 20×0 年年末的该船舶预计未来现金流量如表 5-3 所示。

表 5-3　未来现金流量预计表　　　　　　（单位：万元）

年份	预计未来现金流量 （不包括改良的影响金额）	预计未来现金流量 （包括改良的影响金额）
20×1	2 500	
20×2	2 460	
20×3	2 380	
20×4	2 360	
20×5	2 390	
20×6	2 470	3 290
20×7	2 500	3 280
20×8	2 510	3 300

由于该船舶的公允价值减去处置费用后的净额难以确定，因此，公司需要基于资产未来现金流量的现值来估计该船舶的可收回金额。根据资产减值准则的规定，在 20×0 年年末预

计资产未来现金流量时，应当以资产当时的状况为基础，不应考虑与该资产改良有关的预计未来现金流量，因此，尽管 20×5 年船舶的发动机系统将进行更新以改良资产绩效，提高了20×6～20×8 年资产未来现金流量，但是在 20×0 年年末对其进行减值测试时，不应将其包括在内。具体结果如表 5-4 所示。

表 5-4　现值的计算　　　　　　　　　　（单位：万元）

年份	预计未来现金流量 （不包括改良的影响金额）	以折现率为 15% 的 折现系数	预计未来现金 流量的现值
20×1	2 500	0.869 6	2 174
20×2	2 460	0.756 1	1 860
20×3	2 380	0.657 5	1 565
20×4	2 360	0.571 8	1 349
20×5	2 390	0.497 2	1 188
20×6	2 470	0.432 3	1 068
20×7	2 500	0.375 9	940
20×8	2 510	0.326 9	821
合计			10 965

基于公司会计资料显示，在 20×0 年年末，船舶的账面价值为 16 000 万元，而基于资产未来现金流量现值确定的可收回金额为 10 965 万元，账面价值高于其可收回金额，因此，公司应当确认该船舶的减值损失，并计提相应的资产减值准备。应确认的资产减值损失为：16 000−10 965＝5 035 万元。

（四）外币未来现金流量及其现值的预计

有时，企业使用资产所收到的未来现金流量有可能为外币，在这种情况下，企业应当按照以下顺序确定资产未来现金流量的现值：

首先，应当以该资产所产生的未来现金流量的结算货币为基础预计其未来现金流量，并按照该货币适用的折现率计算资产的现值；

其次，将该外币现值按照计算资产未来现金流量现值当日的即期汇率进行折算，从而折现成按照记账本位币表示的资产未来现金流量的现值；

最后，在该现值基础上，比较资产公允价值减去处置费用后的净额以及资产的账面价值，以确定是否需要确认减值损失以及确认多少减值损失。

【例 5-4】 XYZ 公司生产的 A 产品的销售市场在美国，交易以美元结算。因此，与 A 产品有关的资产产生的预计未来现金流量是以美元为基础计算的。20×0 年 12 月 31 日，XYZ公司对生产 A 产品的 B 设备进行减值测试。B 设备系公司于 5 年前购入的，该设备的原价为 20 000 万元人民币，预计使用年限为 10 年，预计净残值为 0，采用年限平均法计提折旧，已计提了 5 年的折旧。20×0 年 12 月 31 日，该设备的公允价值减去处置费用后的净额为10 000 万元人民币。该设备预计给公司带来的未来现金流量受宏观经济形势的影响较大，公司预计该项固定资产产生的现金流量如表 5-5 所示（假定使用寿命结束时处置 B 设备产生的净现金流量为 0，有关的现金流量均发生在年末）。

表 5-5 预计未来现金流量 （单位：万美元）

年份	业务好（30% 的可能性）	业务一般（50% 的可能性）	业务差（20% 的可能性）
第 1 年	350	300	240
第 2 年	300	240	150
第 3 年	320	220	150
第 4 年	300	220	120
第 5 年	310	200	120

已知 A 公司的投资者要求的人民币的必要报酬率为 8%，美元适用的折现率为 10%，相关复利现值系数如表 5-6 所示。

表 5-6 复利现值系数

利率	期数				
	第 1 期	第 2 期	第 3 期	第 4 期	第 5 期
8%	0.925 9	0.857 3	0.793 8	0.735 0	0.680 6
10%	0.909 1	0.826 4	0.751 3	0.683 0	0.620 9

20×0 年 12 月 31 日的汇率为 1 美元＝6.85 元人民币。XYZ 公司预测以后各年年末的美元汇率如下：第 1 年年末为 1 美元＝6.80 元人民币，第 2 年年末为 1 美元＝6.75 元人民币，第 3 年年末为 1 美元＝6.70 元人民币，第 4 年年末为 1 美元＝6.65 元人民币，第 5 年年末为 1 美元＝6.60 元人民币。

在该例中，公司对设备进行减值测试，需要确定设备的可收回金额。已知设备的公允价值减去处置费用后的净额为 10 000 万元人民币，因此，为确定可收回金额，还需要确定设备所产生的未来现金流量的现值。根据相关信息可知，该公司应采用期望现金流量法估计资产未来现金流量。

由于该资产所产生的未来现金流量的结算货币为美元，因此，公司首先应以美元为基础预计其未来现金流量，并按照该货币适用的折现率计算资产的现值，具体计算过程如下：

（1）计算每年以美元表示的期望现金流量。

第 1 年的现金流量＝350×30%＋300×50%＋240×20%＝303（万美元）

第 2 年的现金流量＝300×30%＋240×50%＋150×20%＝240（万美元）

第 3 年的现金流量＝320×30%＋220×50%＋150×20%＝236（万美元）

第 4 年的现金流量＝300×30%＋220×50%＋120×20%＝224（万美元）

第 5 年的现金流量＝310×30%＋200×50%＋120×20%＝217（万美元）

（2）计算以美元表示的未来现金流量的现值。

未来现金流量现值（美元）

＝303×0.909 1＋240×0.826 4＋236×0.751 3＋224×0.683＋217×0.620 9＝938.83（万美元）

需要注意的是，上式使用的是美元所适用的折现率，而非人民币所适用的折现率。

接下来，公司应将该美元现值按照计算资产未来现金流量现值当日的即期汇率进行折算，折现成按照人民币表示的资产未来现金流量的现值。由于计算资产未来现金流量现值当日（20×0年12月31日）的即期汇率为1美元＝6.85元人民币，因此，人民币表示的资产未来现金流量的现值为：938.83×6.85＝6 430.99万元人民币。比较该设备未来现金流量的现值和公允价值减去处置费用后的净额可知，该设备的可收回金额为10 000万元。根据信息可知，该设备在20×0年12月31日的账面价值为：20 000-5×20 000/10＝10 000万元。比较该设备的可收回金额和账面价值可知，该设备在20×0年12月31日并未出现减值。

值得一提的是，该例中设备的净残值被假定为0，如果不为0，则在预计该设备未来现金流量时，应将净残值考虑进来。

第三节　资产减值损失的确认与计量

一、资产减值损失确认与计量的一般原则

企业在对资产进行减值测试后，如果资产的可收回金额低于其账面价值，应当将资产的账面价值减记至可收回金额，减记的金额确认为资产减值损失，同时计提相应的资产减值准备。这样，企业当期确认的减值损失反映在其利润表中，而计提的资产减值准备作为相关资产的备抵项目，反映在资产负债表中，以如实反映企业财务状况和经营成果。

确认资产减值损失后，如果减值资产需要计提折旧或者摊销费用，则其折旧或者摊销费用应当在未来期间进行相应调整，以使该资产在剩余使用寿命内，系统地分摊调整后的资产账面价值（扣除预计净残值）。比如，固定资产计提了减值准备后，固定资产账面价值将根据计提的减值准备相应抵减，因此，固定资产在未来计提折旧时，应当以新的固定资产账面价值为基础计提每期折旧。

考虑到固定资产、无形资产、商誉等长期资产发生减值后，一方面价值回升的可能性比较小，通常属于永久性减值；另一方面从会计信息稳健性要求考虑，为了避免确认资产重估增值和操纵利润，我国会计准则规定本章所涉及的资产减值损失一经确认，在以后会计期间不得转回。以前期间计提的资产减值准备，需要等到资产处置时才可转出。值得一提的是，关于长期资产减值是否应允许转回，在世界主要的准则制定机构之间存在争议。国际会计准则（IAS36）、英国财务报告准则（FRS11）和澳大利亚会计准则（AASB136）等允许长期资产减值转回，但美国会计准则（SFAS144）则不允许长期资产减值转回。

【例5-5】20×0年1月1日，XYZ公司以银行存款666万元购入一项无形资产，预计使用年限为6年，预计净残值为0，采用直线法按月摊销，20×0年年末，预计该无形资产的可收回金额为500万元。要求计算该无形资产20×1年的摊销额。

20×0年，该无形资产需计提摊销费用111（＝666/6）万元。计提摊销费用之后，其账面价值为555万元。由于该无形资产在20×0年年末的可收回金额为500万元，小于其账面价值，需计提55万元的减值损失。计提减值损失之后，该无形资产的账面价值变为500万元，因此，20×1年，其摊销额应为100（＝500/5）万元。

二、资产减值损失的账务处理

为了正确核算企业确认的资产减值损失和计提的资产减值准备，企业应当设置"资产减值损失"科目，按照资产类别进行明细核算，以反映各类资产在当期确认的资产减值损失金额；同时，应当根据不同的资产类别，分别设置"固定资产减值准备""在建工程减值准备""投资性房地产减值准备""无形资产减值准备""商誉减值准备""长期股权投资减值准备""生产性生物资产减值准备"等科目。

当企业确定资产发生了减值时，应当根据所确认的资产减值金额，借记"资产减值损失"科目，并根据不同的资产类别，贷记"固定资产减值准备""在建工程减值准备""投资性房地产减值准备""无形资产减值准备""商誉减值准备""长期股权投资减值准备""生产性生物资产减值准备"等科目。在期末，企业应当将"资产减值损失"科目余额转入"本年利润"科目，结转后该科目应当没有余额。各资产减值准备科目累积每期计提的资产减值准备，直至相关资产被处置时才予以转出。

【例 5-6】 沿用【例 5-4】的资料，根据测试和计算结果，XYZ 公司应确认的减值损失为 5 035 万元，账务处理如下：

借：资产减值损失——固定资产减值损失　　　　　　　　50 350 000
　　贷：固定资产减值准备　　　　　　　　　　　　　　　　　50 350 000

计提资产减值准备后，设备的账面价值变为 10 965 万元，在该设备剩余使用寿命内，公司应当以此为基础计提折旧。如果发生进一步减值的，再做进一步的减值测试。

需要说明的是，由于资产组、总部资产和商誉减值的确认、计量和账务处理有一定的特殊性，因此，有关特殊处理将在本章第四节中进行具体说明。

第四节　资产组的认定及减值处理

一、资产组的认定

前文述及，企业原则上应当以单项资产为基础估计其可收回金额，进行减值测试。但是，有时企业难以对单项资产的可收回金额进行估计，此时，企业应当以该资产所属的资产组为基础确定资产组的可收回金额。因此，如何认定资产组十分重要。

（一）资产组的定义

不难理解，我们不应将资产组宽泛地定义为任意多个资产的组合。若是这样，企业可以随意操纵结果。会计准则必须针对资产的用途，即考虑其与其他资产产生现金流入的特点，严格限定资产组所包含的资产范围，因此，资产组被定义为企业可以认定的最小资产组合，其产生的现金流入应当基本上独立于其他资产或者资产组。资产组应当由与创造现金流入相关的资产组成。

（二）认定资产组应当考虑的因素

（1）资产组的认定，应当以资产组产生的主要现金流入是否独立于其他资产或者资产组的现金流入为依据。可见，资产组能否独立产生现金流入是认定资产组的最关键因素。比如，企业的某一生产线、营业网点、业务部门等，如果能够独立于其他部门或者单位等创造收入，或者其创造的收入绝大部分独立于其他部门或者单位的，并且属于可认定的最小的资产组合的，通常应将该生产线、营业网点、业务部门等认定为一个资产组。

【例5-7】 某矿业公司拥有一个煤矿，与煤矿的生产和运输相配套，建有一条专用铁路。该铁路除非报废出售，其在持续使用中，难以脱离煤矿相关的其他资产而产生单独的现金流入，因此，企业难以对专用铁路的可收回金额进行单独估计，专用铁路和煤矿其他相关资产必须结合在一起，成为一个资产组，以估计该资产组的可收回金额。

认定资产组时，若几项资产的组合生产的产品（或其他产出）存在活跃市场，无论这些产品或其他产出是用于对外出售还是仅供企业内部使用，均表明这几项资产的组合能够独立创造现金流入，一旦符合其他相关条件，企业应将这些资产的组合认定为资产组。

【例5-8】 甲企业生产某单一产品，并且只拥有A、B、C三家工厂。三家工厂分别位于三个不同的国家，而三个国家又位于三个不同的洲。工厂A生产一种组件，由工厂B或者工厂C进行组装，最终产品由工厂B或者工厂C销往世界各地，比如工厂B的产品可以在本地销售，也可以在工厂C所在洲销售（如果将产品从工厂B运到工厂C所在洲更加方便的话）。工厂B和工厂C的生产能力合在一起尚有剩余，并没有被完全利用。工厂B和工厂C生产能力的利用程度依赖于甲企业对于销售产品在两地之间的分配。

假定工厂A生产的产品（即组件）存在活跃市场，则工厂A很可能可以认定为一个单独的资产组，原因是它生产的产品尽管主要用于工厂B或者工厂C，但是，由于该产品存在活跃市场，可以带来独立的现金流量，因此，通常应当认定为一个单独的资产组。在确定其未来现金流量的现值时，公司应当调整其财务预算或预测，将未来现金流量的预计建立在公平交易的前提下A所生产产品的未来价格最佳估计数之上，而不是使用其内部转移价格。对于工厂B和工厂C而言，即使工厂B和工厂C组装的产品存在活跃市场，但由于工厂B和工厂C的现金流入依赖于产品在两地之间的分配，工厂B和工厂C的未来现金流入不可能单独地确定。因此，工厂B和工厂C组合在一起是可以认定的、可产生基本上独立于其他资产或者资产组的现金流入的资产组合。工厂B和工厂C应当认定为一个资产组。在确定该资产组未来现金流量的现值时，公司也应当调整其财务预算或预测，将未来现金流量的预计建立在公平交易的前提下从工厂A所购入产品的未来价格的最佳估计数之上，而不是使用其内部转移价格。

【例5-9】 沿用【例5-8】，假定工厂A生产的产品不存在活跃市场。

在这种情况下，由于工厂A生产的产品不存在活跃市场，它的现金流入依赖于工厂B或者工厂C生产的最终产品的销售，因此，工厂A很可能难以单独产生现金流入；其可收回金额很可能难以单独估计。而对于工厂B和工厂C而言，其生产的产品虽然存在活跃市场，但是，工厂B和工厂C的现金流入依赖于产品在两个工厂之间的分配，工厂B和工

C在产能和销售上的管理是统一的，因此，工厂B和工厂C也难以单独产生现金流量，因而也难以单独估计其可收回金额。因此，只有工厂A、工厂B、工厂C三个工厂组合在一起（即将甲企业作为一个整体）才很可能是一个可以认定的、能够基本上独立产生现金流入的最小的资产组合，从而将工厂A、工厂B、工厂C的组合认定为一个资产组。

（2）资产组的认定，应当考虑企业管理层对生产经营活动的管理或者监控方式（如是按照生产线、业务种类还是按照地区或者区域等）和对资产的持续使用或者处置的决策方式等。比如企业各生产线都是独立生产、管理和监控的，那么各生产线很可能应当认定为单独的资产组；若某些机器设备是相互关联、互相依存的，其使用和处置是一体化决策的，则这些机器设备很可能应当认定为一个资产组。

【例5-10】 XYZ服装企业有童装、西装、衬衫三个工厂，每个工厂在生产、销售、核算、考核和管理等方面都相对独立，在这种情况下，每个工厂通常应当认定为一个资产组。

【例5-11】 ABC家具制造有限公司有A和B两个生产车间，A车间专门生产家具部件，生产完后由B车间负责组装并对外销售，该企业对A车间和B车间资产的使用和处置等决策是一体的，在这种情况下，A车间和B车间通常应当认定为一个资产组。

（三）资产组认定后不得随意变更

资产组一经确定，在各个会计期间应当保持一致，不得随意变更，即资产组的各项资产构成通常不能随意变更。比如，甲设备在20×0年归属于A资产组，无特殊情况时，该设备在20×1年仍然应当归属于A资产组，而不能随意将其变更至其他资产组。这能进一步限制企业通过随意操纵资产组的构成而操纵资产减值结果。

但是，完全禁止企业变更资产组的认定显然也不合理。举一极端例子或许有助于我们理解，如果原资产组中有一资产在本会计期间已完全报废，此时若还要求企业不变更相关资产组的认定显然毫无道理。因此，如果由于企业重组、变更资产用途等原因，导致资产组构成确需变更的，企业可以进行变更，但企业管理层应当证明该变更是合理的，并应当在附注中进行相应说明。

二、资产组减值测试

与单项资产减值测试一致，资产组减值测试同样需要预计资产组的可收回金额和计算资产组的账面价值，并将两者进行比较；如果资产组的可收回金额低于其账面价值，表明资产组发生了减值损失。

（一）资产组账面价值和可收回金额的确定基础

资产组账面价值的确定基础应当与其可收回金额的确定方式相一致，否则它们就会因比较基础不一致，难以正确估算资产组的减值损失。

与单项资产一致，资产组的可收回金额，也是指其公允价值减去处置费用后的净额与其预计未来现金流量的现值两者之间的较高者。

资产组的账面价值应当包括可直接归属于资产组与可以合理和一致地分摊至资产组的资产账面价值。除不考虑已确认负债的账面价值就无法确定资产组可收回金额的情况以外，企业不应当包括已确认负债的账面价值。这是因为，在预计资产组的可收回金额时，既不包括与该资产组的资产无关的现金流量，也不包括与已在财务报表中确认负债有关的现金流量。为与资产组可收回金额的确定基础一致，资产组的账面价值也不应包括这些项目。

资产组在处置时如要求购买者承担一项负债（如环境恢复负债等）、该负债金额已经确认并计入相关资产账面价值，而且企业只能取得包括上述资产和负债在内的单一公允价值减去处置费用后的净额的，为了比较资产组的账面价值和可收回金额，在确定资产组的账面价值及其预计未来现金流量的现值时，应当将已确认的负债金额从中扣除。

【例 5-12】 C 公司在某地经营一座有色金属矿山，根据规定，公司在矿山完成开采后应当将该地区恢复原貌。恢复费用主要为山体表层复原费用。因此，企业在山体表层挖走后，就应确认一项预计负债，并计入矿山成本，假定其金额为 500 万元。20×0 年 12 月 31 日，随着开采进展，公司发现矿山中的有色金属储量远低于预期，因此，公司对该矿山进行了减值测试。考虑到矿山的现金流量状况，整座矿山被认定为一个资产组。该资产组在 20×0 年年末的账面价值为 1 000 万元（包括确认的恢复山体原貌的预计负债）。

矿山如于 20×0 年 12 月 31 日对外出售，买方愿意出价 820 万元（含恢复山体原貌成本），预计处置费用为 20 万元。矿山预计未来现金流量的现值为 1 200 万元，不含恢复费用。

根据上述资料，为比较资产组的账面价值和可收回金额，在确定资产组的账面价值及其预计未来现金流量的现值时，应将已确认的负债金额从中扣除。在本例中，资产组的公允价值减去处置费用后的净额为 800（=820-20）万元，该金额已经考虑了恢复费用。该资产组预计未来现金流量的现值在考虑了恢复费用后为 700（=1 200-500）万元。因此，该资产组的可收回金额为 800 万元。资产组的账面价值在扣除已确认的恢复原貌预计负债后的金额为 500（=1 000-500）万元。这样，资产组的可收回全额大于其账面价值，未发生减值。

（二）资产组减值的会计处理

根据减值测试的结果，资产组的可收回金额如低于其账面价值的，企业应当确认相应的减值损失。减值损失金额应按以下顺序进行分摊：

（1）抵减分摊至资产组中商誉的账面价值；

（2）根据资产组中除商誉之外的其他各项资产的账面价值所占比重，按比例抵减其他各项资产的账面价值。

以上资产账面价值的抵减，应当作为各单项资产（包括商誉）的减值损失处理，计入当期损益。需要注意的是，抵减后的各资产的账面价值不得低于以下三者之中最高者：该资产的公允价值减去处置费用后的净额（如可确定的）、该资产预计未来现金流量的现值（如可确定的）和零。因此而导致的未能分摊的减值损失金额，应当按照相关资产组中其他各项资产的账面价值所占比重进行分摊。

【例5-13】　XYZ公司有一条甲生产线，该生产线生产光学器材，由A、B、C三部机器构成，成本分别为400 000元、600 000元、1 000 000元。使用年限为10年，净残值为零，以年限平均法计提折旧。各机器均无法单独产生现金流量，但整条生产线构成完整的产销单位，属于一个资产组。20×0年甲生产线所生产的光学产品有替代产品上市，到年底，导致公司光学产品的销路锐减40%，因此，对甲生产线进行减值测试。

20×0年12月31日，A、B、C三部机器的账面价值分别为200 000元、300 000元、500 000元。估计A机器的公允价值减去处置费用后的净额为150 000元，B、C机器都无法合理估计其公允价值减去处置费用后的净额以及未来现金流量的现值。

整条生产线预计尚可使用5年。经估计其未来5年的现金流量及其恰当的折现率后，得到该生产线预计未来现金流量的现值为600 000元。由于公司无法合理估计生产线的公允价值减去处置费用后的净额，公司以该生产线预计未来现金流量的现值为其可收回金额。

鉴于在20×0年12月31日该生产线的账面价值为1 000 000元，而其可收回金额为600 000元，生产线的账面价值高于其可收回金额，因此，该生产线已经发生了减值，公司应当确认减值损失400 000元，并将该减值损失分摊到构成生产线的3部机器中。由于A机器的公允价值减去处置费用后的净额为150 000元，因此，A机器分摊了减值损失后的账面价值不应低于150 000元。具体分摊过程如表5-7所示。

表5-7　资产组减值损失分摊表　　　　　　　　　　（单位：元）

项　　目	机器A	机器B	机器C	整个生产线（资产组）
账面价值	200 000	300 000	500 000	1 000 000
可收回金额				600 000
减值损失				400 000
减值损失分摊比例	20%	30%	50%	
分摊减值损失	50 000①	120 000	200 000	370 000
分摊后账面价值	150 000	180 000	300 000	
尚未分摊的减值损失				30 000
二次分摊比例		37.50%	62.50%	
二次分摊减值损失		11 250	18 750	30 000
二次分摊后应确认减值损失总额二次分摊后账面价值	150 000	131 250 168 750	218 750 281 250	400 000 600 000

① 按照分摊比例，机器A应当分摊减值损失80 000（=400 000×20%）元，但由于机器A的公允价值减去处置费用后的净额为150 000元，因此，机器A最多只能确认减值损失50 000（=200 000-150 000）元，未能分摊的减值损失30 000（=80 000-50 000）元，应当在机器B和机器C之间进行再分摊。

根据上述计算和分摊结果，构成甲生产线的机器A、机器B和机器C应当分别确认减值损失 50 000 元、131 250 元和 218 750 元，账务处理如下：

借：资产减值损失——机器 A   50 000

           ——机器 B   131 250

           ——机器 C   218 750

    贷：固定资产减值准备——机器 A   50 000

               ——机器 B   131 250

               ——机器 C   218 750

三、总部资产的减值测试

企业总部资产包括企业集团或其事业部的办公楼、电子数据处理设备、研发中心等资产。与其他资产相比，其显著特征是难以脱离其他资产或者资产组产生独立的现金流入，而且由于其服务范围广泛，其账面价值难以完全归属于某一资产组。因此，企业往往会很难对总部资产单独进行减值测试，需要结合其他相关资产组或者资产组组合进行。资产组组合是指由若干个资产组组成的最小资产组组合，包括资产组或者资产组之间的组合，以及按合理方法分摊的总部资产部分。

在资产负债表日，如果有迹象表明某项总部资产可能发生减值，企业应当计算确定该总部资产所归属的资产组或者资产组组合的可收回金额，然后将其与相应的账面价值做比较，据以判断是否需要确认减值损失。

基于此，企业对某一资产组进行减值测试时，应当先认定所有与该资产组相关的总部资产，再根据相关总部资产能否按照合理和一致的基础分摊至该资产组，分别按下列情况处理。

（1）对于相关总部资产能够按照合理和一致的基础分摊至该资产组的部分，应当将该部分总部资产的账面价值分摊至该资产组，再据以比较该资产组的账面价值（含已分摊的总部资产的账面价值部分）和可收回金额，并按照前述有关资产组减值测试的顺序和方法处理。

（2）对于相关总部资产中有部分资产难以按照合理和一致的基础分摊至该资产组的，应当按照下列步骤处理：

首先，在不考虑相关总部资产的情况下，估计和比较资产组的账面价值和可收回金额，并按照前述有关资产组减值测试的顺序和方法处理。

其次，认定由若干个资产组组成的最小的资产组组合，该资产组组合应当包括所测试的资产组与可以按照合理和一致的基础将该部分总部资产的账面价值分摊其上的部分。

最后，比较所认定的资产组组合的账面价值（包括已分摊的总部资产的账面价值部分）和可收回金额，并按照前述有关资产组减值测试的顺序和方法处理。

【例 5-14】 ABC 高科技企业拥有 A、B 和 C 三个资产组，在 20×0 年年末，其账面价值分别为 200 万元、300 万元和 400 万元，无商誉。这三个资产组为三条生产线，预计剩余使用寿命分别为 10 年、20 年和 20 年，采用直线法计提折旧。由于 ABC 公司的竞争对手推出了更高技术含量的产品，受到市场欢迎，对 ABC 公司产品产生了重大不利影响，为此，ABC 公司于 20×0 年年末对各资产组进行了减值测试。

在对资产组进行减值测试时，首先应当认定与其相关的总部资产。ABC 公司的经营管理活动由总部负责，总部资产包括一栋办公大楼和一个研发中心，其中办公大楼的账面价值为 300 万元，研发中心的账面价值为 100 万元。办公大楼的账面价值可以在合理和一致的基础上分摊至各资产组，但是，研发中心的账面价值难以在合理和一致的基础上分摊至各相关资产组。对于办公大楼的账面价值，企业以按各资产组的账面价值和剩余使用寿命进行加权平均计算的账面价值为分摊比例进行分摊，如表 5-8 所示。

表 5-8　各资产组账面价值

项　　目	资产组 A	资产组 B	资产组 C	合计
各资产组账面价值（万元）	200	300	400	900
各资产组剩余使用寿命（年）	10	20	20	
按使用寿命计算的权重	1	2	2	
加权计算后的账面价值（万元）	200	600	800	1 600
办公大楼分摊比例（各资产组权重计算后的账面价值/各资产组加权平均计算后的账面价值合计）	12.5%	37.5%	50%	100%
办公大楼账面价值分摊到各资产组的金额（万元）	37.5	112.5	150	300
包括分摊的办公大楼账面价值部分的各资产组账面价值（万元）	237.5	412.5	550	1 200

企业随后应当确定各资产组的可收回金额，并将其与账面价值（包括已分摊的办公大楼的账面价值部分）相比较，以确定相应的减值损失。考虑到研发中心的账面价值难以按照合理和一致的基础分摊至资产组，因此，确定由 A、B、C 三个资产组组成最小资产组组合（即为 ABC 整个企业），通过计算该资产组组合的可收回金额，并将其与账面价值（包括已分摊的办公大楼账面价值和研发中心的账面价值）相比较，以确定相应的减值损失。假定各资产组和资产组组合的公允价值减去处置费用后的净额难以确定，企业根据它们的预计未来现金流量的现值来计算其可收回金额，所用折现率为 15%，计算过程如表 5-9 所示。

表 5-9　现金流量预测及折现计算表　　　　　　　（单位：万元）

年份	资产组 A		资产组 B		资产组 C		包括研发中心在内的最小资产组组合（ABC 公司）	
	未来现金流量	现值	未来现金流量	现值	未来现金流量	现值	未来现金流量	现值
1	36	32	18	16	20	18	78	68
2	62	46	32	24	40	30	144	108
3	74	48	48	32	68	44	210	138
4	84	48	58	34	88	50	256	146
5	94	48	64	32	102	50	286	142
6	104	44	66	28	112	48	310	134
7	110	42	68	26	120	44	324	122

（续）

年份	资产组 A		资产组 B		资产组 C		包括研发中心在内的最小资产组组合（ABC 公司）	
	未来现金流量	现值	未来现金流量	现值	未来现金流量	现值	未来现金流量	现值
8	110	36	70	22	126	42	332	108
9	106	30	70	20	130	36	334	96
10	96	24	70	18	132	32	338	84
11			72	16	132	28	264	56
12			70	14	132	24	262	50
13			70	12	132	22	262	42
14			66	10	130	18	256	36
15			60	8	124	16	244	30
16			52	6	120	12	230	24
17			44	4	114	10	216	20
18			36	2	102	8	194	16
19			28	2	86	6	170	12
20			20	2	70	4	142	8
现值合计		398		328		542		1 440

根据上述资料，资产组 A、B、C 的可收回金额分别为 398 万元、328 万元和 542 万元，相应的账面价值（包括分摊的办公大楼账面价值）分别为 237.5 万元、412.5 万元和 550 万元，资产组 B 和资产组 C 的可收回金额均低于其账面价值，应分别确认 84.5 万元和 8 万元减值损失，并在办公大楼和资产组之间进行分摊。根据分摊结果，因资产组 B 发生减值损失 84.5 万元而导致办公大楼减值 23.05（＝84.5×112.5÷412.5）万元导致资产组 B 中所包括资产发生减值 61.45（＝84.5×300÷412.5）万元；因资产组 C 发生减值损失 8 万元而导致办公大楼减值 2（＝8×150÷550）万元，导致资产组 C 中所包括资产发生减值 5.81（＝8×400÷550）万元。

经过上述减值测试后，资产组 A、B、C 和办公大楼的账面价值分别为 200 万元、238.55 万元、394 万元和 274.95 万元，研发中心的账面价值仍为 100 万元，由此包括研发中心在内的最小资产组组合（即 ABC 公司）的账面价值总额为 1 207.50（＝200＋238.55＋394＋274.95＋100）万元，但其可收回金额为 1 440 万元，高于其账面价值，因此，企业不必再进一步确认减值损失（包括研发中心的减值损失）。

第五节　商誉减值测试与处理

一、商誉减值测试的基本要求

企业合并所形成的商誉，至少应当在每年年度终了时进行减值测试。商誉的性质决定了其难以独立产生现金流量，因而难以通过计算其未来现金流量的现值以评估其可收回金额，进而难以对其单独进行减值测试，应当结合与其相关的资产组或者资产组组合进行减值测试。为了资产减值测试的目的，对于因企业合并形成的商誉的账面价值，应当自购买日起，按照合理的方法分摊至相关的资产组；难以分摊至相关的资产组的，应当将其分摊至相关的资产组组合。在将商誉的账面价值分摊至相关的资产组或者资产组组合时，应当按照各资产组或者资产组组合的公允价值⊖占相关资产组或者资产组组合公允价值总额的比例进行分摊。公允价值难以可靠计量的，按照各资产组或者资产组组合的账面价值占相关资产组或者资产组组合账面价值总额的比例进行分摊。企业因重组等原因改变了其报告结构，从而影响到已分摊商誉的一个或者若干个资产组或者资产组组合构成的，应当将商誉重新分摊至受影响的资产组或者资产组组合。

需要注意的是，这些相关的资产组或者资产组组合应当是能够从企业合并的协同效应⊖中受益的资产组或者资产组组合，但不应当大于按照《企业会计准则第 35 号——分部报告》和《企业会计准则解释第 3 号》所确定的报告分部。

二、商誉减值测试的方法与会计处理

企业在对包含商誉的相关资产组或者资产组组合进行减值测试时，如与商誉相关的资产组或者资产组组合存在减值迹象的，应当进行下列处理。

首先，对不包含商誉的资产组或者资产组组合进行减值测试。

其次，再对包含商誉的资产组或者资产组组合进行减值测试，比较这些相关资产组或者资产组组合的账面价值（包括所分摊的商誉的账面价值部分）与其可收回金额，如相关资产组或者资产组组合的可收回金额低于其账面价值的，应当就其差额确认减值损失，减值损失金额应当首先抵减分摊至资产组或者资产组组合中商誉的账面价值。

最后，根据包含商誉的资产组或者资产组组合中除商誉之外的其他各项资产的账面价值（注意不是公允价值）所占比重，按比例抵减其他各项资产的账面价值。

与资产减值测试的处理一样，以上资产账面价值的抵减，也都应当作为各单项资产（包括商誉）的减值损失处理，计入当期损益。抵减后的各资产的账面价值不得低于以下三者之中最高者：该资产的公允价值减去处置费用后的净额（如可确定的）、该资产预计未来现金流量的现值（如可确定的）和零。因此而未能分摊的减值损失金额，应当按照相关资产组或者资产组组合中其他各项资产的账面价值所占比重进行分摊。

由于按照《企业会计准则第 20 号——企业合并》的规定，因企业合并所形成的商誉是母公司根据其在子公司所拥有的权益而确认的商誉，子公司中归属于少数股东的商誉并没有在合并财务报表中予以确认。因此，在对与商誉相关的资产组或者资产组组合进行减值测试

⊖　之所以是公允价值而非账面价值，是因为合并商誉是以合并对价减去所享有的可辨认净资产公允价值份额的差值来衡量的。

⊖　协同效应是合并商誉形成的本质。

时，由于其可收回金额的预计包括归属于少数股东的商誉价值部分，为了使减值测试建立在一致的基础上，企业应当调整资产组的账面价值，将归属于少数股东权益的商誉包括在内，然后，根据调整后的资产组账面价值与其可收回金额进行比较，以确定资产组（包括商誉）是否发生了减值。

上述资产组如发生减值的，应当首先抵减商誉的账面价值，但由于根据上述方法计算的商誉减值损失包括了应由少数股东权益承担的部分，而少数股东权益拥有的商誉价值及其减值损失都不在合并财务报表中反映，合并财务报表只反映归属于母公司的商誉减值损失，因此，应当将商誉减值损失在可归属于母公司和少数股东权益之间按比例进行分摊，以确认归属于母公司的商誉减值损失。

【例 5-15】 甲企业在 20×0 年 1 月 1 日以 1 600 万元的价格收购了乙企业 80% 的股权。在收购日，乙企业可辨认资产的公允价值为 1 500 万元，没有负债和或有负债。因此，甲企业在其合并财务报表中确认商誉 400（＝1 600−1 500×80%）万元、乙企业可辨认净资产 1 500 万元和少数股东权益 300（＝1 500×20%）万元。

假定乙企业的所有资产被认定为一个资产组，由于包括商誉，因此，它至少应于每年年度终了时进行减值测试。在 20×0 年年末，甲企业确定该资产组的可收回金额为 1 000 万元，可辨认净资产的账面价值为 1 350 万元。由于可收回金额 1 000 万元中，包括归属于少数股东权益在商誉价值中享有的部分，因此，在与资产组的可收回金额进行比较之前，必须对资产组的账面价值进行调整，使其包括归属于少数股东权益的商誉价值 100[＝（1 600/80%−1 500）×20%] 万元。然后，再据以比较该资产组的账面价值和可收回金额，确定是否发生了减值损失，其测试过程如表 5-10 所示。

表 5-10　商誉减值测试过程表　　　　　　　　（单位：万元）

20×0 年年末	商誉	可辨认资产	合计
账面价值	400	1 350	1 750
未确认归属于少数股东权益的商誉价值	100	—	100
调整后账面价值	500	1 350	1 850
可收回金额			1 000
减值损失			850

以上计算出的减值损失 850 万元应当首先冲减商誉的账面价值，然后，再将剩余部分分摊至资产组中的其他资产。在本例中，850 万元减值损失中有 500 万元应当属于商誉减值损失，其中，由于确认的商誉仅限于甲企业持有乙企业 80% 的股权部分，因此，甲企业只需要在合并财务报表中确认归属于甲企业的商誉减值损失，即 500 万元商誉减值损失的 80%，400 万元。剩余的 350（＝850−500）万元减值损失应当冲减乙企业可辨认资产的账面价值，作为乙企业可辨认资产的减值损失。减值损失的分摊过程如表 5-11 所示。

表 5-11 商誉减值损失分摊表 （单位：万元）

20×0 年年末	商誉	可辨认资产	合计
账面价值	400	1 350	1 750
确认的减值损失	（400）	（350）	（750）
确认减值损失后的账面价值	—	1 000	1 000

◈ 本章小结

1. 资产减值是指资产的可收回金额低于其账面价值。资产的可收回金额应根据资产的公允价值减去处置费用之后的净额与资产预计未来现金流量的现值两者之间的较高者确定。一旦资产出现减值，应当确认资产减值损失。

2. 企业可以依据内部信息来源和外部信息来源，判断资产是否存在减值迹象。如果有确凿证据表明资产存在减值迹象，企业应对其进行减值测试。若前期计算结果表明，资产可收回金额远高于其账面价值且未发生消除这一差异的交易或事项，或者资产可收回金额对相关减值迹象不敏感时，可不估计资产可收回金额。商誉、使用寿命不确定的无形资产和尚未达到使用状态的无形资产，无论是否存在减值迹象，每年都应进行减值测试。

3. 估计资产可收回金额，原则上以单项资产为基础，若无法估计单项资产的可收回金额，应估计资产所属的资产组的可收回金额。一般情况下，企业估计资产可收回金额，需要同时估计资产的公允价值减去处置费用之后的净额与资产预计未来现金流量的现值。估计资产的公允价值减去处置费用之后的净额时，企业应遵循一定的顺序；估计资产预计未来现金流量的现值时，应综合考虑资产的预计未来现金流量、使用寿命和折现率等因素。

4. 企业应在合理和有依据的基础上对资产相关情况做出最佳估计，并基于管理层批准的最近财务预算或预测数据对资产未来现金流量进行预计。预计的资产未来现金流量包括资产持续使用过程中预计产生的现金流入、为实现资产持续使用过程中所产生的现金流入所必需的现金流出，以及资产使用寿命结束时，处置资产所产生的现金净流量。企业预计未来现金流量时，应以资产的当前状况为基础，不应包括筹资活动和所得税收付产生的现金流量。对通货膨胀因素的考虑应与折现率保持一致，对内部转移价格应当予以调整。预计未来现金流量的方法包括传统法和期望现金流量法。

5. 计算资产未来现金流量现值时所使用的折现率应是反映当前市场货币时间价值和资产特定风险的税前利率。企业应优先以市场利率作为折现率，无法取得市场利率时，可用替代利率。估计资产未来现金流量的现值，一般情况下，企业应使用单一折现率。估计外币未来现金流量的现值时，应先预计外币未来现金流量，将其以该外币所适用的折现率折现，再以计算现值当日的即期汇率，将外币表示的现值折算为记账本位币表示的现值。

6. 资产组是企业可以认定的最小资产组合，其产生的现金流入应当基本独立于其他资产或资产组。认定资产组时，应考虑管理层对生产经营活动的管理或监控方式和对资产的持续使用或处置决策。资产组认定后不得随意变更。资产组减值测试原理与单项资产一致。资产组账面价值的确定基础应与其可收回金额的确定方式保持一致。资产组的账面价值包括可直接归属于资产组与可合理分摊至资产组的资产账面价值，通常不含已确认负债的账面价值。资产组的减值损失应先抵减分摊至资产组的商誉的账面价值，然后再根据资产组中除商誉之外的其他资产账面价值比重，按比例抵减其他资产的账面价值。

7. 与一般资产不同，总部资产难以脱离其他资产或者资产组产生独立的现金流入，因而结合其他资产或者资产组进行减值测试。企业对某一资产组进行减值测试时，应先认定所有与该资产组有关的总部资产，再根据相关总部资产能否按照合理和一致的基础分摊至该资产组分别进行处理。

8. 商誉难以独立产生现金流量，企业应当自购买日起，按照各资产组或者资产组组合的公允价值占相关资产组或者资产组组合公允价值总额的比例，将商誉分摊至相关的资产组；难以分摊至相关的资产组的，应当将其分摊至相关的资产组组合。公允价值难以可靠计量的，按照各资产组或者资产组组合的账面价值占相关资产组或者资产组组合账面价值总额的比例进行分摊。与商誉相关的资产组或者资产组组合存在减值迹象的，企业应先对不包含商誉的资产组或者资产组组合进行减值测试，再对包含商誉的资产组或者资产组组合进行减值测试，如发生减值，减值损失金额应先抵减分摊至资产组或者资产组组合中商誉的账面价值，然后再根据包含商誉的资产组或者资产组组合中除商誉之外的其他各项资产的账面价值所占比重，按比例抵减其他各项资产的账面价值。

◈ 关键术语

资产减值、可收回金额、资产的公允价值减去处置费用之后的净额、资产预计未来现金流量的现值、传统法、期望现金流量法、资产组、资产组组合、总部资产

◈ 思考题

1. 什么是资产减值？为何要确认资产减值损失？

2. 存在哪些迹象时，表明资产可能发生了减值？资产减值迹象对企业确定是否要进行减值测试具有什么样的影响？

3. 资产可收回金额是指什么？为何在估计资产可收回金额时原则上应以单项资产为基础？

4. 估计资产可收回金额，是否在任何情况下都要同时估计该资产的公允价值减去处置费用之后的净额和资产预计未来现金流量的现值？为什么？

5. 估计资产的公允价值减去处置费用之后的净额，应当遵循什么样的顺序？为何要遵循这种顺序？

6. 预计资产未来现金流量时，什么样的现金流量应该纳入，什么样的不应该纳入？需要考虑什么样的因素？

7. 如何确定计算资产未来现金流量现值时所使用的折现率？

8. 外币现金流量及其现值的预计应遵循什么样的程序？

9. 我国会计准则对长期资产减值转回的规定是什么？与国际会计准则是否有差异？是否应允许长期资产减值转回？为什么？

10. 何为资产组和资产组组合？如何认定资产组和资产组组合？

11. 资产组的减值如何在各资产之间分摊?

12. 什么是总部资产? 总部资产的减值测试有何特点?

13. 与其他长期资产相比, 商誉减值的确认和计量有什么样的不同之处? 为何它们之间会具有这种差异?

自测题

1. XYZ 公司属于矿业生产企业。假定法律要求矿产的业主必须在完成开采后将该地区恢复原貌。恢复费用包括表土覆盖层的复原, 因为表土覆盖层在矿山开发前必须搬走。表土覆盖层一旦移走, 企业就应为其确认一项负债, 其有关费用计入矿山成本, 并在矿山使用寿命内计提折旧。假定 XYZ 公司为恢复费用确认的预计负债的账面金额为 1 000 万元。20×0 年 12 月 31 日, XYZ 公司正在对矿山进行减值测试, 矿山的资产组是整座矿山。甲公司已收到愿以 3 500 万元的价格购买该矿山的合同, 这一价格已经考虑了复原表土覆盖层的成本。矿山预计未来现金流量的现值为 4 600 万元, 不包括恢复费用; 矿山的账面价值为 4 800 万元。假定不考虑矿山的处置费用。该资产组 20×0 年 12 月 31 日应计提减值准备 (　　) 万元。

A. 1 300　　　　　B. 100

C. 200　　　　　　D. 300

2. 下列各项资产减值准备中, 在相应资产的持有期间内可以转回的是 (　　)。

A. 固定资产减值准备

B. 持有至到期投资减值准备

C. 商誉减值准备

D. 长期股权投资减值准备

3. XYZ 公司 A 设备出现减值迹象进行减值测试时采用期望现金流量法估计未来现金流量, 20×0 年 A 设备在不同的经营情况下产生的现金流量分别为: 该公司经营好的可能性是 40%, 产生的现金流量为 100 万元; 经营一般的可能性是 50%, 产生的现金流量是 80 万元; 经营差的可能性是 10%, 产生的现金流量是 40 万元, 则该公司 A 设备 20×0 年预计的现金流量为 (　　) 万元。

A. 84　　　　　　B. 100

C. 80　　　　　　D. 40

4. 20×0 年 12 月 31 日, XYZ 公司预计某生产线在未来 4 年内每年产生的现金流量净额分别为 200 万元、300 万元、400 万元、600 万元, 2012 年产生的现金流量净额以及该生产线使用寿命结束时处置形成的现金流量净额合计为 800 万元; 假定按照 5% 的折现率和相应期间的时间价值系数计算该生产线未来现金流量的现值; 该生产线的公允价值减去处置费用后的净额为 1 950 万元。20×0 年 12 月 31 日计提减值准备前该生产线的账面价值为 2 000 万元。已知部分时间价值系数如下:

年份	1 年	2 年	3 年	4 年	5 年
5% 的复利现值系数	0.952 4	0.907 0	0.863 8	0.822 7	0.783 5

该生产线 20×0 年 12 月 31 日应计提的减值准备为 (　　) 万元。

A. 71.48　　　　　B. 50

C. 0　　　　　　　D. 1 928.52

5. 下列有关商誉减值的说法中, 不正确的是 (　　)。

A. 商誉不管有无出现减值的迹象，每年都应进行减值测试

B. 商誉不能独立存在，商誉应分摊到相关资产组后进行减值测试

C. 测试商誉减值的资产组的账面价值应包括分摊的商誉的价值

D. 商誉应与资产组内的其他资产一样，按比例分摊减值损失

6. 下列资产项目中，每年年末必须进行减值测试的有（　　）。

A. 使用寿命有限的无形资产

B. 尚未达到可使用状态的无形资产

C. 使用寿命不确定的无形资产

D. 商誉

E. 采用成本模式进行后续计量的投资性房地产

7. 预计资产未来现金流量现值时，对于折现率的预计，下列说法中正确的有（　　）。

A. 折现率应当是反映当前市场货币时间价值和资产特定风险的税前利率

B. 折现率的确定应当首先以该资产的市场利率为依据

C. 企业在各个会计期间估计资产未来现金流量现值时均应当使用单一的折现率

D. 如果用于估计折现率的基础是税后的，则应当将其调整为税前的折现率

8. 下列表述不正确的有（　　）。

A. 资产组确定后，在以后的会计期间可以随意变更

B. 在将商誉的账面价值分摊至相关的资产组或者资产组组合时，可以按照各资产组或者资产组组合的公允价值占相关资产组或者资产组组合公允价值总额的比例进行分摊

C. 资产组组合，是指由若干个资产组组成的任何资产组组合

D. 对于因企业合并所形成的商誉，与其相关的资产组或者资产组组合应当是能够从企业合并的协同效应中受益的资产组或者资产组组合，允许大于企业所确定的报告分部

9. 预计资产未来现金流量应当以资产的当前状况为基础，下列现金流量不应包括的有（　　）。

A. 与将来可能会发生的、尚未做出承诺的重组事项有关的预计未来现金流量

B. 与将来可能会发生的资产改良有关的预计未来现金流量

C. 筹资活动产生的现金流入或者流出

D. 与所得税收付有关的现金流量

10. XYZ 公司于 20×0 年 12 月 31 日对其下属的某酒店进行减值测试。该酒店系公司于 4 年前贷款 1 亿元建造的，贷款年利率 6%，利息按年支付，期限 20 年。公司拟于 20×2 年 3 月对酒店进行全面改造，预计发生改造支出 2 000 万元，改造后每年可增加现金流量 1 000 万元。酒店有 30% 的顾客是各子公司人员，对子公司人员的收费均按低于市场价 30% 的折扣价结算。公司为减值测试目的而预测酒店未来现金流量时，下列处理中，不正确的有（　　）。

A. 将改造支出 2 000 万元调减现金流量

B. 将每年 600 万元的贷款利息支出调减现金流量

C. 将改造后每年增加的现金流量 1 000 万元调增现金流量

D. 将向子公司人员的收费所导致的现金流入按照市场价格预计

🔷 练习题

1. 20×0 年 6 月 10 日，某上市公司购入一台不需要安装的生产设备，支付价款和相关税费（不含增值税）100 万元，购入后即达到预定可使用状态。该设备的预计使用寿命为 10 年，预计净残值为 8 万元，按照年限平均法计提折旧。20×1 年 12 月因出现减值迹象，对该设备进行减值测试，预计该设备的公允价值为 55 万元，处置费用为 13 万元；如果继续使用，预计未来使用及处置产生现金流量的现值为 59 万元。假定原预计使用寿命、预计净残值、折旧方法均保持不变。

要求：

计算 20×2 年该生产设备应计提的折旧。

2. EFG 公司属于矿业生产企业。假定法律要求矿产的业主必须在完成开采后将该地区恢复原貌。恢复费用包括表土覆盖层的复原，因为表土覆盖层在矿山开发前必须搬走。表土覆盖层一旦移走，企业就应为其确认一项负债，其有关费用计入矿山成本，并在矿山使用寿命内计提折旧。假定 EFG 公司为恢复费用确认的预计负债的账面金额为 1 000 万元。20×0 年 12 月 31 日，EFG 公司正在对矿山进行减值测试，矿山的资产组是整座矿山。EFG 公司已收到愿以 3 500 万元的价格购买该矿山的合同，这一价格已经考虑了复原表土覆盖层的成本。矿山预计未来现金流量的现值为 4 600 万元，不包括恢复费用；矿山的账面价值为 4 800 万元。假定不考虑矿山的处置费用。

要求：

计算该资产组 20×0 年 12 月 31 日应计提的减值准备。

3. XYZ 公司的一项固定资产，剩余使用寿命为 3 年，利用该资产生产的产品受市场行情波动的影响比较大，该公司预计该项固定资产未来 3 年产生的现金流量如下表所示（假定使用寿命结束时处置该项固定资产产生的净现金流量为 0，有关现金流量均发生在年末）。

各年现金流量概率分布及发生情况 （单位：万元）

年份	产品行情好 （40% 的可能性）	产品行情一般 （40% 的可能性）	产品行情差 （20% 的可能性）
第 1 年	150	100	50
第 2 年	80	50	20
第 3 年	20	10	0

要求：

（1）确定该项固定资产未来 3 年的现金流量。

（2）假设该企业按照 5% 的折现率计算未来现金流量现值，已知 $(P/S, 5\%, 1) = 0.952\ 4$，$(P/S, 5\%, 2) = 0.907\ 0$，$(P/S, 5\%, 3) = 0.863\ 8$，确定该项固定资产未来现金流量的现值。

4. ABC 公司为一家高科技生产性企业，拥有一条甲产品生产线，该生产线由 A、B 和 C 三个机器设备组成并同时运转可生产出甲产品，该生产线于 20×0 年 12 月达到预定可以使用状态并交付使用，A、B 和 C 三个机器设备的入账价值分别为 600 万元、900 万元、1 500 万元，预计使用年限为 10 年，净残值为零，采用年限平均法计提折旧。三个机器设备无法单独使用，不能单独产生现金流量，因此作为一个资产组。20×5年年末市场上出现替代甲产品的新产品，甲产品市场销量大幅度地减少。20×5年年末A机器设备的公允价值减去设置费用后净额225万元，B机器设备和C机器设备的公允价值减去处置费用后净额以及预计未来现金流量现值无法单独确定，但该资产组的预计未来现金流量现值为900万元。

要求：

（1）计算资产组的账面价值；

（2）计算资产组的减值损失；

（3）将减值损失分摊至资产组中A、B和C三个机器设备上；

（4）计算将减值损失分摊至资产组后A、B和C三个机器设备的账面价值；

（5）计算将未分摊至资产组A机器设备的减值损失再次在B、C机器设备之间进行分配；

（6）计算两次分摊后A、B和C三个机器设备的减值损失；

（7）编制有关资产减值的会计分录。

5. XYZ公司在A、B、C三地拥有三家分公司，其中，C分公司是上年吸收合并的公司。这三家分公司的经营活动由一个总部负责运作。由于A、B、C三家分公司均能产生独立于其他分公司的现金流入，所以该公司将这三家分公司确定为三个资产组。20×0年12月31日，企业经营环境发生了重大不利变化，需要进行减值测试。假设总部资产的账面价值为1 000万元，能够按照合理和一致的方式分摊至所有的资产组，A分公司资产的剩余使用寿命为10年，B、C分公司和总部资产的剩余使用寿命均为15年。减值测试时，A、B、C三个资产组的账面价值分别为600万元、700万元和900万元（其中合并商誉为100万元）。该公司计算得出A分公司资产的可收回金额为850万元，B分公司资产的可收回金额为1 000万元，C分公司资产的可收回金额为950万元。假定将总部资产分摊到各资产组时，以按各资产组的账面价值和剩余使用寿命进行加权平均计算的账面价值分摊为比例进行分摊。

要求：

判断总部资产和各资产组是否应计提减值准备，若计提减值准备，计算减值准备的金额。（答案用万元表示，保留两位小数。）

章后案例

2019年5月8日，深交所向大富科技（300134）下发了创业板年报问询函【2019】第142号，对大富科技2018年年报中的资产减值事项表达了关注意见。在问询函中，深交所提到，大富科技长期股权投资期末账面价值为68 358万元，主要是投资乌兰察布市大盛石墨新材料股份有限公司、天津三卓韩一橡塑科技股份有限公司和安徽省大富光电科技有限公司等6家公司。其中，大盛石墨期末总资产和净资产分别为71 715万元、67 300万元，该公司2015～2017年均未实现业绩承诺，其控股股东内蒙古瑞盛新能源有限公司和实际控制人张彬应补偿未补偿金额为2.83亿元。此外，瑞盛新能源和张彬也未按约定将采矿权和探矿权的权益和收益投入到大盛石墨，相关采矿权均存在抵押，探矿权的证书已经过期。三卓韩一期末总资产和净资产分别为39 307万元、25 951万元，净利润为-8 508万元，亏损金额同比增加6 704万元，该公司2015～2017年期间未实现业绩承诺，其股东魏枫频应补偿未补偿金额为1.08亿元。大富光电报告期内实现收入和利润分别为 401 万元、-735 万元，连续两年均为亏损。报告期内，公司仅对大盛石墨长期股权投资计提减值 300 万元。基于上述情况，深交所要求大富科技报备长期股权投资相关的评估报告并补充说明大盛石墨、三卓韩一和大富光电长期股权投资减值测试的过程、相关假设和主要参数，结合相关企业的业绩情况说明资产减值计提是否充分合理。此外，深交所还注意到大富科技收购深圳市大富通信技术有限公司形成了商誉 3 000 万元，但在财务报告中未提及任何减值，要求大富科技补充说明商誉减值测试的方法、具体过程、相关假设、主要参数及其确定依据，并结合大富通信的具体运营情况和业绩等说明未计提减值的合理性。2020 年 5 月 22 日，深交所又向大富科技（300134）下发了年报问询函，对大富科技 2019 年年报中的资产减值事项表达了关注。深交所注意到，报告期内大富科技计提长期股权投资减值准备 3.07 亿元，其中计提因参股大盛石墨形成的长期股权投资减值准备 2.65 亿元，计提因投资三韩卓一形成的长期股权投资减值准备 0.33 亿元，要求大富科技对比说明上述两家公司 2018～2019 年度生产经营、减值迹象等因素变化情况，详细补充提供 2018～2019 年度对其形成的长期股权投资计提减值准备的关键参数、计算过程和判断依据。

大富科技在对深交所 2019 年出具的年报问询函的回复中解释，公司在 2018 年年末对长期股权投资进行了减值测试，聘请了

具有证券从业资格及探矿权采矿权评估资格的专业评估机构——北京天健兴业资产评估有限公司对大盛石墨的股东全部权益进行评估，还聘请了具有证券从业资格的专业评估机构——中联资产评估集团有限公司对三卓韩一的股东全部权益进行评估，并将评估机构的评估结果作为公司对大盛石墨长期股权投资进行减值测试的参考依据；在对深交所 2020 年出具的年报问询函的回复中，大富科技及其聘请的会计师事务所解释，2019 年年末对大盛石墨长期股权投资进行减值测试时，额外考虑了下述因素：

（1）2019 年以来，受中美贸易战影响，导致出口受阻严重；

（2）在国内天然石墨下游市场需求未出现明显提升的情况下，加上非洲石墨进口量大幅增加等因素的影响，国内的天然石墨供给格局受到严重冲击；

（3）受新能源补贴滑坡等因素影响，负极代加工主要客户因市场需求疲软导致订单不足、价格下滑严重；

（4）受疫情影响，国内外的整体经济受到了重大影响。

资料来源：《深圳市大富科技股份有限公司关于创业板年报问询函【2019】第 142 号回复》；《关于对大富科技（安徽）股份有限公司 2019 年年报问询函的回复（大华核字【2020】005509 号）》。

分析并思考：

（1）大富科技的长期股权投资和商誉减值问题为何会引起深交所的关注？

（2）大富科技是否存在利用长期股权投资减值操纵利润的嫌疑？

◈ 参考答案

扫码查看
参考答案

第六章
CHAPTER6

金融资产

📖 学习目标

1. 掌握金融资产的概念和分类
2. 掌握各类金融资产初始和后续计量的会计处理
3. 理解金融工具减值的处理方法
4. 理解金融资产重分类和转移的会计处理

📖 章前案例

福耀玻璃于1987年成立于中国福州，是专注于汽车安全玻璃的大型跨国集团，于1993年在上海证券交易所主板上市（A股代码：600660），于2015年在香港联合交易所上市（H股代码：03606）。福耀产品得到全球知名汽车制造企业及主要汽车厂商的认证和选用，客户包括宾利、奔驰、宝马、奥迪、通用、丰田、大众、福特、克莱斯勒等，并被各大汽车制造企业评为"全球优秀供应商"。福耀集团多年蝉联《财富》中国500强。公司创始人及董事长曹德旺在1987~2020年，累计个人捐款逾120亿元，贡献了巨大的社会价值，于2009年荣膺企业界的"奥斯卡"——安永企业家奖，是该奖项的首位华人获得者。

以下内容截取自福耀玻璃2020年合并资产负债表的资产部分。请观察该资产负债表，带着以下问题开展本章的学习：

（1）哪些项目属于金融资产？

（2）这些金融资产可以分为哪几类？

（3）结合报表附注，这些金融资产的分类依据、计量方法是什么？

（4）如何对这些金融资产计提减值？

合并资产负债表

2020 年 12 月 31 日

编制单位：福耀玻璃工业集团股份有限公司　　　　　　　　（单位：元，币种：人民币）

项　　目	附　　注	2020 年 12 月 31 日	2019 年 12 月 31 日
流动资产：			
货币资金	七（1）	8 809 985 853	8 356 153 735
结算备付金			
拆出资金			
交易性金融资产	七（2）	300 287 671	860 894 383
衍生金融资产	七（3）		85 110
应收票据	七（4）	19 430 381	20 011 631
应收账款	七（5）	3 734 495 117	3 457 428 686
应收款项融资	七（6）	1 301 612 117	784 417 775
预付账款	七（7）	173 525 313	222 501 827
应收保费			
应收分保账款			
应收分保合同准备金			
其他应收款	七（8）	526 506 578	472 000 751
其中：应收利息			
应收股利			
买入返售金融资产			
存货	七（9）	3 280 989 599	3 280 465 303
合同资产			
持有待售资产			
一年内到期的非流动资产	七（12）	160 000 000	
其他流动资产	七（13）	252 804 600	320 404 434
流动资产合计		18 559 637 229	17 774 363 635
非流动资产：			
发放贷款和垫款			
债权投资			
其他债权投资			
长期应收款	七（16）		180 000 000
长期股权投资	七（17）	206 748 905	199 805 151
其他权益工具投资	七（18）	58 000 000	
其他非流动金融资产			
投资性房地产			
固定资产	七（21）	14 260 438 910	14 520 366 436
在建工程	七（22）	2 354 298 463	2 901 032 823
生产性生物资产			
油气资产			
使用权资产	七（25）	607 068 550	701 329 178
无形资产	七（26）	1 270 843 245	1 337 282 523
开发支出			
商誉	七（28）	154 940 513	154 940 513

（续）

项　　目	附　注	2020 年 12 月 31 日	2019 年 12 月 31 日
长期待摊费用	七（29）	431 039 005	538 654 362
递延所得税资产	七（30）	520 610 364	518 504 986
其他非流动资产			
非流动资产合计		19 863 987 955	21 051 915 972
资产总计		38 423 625 184	38 826 279 607

第一节　金融工具概述

金融工具，是指形成一方的金融资产并形成其他方的金融负债或权益工具的合同。例如，X 公司发行债券，被 A 公司购买，在该合同中，发行的债券形成 X 公司的金融负债（应付债券），同时形成 A 公司的金融资产（债权投资等）。又如，Y 公司发行股票，被 A 公司持有，在该合同中，发行的股票形成 Y 公司的权益工具（股本），同时形成 A 公司的金融资产（交易性金融资产等）。

注意非合同形式的资产和负债不属于金融工具。例如，应交所得税是企业按税法规定必须承担的义务，不以合同为基础，没有协商余地，不属于金融工具范畴。

一、金融资产

金融资产，是指企业持有的现金、其他方的权益工具以及符合下列条件之一的资产。

（1）从其他方收取现金或其他金融资产的合同权利。

例如，产品销售形成的应收账款，是从购买方收取现金的合同权利，属于金融资产。此外，银行存款、贷款、应收票据等均属于金融资产范畴。注意预付账款不是金融资产，因其产生的未来经济利益是商品或服务，不是收取现金或其他金融资产的权利。

（2）在潜在有利条件下，与其他方交换金融资产或金融负债的合同权利。

例如，A 公司看好 B 公司行情，认为 3 个月后 B 公司股价将超过 20 元，持有一项以 20 元 / 股的价格在 3 个月后买入 B 公司股票的看涨期权。

（3）将来需用或可用企业自身权益工具进行结算的非衍生工具合同，且企业根据该合同将收到可变数量的自身权益工具。

例如，A 上市公司为回购其普通股股份，与 B 公司签订合同并支付 100 万元现金，约定 3 个月后由 B 公司向 A 公司交付与 100 万元等值的 A 公司普通股，具体数量由交付当日 A 公司股价决定。

（4）将来需用或可用企业自身权益工具进行结算的衍生工具合同，但以固定数量的自身权益工具交换固定金额的现金或其他金融资产的衍生工具合同除外。

例如，A 公司认为 3 个月后自身股票市值将超过 20 元 / 股，持有一项以 20 元 / 股的价格在 3 个月后向 B 公司购入自身普通股股票的看涨期权。

本章不涉及长期股权投资和货币资金的会计处理，但它们属于金融资产范畴。

二、衍生工具

衍生工具，是指属于金融工具准则范围并同时具备下列特征的金融工具或其他合同。

（1）其价值随特定利率、金融工具价格、商品价格、汇率、价格指数、费率指数、信用等级、信用指数或其他变量的变动而变动，变量为非金融变量的，该变量不应与合同的任何一方存在特定关系。

（2）不要求初始净投资，或者与对市场因素变化预期有类似反应的其他合同相比，要求较少的初始净投资。

（3）在未来某一日期结算。

常见的衍生工具包括远期合同、期货合同、互换合同和期权合同等。

第二节　金融资产的分类

2017年3月31日，财政部发布《关于印发修订〈企业会计准则第22号——金融工具确认和计量〉的通知》（财会〔2017〕7号）。此后，金融工具相关新准则相继发布（见图6-1）。新准则的主要目的在于，减少金融资产分类，简化嵌入衍生工具的会计处理，强化金融工具减值的会计要求。

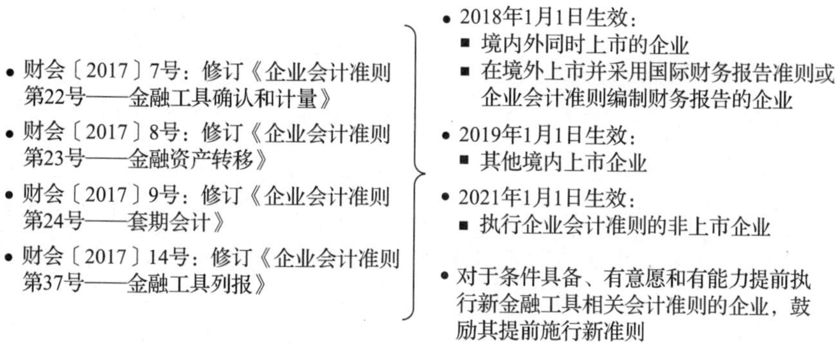

- 财会〔2017〕7号：修订《企业会计准则第22号——金融工具确认和计量》
- 财会〔2017〕8号：修订《企业会计准则第23号——金融资产转移》
- 财会〔2017〕9号：修订《企业会计准则第24号——套期会计》
- 财会〔2017〕14号：修订《企业会计准则第37号——金融工具列报》

- 2018年1月1日生效：
  - 境内外同时上市的企业
  - 在境外上市并采用国际财务报告准则或企业会计准则编制财务报告的企业
- 2019年1月1日生效：
  - 其他境内上市企业
- 2021年1月1日生效：
  - 执行企业会计准则的非上市企业
- 对于条件具备、有意愿和有能力提前执行新金融工具相关会计准则的企业，鼓励其提前施行新准则

图 6-1　新金融工具准则生效时间

准则的主要变化体现为，金融资产不再主要按持有目的划分为四类，而是以业务模式和现金流量特征为标准，划分为三类（见图6-2）。

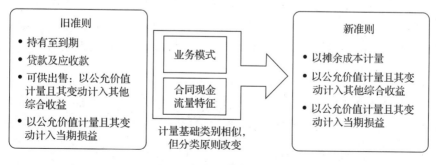

图 6-2　金融工具新旧准则对比概述

企业应当根据其管理金融资产的业务模式和金融资产的合同现金流量特征，将金融资产划分为以下三类：

（1）以摊余成本计量的金融资产（Financial Assets Measured at Amortized Cost, AC）。

（2）以公允价值计量且其变动计入其他综合收益的金融资产（Financial Assets at Fair Value through Other Comprehensive Income, FVOCI）。

（3）以公允价值计量且其变动计入当期损益的金融资产（Financial Assets at Fair Value through Profit or Loss, FVTPL）。

企业对金融资产的分类一经确定，不得随意变更。

一、关于金融资产的合同现金流量特征

金融资产的合同现金流量特征，是指金融工具合同约定的、反映相关金融资产经济特征的现金流量属性，企业分类为以摊余成本计量的金融资产和以公允价值计量且其变动计入其他综合收益的金融资产，其合同现金流量特征应当与基本借贷安排相一致，即相关金融资产在特定日期产生的合同现金流量仅为对本金和以未偿付本金金额为基础的利息的支付（Solely Payments of Principal and Interest, SPPI）。

本金是指金融资产在初始确认时的公允价值，本金金额可能因提前还款等原因在金融资产的存续期内发生变动。

利息包括对货币时间价值、与特定时期未偿付本金金额相关的信用风险以及其他基本借贷风险、成本和利润的对价。其中，货币时间价值是利息要素中仅因为时间流逝而提供对价的部分（如一年期利率和两年期利率，是基于时间差异所提供的不同对价），不包括为所持有金融资产的其他风险或成本提供的对价；与特定时期未偿付本金金额相关的信用风险，例如债务人是小型民营企业，信用风险相对较高，收取相对较高的利率，而对于信用风险相对较低的大型国有企业，收取相对较低的利率。

此外，金融资产包含可能导致其合同现金流量的时间分布或金额发生变更的合同条款（如包含提前还款特征）的，企业应当对相关条款进行评估（如评估提前还款特征的公允价值是否非常小），以确定其是否满足上述合同现金流量特征的要求。

【例6-1】 金融工具 A 是一项具有固定到期日的债券。本金及未偿付本金的利息仅与货币时间价值相关。

解析： 本例中，合同现金流量仅为对本金及以未偿付本金金额为基础的利息的支付。

【例6-2】 金融工具 B 是一项可转换成固定数量发行人权益工具的债券。

解析： 本例中，债券持有人应对该可转换债券执行整体分析：金融工具 B 的合同现金流量并非对本金及以未偿付本金金额为基础的利息的支付，因为其反映的回报与基本借款安排不一致，而是与发行人的权益价值挂钩。

二、关于企业管理金融资产的业务模式

1.业务模式评估

企业管理金融资产的业务模式，是指企业如何管理其金融资产以产生现金流量。业务模式决定企业所管理的金融资产现金流量的来源是收取合同现金流量、出售金融资产还是两者兼有。

确定管理金融资产业务模式的注意事项：

（1）在金融资产组合的层次上确定管理金融资产的业务模式，而不必按照单个金融资产逐项确定业务模式。例如，企业购买一个抵押贷款组合，其中包含单项贷款。该贷款组合整体是以收取合同现金流量为目标，则在组合的层次上，将业务模式确认为以收取合同现金流量为目的。

有些情况下，企业可能将金融资产组合分拆为更小的组合。例如，企业购买一个抵押贷款组合，以收取合同现金流量为目标管理该组合中的一部分贷款，以出售为目标管理该组合中的其他贷款。

（2）一个企业可能会采取多个业务模式管理其金融资产。例如，企业持有的一个抵押贷款组合是以收取合同现金流量为目标，而同时持有的一部分股权投资是以出售为目标。

（3）企业管理金融资产的业务模式，应当以企业关键管理人员决定的对金融资产进行管理的特定业务目标为基础确定。例如，基于管理层意图的讨论决定并留下相关证据，作为管理金融资产业务模式的分类依据。

（4）业务模式并非企业自愿指定，而是一种客观事实。业务模式评估要基于相关证据，包括企业评价金融资产业绩的方式、影响金融资产业绩的风险、相关业务人员的报酬获取方式（是基于所管理资产的公允价值还是所收取的合同现金流量）等。

（5）不得以按照合理预期不会发生的情形为基础确定。例如，对于某金融资产，如果企业预期仅会在压力情形下将其出售，但合理预期该压力不会发生，那么该压力情形不得影响企业对该类金融资产的业务模式评估。

2.以收取合同现金流量为目标的业务模式

在以收取合同现金流量为目标的业务模式下，企业管理金融资产旨在通过在金融资产存续期内收取合同付款来实现现金流量，而不是通过持有并出售金融资产产生整体回报。

尽管企业持有金融资产是以收取合同现金流量为目标，但企业无须将所有此类金融资产持有至到期。因此，即使企业在金融资产的信用风险增加时为减少信用损失而将其出售，金融资产的业务模式仍然可能是以收取合同现金流量为目标的业务模式。如果企业能够解释出售的原因并且证明出售并不反映业务模式的改变，那么出售频率或者出售价值在特定时期内增加不一定与以收取合同现金流量为目标的业务模式相矛盾。

【例6-3】 甲企业购买了一个贷款组合，且该组合中包含已发生信用减值的贷款。如果贷款不能按时偿付，甲企业将通过各类方式尽可能实现合同现金流量，例如通过邮件、电话或其他方式与借款人联系催收。

解析： 本例中，甲企业管理该贷款组合的业务模式是以收取合同现金流量为目标。即使甲企业预期无法收取全部合同现金流量（部分贷款已发生信用减值），也不影响其业务模式。

3. 以收取合同现金流量和出售金融资产为目标的业务模式

在以收取合同现金流量和出售金融资产为目标的业务模式下，企业的关键管理人员认为收取合同现金流量和出售金融资产对实现其管理目标都是不可或缺的。例如，企业的目标是管理日常流动性需求同时维持特定的收益率，或将金融资产的存续期与相关负债的存续期进行匹配。

【例6-4】 甲银行持有金融资产组合以满足其每日流动性需求。甲银行为了降低其管理流动性需求的成本，高度关注该金融资产组合的回报，包括收取的合同付款和出售金融资产的利得或损失。

解析： 本例中，甲银行管理该金融资产组合的业务模式以收取合同现金流量和出售金融资产为目标。

4. 其他业务模式

如果企业管理金融资产的业务模式，不是以收取合同现金流量为目标，也不是以收取合同现金流量和出售金融资产为目标，则该企业管理金融资产的业务模式是其他业务模式。

【例6-5】 甲企业持有股票投资的目的是交易性的，或基于该金融资产的公允价值做出决策并对其进行管理。

解析： 本例中，甲企业管理金融资产的目标是通过出售金融资产以实现现金流量。即使持有期间会收到分红，企业管理金融资产的业务模式也不是以收取合同现金流量和出售金融资产为目标，收取分红对实现该业务模式目标来说只是附带性质的活动。

三、金融资产的具体分类

（1）金融资产同时符合下列条件的，应当分类为以摊余成本计量的金融资产：

1）该金融资产的合同条款规定，在特定日期产生的现金流量，仅为对本金和以未偿付本金金额为基础的利息的支付。

2）企业管理该金融资产的业务模式是以收取合同现金流量为目标。

例如，银行向企业客户发放的固定利率的贷款，在没有其他特殊安排的情况下，贷款的合同现金流量一般情况下可能仅为对本金和以未偿付本金金额为基础的利息支付的要求。如果银行管理该贷款的业务模式是以收取合同现金流量为目标，则该贷款应当分类为以摊余成本计量的金融资产。

再如，普通债券的合同现金流量是到期收回本金及按约定利率在合同期间按时收取固定或浮动利息。在没有其他特殊安排的情况下，普通债券通常可能符合本金加利息的合同现金流量特征。如果企业管理该债券的业务模式是以收取合同现金流量为目标，则该债券可以分类为以摊余成本计量的金融资产。

又如，企业正常商业往来形成的具有一定信用期限的应收账款，如果企业拟根据应收账款的合同现金流量收取现金，且不打算提前处置应收账款，则该应收账款可以分类为以摊余成本计量的金融资产。

企业一般应当设置"贷款""应收账款""债权投资"等科目核算以摊余成本计量的金融资产。

（2）金融资产同时符合下列条件的，应当分类为以公允价值计量且其变动计入其他综合收益的金融资产：

1）该金融资产的合同条款规定，在特定日期产生的现金流量，仅为对本金和以未偿付本金金额为基础的利息的支付。

2）企业管理该金融资产的业务模式既以收取合同现金流量为目标，又以出售该金融资产为目标。

例如，甲企业在销售中通常会给予客户一定的信用期。为了盘活存量资产，提高资金使用效率，甲企业与银行签订协议，银行向甲企业一次性授信10亿元人民币，甲企业可以在需要时随时向银行出售应收账款。历史上甲企业频繁向银行出售应收账款，且出售金额重大，上述出售满足终止确认[○]的规定。

在本例中，应收账款的业务模式符合"既以收取合同现金流量为目标（根据应收账款自身特征判断），又以出售该金融资产为目标（根据历史上甲企业应收账款出售频率高、金额重大及满足终止确认条件判断）"，且该应收账款符合本金加利息的合同现金流量特征，因此应当分类为以公允价值计量且其变动计入其他综合收益的金融资产。

企业应当设置"其他债权投资"科目核算分类为以公允价值计量且其变动计入其他综合收益的金融资产。

（3）按照上述（1）和（2）分类为以摊余成本计量的金融资产和以公允价值计量且其变动计入其他综合收益的金融资产之外的金融资产，企业应当将其分类为以公允价值计量且其变动计入当期损益的金融资产。

例如，常见的以下投资产品：

1）股票。股票的合同现金流量源自收取被投资企业未来股利分配及其清算时获得剩余收益的权利。由于股利及获得剩余收益的权利均不符合本章关于本金和利息的定义，因此股票通常不符合SPPI特征。在无特殊指定的情况下，企业持有的股票通常应分类为以公允价值计量且其变动计入当期损益的金融资产。

2）基金。常见的股票型基金、债券型基金、货币基金或混合基金，通常投资于动态管理的资产组合，投资者从该类投资中所取得的现金流量既包括投资期间基础资产产生的合同

○　终止确认相关内容详见本章第六节。

现金流量，也包括处置基础资产的现金流量。基金一般不符合 SPPI 特征，通常应分类为以公允价值计量且其变动计入当期损益的金融资产。

3）可转换债券。可转换债券除一般债权类投资的特性如到期收回本金、获取约定利息或收益外，还嵌入了一项转股权。企业获得的收益具有不确定性。可转债一般不符合 SPPI 特征，通常应分类为以公允价值计量且其变动计入当期损益的金融资产。

企业应当设置"交易性金融资产"科目核算以公允价值计量且其变动计入当期损益的金融资产。企业持有的直接指定为以公允价值计量且其变动计入当期损益的金融资产，也在本科目核算。

四、金融资产分类的特殊规定

权益工具投资一般不符合本金加利息的合同现金流量特征，因此应当分类为以公允价值计量且其变动计入当期损益的金融资产。然而在初始确认时，企业可以将非交易性权益工具投资指定为以公允价值计量且其变动计入其他综合收益的金融资产，并按照规定确认股利收入。该指定一经做出，不得撤销。企业投资其他上市公司股票或者非上市公司股权的，都可能属于这种情形。

1. 关于"非交易性"和"权益工具投资"的界定

金融资产符合下列条件之一的，表明企业持有该金融资产的目的是交易性的：

（1）取得相关金融资产的目的，主要是为了近期出售或回购。

（2）相关金融资产在初始确认时属于集中管理的可辨认金融工具组合的一部分，且有客观证据表明近期实际存在短期获利模式。在这种情况下，即使组合中有某个组成项目持有的期限稍长也不受影响。

（3）相关金融资产属于衍生工具。但符合财务担保合同定义的衍生工具以及被指定为有效套期工具的衍生工具除外。

只有不符合上述条件的非交易性权益工具投资才可以进行该指定。

2. 基本会计处理原则

初始确认时，企业可基于单项非交易性权益工具投资，将其指定为以公允价值计量且其变动计入其他综合收益的金融资产，其公允价值的后续变动计入其他综合收益，不需计提减值准备。除了获得的股利（明确代表投资成本部分收回的股利收入除外）计入当期损益外，其他相关的利得和损失（包括汇兑损益）均应当计入其他综合收益，且后续不得转入损益。当金融资产终止确认时，之前计入其他综合收益的累计利得或损失应当从其他综合收益中转出，计入留存收益。

需要注意的是，企业在非同一控制下的企业合并中确认的或有对价构成金融资产的，该金融资产应当分类为以公允价值计量且其变动计入当期损益的金融资产，不得指定为以公允价值计量且其变动计入其他综合收益的金融资产。

五、金融资产分类简化决策图

可以用图 6-3 来总结金融资产的分类。

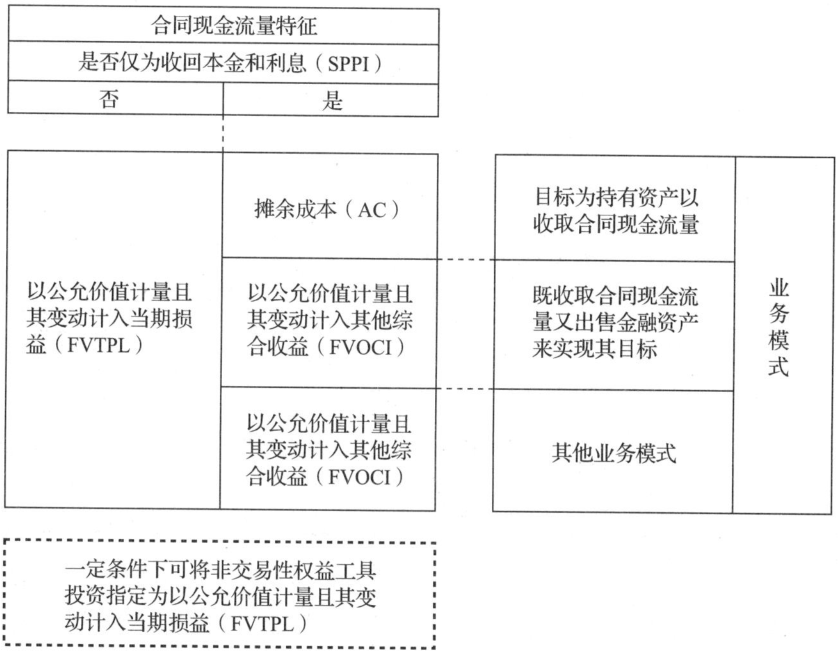

图 6-3　金融资产分类简化决策图

第三节　金融资产的计量

一、金融资产的初始计量

（一）金融资产初始成本的确认

企业初始确认金融资产，应当按照公允价值计量。对于以公允价值计量且其变动计入当期损益的金融资产，相关交易费用应当直接计入当期损益；对于其他类别的金融资产，相关交易费用应当计入初始确认金额。但是企业初始确认的应收账款未包含《企业会计准则第 14 号——收入》所定义的重大融资成分或根据《企业会计准则第 14 号——收入》规定不考虑不超过一年的合同中的融资成分的，应当按照该准则定义的交易价格进行初始计量。

交易费用，是指可直接归属于购买、发行或处置金融工具的增量费用。增量费用是指企业没有发生购买、发行或处置相关金融工具的情形就不会发生的费用，包括支付给代理机构、咨询公司、券商、证券交易所、政府有关部门等的手续费、佣金、相关税费以及其他必要支出，不包括债券溢价、折价、融资费用、内部管理成本和持有成本等与交易不直接相关的费用。

（二）公允价值与交易价格差额的处理

企业应当根据《企业会计准则第 39 号——公允价值计量》的规定，确定金融资产在初始确认时的公允价值。

公允价值通常为相关金融资产的交易价格。金融资产公允价值与交易价格存在差异的，企业应当区别下列情况进行处理（见表 6-1）。

表 6-1　金融资产的初始确认要点

分　类	初始成本	公允价值与交易价格差额的会计处理	支付的价款中包含的已宣告但尚未发放的债券利息或现金股利
以公允价值计量且其变动计入当期损益的金融资产	公允价值，交易费用计入当期损益	（1）活跃市场报价或可观察市场数据确定公允价值；计入当期损益 （2）其他方式确定公允价值：应予递延，后续摊销计入损益	单独确认为应收项目进行处理
其他类别的金融资产	公允价值+交易费用		

（1）在初始确认时，金融资产的公允价值依据相同资产在活跃市场上的报价或者以仅使用可观察市场数据的估值技术确定的，企业应当将该公允价值与交易价格之间的差额确认为一项利得或损失。

（2）在初始确认时，金融资产的公允价值以其他方式确定的，企业应当将该公允价值与交易价格之间的差额递延。初始确认后，企业应当根据某一因素在相应会计期间的变动程度将该递延差额确认为相应会计期间的利得或损失。该因素应当仅限于市场参与者对该金融工具定价时将予考虑的因素，包括时间等。

（三）已宣告但尚未发放的利息或股利

企业取得金融资产所支付的价款中包含的已宣告但尚未发放的债券利息或现金股利，应当单独确认为应收项目（应收利息或应收股利）进行处理。

二、金融资产的后续计量

（一）金融资产后续计量原则

金融资产的后续计量与金融资产的分类密切相关。企业应当对不同类别的金融资产，分别以摊余成本、以公允价值计量且其变动计入其他综合收益或以公允价值计量且其变动计入当期损益进行后续计量。

（二）以摊余成本计量的金融资产的会计处理

1. 实际利率

实际利率法，是指计算金融资产的摊余成本以及将利息收入分摊计入各会计期间的方法。

实际利率，是指将金融资产在预计存续期的估计未来现金流量，折现为该金融资产账面余额（不考虑减值）所使用的利率。

经信用调整的实际利率，是指将购入或源生的已发生信用减值的金融资产在预计存续期的估计未来现金流量，折现为该金融资产摊余成本的利率。

【思考题】　甲企业支付 1 000 万元购买面值为 1 250 万元的债券，发行方确定票面利率为 5%，期限为 5 年，每年付息 62.5 万元，最后一期收回本金。

本例中，各年的现金流入是 62.5 万元、62.5 万元、62.5 万元、62.5 万元、1 312.5（＝62.5＋1 250）万元。假设实际利率为 r，则 $62.5 \times (P/A, r, 5) + 1\,250 \times (P/F, r, 5) = 1\,000$，则实际利率 $r = 10\%$。

思考： 如何理解少付的 250 万元？如何理解少付的 250 万元需进行后续摊销？如果甲企业支付 1 250 万元购买面值为 1 000 万元的债券，如何理解多付的 250 万元？

2. 摊余成本

金融资产的摊余成本，应当以该金融资产的初始确认金额经下列调整后的结果确定：

（1）扣除已偿还的本金。

（2）加上或减去采用实际利率法将该初始确认金额与到期日金额之间的差额进行摊销形成的累计摊销额。

（3）扣除计提的累计信用减值准备。

以摊余成本计量且不属于任何套期关系的金融资产所产生的利得或损失，应当在终止确认、重分类、按照实际利率法摊销或确认减值时，计入当期损益。

【例6-6】　折价购入债券并分类为以摊余成本计量的金融资产。

2×13 年 1 月 1 日，甲公司支付价款 1 000 万元（含交易费用），自证券交易所购入乙公司同日发行的 5 年期公司债券 12 000 份，债券票面价值总额为 1 200 万元，票面年利率为 4.92%，于年末支付本年度债券利息（即每年利息为 59 万元），本金在债券到期时一次性偿还。合同约定，该债券的发行方在遇到特定情况时可以将债券赎回，且不需要为提前赎回支付额外款项。甲公司在购买该债券时，预计发行方不会提前赎回。甲公司根据其管理该债券的业务模式和该债券的合同现金流量特征，将该债券分类为以摊余成本计量的金融资产。

假定不考虑所得税、减值损失等因素，计算该债券的实际利率 r：

$$59 \times (1+r)^{-1} + 59 \times (1+r)^{-2} + 59 \times (1+r)^{-3} + 59 \times (1+r)^{-4} + (59 + 1\,200) \times (1+r)^{-5} = 1\,000 \text{（万元）}。$$

采用插值法，可以计算得出 $r = 9.2\%$。

情形1

表 6-2 中的数据如下所示。

表　6-2

（单位：万元）

年份	期初摊余成本 （A）	实际利息收入 （B=A×9.2%）	现金流入 （C）	期末摊余成本 （D=A+B-C）
2×13 年	1 000	92	59	1 033
2×14 年	1 033	95	59	1 069
2×15 年	1 069	98	59	1 108
2×16 年	1 108	102	59	1 151
2×17 年	1 151	108①	1 259	0

①尾数调整：1 200+59-1 151=108（万元）。

根据表 6-2 中的数据，甲公司的有关账务处理如下（金额单位：元）：

（1）2×13 年 1 月 1 日，购入乙公司债券。

借：债权投资——成本　　　　　　　　　　　　　　12 000 000

　　贷：银行存款　　　　　　　　　　　　　　　　　　10 000 000

　　　　债权投资——利息调整　　　　　　　　　　　　 2 000 000

（2）2×13 年 12 月 31 日，确认乙公司债券实际利息收入、收到债券利息。

借：应收利息　　　　　　　　　　　　　　　　　　 590 000

　　债权投资——利息调整　　　　　　　　　　　　　 330 000

　　贷：投资收益　　　　　　　　　　　　　　　　　　 920 000

借：银行存款　　　　　　　　　　　　　　　　　　 590 000

　　贷：应收利息　　　　　　　　　　　　　　　　　　 590 000

（3）2×14 年 12 月 31 日，确认乙公司债券实际利息收入、收到债券利息。

借：应收利息　　　　　　　　　　　　　　　　　　 590 000

　　债权投资——利息调整　　　　　　　　　　　　　 360 000

　　贷：投资收益　　　　　　　　　　　　　　　　　　 950 000

借：银行存款　　　　　　　　　　　　　　　　　　 590 000

　　贷：应收利息　　　　　　　　　　　　　　　　　　 590 000

（4）2×15 年 12 月 31 日，确认乙公司债券实际利息收入、收到债券利息。

借：应收利息　　　　　　　　　　　　　　　　　　 590 000

　　债权投资——利息调整　　　　　　　　　　　　　 390 000

　　贷：投资收益　　　　　　　　　　　　　　　　　　 980 000

借：银行存款　　　　　　　　　　　　　　　　　　 590 000

　　贷：应收利息　　　　　　　　　　　　　　　　　　 590 000

（5）2×16 年 12 月 31 日，确认乙公司债券实际利息收入、收到债券利息。

借：应收利息 590 000
 债权投资——利息调整 430 000
  贷：投资收益 1 020 000
借：银行存款 590 000
  贷：应收利息 590 000

（6）2×17年12月31日，确认乙公司债券实际利息收入、收到债券利息和本金。

借：应收利息 590 000
 债权投资——利息调整（2 000 000-330 000-360 000-390 000-430 000）
     490 000
  贷：投资收益 1 080 000
借：银行存款 590 000
  贷：应收利息 590 000
借：银行存款 12 000 000
  贷：债权投资——成本 12 000 000

情形2

假定甲公司购买的乙公司债券不是分次付息，而是到期一次还本付息，且利息不是以复利计算。此时，甲公司所购买乙公司债券的实际利率r计算如下：

（59+59+59+59+59+1 200）×（1+r）$^{-5}$=1 000（万元）

由此计算得出r≈8.37%。

据此，调整表6-2中相关数据后如表6-3所示：

表 6-3 （单位：万元）

年份	期初摊余成本（A）	实际利息收入（B=A×8.37%）	现金流入（C）	期末摊余成本（D=A+B-C）
2×13年	1 000	83.7	0	1 083.7
2×14年	1 083.7	90.7	0	1 174.4
2×15年	1 174.4	98.3	0	1 272.7
2×16年	1 272.7	106.5	0	1 379.2
2×17年	1 379.2	115.8[①]	1 495	0

①尾数调整：1 200+59×5-1 379.2=115.8（万元）。

根据表6-3中的数据，甲公司的有关账务处理如下（金额单位：元）：

（1）2×13年1月1日，购入乙公司债券。

借：债权投资——成本 12 000 000
  贷：银行存款 10 000 000
  债权投资——利息调整 2 000 000

（2）2×13年12月31日，确认乙公司债券实际利息收入。

借：债权投资——应计利息 590 000
  ——利息调整 247 000
  贷：投资收益 837 000

（3）2×14 年 12 月 31 日，确认乙公司债券实际利息收入。

借：债权投资——应计利息 590 000

    ——利息调整 317 000

  贷：投资收益   907 000

（4）2×15 年 12 月 31 日，确认乙公司债券实际利息收入。

借：债权投资——应计利息 590 000

    ——利息调整 393 000

  贷：投资收益   983 000

（5）2×16 年 12 月 31 日，确认乙公司债券实际利息收入。

借：债权投资——应计利息 590 000

    ——利息调整 475 000

  贷：投资收益   1 065 000

（6）2×17 年 12 月 31 日，确认乙公司债券实际利息收入、收回债券本金和票面利息。

借：债权投资——应计利息 590 000

    ——利息调整（2 000 000-247 000-317 000-393 000-475 000）

            568 000

  贷：投资收益——乙公司债券   1 158 000

借：银行存款   14 950 000

  贷：债权投资——成本   12 000 000

      ——应计利息   2 950 000

【例 6-7】 溢价购入债券并分类为以摊余成本计量的金融资产。

2×15 年 1 月 1 日，甲公司自证券交易所购入乙公司同日发行的面值总额为 2 000 万元的债券，购入时实际支付价款 2 078.98 万元，另支付交易费用 10 万元。该债券系分期付息、到期还本债券，期限为 5 年，票面年利率为 5%，实际年利率为 4%，每年 12 月 31 日支付当期利息，要求编制相关的会计分录。

表 6-4 中的数据如下所示。

表　6-4   （单位：万元）

年份	期初摊余成本 （A）	实际利息收入 （B=A×4%）	现金流入 （C）	期末摊余成本 （D=A+B-C）
2×15 年	2 088.98	83.56	100	2 072.54
2×16 年	2 072.54	82.90	100	2 055.44
2×17 年	2 055.44	82.22	100	2 037.66
2×18 年	2 037.66	81.51	100	2 019.17
2×19 年	2 019.17	80.83[①]	2 100	0

①尾数调整：2 000＋100-2 019.17＝80.83（万元）。

根据表 6-4 中的数据，甲公司的有关账务处理如下（金额单位：元）：

（1）2×15 年 1 月 1 日购入乙公司债券。

借：债权投资——成本	20 000 000	
——利息调整	889 800	
贷：银行存款		20 889 800

（2）2×15 年 12 月 31 日确认乙公司债券实际利息收入、收到债券利息。

借：应收利息	1 000 000	
贷：投资收益		835 600
债权投资——利息调整		164 400
借：银行存款	1 000 000	
贷：应收利息		1 000 000

（3）2×16 年 12 月 31 日，确认乙公司债券实际利息收入、收到债券利息。

借：应收利息	1 000 000	
贷：投资收益		829 000
债权投资——利息调整		171 000
借：银行存款	1 000 000	
贷：应收利息		1 000 000

（4）2×17 年 12 月 31 日，确认乙公司债券实际利息收入、收到债券利息。

借：应收利息	1 000 000	
贷：投资收益		822 200
债权投资——利息调整		177 800
借：银行存款	1 000 000	
贷：应收利息		1 000 000

（5）2×18 年 12 月 31 日，确认乙公司债券实际利息收入、收到债券利息。

借：应收利息	1 000 000	
贷：投资收益		815 100
债权投资——利息调整		184 900
借：银行存款	1 000 000	
贷：应收利息		1 000 000

（6）2×19 年 12 月 31 日，确认乙公司债券实际利息收入、收到债券利息和本金。

借：应收利息	1 000 000	
贷：投资收益		808 300
债权投资——利息调整		191 700
借：银行存款	1 000 000	
贷：应收利息		1 000 000
借：银行存款	20 000 000	
贷：债权投资——成本		20 000 000

（三）以公允价值进行后续计量的金融资产的会计处理

（1）对于按照公允价值进行后续计量的金融资产，其公允价值变动形成的利得或损失，除与套期会计有关外，应当按照下列规定处理：

1）以公允价值计量且其变动计入当期损益的金融资产的利得或损失，应当计入当期损益。

2）分类为以公允价值计量且其变动计入其他综合收益的金融资产所产生的所有利得或损失，除减值损失或利得和汇兑损益之外，均应当计入其他综合收益，直至该金融资产终止确认或被重分类。但是，采用实际利率法计算的该金融资产的利息应当计入当期损益。该金融资产计入各期损益的金额应当与视同其一直按摊余成本计量而计入各期损益的金额相等。该金融资产终止确认时，之前计入其他综合收益的累计利得或损失应当从其他综合收益中转出，计入当期损益。

3）指定为以公允价值计量且其变动计入其他综合收益的非交易性权益工具投资，除了获得的股利（明确代表投资成本部分收回的股利除外）计入当期损益外，其他相关的利得或损失（包括汇兑损益）均应当计入其他综合收益，且后续不得转入当期损益。当其终止确认时，之前计入其他综合收益的累计利得或损失应当从其他综合收益中转出，计入留存收益。

（2）企业只有在同时符合下列条件时，才能确认股利收入并计入当期损益：

1）企业收取股利的权利已经确立。

2）与股利相关的经济利益很可能流入企业。

3）股利的金额能够可靠计量。

【例6-8】　将债券分类为以公允价值计量且其变动计入其他综合收益的金融资产。

2×13年1月1日，甲公司支付价款1 000万元（含交易费用）从上海证券交易所购入乙公司同日发行的5年期公司债券12 000份，债券票面价值总额为1 200万元，票面年利率为4.92%，于年末支付本年度债券利息（即每年利息为59万元），本金在债券到期时一次偿还。合同约定，该债券的发行方在遇到特定情况时可以将债券赎回，且不需要为提前赎回支付额外款项。甲公司在购买该债券时，预计发行方不会提前赎回，甲公司根据其管理该债券的业务模式和该债券的合同现金流量特征，将该债券分类为以公允价值计量且其变动计入其他综合收益的金融资产。

其他资料如下（见表6-5）：

（1）2×13年12月31日，乙公司债券的公允价值为1 150万元（不含利息）。

（2）2×14年12月31日，乙公司债券的公允价值为1 300万元（不含利息）。

（3）2×15年12月31日，乙公司债券的公允价值为1 200万元（不含利息）。

（4）2×16年12月31日，乙公司债券的公允价值为1 150万元（不含利息）。

（5）2×17年1月20日，通过上海证券交易所出售了乙公司债券12 000份，取得价款1 210万元。

假定不考虑所得税、减值损失等因素，计算该债券的实际利率 r：

$59×（1+r）^{-1}+59×（1+r）^{-2}+59×（1+r）^{-3}+59×（1+r）^{-4}+（59+1\,200）×$
$（1+r）^{-5}=1\,000（万元）$

采用插值法，计算得出 $r=9.2\%$。

表 6-5 （单位：万元）

年份	期初摊余成本（A）	现金流入（B）	实际利息收入（C=A×9.2%）	已收回的本金（D=B-C）	期末摊余成本（E=A-D）	期末公允价值（F）	期初公允价值累计变动额（G）	期末公允价值累计变动额（H=F-E）	本期公允价值变动额（I=H-G）
2×13年	1 000	59	92	-33	1 033	1 150	0	117	117
2×14年	1 033	59	95	-36	1 069	1 300	117	231	114
2×15年	1 069	59	98	-39	1 108	1 200	231	92	-139
2×16年	1 108	59	102	-43	1 151	1 150	92	-1	-93

甲公司的有关账务处理如下（金额单位：元）。

（1）2×13年1月1日，购入乙公司债券。

借：其他债权投资——成本 12 000 000
 贷：银行存款 10 000 000
  其他债权投资——利息调整 2 000 000

（2）2×13年12月31日，确认乙公司债券实际利息收入、公允价值变动，收到债券利息。

借：应收利息 590 000
 其他债权投资——利息调整 330 000
 贷：投资收益 920 000
借：银行存款 590 000
 贷：应收利息 590 000
借：其他债权投资——公允价值变动 1 170 000
 贷：其他综合收益——其他债权投资公允价值变动 1 170 000

（3）2×14年12月31日，确认乙公司债券实际利息收入、公允价值变动，收到债券利息。

借：应收利息 590 000
 其他债权投资——利息调整 360 000
 贷：投资收益 950 000
借：银行存款 590 000
 贷：应收利息 590 000
借：其他债权投资——公允价值变动 1 140 000
 贷：其他综合收益——其他债权投资公允价值变动 1 140 000

（4）2×15年12月31日，确认乙公司债券实际利息收入、公允价值变动，收到债券利息。

借：应收利息   590 000

    其他债权投资——利息调整   390 000

   贷：投资收益   980 000

借：银行存款   590 000

   贷：应收利息   590 000

借：其他综合收益——其他债权投资公允价值变动   1 390 000

   贷：其他债权投资——公允价值变动   1 390 000

（5）2×16年12月31日，确认乙公司债券实际利息收入、公允价值变动，收到债券利息。

借：应收利息   590 000

    其他债权投资——利息调整   430 000

   贷：投资收益   1 020 000

借：银行存款   590 000

   贷：应收利息   590 000

借：其他综合收益——其他债权投资公允价值变动   930 000

   贷：其他债权投资——公允价值变动   930 000

（6）2×17年1月20日，确认出售乙公司债券实现的损益。

借：银行存款   12 100 000

    其他债权投资——公允价值变动   10 000

    其他债权投资——利息调整（2 000 000-330 000-360 000-390 000-430 000）

            490 000

   贷：其他债权投资——成本   12 000 000

     其他综合收益——其他债权投资公允价值变动   10 000

     投资收益   590 000

【例6-9】 将债券分类为以公允价值计量且其变动计入当期损益的金融资产。

2×16年1月1日，甲公司从二级市场购入丙公司债券，支付价款合计1 030 000元（含已到付息期但尚未领取的利息30 000元），另发生交易费用10 000元。

该债券面值1 000 000元，剩余期限为2年，票面年利率为6%，每半年付息一次。其合同现金流量特征满足仅为对本金和以未偿付本金金额为基础的利息的支付。甲公司根据其管理该债券的业务模式和该债券的合同现金流量特征，将该债券分类为以公允价值计量且其变动计入当期损益的金融资产。其他资料如下：

（1）2×16年1月5日，收到丙公司债券2×15年下半年利息30 000元。

（2）2×16年6月30日，丙公司债券的公允价值为1 150 000元（不含利息）。

（3）2×16年7月5日，收到丙公司债券2×16年上半年利息。

（4）2×16年12月31日，丙公司债券的公允价值为1 100 000元（不含利息）。

（5）2×17年1月5日，收到丙公司债券2×16年下半年利息。

（6）2×17年6月20日，通过二级市场出售丙公司债券，取得价款1 180 000元（含一季度利息10 000元）。

假定不考虑其他因素，甲公司的账务处理如下（金额单位：元）：

（1）2×16年1月1日，从二级市场购入丙公司债券。

借：交易性金融资产——成本　　　　　　　　　　　1 000 000

　　应收利息　　　　　　　　　　　　　　　　　　　30 000

　　投资收益　　　　　　　　　　　　　　　　　　　10 000

　　　贷：银行存款　　　　　　　　　　　　　　　　　　　　　　1 040 000

（2）2×16年1月5日，收到该债券2×15年下半年利息30 000元。

借：银行存款　　　　　　　　　　　　　　　　　　　30 000

　　　贷：应收利息　　　　　　　　　　　　　　　　　　　　　　　　30 000

（3）2×16年6月30日，确认丙公司债券公允价值变动和投资收益。

借：交易性金融资产——公允价值变动　　　　　　　150 000

　　　贷：公允价值变动损益　　　　　　　　　　　　　　　　　　　150 000

借：应收利息　　　　　　　　　　　　　　　　　　　30 000

　　　贷：投资收益　　　　　　　　　　　　　　　　　　　　　　　　30 000

（4）2×16年7月5日，收到丙公司债券2×16年上半年利息。

借：银行存款　　　　　　　　　　　　　　　　　　　30 000

　　　贷：应收利息　　　　　　　　　　　　　　　　　　　　　　　　30 000

（5）2×16年12月31日，确认丙公司债券公允价值变动和投资收益。

借：公允价值变动损益　　　　　　　　　　　　　　　50 000

　　　贷：交易性金融资产——公允价值变动　　　　　　　　　　　　　50 000

借：应收利息　　　　　　　　　　　　　　　　　　　30 000

　　　贷：投资收益　　　　　　　　　　　　　　　　　　　　　　　　30 000

（6）2×17年1月5日，收到丙公司债券2×16年下半年利息。

借：银行存款　　　　　　　　　　　　　　　　　　　30 000

　　　贷：应收利息　　　　　　　　　　　　　　　　　　　　　　　　30 000

（7）2×17年6月20日，通过二级市场出售丙公司债券。

借：银行存款　　　　　　　　　　　　　　　　　　　1 180 000

　　　贷：交易性金融资产——成本　　　　　　　　　　　　　　　　　1 000 000

　　　　　　　　　　　　——公允价值变动　　　　　　　　　　　　　100 000

　　　　投资收益　　　　　　　　　　　　　　　　　　　　　　　　　80 000

【例6-10】　股权投资。

情形1：指定为以公允价值计量且其变动计入其他综合收益的非交易性权益工具投资

2×16年5月6日，甲公司支付价款1 026万元（含交易费用1万元和已宣告发放现金股利25万元），购入乙公司发行的股票200万股，占乙公司有表决权股份的0.5%。甲公司将其指定为以公允价值计量且其变动计入其他综合收益的非交易性权益工具投资。

2×16年5月10日，甲公司收到乙公司发放的现金股利25万元。

2×16年6月30日，该股票市价为每股5.3元。

2×16年12月31日，甲公司仍持有该股票；当日，该股票市价为每股5元。

2×17年5月9日，乙公司宣告发放股利4 000万元。

2×17年5月13日，甲公司收到乙公司发放的现金股利。

2×17年5月20日，甲公司由于某特殊原因，以每股4.9元的价格将股票全部转让。

假定不考虑其他因素，甲公司的账务处理如下（金额单位：元）。

（1）2×16年5月6日，购入股票。

借：应收股利　　　　　　　　　　　　　　　　　　　250 000

　　其他权益工具投资——成本　　　　　　　　　10 010 000

　　贷：银行存款　　　　　　　　　　　　　　　　　　　　　　10 260 000

（2）2×16年5月10日，收到现金股利。

借：银行存款　　　　　　　　　　　　　　　　　　　250 000

　　贷：应收股利　　　　　　　　　　　　　　　　　　　　　　250 000

（3）2×16年6月30日，确认股票价格变动。

借：其他权益工具投资——公允价值变动（2 000 000×5.3-10 010 000）

　　　　　　　　　　　　　　　　　　　　　　　　　590 000

　　贷：其他综合收益——其他权益工具投资公允价值变动　　　　590 000

（4）2×16年12月31日，确认股票价格变动。

借：其他综合收益——其他权益工具投资公允价值变动　600 000

　　贷：其他权益工具投资——公允价值变动　　　　　　　　　　600 000

（5）2×17年5月9日，确认应收现金股利。

借：应收股利（40 000 000×0.5%）　　　　　　　　　200 000

　　贷：投资收益　　　　　　　　　　　　　　　　　　　　　　200 000

（6）2×17年5月13日，收到现金股利。

借：银行存款　　　　　　　　　　　　　　　　　　　200 000

　　贷：应收股利　　　　　　　　　　　　　　　　　　　　　　200 000

（7）2×17年5月20日，出售股票。

借：银行存款　　　　　　　　　　　　　　　　　　9 800 000

　　其他权益工具投资——公允价值变动　　　　　　　　10 000

　　盈余公积——法定盈余公积　　　　　　　　　　　　20 000

利润分配——未分配利润	180 000
贷：其他权益工具投资——成本	10 010 000

借：盈余公积——法定盈余公积 1 000

　　利润分配——未分配利润 9 000

　　贷：其他综合收益——其他权益工具投资公允价值变动 10 000

情形2：分类为以公允价值计量且其变动计入当期损益的金融资产

如果甲公司根据其管理乙公司股票的业务模式和乙公司股票的合同现金流量特征，将乙公司股票分类为以公允价值计量且其变动计入当期损益的金融资产，且2×16年12月31日乙公司股票市价为每股4.8元，其他资料不变，则甲公司应做如下账务处理（金额单位：元）。

（1）2×16年5月6日，购入股票。

借：应收股利 250 000

　　交易性金融资产——成本 10 000 000

　　投资收益 10 000

　　贷：银行存款 10 260 000

（2）2×16年5月10日，收到现金股利。

借：银行存款 250 000

　　贷：应收股利 250 000

（3）2×16年6月30日，确认股票价格变动。

借：交易性金融资产——公允价值变动 600 000

　　贷：公允价值变动损益 600 000

（4）2×16年12月31日，确认股票价格变动。

借：公允价值变动损益 1 000 000

　　贷：交易性金融资产——公允价值变动 1 000 000

注：公允价值变动=200×（4.8-5.3）=-100（万元）。

（5）2×17年5月9日，确认应收现金股利。

借：应收股利 200 000

　　贷：投资收益 200 000

（6）2×17年5月13日，收到现金股利。

借：银行存款 200 000

　　贷：应收股利 200 000

（7）2×17年5月20日，出售股票。

借：银行存款 9 800 000

　　交易性金融资产——公允价值变动 400 000

　　贷：交易性金融资产——成本 10 000 000

　　　　投资收益 200 000

第四节　金融工具的减值

一、金融工具减值概述

本章对金融工具减值的规定称为预期信用损失法。该方法与过去规定的、根据实际已发生减值损失确认损失准备的方法有着根本性不同。在预期信用损失法下，减值准备的计提不以减值的实际发生为前提，而是以未来可能的违约事件造成的损失的期望值来计量当前（资产负债表日）应当确认的损失准备。

企业应当以预期信用损失为基础，对下列项目进行减值会计处理并确认损失准备：

（1）分类为以摊余成本计量的金融资产和以公允价值计量且其变动计入其他综合收益的金融资产。

（2）租赁应收款。

（3）合同资产。合同资产是指《企业会计准则第 14 号——收入》规定的、企业已向客户转让商品而有权收取对价的权利，且该权利取决于时间流逝之外的其他因素。

（4）部分贷款承诺和财务担保合同。

损失准备，是指针对以摊余成本计量的金融资产、租赁应收款和合同资产的预期信用损失计提的准备，针对以公允价值计量且其变动计入其他综合收益的金融资产的累计减值金额以及针对贷款承诺和财务担保合同的预期信用损失计提的准备。

信用损失，是指企业按照原实际利率折现的、根据合同应收的所有合同现金流量与预期收取的所有现金流量之间的差额，即全部现金短缺的现值。其中，对于企业购买或源生的已发生信用减值的金融资产，应按照该金融资产经信用调整的实际利率折现。由于预期信用损失考虑付款的金额和时间分布，因此即使企业预计可以全额收款但收款时间晚于合同规定的到期期限，也会产生信用损失。

预期信用损失，是指以发生违约的风险为权重的金融工具信用损失的加权平均值。

【例6-11】甲银行发放了一笔 2 000 万元的十年期分期偿还本金贷款。考虑到对具有相似信用风险的其他金融工具的预期、借款人的信用风险以及未来 12 个月的经济前景，甲银行估计初始确认时，该贷款在接下来的 12 个月内的违约率为 0.5%。此外，为了确定自初始确认后信用风险是否显著增加，甲银行还确认未来 12 个月的违约概率变动合理近似于整个存续期的违约概率变动。在报告日（该贷款还款到期之前），未来 12 个月的违约概率无变化，因此甲银行认为自初始确认后信用风险并无显著增加。甲银行认为如果贷款违约，会损失账面总额的 25%（即违约损失率为 25%）。甲银行以 12 个月的违约率 0.5%，计量 12 个月预期信用损失的损失准备。

要求：计算甲银行在报告日应确认的预期信用损失的损失准备金额。

本例中，可能的信用损失金额＝2 000×25%＝500（万元）。

预期信用损失＝可能的信用损失金额 × 发生违约的概率＝500×0.5%＝2.5（万元）。

二、金融工具减值损失的确认和计量

一般情况下，企业应当在每个资产负债表日评估相关金融工具的信用风险自初始确认后是否已显著增加，可以将金融工具发生信用减值的过程分为三个阶段，并按照下列情形分别计量其损失准备，确认预期信用损失及其变动。

（1）第一阶段：信用风险自初始确认后未显著增加。

对于处于该阶段的金融工具，企业应当按照未来 12 个月的预期信用损失计量损失准备，并按其账面余额（即未扣除减值准备）和实际利率计算利息收入（若该工具为金融资产，下同）。

（2）第二阶段：信用风险自初始确认后已显著增加但尚未发生信用减值。

对于处于该阶段的金融工具，企业应当按照该工具整个存续期的预期信用损失计量损失准备，并按其账面余额和实际利率计算利息收入。

（3）第三阶段：初始确认后发生信用减值。

对于处于该阶段的金融工具，企业应当按照该工具整个存续期的预期信用损失计量损失准备，但对利息收入的计算不同于处于前两阶段的金融资产。对于已发生信用减值的金融资产，企业应当按其摊余成本（账面余额减已计提减值准备，即账面价值）和实际利率计算利息收入。

上述三阶段的划分，适用于购买或源生时未发生信用减值的金融工具。对于购买或源生时已发生信用减值的金融资产，企业应当仅将初始确认后整个存续期内预期信用损失的变动确认为损失准备，并按其摊余成本和经信用调整的实际利率计算利息收入。

三、特殊情形

在以下两类情形中，企业无须就金融工具初始确认时的信用风险与资产负债表日的信用风险进行比较分析。

1. 较低信用风险

如果企业确定金融工具的违约风险较低，借款人在短期内履行其支付合同现金流量义务的能力很强，并且即使较长时期内经济形势和经营环境存在不利变化，也不一定会降低借款人履行其支付合同现金流量义务的能力，那么该金融工具可被视为具有较低的信用风险。对于在资产负债表日具有较低信用风险的金融工具，企业可以不用与其初始确认时的信用风险进行比较，而直接做出该工具的信用风险自初始确认后未显著增加的假定（企业对这种简化处理有选择权）。

2. 应收款项、租赁应收款和合同资产

企业对于《企业会计准则第 14 号——收入》中所规定的、不含重大融资成分（包括根

据该准则不考虑不超过一年的合同中融资成分的情况）的应收款项和合同资产，应当始终按照整个存续期内预期信用损失的金额计量其损失准备（企业对这种简化处理没有选择权）。除此之外，准则还允许企业做出会计政策选择，对包含重大融资成分的应收款项、合同资产和租赁应收款（可分别对应收款项、合同资产、应收租赁款做出不同的会计政策选择），始终按照相当于整个存续期内预期信用损失的金额计量其损失准备。

四、预期信用损失的计量

企业计量金融工具预期信用损失的方法应当反映下列各项要素：

（1）通过评价一系列可能的结果而确定的无偏概率加权平均金额。

（2）货币时间价值。

（3）在资产负债表日无须付出不必要的额外成本或努力即可获得的有关过去事项、当前状况以及未来经济状况预测的合理且有依据的信息。

企业应当按照下列方法确定有关金融工具的信用损失：

（1）对于金融资产，信用损失应为企业应收取的合同现金流量与预期收取的现金流量之间差额的现值。

（2）对于租赁应收款项，信用损失应为企业应收取的合同现金流量与预期收取的现金流量之间差额的现值。其中，用于确定预期信用损失的现金流量，应与其按照《企业会计准则第21号——租赁》计量租赁应收款项的现金流量保持一致。

（3）对于未提用的贷款承诺，信用损失应为在贷款承诺持有人提用相应贷款的情况下，企业应收取的合同现金流量与预期收取的现金流量之间差额的现值。企业对贷款承诺预期信用损失的估计，应当与其对该贷款承诺提用情况的预期保持一致。

（4）对于财务担保合同，信用损失应为企业就该合同持有人发生的信用损失向其做出赔付的预计付款额，减去企业预期向该合同持有人、债务人或任何其他方收取的金额之间差额的现值。

（5）对于资产负债表日已发生信用减值但并非购买或源生已发生信用减值的金融资产，信用损失应为该金融资产账面余额与按原实际利率折现的预计未来现金流量的现值之间的差额。

企业应当以概率加权平均为基础对预期信用损失进行计量。企业对预期信用损失的计量应当反映发生信用损失的各种可能性，但不必识别所有可能的情形。在计量预期信用损失时，企业需考虑的最长期限为企业面临信用风险的最长合同期限（包括考虑续约选择权），而不是更长期间，即使该期间与业务实践相一致。

五、金融工具减值的账务处理

【例6-12】 2×17年12月31日，甲公司以2 000万元购入乙公司债券，该债券还剩5年到期，债券面值为 2 500 万元，票面年利率为 4.72%，购入时实际年利率为 10%，每年 12 月 31 日收到利息，甲公司将该债券分类为以公允价值计量且其变动计入其他综合收益的金融资产。

2×17 年 12 月 31 日，甲公司在该债券投资初始确认后信用风险未显著增加，年末计提预期信用损失准备 20 万元。

2×18 年 12 月 31 日，该债券投资信用风险显著增加，但未发生信用减值，因此甲公司年末按照整个存续期确认预期信用损失准备余额 50 万元。

2×19 年 12 月 31 日，因债务人发生严重财务困难，该债券投资已经发生信用减值，年末按照整个存续期确认预期信用损失准备余额 100 万元。

2×18 年 12 月 31 日该债券投资公允价值为 2 090 万元，2×19 年 12 月 31 日该债券投资公允价值为 2 010 万元。

要求：

（1）编制 2×17 年 12 月 31 日取得债券投资及确认预期信用损失的会计分录。

（2）编制 2×18 年确认利息收入及损失准备的会计分录。

（3）编制 2×19 年确认利息收入及损失准备的会计分录。

甲公司账务处理如下（金额单位：万元）。

（1）借：其他债权投资——成本 2 500

　　贷：银行存款 2 000

　　　　其他债权投资——利息调整 500

　　借：信用减值损失 20

　　　贷：其他综合收益——信用减值准备 20

（2）借：其他债权投资——利息调整 82

　　　　应收利息（2 500×4.72%） 118

　　　贷：投资收益（2 000×10%） 200

　　借：银行存款 118

　　　贷：应收利息 118

　　借：其他债权投资——公允价值变动 8

　　　贷：其他综合收益——其他债权投资公允价值变动 8

2×18 年 12 月 31 日预期信用损失准备余额为 50 万元，本期应确认的损失准备金额为 30（＝50-20）万元。

　　借：信用减值损失 30

　　　贷：其他综合收益——信用减值准备 30

（3）2×19 年 12 月 31 日该债券投资公允价值为 2 010 万元，账面余额＝2 082＋2 082×10%-2 500×4.72%＝2 172.2（万元），2×19 年 12 月 31 日收到债券利息＝2 500×4.72%＝118（万元），因 2×18 年年末未发生信用减值，2×19 年按期初余额计算利息收入＝2 082×10%＝208.2（万元）。

借：其他债权投资——利息调整　　　　　　　　　　　90.2

　　　应收利息　　　　　　　　　　　　　　　　　　118

　　贷：投资收益　　　　　　　　　　　　　　　　　　　　　　　208.2

借：银行存款　　　　　　　　　　　　　　　　　　　118

　　贷：应收利息　　　　　　　　　　　　　　　　　　　　　　　118

借：其他综合收益——其他债权投资公允价值变动　　　170.2

　　贷：其他债权投资——公允价值变动　　　　　　　　　　　　170.2

借：信用减值损失　　　　　　　　　　　　　　　　　50

　　贷：其他综合收益——信用减值准备　　　　　　　　　　　　　50

第五节　金融资产的重分类

一、金融资产重分类的原则

（1）企业改变其管理金融资产的业务模式时，应当按照规定对所有受影响的相关金融资产进行重分类。

金融资产（即非衍生债权资产）可以在以摊余成本计量、以公允价值计量且其变动计入其他综合收益和以公允价值计量且其变动计入当期损益之间进行重分类。

企业管理金融资产业务模式的变更是一种极其少见的情形。只有当企业开始或终止某项对其经营影响重大的活动时（例如当企业收购、处置或终止某一业务线时），其管理金融资产的业务模式才会发生变更。例如，某银行决定终止其零售抵押贷款业务，该业务线不再接受新业务，并且该银行正在积极寻求出售其抵押贷款组合，则该银行管理其零售抵押贷款的业务模式发生了变更。

需要注意的是，企业业务模式的变更必须在重分类日之前生效。例如，银行决定于 2×17 年 10 月 15 日终止其零售抵押贷款业务，并在 2×18 年 1 月 1 日对所有受影响的金融资产进行重分类。在 2×17 年 10 月 15 日之后，其不应开展新的零售抵押贷款业务，或另外从事与之前零售抵押贷款业务模式相同的活动。

（2）企业对金融资产进行重分类，应当自重分类日起采用未来适用法进行相关会计处理，不得对以前已经确认的利得、损失（包括减值损失或利得）或利息进行追溯调整。重分类日，是指导致企业对金融资产进行重分类的业务模式发生变更后的首个报告期间的第一天。

例如，甲上市公司决定于 2×17 年 3 月 22 日改变某金融资产的业务模式，则重分类日为 2×17 年 4 月 1 日（即下一个季度会计期间的期初）；乙上市公司决定于 2×17 年 10 月 15 日改变某金融资产的业务模式，则重分类日为 2×18 年 1 月 1 日。

【例6-13】 甲公司持有拟在短期内出售的某商业贷款组合。甲公司近期收购了一家资产管理公司（乙公司），乙公司持有贷款的业务模式是以收取合同现金流量为目标。甲公司决定，对该商业贷款组合的持有不再是以出售为目标，而是将该组合与资产管理公司持有的其他贷款一起管理，以收取合同现金流量为目标，则甲公司管理该商业贷款组合的业务模式发生了变更。

以下情形不属于业务模式变更：

（1）企业持有特定金融资产的意图改变。企业即使在市场状况发生重大变化的情况下改变对特定资产的持有意图，也不属于业务模式变更。

（2）金融资产特定市场暂时性消失从而暂时影响金融资产出售。

（3）金融资产在企业具有不同业务模式的各部门之间转移。

需要注意的是，如果企业管理金融资产的业务模式没有发生变更，而金融资产的条款发生变更但未导致终止确认的，不允许重分类。如果金融资产条款发生变更导致金融资产终止确认的，不涉及重分类问题，企业应当终止确认原金融资产，同时按照变更后的条款确认一项新金融资产。

二、金融资产重分类的计量

1. 以摊余成本计量的金融资产的重分类

（1）企业将一项以摊余成本计量的金融资产重分类为以公允价值计量且其变动计入当期损益的金融资产，应当按照该资产在重分类日的公允价值进行计量。原账面价值与公允价值之间的差额计入当期损益。

【例6-14】 2×16年10月15日，甲银行以公允价值500 000元购入一项债券投资，并按规定将其分类为以摊余成本计量的金融资产，该债券的账面余额为500 000元。

2×17年10月15日，甲银行变更了其管理债券投资组合的业务模式，其变更符合重分类的要求，因此，甲银行于2×18年1月1日将该债券从以摊余成本计量重分类为以公允价值计量且其变动计入当期损益。2×18年1月1日，该债券的公允价值为490 000元，已确认的减值准备为6 000元。假设不考虑该债券的利息收入。

甲银行的会计处理如下（金额单位：元）：

借：交易性金融资产　　　　　　　　　　　　490 000
　　债权投资减值准备　　　　　　　　　　　　6 000
　　公允价值变动损益　　　　　　　　　　　　4 000
　　贷：债权投资　　　　　　　　　　　　　　　　　500 000

（2）企业将一项以摊余成本计量的金融资产重分类为以公允价值计量且其变动计入其他综合收益的金融资产，应当按照该金融资产在重分类日的公允价值进行计量，原账面价值与公允价值之间的差额计入其他综合收益。该金融资产重分类不影响其实际利率和预期信用损失的计量。

2. 以公允价值计量且其变动计入其他综合收益的金融资产的重分类

（1）企业将一项以公允价值计量且其变动计入其他综合收益的金融资产重分类为以摊余成本计量的金融资产，应当将之前计入其他综合收益的累计利得或损失转出，调整该金融资产在重分类日的公允价值，并以调整后的金额作为新的账面价值，即视同该金融资产一直以摊余成本计量。该金融资产重分类不影响其实际利率和预期信用损失的计量。

【例6-15】 2×16年9月15日，甲银行以公允价值500 000元购入一项债券投资，并按规定将其分类为以公允价值计量且其变动计入其他综合收益的金融资产，该债券的账面余额为500 000元。2×17年10月15日，甲银行变更了其管理债券投资组合的业务模式，其变更符合重分类的要求，因此，甲银行于2×18年1月1日将该债券从以公允价值计量且其变动计入其他综合收益的金融资产重分类为以摊余成本计量的金融资产。2×18年1月1日，该债券的公允价值为490 000元，已确认的减值准备为6 000元。假设不考虑利息收入。

甲银行的会计处理如下（金额单位：元）：

借：债权投资　　　　　　　　　　　　　　　　　　　500 000
　　其他债权投资——公允价值变动　　　　　　　　　　 10 000
　　其他综合收益——信用减值准备　　　　　　　　　　　 6 000
　贷：其他债权投资——成本　　　　　　　　　　　　　　　　　　500 000
　　其他综合收益——其他债权投资公允价值变动　　　　　　　　　 10 000
　　债权投资减值准备　　　　　　　　　　　　　　　　　　　　　 6 000

（2）企业将一项以公允价值计量且其变动计入其他综合收益的金融资产重分类为以公允价值计量且其变动计入当期损益的金融资产，应当继续以公允价值计量该金融资产。同时，企业应当将之前计入其他综合收益的累计利得或损失从其他综合收益转入当期损益。

3. 以公允价值计量且其变动计入当期损益的金融资产的重分类

（1）企业将一项以公允价值计量且其变动计入当期损益的金融资产重分类为以摊余成本计量的金融资产，应当以其在重分类日的公允价值作为新的账面余额。

（2）企业将一项以公允价值计量且其变动计入当期损益的金融资产重分类为以公允价值计量且其变动计入其他综合收益的金融资产，应当继续以公允价值计量该金融资产。

【例6-16】 甲银行于2×18年1月1日以公允价值500 000元购入一项债券投资组合，将其分类为以公允价值计量且其变动计入当期损益的金融资产。2×19年1月1日，将其重分类为以公允价值计量且其变动计入其他综合收益的金融资产。重分类日，该债券投资组合的公允价值为490 000元，12个月预期信用损失为4 000元。假定会计处理不考虑利息收入。

2×19年1月1日，甲银行的会计处理如下（金额单位：元）：

借：其他债权投资　　　　　　　　　　　　　　　　　490 000
　贷：交易性金融资产　　　　　　　　　　　　　　　　　　　　490 000

借：信用减值损失　　　　　　　　　　　　　　　　　　　　4 000

　　贷：其他综合收益——信用减值准备　　　　　　　　　　　　　　　　4 000

第六节　金融资产的转移

一、金融资产终止确认的一般原则

金融资产终止确认，是指企业将之前确认的金融资产从其资产负债表中转出。金融资产满足下列条件之一的，应当终止确认：①收取该金融资产现金流量的合同权利终止；②该金融资产已转移，且该转移满足本节关于终止确认的规定。

在第一个条件下，企业收取金融资产现金流量的合同权利终止，例如因合同到期而使合同权利终止，金融资产不能再为企业带来经济利益，应当终止确认该金融资产。在第二个条件下，企业收取一项金融资产现金流量的合同权利并未终止，但若企业转移了该项金融资产，同时该转移满足本节关于终止确认的规定，在这种安排下，企业也应当终止确认被转移的金融资产。

二、金融资产终止确认的判断流程

本节关于终止确认的相关规定，适用于所有金融资产的终止确认。企业在判断金融资产是否应当终止确认以及在多大程度上终止确认时，应当遵循以下步骤。

（一）确定适用金融资产终止确认规定的报告主体层面

企业（转出方）对金融资产转入方具有控制权的，除在该企业个别财务报表的基础上应用本节规定外，在编制合并财务报表时，还应当按照《企业会计准则第33号——合并财务报表》的规定合并所有纳入合并范围的子公司（含结构化主体），并在合并财务报表层面应用本节规定。

（二）确定金融资产是部分还是整体适用终止确认原则

本节中的金融资产既可能指一项金融资产或其部分，也可能指一组类似金融资产或其部分。一组类似金融资产通常指金融资产的合同现金流量在金额和时间分布上相似并且具有相似的风险特征，如合同条款类似、到期期限接近的一组住房抵押贷款等。

当且仅当金融资产（或一组金融资产，下同）的一部分满足下列三个条件之一时，终止确认的相关规定适用于该金融资产部分，否则，适用于该金融资产整体：

（1）该金融资产部分仅包括金融资产所产生的特定可辨认现金流量。

如就某债务工具与转入方签订一项利息剥离合同，合同规定转入方拥有获得该债务工具利息现金流量的权利，但无权获得该债务工具本金现金流量，则终止确认的规定适用于该债务工具的利息现金流量。

（2）该金融资产部分仅包括与该金融资产所产生的全部现金流量完全成比例的现金流量部分。

如企业就某债务工具与转入方签订转让合同，合同规定转入方拥有获得该债务工具全部现金流量90%份额的权利，则终止确认的规定适用于这些现金流量的90%。如果转入方不止一个，只要转出方所转移的份额与金融资产的现金流量完全成比例即可，不要求每一转入方均持有成比例的现金流量份额。

（3）该金融资产部分仅包括与该金融资产所产生的特定可辨认现金流量完全成比例的现金流量部分。

如企业就某债务工具与转入方签订转让合同，合同规定转入方拥有获得该债务工具利息现金流量90%份额的权利，则终止确认的规定适用于该债务工具利息现金流量90%的部分。如果转入方不止一个，只要转出方所转移的份额与金融资产的特定可辨认现金流量完全成比例即可，不要求每一转入方均持有成比例的现金流量份额。

在除上述情况外的其他所有情况下，有关金融资产终止确认的相关规定适用于金融资产的整体。例如，企业转移了公允价值为100万元的一组类似的固定期限贷款组合，约定向转入方支付贷款组合预期所产生的现金流量的前90万元，企业保留了取得剩余现金流量的次级权益。因为最初90万元的现金流量既可能来自贷款本金，也可能来自利息，且无法辨认来自贷款组合中的哪些贷款，所以不是特定可辨认的现金流量，也不是该金融资产所产生的全部或部分现金流量的完全成比例的份额。在这种情况下，企业不能将终止确认的相关规定适用于该金融资产90万元的部分，而应当适用于该金融资产的整体。

又如，企业转移了一组应收款项产生的现金流量90%的权利，同时提供了一项担保以补偿转入方可能遭受的信用损失，最高担保额为应收款项本金金额的8%。在这种情况下，由于存在担保，在发生信用损失的情况下，企业可能需要向转入方支付部分已经收到的企业自留的10%的现金流量，以补偿对方就90%的现金流量所遭受的损失，导致该组应收款项下实际合同现金流量的分类并非按90%及10%完全成比例分配，因此终止确认的相关规定适用于该组金融资产的整体。

（三）确定收取金融资产现金流量的合同权利是否终止

企业在确定适用金融资产终止确认规定的报告主体层面（合并财务报表层面或个别财务报表层面）以及对象（金融资产整体或部分）后，即可开始判断是否对金融资产进行终止确认。收取金融资产现金流量的合同权利已经终止的，企业应当终止确认该金融资产。如一项应收账款的债务人在约定期限内支付了全部款项，或者在期权合同到期时期权持有人未行使期权权利，导致收取金融资产现金流量的合同权利终止，企业应终止确认金融资产。

若收取金融资产的现金流量的合同权利没有终止，企业应当判断是否转移了金融资产，并根据以下有关金融资产转移的相关判断标准确定是否应当终止确认被转移金融资产。

（四）判断企业是否已转移金融资产

企业在判断是否已转移金融资产时，应分以下两种情形做进一步判断：

（1）企业将收取金融资产现金流量的合同权利转移给其他方。

如实务中常见的票据背书转让、商业票据贴现等。

（2）企业保留了收取金融资产现金流量的合同权利，但承担了将收取的该现金流量支付给一个或多个最终收款方的合同义务。

这种金融资产转移的情形通常被称为"过手安排"。当且仅当同时符合以下三个条件（不垫付、不挪用、不延误）时，转出方才能按照金融资产转移的情形进行后续分析及处理，否则，被转移金融资产应予以继续确认：

（1）不垫付。企业（转出方）只有从该金融资产收到对等的现金流量时，才有义务将其支付给最终收款方。在有的资产证券化等业务中，如发生由于被转移金融资产的实际收款日期与向最终收款方付款的日期不同而导致款项缺口的情况，转出方需要提供短期垫付款项。在这种情况下，当且仅当转出方有权全额收回该短期垫付款并按照市场利率就该垫付款计收利息，方能视同满足这一条件。

（2）不挪用。转让合同规定禁止企业（转出方）出售或抵押该金融资产，但企业可以将其作为向最终收款方支付现金流量义务的保证。企业不能出售该项金融资产，也不能以该项金融资产作为质押品对外进行担保，意味着转出方不再拥有出售或处置被转移金融资产的权利。但是，由于企业负有向最终收款方支付该项金融资产所产生的现金流量的义务，该项金融资产可以作为企业如期向最终收款方支付现金流量的保证。

（3）不延误。企业（转出方）有义务将代表最终收款方收取的所有现金流量及时划转给最终收款方，且无重大延误。企业无权将该现金流量进行再投资。但是，如果企业在收款日和最终收款方要求的划转日之间的短暂结算期内将代为收取的现金流量进行现金或现金等价物投资，并且按照合同约定将此类投资的收益支付给最终收款方，则视同满足本条件。

（五）分析所转移金融资产的风险和报酬转移情况

企业转移收取现金流量的合同权利或者通过符合条件的过手安排方式转移金融资产的，应根据规定进一步对被转移金融资产进行风险和报酬转移分析，以判断是否应终止确认被转移金融资产。

（1）企业转移了金融资产所有权上几乎所有风险和报酬的，应当终止确认该金融资产，并将转移中产生或保留的权利和义务单独确认为资产或负债。

以下情形表明企业已将金融资产所有权上几乎所有的风险和报酬转移给了转入方：

1）企业无条件出售金融资产。企业出售金融资产时，如果根据与购买方之间的协议约定，在所出售金融资产的现金流量无法收回时，购买方不能够向企业进行追偿，企业也不承担任何未来损失。此时，企业可以认定几乎所有的风险和报酬已经转移，应当终止确认该金融资产。

例如，某银行向某资产管理公司出售了一组贷款，双方约定，在出售后银行不再承担该组贷款的任何风险，该组贷款发生的所有损失均由资产管理公司承担，资产管理公司不能因该组已出售贷款包括逾期未付在内的任何未来损失向银行要求补偿。

在这种情况下，银行已经将该组贷款上几乎所有的风险和报酬转移，可以终止确认该组贷款。

2）企业出售金融资产，同时约定按回购日该金融资产的公允价值回购。企业通过与购买方之间签订协议，按一定价格向购买方出售一项金融资产，同时约定到期日企业再将该金融资产购回，回购价为到期日该金融资产的公允价值。此时，该项金融资产如果发生减值，其减值损失由购买方承担，因此可以认定企业已经转移了该项金融资产所有权上几乎所有的风险和报酬，应当终止确认该金融资产。

同样，企业在金融资产转移后只保留了优先按照公允价值回购该金融资产的权利的（在转入方出售该金融资产的情况下），也应当终止确认所转移的金融资产。

例如，20×9年6月1日，甲公司将其持有的一笔国债出售给乙公司，售价为100万元，年利率为5%。同时，甲公司与乙公司签订了一项回购协议，3个月后由甲公司将该笔国债购回，回购价为回购当日的公允价值。20×9年9月1日，甲公司将该笔国债购回。

本例中，可以认定甲公司已经转移了该项金融资产所有权上几乎所有的风险和报酬，应当终止确认该金融资产。

3）企业出售金融资产，同时与转入方签订看跌或看涨期权合约，且该看跌或看涨期权为深度价外期权（即到期日之前不大可能变为价内期权），此时可以认定企业已经转移了该项金融资产所有权上几乎所有的风险和报酬，应当终止确认该金融资产。

例如，2×19年6月1日，甲公司将其持有的面值为120万元的国债转让给乙公司，并向乙公司签发看跌期权，约定在出售后的3个月内，乙公司可以以80万元价格将国债卖回给甲公司。由于国债信用等级高，预计未来3个月内市场利率将维持稳定，甲公司分析认为该看跌期权属于深度价外期权。在此情况下，甲公司应终止确认被转让的国债。

（2）企业保留了金融资产所有权上几乎所有风险和报酬的，应当继续确认该金融资产。

以下情形通常表明企业保留了金融资产所有权上几乎所有的风险和报酬：

1）企业出售金融资产并与转入方签订回购协议，协议规定企业将按照固定价格或是按照原售价加上合理的资金成本向转入方回购原被转移金融资产，或者与售出的金融资产相同或实质上相同的金融资产。

2）企业融出证券或进行证券出借。

3）企业出售金融资产并附有将市场风险敞口转回给企业的总回报互换。

4）企业出售短期应收款项或信贷资产，并且全额补偿转入方可能因被转移金融资产发生的信用损失。

5）企业出售金融资产，同时向转入方签订看跌或看涨期权合约，且该看跌期权或看涨期权为一项价内期权。

6）采用附追索权方式出售金融资产。

（3）企业既没有转移也没有保留金融资产所有权上几乎所有的风险和报酬的，应当判断其是否保留了对金融资产的控制，根据是否保留了控制分别进行处理。

（六）分析企业是否保留了控制

若企业既没有转移也没有保留金融资产所有权上几乎所有的风险和报酬，应当判断企业是否保留了对该金融资产的控制。如果没有保留对该金融资产的控制，应当终止确认该金融资产。

企业既没有转移也没有保留金融资产所有权上几乎所有的风险和报酬，且未放弃对该金融资产控制的，应当按照其继续涉入被转移金融资产的程度确认有关金融资产，并相应确认有关负债。

三、金融资产转移的会计处理

（一）满足终止确认条件的金融资产转移的会计处理

对于满足终止确认条件的金融资产转移，企业应当根据金融资产是否整体转移，分别按照以下方式进行会计处理。

1. 金融资产整体转移的会计处理

金融资产整体转移满足终止确认条件的，应当将下列两项金额的差额计入当期损益：

（1）被转移金融资产在终止确认日的账面价值。

（2）因转移金融资产而收到的对价与原直接计入其他综合收益的公允价值变动累计额（涉及转移的金融资产为以公允价值计量且其变动计入其他综合收益的金融资产的情形）之和。

【例6-17】　2×17年1月1日，甲公司将持有的乙公司发行的10年期公司债券出售给丙公司，经协商出售价格为311万元，2×16年12月31日该债券公允价值为310万元。该债券于2×16年1月1日发行，甲公司持有该债券时将其分类为以公允价值计量且其变动计入其他综合收益的金融资产，面值（取得成本）为300万元。

本例中，假设甲公司和丙公司在出售协议中约定，出售后该公司债券发生的所有损失均由丙公司自行承担，甲公司已将债券所有权上的几乎所有风险和报酬转移给丙公司，因此，应当终止确认该金融资产。

根据上述资料，首先应确定出售日该笔债券的账面价值。由于资产负债表日（即2×16年12月31日）该债券的公允价值为310万元，而且该债券属于以公允价值计量且其变动计入其他综合收益的金融资产，因此出售日该债券账面价值为310万元。

其次，应确定已计入其他综合收益的公允价值累计变动额。2×16年12月31日甲公司计入其他综合收益的利得为10（=310-300）万元。

最后，确定甲公司出售该债券形成的损益。按照金融资产整体转移形成的损益的计算公式计算，出售该债券形成的收益为11（=311-310+10）万元（包含因终止确认而从其他综合收益中转出至当期损益的10万元）。

甲公司出售该公司债券业务，应做如下账务处理（金额单位：元）：

借：银行存款　　　　　　　　　　　　　　　　　　　　3 110 000

　　贷：其他债权投资　　　　　　　　　　　　　　　　　　　　　3 100 000

　　　　投资收益　　　　　　　　　　　　　　　　　　　　　　　　10 000

同时，将原计入其他综合收益的公允价值变动转出：

借：其他综合收益——公允价值变动　　　　　　　　　　100 000

　　贷：投资收益　　　　　　　　　　　　　　　　　　　　　　　100 000

2. 金融资产部分转移的会计处理

企业转移了金融资产的一部分，且该被转移部分满足终止确认条件的，应当将转移前金融资产整体的账面价值，在终止确认部分和继续确认部分（在此种情形下，所保留的服务资产应当视同继续确认金融资产的一部分）之间，按照转移日各自的相对公允价值进行分摊，并将下列两项金额的差额计入当期损益：

（1）终止确认部分在终止确认日的账面价值。

（2）终止确认部分收到的对价（包括获得的所有新资产减去承担的所有新负债），与原计入其他综合收益的公允价值变动累计额中对应终止确认部分的金额（涉及部分转移的金融资产为以公允价值计量且其变动计入其他综合收益的金融资产的情形）之和。

【例6-18】　A商业银行与B商业银行签订一笔贷款转让协议，A银行将该笔贷款90%的收益权转让给B银行，该笔贷款公允价值为1 100万元，账面价值为1 000万元。假定不存在其他服务性资产或负债，转移后该部分贷款的相关债权债务关系由B银行承继，当借款人不能偿还该笔贷款时，也不能向A银行追索。不考虑其他因素，A商业银行应做如下账务处理：

（1）判断应否终止确认。由于A银行将贷款的一定比例转移给B银行，并且转移后该部分的风险和报酬不再由A银行承担，A银行也不再对所转移的贷款具有控制权，因此，符合金融资产转移准则中规定的部分转移的情形，也符合将所转移部分终止确认的条件。

（2）计算终止确认和未终止确认部分各自的公允价值。A银行应确认此项出售所收到的价款为990（=1 100×90%）万元，保留的权利为110（=1 100-990）万元。

（3）将贷款整体的账面价值在终止确认部分和未终止确认部分进行分摊。由于所转移贷款整体的账面价值为1 000万元，终止确认部分和未终止确认部分各自的公允价值为990万元和110万元，应将贷款整体账面价值进行如下分摊：

已转移部分的账面价值=1 000×90%=900（万元）

未转移部分的账面价值=1 000×10%=100（万元）

（4）此项转移应确认的损益：

A银行应确认的转移收益=990-900=90（万元）

（5）A银行应做如下会计分录（金额单位：万元）：

借：存放中央银行款项　　　　　　　　　　　　　　　　990

　　贷：贷款　　　　　　　　　　　　　　　　　　　　　　　　　900

　　　　其他业务收入　　　　　　　　　　　　　　　　　　　　　90

（二）继续确认被转移金融资产的会计处理

企业保留了被转移金融资产所有权上几乎所有的风险和报酬的，表明企业所转移的金融资产不满足终止确认的条件，不应当将其从企业的资产负债表中转出。此时，企业应当继续确认所转移的金融资产整体，因资产转移而收到的对价，应当在收到时确认为一项金融负债。需要注意的是，该金融负债与被转移金融资产应当分别确认和计量，不得相互抵销。在后续会计期间，企业应当继续确认该金融资产产生的收入或利得以及该金融负债产生的费用或损失。

【例6-19】2×18年4月1日，甲公司将其持有的一笔国债出售给丙公司，售价为20万元。同时，甲公司与丙公司签订了一项回购协议，3个月后由甲公司将该笔国债购回，回购价为20.175万元。2×18年7月1日，甲公司将该笔国债购回。不考虑其他因素，甲公司应做如下账务处理（金额单位：元）：

（1）判断应否终止确认。

由于此项出售属于附回购协议的金融资产出售，到期后甲公司应按固定价格将该笔国债购回，因此可以判断，甲公司保留了该笔国债几乎所有的风险和报酬，不应终止确认，该笔国债应按转移前的计量方法继续进行后续计量。

（2）2×18年4月1日，甲公司出售该笔国债时。

借：银行存款　　　　　　　　　　　　　　　　　　200 000
　　贷：卖出回购金融资产款　　　　　　　　　　　　　　　　200 000

（3）2×18年6月30日，甲公司应按根据未来回购价款计算的该卖出回购金融资产款的实际利率计算并确认有关利息费用，计算得出该卖出回购金融资产的实际利率为3.5%。

卖出回购国债的利息费用＝200 000×3.5%×3/12＝1 750（元）

借：利息支出　　　　　　　　　　　　　　　　　　1 750
　　贷：卖出回购金融资产款　　　　　　　　　　　　　　　　1 750

（4）2×18年7月1日，甲公司回购时。

借：卖出回购金融资产款　　　　　　　　　　　　　201 750
　　贷：银行存款　　　　　　　　　　　　　　　　　　　　201 750

该笔国债与该笔卖出回购金融资产款在资产负债表上不应抵销；该笔国债确认的收益，与该笔卖出回购金融资产款产生的利息支出在利润表中不应抵销。

❖ 本章小结

1. 企业应当根据其管理金融资产的业务模式和金融资产的合同现金流量特征，将金融资产划分为以摊余成本计量的金融资产、以公允价值计量且其变动计入其他综合收益的金融资产和以公允价值计量且其变动计入当期损益的金融资产三种，且一经确定，不得随意变更。

2. 当某项金融资产的合同条款规定，在特定日期产生的现金流量，仅为对本金和以未偿付本金金额为基础的利息的支付，同时满足企业管理该金融资产的业务模式是以收取合同现金流量为目标时，该金融资产被分类为以摊余成本计量的金融资产。

3. 当某项金融资产的合同条款规定，在特定日期产生的现金流量，仅为对本金和以未偿付本金金额为基础的利息的支付，同时满足企业管理该金融资产的业务模式既以收取合同现金流量为目标又以出售该金融资产为目标时，该金融资产被分类为以公允价值计量且其变动计入其他综合收益的金融资产。

4. 分类为以摊余成本计量的金融资产和以公允价值计量且其变动计入其他综合收益的金融资产之外的金融资产，企业应当将其分类为以公允价值计量且其变动计入当期损益的金融资产。

5. 对于以公允价值计量且其变动计入当期损益的金融资产，企业初始确认金融资产时的相关交易费用应当直接计入当期损益；对于其他类别的金融资产，初始确认的相关交易费用应当计入初始确认金额。

6. 以摊余成本计量的金融资产的后续计量应该按照实际利率法，将利息收入分摊计入各会计期间；以公允价值计量且其变动计入当期损益的金融资产进行后续计量，其公允价值变动形成的利得或损失，除与套期会计有关外，应当计入当期损益；以公允价值计量且其变动计入其他综合收益的金融资产所产生的所有利得或损失，除减值损失或利得和汇兑损益之外，均应当计入其他综合收益，直至该金融资产终止确认或被重分类，但采用实际利率法计算的

该金融资产的利息应当计入当期损益；指定为以公允价值计量且其变动计入其他综合收益的非交易性权益工具投资，除了获得的股利（明确代表投资成本部分收回的股利除外）计入当期损益外，其他相关的利得和损失（包括汇兑损益）均应当计入其他综合收益，且后续不得转入当期损益，当其终止确认时，之前计入其他综合收益的累计利得或损失应当从其他综合收益中转出，计入留存收益。

7. 对于购买或源生时未发生信用减值的金融工具其损失准备、确认预期信用损失及其变动的计量分为三个阶段：信用风险自初始确认后未显著增加、信用风险自初始确认后已显著增加但尚未发生信用减值、初始确认后发生信用减值；对于购买或源生时已发生信用减值的金融资产，企业应当仅将初始确认后整个存续期内预期信用损失的变动确认为损失准备，并按其摊余成本和经信用调整的实际利率计算利息收入。

8. 企业改变其管理金融资产的业务模式时，应当按照规定对所有受影响的相关金融资产进行重分类，即金融资产（即非衍生债权资产）可以在以摊余成本计量、以公允价值计量且其变动计入其他综合收益和以公允价值计量且其变动计入当期损益之间进行重分类。

9. 当金融资产满足收取该金融资产现金流量的合同权利终止，或金融资产已转移，且该转移满足终止确认规定时，企业应进行金融资产的终止确认，将其从资产负债表中予以转出。

◈ 关键术语

金融资产的合同现金流量特征、管理金融资产的业务模式、以摊余成本计量的金融资产、以公允价值计量且其变动计入其他综合收益的金融资产、以公允价值计量且其变动计入当期损益的金融资产、预期信用损失法

◈ 思考题

1. 金融资产的分类依据是什么？
2. 如何对以摊余成本计量的金融资产进行确认和计量？以摊余成本计量的金融资产有何特点？
3. 如何对以公允价值计量且其变动计入其他综合收益的金融资产进行确认和计量？以公允价值计量且其变动计入其他综合收益的金融资产有何特点？
4. 如何对以公允价值计量且其变动计入当期损益的金融资产进行确认和计量？以公允价值计量且其变动计入当期损益的金融资产有何特点？

◈ 自测题

1. 下列关于以公允价值计量且其变动计入其他综合收益的非交易性权益工具投资的说法中，正确的是（　　）。

   A. 企业应当将初始购入时支付的所有款项作为初始入账价值，不包括所支付的交易费用和已到付息期但尚未领取的利息或者已宣告但尚未发放的现金股利

   B. 非交易性权益工具终止确认时，之前计入其他综合收益的累计利得或损失应当从其他综合收益中转出，计入留存收益

   C. 非交易性权益工具发生的减值损失，计入当期权益

   D. 非交易性权益工具处置时，影响投资收益

2. 下列关于以公允价值计量且其变动计入当期损益的金融资产说法中，不正确的是（　　）。

   A. 以公允价值计量且其变动计入当期损益的金融资产发生的资产负债表日公允价值变动计入公允价值变动损益

   B. 企业取得交易性金融资产的目的可能主要是为了近期内出售

   C. 企业取得交易性金融资产时，支付的价款中包含的已到付息期但尚未领取的利息，应当单独确认为应收项目

   D. 企业取得交易性金融资产时，应当将支付的价款和相关的交易费用之和作为交易性金融资产的初始入账价值

3. 甲公司 2019 年 1 月 1 日，购入面值为 100 万元，年利率为 4% 的 A 债券，取得价款是 104 万元（含已宣告但尚未发放的利息 4 万元），另外支付交易费用 0.5 万元。甲公司将该项金融资产划分为交易性金融资产。2019 年 1 月 5 日，收到购买时价款中所含的利息 4 万元，2019 年 12 月 31 日，A 债券的公允价值为 106 万元，2020 年 1 月 5 日，收到 A 债券 2019 年度的利息 4 万元，2020 年 4 月 20 日甲公司出售 A 债券，售价为 108 万元。甲公司出售 A 债券时确认投资收益的金额为（　　）万元。

   A. 2　　　　　　　　　B. 6

   C. 8　　　　　　　　　D. 1.5

4. 2020 年 1 月 1 日，甲公司以银行存款 1 180 万元从活跃市场购入乙公司当日发行的面值为 1 000 万元、5 年期分期付息到期还本的不可赎回债券，另支付相关交易费用 5 万元。该债券票面年利率为 10%，利息按单利计算，次年 1 月 5 日支付上年度的利息。甲公司购入该债券后将其作为以公允价值计量且其变动计入其他综合收益的金融资产核算，则 2020 年 1 月 1 日该项金融资产的入账价值为（　　）万元。

A. 1 000   B. 1 005

C. 1 085   D. 1 185

5. 2019 年 10 月 8 日，甲公司从二级市场上以 1 050 万元（含已宣告但尚未发放的现金股利 50 万元）购入乙公司的股权投资，另发生交易费用 20 万元，甲公司将其划分为以公允价值计量且其变动计入其他综合收益的金融资产。2019 年 12 月 31 日，该项金融资产的公允价值为 1 300 万元。假定不考虑其他因素，则 2019 年 12 月 31 日甲公司的下列会计处理中正确的是（   ）。

A. 应确认公允价值变动损益 300 万元

B. 应确认其他综合收益 280 万元

C. 应确认公允价值变动损益 250 万元

D. 应确认其他综合收益 230 万元

6. 2019 年 1 月 1 日，甲公司从证券市场购入当日发行面值总额为 2 000 万元的债券，实际支付价款 2 078.98 万元，另支付交易费用 10 万元。该债券系分期付息、到期还本债券，期限为 5 年，票面年利率为 5%，实际年利率为 4%，每年 12 月 31 日支付当年利息。甲公司将该债券作为以摊余成本计量的金融资产核算。2019 年 12 月 31 日，该债券投资的信用风险自初始确认后未显著增加，甲公司由此确认的预期信用损失准备为 10 万元。假定不考虑其他因素，甲公司持有该债券投资 2020 年应确认的投资收益为（   ）万元。

A. 100   B. 82.90

C. 72   D. 82.50

7. 2019 年 1 月 1 日，甲公司以银行存款 1 100 万元购入乙公司当日发行的面值为 1 000 万元的 5 年期不可赎回债券，将其划分为以公允价值计量且其变动计入其他综合收益的金融资产。该债券票面年利率为 10%，每年付息一次，实际年利率为 7.53%。2019 年 12 月 31 日，该债券的公允价值为 1 090 万元，甲公司确认的预期信用损失准备为 20 万元。假定不考虑其他因素，2019 年 12 月 31 日甲公司该债券投资的账面价值为（   ）万元。

A. 1 070   B. 1 090

C. 1 182.53   D. 1 200

8. 下列有关交易费用会计处理的表述中，正确的是（   ）。

A. 与交易性金融资产相关的交易费用，应于发生时直接计入管理费用

B. 与交易性金融资产相关的交易费用，应于发生时直接计入投资收益

C. 购买交易性金融资产发生的交易费用，计入其初始确认金额

D. 购买以公允价值计量且其变动计入其他综合收益债务工具发生的交易费用，不影响其初始确认金额

9. 甲银行发放了一笔 2 000 万元的 10 年期分期偿还本金贷款。考虑到对具有相似信用风险的其他金融工具的预期、借款人的信用风险，以及未来 12 个月的经济前景，甲银行估计初始确认时，该贷款随后 12 个月内的违约率为 0.5%。此外，未确定自初始确认后信用风险是否显著增加，甲银行还确认未来 12 个月的违约概率变动合理，近似于整个存续期的违约概率变动。在报告日，未来 12 个月的违约概率无变化，因此甲银行认为自初始确认后信用风险并无显著增加。甲银行认为如果贷款违约，违约损失率为 25%。甲银行以 12 个月的违约率 0.5% 计算 12 个月预期信用损失的损失准备。甲银行在报告日应确认预期信用损失的损失准备金额为（   ）万元。

A. 10　　　　　　B. 2.5

C. 500　　　　　D. 0

10. 关于金融资产转移，下列项目中，不应终止确认金融资产的是（　　）。

A. 企业以不附追索权方式出售金融资产

B. 企业将金融资产出售，同时与买入方签订协议，在约定期限结束时按当日该金融资产的公允价值回购

C. 企业将金融资产出售，同时与买入方签订看跌期权合约，但从合约条款判断，该看跌期权是一项重大价外期权

D. 企业采用附追索权方式出售金融资产

练习题

1. 甲企业系上市公司，按年对外提供财务报表。

（1）2018年3月6日甲公司从二级市场购入一批乙公司发行的股票100万股，作为以公允价值计量且其变动计入当期损益的金融资产，取得时公允价值为每股5.2元，含已宣告但尚未发放的现金股利0.2元，另支付交易费用5万元，全部价款以银行存款支付。

（2）2018年3月16日甲公司收到最初支付价款中所含现金股利。

（3）2018年12月31日，该股票公允价值为每股4.5元。

（4）2019年2月6日，乙公司宣告发放2018年股利，每股0.3元。

（5）2019年3月9日，收到乙公司股利。

（6）2019年12月31日，该股票公允价值为每股5.3元。

（7）2020年2月11日，乙公司宣告发放2019年股利，每股0.1元。

（8）2020年3月1日，收到乙公司股利。

（9）2020年3月16日，将该股票全部处置，每股5.1元，交易费用为6万元。

要求：

（1）编制甲公司从取得到处置该项金融资产相关的会计分录。

（2）计算2018年年末和2019年年末该股票投资的账面价值。

（3）计算甲公司因处置该项股票投资对2019年净利润的影响。

2. 2019年1月1日，甲公司自证券市场购入乙公司同日发行的面值总额为2 000万元的债券，购入时实际支付价款2 078.98万元，另支付交易费用10万元。该债券系分期付息、到期还本债券，期限为5年，票面年利率为5%，实际年利率为4%，每年12月31日支付当年利息。甲公司将该债券分类为以公允价值计量且其变动计入其他综合收益的金融资产，至2019年12月31日，甲公司该债券投资的信用风险自初始确认后未显著增加，根据12个月预期信用损失确认的预期信用损失准备为20万元，其公允价值为2 080万元。假定不考虑其他因素。

要求：

（1）编制甲公司2019年1月1日购入乙公司债券的会计分录。

（2）计算甲公司2019年应确认的利息收入，并编制相关会计分录。

（3）编制甲公司2019年12月31日公允价值变动及确认预期信用损失的会计分录。

◈ 章后案例

恒生电子（A股代码：600570）2019年第一季度财报显示，营业收入较上年增加11.17%，净利润增加了609.32%。为何在营收增长有限的情况下，净利润却出现了巨额增幅？

恒生电子的核心业务是软件开发，主要客户是银行、券商、私募等金融机构，在该领域，恒生电子具有很强的市场统治力，公司成为阿里系青睐的投资标的。近年来，除了2016年因为子公司违规被罚，公司的业绩一直比较稳定。公司2018年年报披露，

报告期内实现营业收入32.63亿元，同比增幅22.4%；实现归属于上市公司股东净利润6.45亿元，同比增幅37%。虽然增长也较为可观，但净利润增幅与营收增幅相对匹配，远没有到2019年第一季度财报中约600%增幅的程度。

仔细观察2019年第一季度财报，发现在"公司主要会计报表项目、财务指标重大变动的情况及原因"中披露了以下与金融资产相关的内容：

（金额单位：元，币种：人民币）

资产负债表项目	本报告期末	上年度末	增减变动幅度（%）	变动原因说明
交易性金融资产	1 879 989 920.08	不适用		主要系公司执行新金融工具准则影响所致
以公允价值计量且其变动计入当期损益的金融资产		175 827 801.05	−100.00	主要系公司执行新金融工具准则影响所致
可供出售金融资产		1 263 849 445.30	−100.00	主要系公司执行新金融工具准则影响所致
递延所得税负债	49 174 056.85	20 188 142.34	143.58	主要系公司本期交易性金融资产公允价值变动较大所致
其他综合收益	−3 508 225.41	181 780 171.39	−101.93	主要系公司执行新金融工具准则影响所致
利润表项目	年初至报告期末	上年初至上年报告期末	增减变动幅度（%）	变动原因说明
营业成本	19 012 610.27	29 498 987.38	−35.55	主要系公司本期硬件销售减少所致
公允价值变动收益	361 268 394.90	−4 346 463.58	不适用	主要系公司本期交易性金融资产公允价值变动较大所致
所得税费用	52 906 077.31	1 736 526.39	2 946.66	主要系公司本期交易性金融资产公允价值变动较大计提递延所得税所致
净利润	388 920 899.70	54 830 397.28	609.32	主要系公司本期交易性金融资产公允价值变动较大所致

以上信息说明，新金融工具准则的应用对公司业绩产生了巨大影响。公司的金融资产都是什么？结合2018年年报，如果2019

年第一季度没有发生大的变化，这些金融资产主要是所投资的58家公司的股权。其中，除了一部分科技公司外，绝大多数为股

权投资管理合伙企业。这类企业的有限合伙人不参与有限合伙企业的运作，不对外代表组织，只按合伙协议比例享受利润分配，以其出资额为限对合伙的债务承担清偿责任。

资料来源：李国强.恒生电子一季报"暴富"真相 [J].证券市场周刊，2019(17).

分析并思考：

（1）新金融工具准则的实施，如何影响恒生电子持有金融资产的分类变化？

（2）2019年净利润的巨幅增长，主要由什么项目导致？请列出相关的账务处理分录。

（3）这一利润项目相对于核心利润，主要的特征是什么？

参考答案

扫码查看
参考答案

第七章
CHAPTER7

收　入

📖 学习目标

1. 理解合同成立的条件
2. 掌握履约义务的划分
3. 掌握可变对价、重大融资成分、非现金对价以及应付客户对价如何影响收入确认
4. 理解合同资产和合同负债等会计科目的处理

📖 章前案例

　　香港上市房地产公司碧桂园是一家大型企业集团（股票代码：02007），位列《财富》世界500强、《福布斯》全球上市公司300强。碧桂园不仅是住宅社区的开发和运营者，也是绿色、生态、智慧城市的建造者和运营者。

　　从2017年1月1日开始，公司提前采纳《香港财务报告准则第15号》，即IFRS修订后的收入准则。2017年8月22日，碧桂园按照新准则报告中期业绩，按投入法计量的履约进度在一段时间内确认了147.50亿元收入，报告总收入为777.74亿元，相对于旧准则下的629.88亿元，增幅为23%。报告利润为83.73亿元，相较于旧准则下的50.39亿元，增幅达到66%。

　　碧桂园对新收入准则的采用进行了如下说明："集团选择在2017年度提早采纳香港会计师公会发布的《香港财务报告准则第15号》，因为新的会计准则可以为报表使用者评估未来现金流量的金额、时点和不确定性提供更加可靠与相关的证据。自2017年1月1日起，本集团对收入采用下列会计政策，应用《香港财务报告准则第15号》的财务报告影响在附注4列示。收入在资产的控制权转移给客户时确认。资产的控制权是在一段时间内还是在某一时点转移，取决于合同的条款约定与合同适用的法律规定。如果本集团满足下列条件时，资产的控制权在一段时间内发生转移：

- 本集团履约过程中，客户同时收到且消耗由本集团履约所带来的经济利益；
- 创建和增强由客户控制的资产；或
- 本集团在履约过程中所产出的商品具有不可替代用途，且本集团在整个合同期间有权就累计至今已完成的履约部分收取款项。

如果资产的控制权在一段时间内转移，本集团按在整个合同期间已完成履约义务的进度进行收入确认。否则，收入于客户获得资产控制权的时点确认……"

根据案例及相关材料，我们可以思考以下一系列问题：碧桂园的房地产开发按照履约进度在一段时间内确认收入有何好处？这一做法是否符合新收入准则的要求？对其他房地产公司有何启发？讨论房地产企业的收入在某一时间点确认以及在一段时间内确认，分别要满足何种条件？通过本章的学习，我们将深入探讨以上问题。

第一节 收入概述

一、收入准则修订概况

1. 修订背景

收入是评估企业经营业绩的核心指标之一，我国与收入确认的相关会计准则发布于2006年，与当时的国际财务报告准则保持一致。当时的国际财务报告准则中收入确认的基本原则为20世纪80年代确立的模式，其规则较为原则化。随着产业升级和业务模式创新，新兴行业和创新业务模式下的收入确认已经成为一个日益复杂的问题，现行的收入准则已经不能满足需求，收入准则的修订应运而生。

国际会计准则理事会对收入准则的修订，旨在解决收入确认模式不统一、特定交易的处理不一致和与美国一般公认会计原则（US GAAP）不趋同等现实问题，并同时消除原有收入准则中某些薄弱环节（如多重要素的分拆）、收入时点的确认，以提供更为健全的框架体系，提高收入确认实务在跨企业、行业、地区和资本市场的可比性，同时改进其披露要求，以提供更为有用的信息。

2. 实施时间

国际会计准则理事会与美国财务会计准则委员会于2014年联合发布新的收入准则，并在2016年分别进行了澄清和修订。其中，国际会计准则理事会颁布的新收入准则即《国际财务报告准则第15号——来自客户合同的收入》（IFRS15 Revenue from Contracts with Customers），对于采用国际会计准则的地区和国家而言在2018年1月1日开始生效，同时允许自愿提前采用。

为了与国际发展趋势接轨，2017年7月5日，我国财政部发布关于修订印发《企业会计准则第14号——收入》的通知，新的《企业会计准则第14号——收入》（CAS14）取代旧准则《企业会计准则第15号——建造合同》以及《企业会计准则第14号——收入》，并规定具体实施时间如表7-1所示。

表7-1　新收入准则实施时间

具体实施时间	实施对象及范围
2018年1月1日	境内外同时上市的企业 在境外上市并采用国际财务报告准则或企业会计准则编制财务报告的企业
2020年1月1日	其他境内上市企业
2021年1月1日	执行企业会计准则的非上市企业

3. 衔接规定

新收入准则在实施过程中制定了一系列的衔接规定，主要采用累积影响法，即首次执行新准则的企业，应当根据首次执行新准则的累积影响数，调整首次执行新准则当年年初留存收益及财务报表其他相关项目金额，对可比期间信息不予调整。企业可以仅对在首次执行日尚未完成的合同的累积影响数进行调整。同时，企业应当在附注中披露，与收入相关会计准则制度的原规定相比，执行本准则对当期财务报表相关项目的影响金额，对于有重大影响的，还需披露其原因。

母公司执行新收入准则，但子公司尚未执行新收入准则的，母公司在编制合并财务报表时，应当按照新收入准则规定调整子公司的财务报表。

母公司尚未执行新收入准则，而子公司已执行新收入准则的，母公司在编制合并财务报表时，可以将子公司的财务报表按照母公司的会计政策进行调整后合并，也可以将子公司按照新收入准则编制的财务报表直接合并，母公司将子公司按照新收入准则编制的财务报表直接合并的，应当在合并财务报表中披露该事实，并且对母公司和子公司的会计政策及其他相关信息分别进行披露。

二、收入定义、确认及计量

1. 收入定义

收入是指企业在日常活动中形成的、会导致所有者权益增加的、与所有者投入资本无关的经济利益的总流入。其中，"日常活动"是指企业为完成其经营目标所从事的经常性活动以及与之相关的其他活动。

比如，工业企业制造并销售产品，商品流通企业销售商品，保险公司签发保单，咨询公司提供咨询服务，软件企业为客户开发软件，安装公司提供安装服务，商业银行对外贷款，租赁公司出租资产等，均属于企业为完成其经营目标所从事的经常性活动，由此产生的经济利益的总流入构成收入。

工业企业转让无形资产使用权、出售不需用原材料等，属于与经常性活动相关的活动，由此产生的经济利益的总流入也构成收入。

企业处置固定资产、无形资产等活动，不是企业为完成其经营目标所从事的经常性活动，也不属于与经常性活动相关的活动，由此产生的经济利益的总流入不构成收入，处置时相关资产仍有价值的应当确认为资产处置损益，因毁损报废等原因处置时不具有价值的确认为营业外支出，情况符合非货币性资产交换、债务重组的参照相关准则进行处理。

2. 收入确认和计量："五步法"模型

收入确认与计量在修订后的准则框架下可分为五个步骤：第一步，识别与客户之间的合同；第二步，识别合同中的单独履约义务；第三步，确定交易价格；第四步，将交易价格分配至合同中各项履约义务；第五步，在履行履约义务的某时点（某段期间）确认收入。其中，第一、二、五个步骤与收入的确认有关，第三、四个步骤主要涉及收入的计量。

第二节　识别与客户之间的合同

我国《企业会计准则第14号——收入》规定，"企业应当在履行了合同中的履约义务，即在客户取得相关商品控制权时确认收入。取得相关商品控制权，是指能够主导该商品的使用并从中获得几乎全部的经济利益"。由此可见，识别企业与客户之间存在的有效合同是收入确认的前提条件。其中，客户是指与企业订立合同以向该企业购买其日常活动产出的商品或服务并支付对价的一方。合同是指双方或多方之间订立有法律约束力的权利义务的协议，可以采用书面、口头或其他形式。

一、合同识别的基本原则

当企业与客户之间的合同同时满足下列条件时，企业应当在客户取得相关商品控制权时确认收入：①合同各方已批准合同并承诺履行其各自义务；②该合同明确了合同各方所转让商品或提供劳务的相关权利和义务；③该合同有明确的与所转让商品相关的支付条款；④该合同具有商业实质，即履行合同将改变企业未来现金流量的风险、时间分布或金额；⑤企业因向客户转让商品而有权取得的对价很有可能收回。

以上条件将收入质量问题纳入合同判断，作为非常重要的门槛性条件，有助于剔除一些虚增收入的关联方交易或事项。⊖在进行上述条件判断时，应重点关注：①合同约定的权利和义务是否具有法律约束力，例如对于合同各方均有权单方面终止完全未执行的合同，且无

⊖　绿大地上市不久后，其大客户集体出现销售退回行为，绿大地2010年接受监管层调查中承认，2008年苗木销售退回2 348万元，追溯调减2008年营业相关收入和1 153万元净利润。而2009年苗木销售退回金额更高达1.58亿元，导致该公司当年巨亏。

须对合同其他方做出补偿的，企业应视为该合同不存在；②合同是否具有商业实质；③合同相关的对价是否很可能收回（考虑客户的信用风险以及是否存在价格折让）。

在合同开始日，对经判断不符合要求的合同，企业应进行持续评估，并在满足要求后按照收入确认准则处理。对于不符合要求的合同，企业只有在①不再负有向客户转让商品的剩余义务，②且已向客户收取对价无须退回两个条件同时满足时，才可以将所收取的对价确认为收入，否则，应将其视同负债进行处理。

【例 7-1】　某房地产开发公司与客户签订合同，向客户出售一栋建筑物，合同价款为 200 万元。建筑物成本为 100 万元，客户在合同开始日即取得了该建筑物的控制权。根据合同约定，客户在合同开始日支付了 10% 的保证金，即 20 万元，并就剩余的 90% 价款与房地产公司签订了不附追索权的长期融资协议，如果客户违约，房地产公司可以重新拥有该建筑物。即使收回的建筑物不能涵盖所欠款项的总额，房地产公司也不能向客户索取进一步赔偿。客户计划在该建筑物内开设一家棋牌室，在该建筑物所在地区，该行业面临激烈竞争，且客户公司缺乏相关经营经验。合同是否满足以上识别条件？ 20 万元保证金应该如何处理？

解析： 本例中客户欠款无相关担保，在违约情况下，房地产商也有可能面临损失且无法进一步索取赔偿。因此，房地产商对客户还款能力和意图产生怀疑，认为该合同不能满足合同价款很可能收回的条件。20 万元保证金应确认为一项负债。

二、多份合同的合并处理

企业与同一客户或其关联方同时订立或在相近时间先后订立的两份及以上合同，在满足下列条件之一时，应合并为一份合同进行会计处理：①该多份合同基于同一商业目的而订立并构成一揽子交易；②该两份或多份合同中的一份合同的对价金额取决于其他合同的定价或履行情况，当一份合同发生违约，会影响另外存在的合同的对价金额；③该两份或多份合同中所承诺的商品构成单项履约义务。

三、合同的重新评估和变更

1. 合同的重新评估

在合同开始日即满足前述五项条件的合同，企业在后续期间无须对其进行重新评估，除非有迹象表明相关事实和情况发生重大变化。例如，如果客户支付对价的能力显著恶化，企业应当重新评估其是否很可能取得因向客户转让剩余商品或服务而有权获得的对价。在这个过程中，企业需要判断事实和情况的变化是否导致需要对可收回性进行重新评估，同时判断这些事项或情况的变化是否已经足够重大到表明该项合同不再满足前述五项条件。

2. 合同的变更

合同变更是指经合同各方同意对原合同范围或（和）价格做出的变更。具体可以分不同情况考虑：

情况 1：原有合同范围或价格变更导致可明确区分的商品或服务增加、合同价款增加，并且新增合同价款反映了新增商品或服务单独售价，则应当将该合同变更部分作为一份单独的合同进行会计处理。

情况 2：合同变更不属于第一种情形。①已履约和未履约的部分可区分：在合同变更日已转让商品与未转让商品之间可以明确区分的，应当视为原合同终止，同时将原合同未履约部分与合同变更部分合并为新合同进行处理。②已履约和未履约的部分不可区分：在合同变更日已转让商品与未转让商品之间不可以明确区分的，应当将该合同变更部分作为原合同的组成部分，在合同变更日重新计算履约进度，并调整当期收入和相关成本。

【例 7-2】 乙公司为一家建筑公司。2020 年 1 月 1 日，乙公司与客户签订了一项总金额为 2 000 万元的固定造价合同，在客户自有土地上建造办公楼，预计合同总成本为 1 200 万元。假定该建造服务符合在某一时间内履行的履约义务（判断依据：客户自有土地），并根据累计发生的合同成本占合同预计总成本的比例确定履约进度。截至 2020 年年末，公司累计已经发生成本 600 万元，履约进度为 50%（＝600÷1 200）。因此，乙公司在 2020 年确认收入为 1 000（＝2 000×50%）（万元）。2021 年年初，合同双方同意更改其办公楼楼顶设计，合同价格和预计总成本因此分别增加 1 000 万元和 300 万元。如何处理合同变更？

解析：由于无法明确区分已履约部分和未履约部分，将合同变更部分作为原合同组成部分处理。变更后交易价格为 1 000 万元。评估进度为 600÷（1 200＋300）＝40%，则合同变更日，乙公司按照重新评估的进度应该额外确认收入＝40%×3 000-1 000＝200（万元）。

第三节　识别履约义务

履约义务是修订的收入准则中引入的新概念，指合同中企业向客户转让可明确区分商品的承诺。合同开始日，企业应当对合同进行评估，识别其中包含的各单项履约义务，并确定各履约义务是在某一段时间内履行，还是在某一时点履行，并在履行了各单项履约义务时分别确认收入。

对于包含多重交易安排的合同，一份合同可以识别出多个单项履约义务。举例来说，电信企业与客户签订的套餐营销案中通常可识别出多项履约义务，如手机终端、服务（如语音、数据、宽带、增值服务）、免费赠送项目（如流量、语音、实物或电子券）、消费积分等，但总体可以分为终端销售与提供通信服务两大类履约义务。同时，多份含有类似履约义务的不同合同，可以在满足一定条件时，合并成为同一个履约义务来进行会计处理。履约义务是在新准则下的收入归结和确认的单元，正确识别和区分履约义务对企业收入确认影响重大。

一、识别合同中的单项履约义务

识别合同中的单项履约义务大致可以分为两个步骤：

　　第一步：判断商品或服务本身是否可以明确区分。判断依据是：客户能够单独从该商品或服务中获益，或者客户能够将该商品或服务与易于获得的其他资源结合在一起获益。比如企业通常单独销售的商品。

　　第二步：判断企业向客户转让该商品的承诺与合同中其他承诺是否可以单独区分，即转让该商品的承诺在合同中是否可以明确区分。当存在以下情况时，通常认为企业向客户转让该商品的承诺与合同中的其他承诺不可明确区分：

　　（1）企业需提供重大的服务将该商品与合同中承诺的其他商品进行整合，形成合同约定的某个或某些组合产出转让给客户。

　　（2）该商品将对合同中承诺的其他商品予以重大修改或定制。

　　（3）该商品与合同中承诺的其他商品具有高度关联性。

　　【例7-3】　某企业签订一份5年的合同，按照合同，企业需要根据客户要求生产设备并提供安装和维护服务。安装服务是指在客户所在地将各种零件组装起来，使其成为一个可单独运行的设备，安装过程需要根据客户现场条件对设备进行修改与调整，设备无法在未安装的情况下运行。企业将设备同安装服务一起售卖，未将安装服务单独售卖，但其他供应商也可以提供安装服务。企业将维护服务单独售卖。如何识别该合同中的单项履约义务？

　　解析：第一步，判断商品和服务本身是否可以明确区分。本案例中商品和服务包括三类，设备、安装服务以及维护服务，对这三种不同类别分别进行分析：①设备虽然在未经安装的情况下无法运作，但客户可以从其他供应商处购买安装服务，因此设备本身可以明确区分；②安装服务可以由其他供应商提供，所以本身可以明确区分；③维护服务单独售卖，其本身可以明确区分。

　　第二步：判断以上商品和服务是否基于合同可以明确区分。设备和安装服务是高度关联的，因为可能需要在客户的现场进行修改与调整，所以这两个项目无法进行区分。但是维护服务与合同中其他承诺不存在高度关联，也不会导致合同所承诺的其他商品或服务做出重大修改，因此可以单独区分。所以，案例中的履约义务分为两项：①设备及其安装；②维护服务。

二、正确区分履约义务的类别

　　正确区分履约义务的类别是收入确认的关键，单项履约义务可以分为在某个时点履行与在某一段时间内履行两种类别。当满足下列条件之一时，可以判定为在一段时间内履行履约义务，并允许企业按照履约进度逐步确认收入，否则均视同于在某一时点履行：

　　（1）客户在企业履约的同时即取得并消耗企业履约所带来的经济利益。

　　（2）客户能够控制企业履约过程中在建的商品。

　　（3）企业在履约过程中所产出的商品具有不可替代用途，且该企业在整个合同期间有权就累计至今已经完成的履约部分收取款项。

对于在某一时段内履行的履约义务，企业应当在该段时间内按照履约进度确认收入，履约进度不能合理确定的除外。企业应当考虑商品的性质，采用产出法或投入法确定恰当的履约进度。其中，产出法是根据已转移给客户的商品对于客户的价值确定履约进度；投入法是根据企业为履行履约义务的投入确定履约进度。对于类似情况下的类似履约义务，企业应当采用相同的方法确定履约进度。当履约进度不能合理确定时，企业已经发生的成本预计能够得到补偿的，应当按照已经发生的成本金额确认收入，直到履约进度能够合理确定为止。

第四节　确定交易价格

交易价格指企业因向客户转让商品而预期有权收取的对价金额。企业代第三方收取的款项（销售税金，如增值税）以及企业预期将退还给客户的款项（如质保金），应当作为负债进行会计处理，不计入交易价格。

合同标价未必代表交易价格，企业应根据合同条款，结合以往习惯做法等确定交易价格。在确定交易价格时，企业应当假定按照现有合同的约定向客户转让商品，且合同不会被取消、续约或变更。

与此同时，确定交易价格需要考虑以下因素的影响：①可变对价；②重大融资成分；③非现金对价；④应付客户对价。

一、可变对价

可变对价（如奖励、折扣、返利、退货权、货款抵扣、价格折让、绩效激励）可能导致商品的交易价格有所不同。如果企业收取对价的权利取决于未来事项（例如退货权、绩效奖励）的发生或不发生，则承诺的对价也有可能不同。当合同中存在可变对价时，企业应当对计入交易价格的可变对价进行估计。在估计可变对价时，企业应使用能更好地预测其根据实施情况有权收取的金额的方法。

1. 可变对价估计方法

合同中存在可变对价的，企业应当按照期望值或最有可能发生金额确定可变对价的最佳估计数。其中，期望值是指各种可能的对价金额按照概率加权平均之和，在交易具有大量可能的结果时可预计性最高，可以给予有限的不相关的结果和概率。最有可能发生金额，是指各种可能的对价中单一最有可能的金额，在交易只有两种可能结果时采用是恰当的。

企业所选择的方法应能够更好地预测其有权收取的对价金额。对于类似的合同，企业应当采用同样的方法进行估计。对于某一事项的不确定性对可变对价金额的影响，企业在整个合同期间应采用一致的方法估计。当存在多个不确定性事项对可变对价产生影响时，企业可以采用不同的方法进行估计。

【例7-4】　A公司与分包商B于2015年1月1日签订了电路板生产合同，生产数量为5万个，完工日为2015年6月30日，合同价格为100万美元。如果生产于2015年6月30日前完工，每提前一天，承诺的对价将增加1万美元。提前10天的概率为15%，8天为30%，6天为30%，4天为10%，按时为15%。如何估计该合同的可变对价？

　　解析：采用期望值法估计可变对价，计算如表7-2所示。

表7-2　可变对价估计

可能的结果	可变金额（万美元）	概率	可变金额期望值（万美元）
提前10天	10	15%	1.5
提前8天	8	30%	2.4
提前6天	6	30%	1.8
提前4天	4	10%	0.4
按时	—	15%	—
可变对价			6.1

2. 可变对价估计限制

计入交易价格的可变对价金额，应当以可变对价相关的不确定性消除时累计已确认收入极可能不会发生重大转回的金额为限。企业在评估累计已确认收入是否极可能不会发生重大转回时，应当同时考虑收入转回的可能性及其比重。

如果企业无法将可变对价估计的金额纳入交易价格（因其可能导致重大收入转回），则企业仅应确认不会导致重大收入转回的可变对价的最低金额。每个资产负债表日，企业应当重新评估应计入交易价格的可变对价金额。

【例7-5】　上市公司财报披露举例

拉夏贝尔（股票代码：603157）：本集团向经销商提供基于销售数量的销售折扣，本集团根据历史经验，按照期望值法确定折扣金额，按照合同对价扣除预计折扣金额后的净额确认收入。

金隅集团（股票代码：601992）：本集团部分业务与客户之间的合同存在全部完工后按照合同约定计算的方式确定结算数量的安排，形成可变对价。本集团按照期望值或最有可能发生金额确定可变对价的最佳估计数，但包含可变对价的交易价格不超过在相关不确定性消除时累计已确认收入极可能不会发生重大转回的金额。

新华文轩（股票代码：601811）：合同中存在可变对价（如退货权、销售返利以及积分奖励等）的，本集团按照期望值或最有可能发生金额确定可变对价的最佳估计数。包含可变对价的交易价格，不超过在相关不确定性消除时累计已确认收入极可能不会发生重大转回的金额。每一资产负债表日，本集团重新估计应计入交易价格的可变对价金额。

二、重大融资成分

合同中存在重大融资成分的，企业应按照假定客户在取得商品（或服务）控制权时即以现金支付而需支付的金额确定交易价格。该交易价格与合同对价之间的差额，应当在合同期间内采用实际利率法摊销。在进行账务处理时，应注意：①相关合同包含两项交易——销售交易与融资安排；②实际利率可以参考在合同开始时企业与其客户进行单独融资交易所反映的折现率；③合同开始日，企业预计客户取得商品或服务控制权距客户支付价款时间不超过1年的，可以不考虑合同中存在的重大融资成分；④当客户拖延支付时，企业向客户提供融资；当客户提前支付时，企业从客户处取得融资。

三、非现金对价

客户支付非现金对价的（通常包括实物资产、无形资产、股权、客户提供的广告服务等），企业应当按照非现金对价的公允价值确定交易价格。非现金对价的公允价值不能合理估计的，企业应当参照其承诺向客户转让商品的单独售价间接确定交易价格。非现金对价的公允价值因对价形式以外的原因而发生变动的，应当作为可变对价进行会计处理。

四、应付客户对价

应付客户对价的常见类型包括货位费、合作广告安排、价格保护、优惠券和折扣以及收费服务安排等。企业存在应付客户对价的，应当将该应付对价冲减交易价格，但应付客户对价是为了从客户处取得其他可以明确区分的商品的情况应该排除。企业应付客户对价超过向客户取得的可明确区分商品公允价值的，超过部分应冲减交易价格；当向客户取得的可明确区分商品的公允价值不能合理估计时，企业应当将应付客户对价全额冲减交易价格。在将应付客户对价冲减交易价格时，企业应当在确认相关收入与支付客户对价二者孰晚的时点冲减当期收入。

【例7-6】　应付客户对价举例

某消费品制造商甲与一家全球大型零售超市签订为期一年的销售合同。该超市承诺合同期内至少购买1 500万元的产品，甲公司需在合同开始日向超市支付150万元的不可退回款项，作为对零售超市用于在显著位置放置甲公司产品的价格补偿。假设第1个月销售商品200万元，则甲公司应如何确认收入？

解析： 应付合同中的非现金对价作为交易价格的减少处理，原因是超市得到此笔款项并未向厂家提供可区分的商品和服务。应当将应付给客户的对价作为交易价格（以及收入）的抵减处理，即每次厂家向超市转移商品时，交易价格按每件商品售价的10%抵减。第1个月应确认收入为 $200-200\times10\%=180$（万元）。

第五节　将交易价格分摊到单项履约义务中

一、单项履约义务价格分摊

当合同中存在两项或以上履约义务时，企业应在合同开始日按照各项履约义务的单独售价分摊交易价格，且不随日后价格变化而改变分摊基础。企业不得因合同开始日之后的单独售价变动而重新分摊交易价格。

单独售价是指企业向客户单独销售商品的价格。当其无法观察时，企业应当综合考虑其能够获得的全部信息，并采用以下估计方法：市场调整法、成本加成法、余值法等。

市场调整法：企业根据某商品或类似商品的市场售价，考虑本企业的成本和毛利等进行适当调整后的金额，确定其单独售价的方法。

成本加成法：企业根据某商品的预计成本加上其合理毛利后的价格，确定其单独售价的方法。

余值法：企业根据合同交易价格减去合同中其他商品可观察的单独售价后的余额，确定其单独售价的方法。

企业应尽可能采用可观察值，同时对类似情况采用一致的估值方法。当商品近期售价波动幅度巨大，或其因未定价且未曾单独出售而无法估计时，可以采用余值法估计其单独售价。

二、存在合同折扣的价格分摊

合同折扣指合同中各单项履约义务所承诺商品的单独售价之和高于合同交易价格的金额。存在合同折扣时，企业应按相对单独售价比例分摊折扣至各单独履约义务，下列情形除外：①有确凿证据表明合同折扣仅与合同中一项或多项履约义务相关的，则不应分摊到合同中的无关履约义务；②合同折扣仅与合同中一项或多项履约义务相关，且企业采用余值法估计单独售价的，应当首先按照前款规定在一项或多项履约义务之间分摊合同折扣，然后采用余值法估计单独售价。

【例 7-7】　甲公司与客户签订合同，向其销售 A、B、C 三种产品，合同价款为 120 万元（不含税），三种产品构成三项履约义务。企业经常单独出售 A 商品，其售价可以单独直接观察。B 产品和 C 产品的售价不可直接观察，需要估计。企业分别采用市场调整法和成本加成法对 B 和 C 的售价进行单独估计，如表 7-3 所示。

表 7-3　产品售价估计表

产　　品	单独售价（万元）	估计方法
A	50	直接观察
B	25	市场调整法
C	75	成本加成法
合计	150	

甲公司经常以 50 万元的价格单独销售 A 商品，以 70 万元的价格销售 B 和 C 商品组合。如何分配交易价格？

解析：

A 商品分摊的交易价格＝50（万元）

B 商品分摊的交易价格＝25÷100×70＝17.5（万元）

C 商品分摊的交易价格＝75÷100×70＝52.5（万元）

第六节　在履行履约义务的某时点（某段期间）确认收入

企业应当在履行了合同中的履约义务，即客户取得相关商品控制权时确认收入。企业应当根据实际情况，首先判断履约义务是否满足在一段时间内履行的条件，当不满足时，则该履约义务属于在某一时点履行的履约义务。对两种不同类型的履约义务企业确认收入的方式不同。

一、一段时间内履行的履约义务

1. 收入确认条件

满足下列条件之一的，应判定为在一段时间内履行的履约义务，相关收入在该履约义务履行期间确认：

（1）客户在企业履约行为的同时取得并消耗企业履约所提供的利益，例如，常规或经常性的服务；

（2）客户能够控制企业履约过程中在建的商品，例如，在客户场地上建造资产或设备；

（3）企业履约过程中所产出的商品不具有可替代用途且该企业在整个合同期间内有权就累计至今已经完成的履约部分收取款项（合同收款权），例如，建造只有客户能够使用的专项资产，或按照客户的指示建造资产。

针对第（3）点，在判断商品是否具有不可替代用途时：企业应当在合同开始日判断所承诺的商品是否具有不可替代用途；判断合同中是否存在实质性限制条件，导致企业不能将合同约定的商品用于其他用途；判断合同中是否存在实际可行性限制；根据最终转移给客户的商品特征判断其是否具有不可替代用途。有权就累计至今已完成的履约部分收取款项，是指在由于客户或其他方原因终止合同的情况下，企业有权就累计至今已完成的履约部分收取能够补偿其已发生成本和合理利润的款项，并且该权利具有法律约束力。

【例 7-8】 A 公司是一家制造生产设备的企业，其与 B 公司签订了一项设备制造协议，按照 B 公司的具体要求设计和制造设备。A 公司在自己的厂区内完成该设备的制造，B 公司无法控制建造过程中的设备。A 公司如果想把该设备销售给其他客户，需要发生重大的改造成本。双方约定，如果 B 公司单方面解约，B 公司需要向 A 公司支付相当于合同总价 30% 的违约金，且建造中的设备归 A 公司所有。假定该合同仅包含一项履约义务，即设计和建造设备。试分析该履约义务应在一段时间内还是某一时点确认收入？

解析：应按某一时点来确认收入。虽然该设备具有不可替代用途，但当客户单方面解约时，仅需向 A 公司支付相当于合同总价款 30% 的违约金，表明 A 公司无法在整个合同期间内有权就累计至今已经完成的履约部分收取能够补偿其已发生成本和合理利润的款项。因此，该履约义务不能够确认为在一段时间内履行的义务。

2. 收入确认方法

对于在某一段时间内履行的履约义务，企业应当在该段时间内按照履约进度确认收入。履约进度不能合理确定的除外。企业应当采用恰当的方法估计履约进度，以使其反映企业向客户转让商品的履约情况。考虑到商品的性质，企业可以采用产出法或投入法确定履约进度。

产出法：根据已转移给客户的商品对于客户的价值确定履约进度，例如按照实际测量的完工程度、评估已实现的结果、已达到的进度、时间进度、已完工或交付的产品等确定履约进度。

【例 7-9】 A 公司与客户签订合同，为该客户的企业更换计算机设备（硬件），共计 100 件，合同价款为 20 万元。截至 2020 年 12 月 31 日，A 公司共更换设备 50 件，剩余部分将在 2021 年 6 月底前完成。该合同仅包含一项履约义务，且该履约义务符合在一段时间内履行的条件。计算 A 公司 2020 年 12 月 31 日确认的收入。

解析：履约义务为一段时间内履行的义务，A 公司可以按照产出法确认履约进度，截至 2020 年 12 月 31 日，A 公司确认收入为 $50 \div 100 \times 20 = 10$（万元）。

产出法的优点在于按照已完成的产出直接计算履约进度，较为客观地反映履约情况，但缺点是其所需要的信息可能无法直观获得，当这些信息需要较高成本时，企业可以转为采用投入法。

投入法：根据企业履行履约义务的投入确定履约进度，通常可以采用投入的材料数量、人工或机器工时、发生的成本和时间进度等确认履约进度。

对于每一项履约义务，企业应采用一种方法来确定其履约进度，并对类似情况下的类似履约义务采用相同的方法。在资产负债表日，企业按照合同的交易价格乘以履约进度扣除前期累计确认的收入后的金额计算当期收入。当履约进度无法合理确定，企业已经发生的成本预计能够得到补偿时，可以按照发生的成本金额确认收入，直到履约进度能够合理确定为止。企业应在每个资产负债表日，对履约进度进行重新估计。

二、在某一时点履行的履约义务

当某一履约义务不属于某一时间段内履行的履约义务时，应当分类为在某一时点履行的履约义务。在此分类下，企业应当在客户取得相关商品控制权时确认收入。判断控制转移的迹象：

（1）企业就该商品享有现时收款权利，即客户就该商品负有现时付款义务。

（2）企业已将该商品的法定所有权转移给客户，即客户已拥有该商品的法定所有权。

（3）企业已将该商品实物转移给客户，即客户已实际占有该商品。注意，客户占有某项商品的实物并不意味着其一定取得了该商品的控制权，反之亦然。例如，在委托代销安排中，企业作为委托方将商品发给受托方代销，受托方并未取得商品控制权，因此，企业不应在向受托方发货时确认销售收入，而通常应在受托方售出商品时确认收入。

（4）企业已将该商品所有权上的主要风险和报酬转移给客户，即客户已取得该商品所有权上的主要风险和报酬。

（5）客户已接受该商品。

（6）其他表明客户已取得商品控制权的迹象。

三、五步法确认收入解析

【例 7-10】甲公司是一家软件开发企业，2016 年 12 月 25 日与客户签订软件许可合同，合同总价款为 200 万元，内容包括：①为期 2 年的软件许可权；②标准安装服务；③18 个月的售后技术支持服务。客户于 2016 年 12 月 31 日向甲公司支付合同价款 200 万元。甲公司于 2017 年 1 月 1 日为客户安装软件，该服务为标准安装服务，不涉及对软件的重大修订。该安装服务亦经常由其他企业提供。甲公司也向其客户单独销售上述项目，为期 2 年的软件许可权单独销售价格为 195 万元，标准安装服务的单独售价为 3 万元，18 个月的售后技术支持服务单独售价为 8 万元。依据五步法模型，甲公司如何对与上述合同相关的收入进行确认？

解析：

第一步：识别与客户之间的合约，即软件许可合同。

第二步：识别合约中的履约义务，包括软件许可权、标准安装服务和售后技术支持服务。

第三步：确定交易价格，总额 200 万元。

第四步：将交易价格分配至合同中各项单独履约义务中，计算过程见表 7-4，价格分配参考合同开始日的商品和服务的单独售价比例。

表 7-4 将交易价格分配至合同中的各项履约义务

基于各自相关的单独售价分摊				
履约义务	单独售价（万元）	比例	计算（万元）	分摊交易价格（万元）
软件许可权	195	94.66%	200×94.66%	189.32
安装服务	3	1.46%	200×1.46%	2.92
售后服务	8	3.88%	200×3.88%	7.76
总计	206	100%		200

第五步：在履行履约义务的某时点（某段期间）确认收入。

在本例中，交付软件在交付时点确认收入为189.32万元；提供的安装服务在服务提供时确认收入为2.92万元；而售后服务在18个月内持续发生，服务性质类似，并符合按照一段时间确认收入中的第一条即客户在企业履约的同时即取得并消耗企业履约所带来的经济利益，可以按照履约进度在18个月内平均确认，2017年和2018年分别确认额度为5.17〔=（7.76÷18）×12〕万元与2.59（=7.76-5.17）万元。

第七节　合同资产、合同负债、合同成本

一、合同资产与合同负债

1.定义

根据我国《企业会计准则第14号——收入》，企业应当根据本企业履行履约义务与客户付款之间的关系在资产负债表中列示合同资产或合同负债。

合同资产，是指企业已向客户转让商品而有权收取对价的权利，且该权利取决于时间流逝之外的其他因素。如企业向客户销售两项可明确区分的商品，企业因已交付其中一项商品而有权收取款项，但收取该款项还取决于企业交付另一项商品的，企业应当将该收款权利作为合同资产。

合同负债，是指企业已收或应收客户对价而应向客户转让商品的义务。如奖励积分销售，在积分没有兑换之前，应将积分对应的交易价格作为合同负债。

2.合同资产与应收账款

从收取款项的确定性来讲，合同资产弱于应收账款。仅仅随着时间流逝即可收款的是应收账款，即应收账款仅承担信用风险，而合同资产除了信用风险之外，还要承担其他的风险，例如履约风险。合同资产的减值处理、列报和披露应参考相关金融工具准则要求。

【例7-11】　A公司与客户签订合同，向其销售一台设备，不含税价格为1 000万元，同时A公司承诺安装调试设备，安装费（不含税）为100万元。合同约定，在安装调试验收后双方结算价款。假定销售设备和安装服务是两项履约义务。

因为销售设备的款项需要在安装调试验收后才能够确定成为一项仅随着时间流逝可以收回的权利，因此除了承担信用风险，A公司还承担了履约风险，销售款应当计入合同资产科目。不考虑税费影响，A公司的账务处理如下（金额单位：万元）。

（1）销售设备，设备控制权转移。

借：合同资产　　　　　　　　　　　　　　　　　　　　　1 000

　　贷：主营业务收入——销售设备　　　　　　　　　　　　　　　1 000

（2）安装调试验收完毕，双方结算价款。

借：应收账款　　　　　　　　　　　　　　　　　　　　　　1 100

　　贷：合同资产　　　　　　　　　　　　　　　　　　　　　　　　1 000

　　　　主营业务收入——销售安装服务　　　　　　　　　　　　　　100

3.合同负债与预收账款

所收款项是否对应于合同规定的交付商品或提供劳务的履约义务。如果收取的款项不构成交付商品或提供劳务的履约义务，则属于预收账款；反之，则属于合同负债。

确认预收账款的前提是收到了款项，确认合同负债则不以是否收到款项为前提，而以合同中履约义务的确立为前提。

如上所述，如果所预收的款项与合同规定的特定履约义务无关，则作为预收账款核算，但前提是已收到款项。无论款项是否已经被企业预收，如果能够认定合同中规定的履约义务确已产生，且企业履约后对这笔款项有无条件收取的权利，企业应对此确认合同负债。也就是说，合同负债的确认不以款项收取为前提条件。

表 7-5 为预收账款和合同负债示例。

表 7-5　中国中铁 2019 年年度报告中的有关预收账款和合同负债附注

（单位：千元）

（32）预收账款	2019 年 12 月 31 日	2018 年 12 月 31 日
预收租赁款	159 604	195 608
其他	133 314	87 127
合计	292 918	282 735
（33）合同负债		
预收售楼款	36 960 750	33 674 903
预收工程款	36 837 497	28 829 140
已结算未完工款	24 471 123	17 787 852
预收制造产品销售款	4 975 995	3 395 050
预收设计咨询费	2 784 182	3 642 102
预收材料款	1 391 748	1 924 093
其他	2 948 633	2 746 106
合计	110 369 928	91 999 246

【例 7-12】 2020 年 1 月 1 日，A 公司开始推行一项奖励积分计划。根据该计划，客户在 A 公司每消费 10 元可以获得 1 个积分，每个积分从次月开始在购物时可以抵扣 1 元。截至 2020 年 1 月 31 日，客户共消费 10 万元，可获得 1 万积分，A 公司估计该积分兑换率为 95%。假定上述金额不包含增值税的影响，假设截至 2020 年 12 月 31 日，客户共兑换了 4 500 个积分。

解析： 根据新收入准则，A 公司与客户的合同中存在商品交易和奖励积分两项履约义务。

（1）2020 年 1 月账务处理。

分摊至商品的交易价格＝[100 000÷（100 000＋95%×10 000）]×100 000＝91 324（元）

分摊至积分的交易价格＝[（95%×10 000）÷（100 000＋95%×10 000）]×100 000

＝8 676（元）

借：银行存款　　　　　　　　　　　　　　　　　　　　100 000

　　贷：主营业务收入　　　　　　　　　　　　　　　　　　　　　91 324

　　　　合同负债　　　　　　　　　　　　　　　　　　　　　　　　8 676

（2）2020年12月账务处理。

兑换积分应当确认的收入＝（4 500÷9 500）×8 676＝4 110（元）

借：合同负债　　　　　　　　　　　　　　　　　　　　4 110

　　贷：主营业务收入　　　　　　　　　　　　　　　　　　　　　4 110

4. 合同资产与合同负债列示

合同资产和合同负债应当在资产负债表中单独列示。同一合同下的合同资产和合同负债应当以净额列示，不同合同下的合同资产和合同负债不能互相抵销。

企业可以设置"合同结算"科目（或其他类似科目），以核算同一合同下属于在某一时间段内履行履约义务、涉及与客户结算对价的合同资产或合同负债，并在此科目下设置"合同资产——价款结算"科目反映定期与客户进行结算的金额，设置"合同结算——收入结转"科目反映按履约进度结转的收入金额。

资产负债表日，"合同结算"科目的期末余额在借方的，根据其流动性，在资产负债表中分别列示为"合同资产"或"其他非流动资产"项目；期末余额在贷方的，根据其流动性，在资产负债表中分别列示为"合同负债"或"其他非流动负债"项目。

二、合同成本

1. 合同履约成本

合同履约成本是企业为履行当前或预期取得的合同所发生的、不属于其他企业会计准则规范范围（如存货、固定资产、无形资产等）且同时满足合同履约成本的主要特征的应当作为合同履约成本确认为一项资产。合同履约成本的主要特征：①该成本与一份当前或预期取得的合同直接相关；②该成本增加了企业未来用于履行履约义务的资源；③该成本预期能够收回。

例如，A公司经营一家酒店，通过提供客房服务赚取收入，则与客房服务相关的资产折旧和摊销应该归属于A公司为履行与客户合同而发生的服务成本。当该成本满足资本化条件时，应作为合同履约成本进行会计处理，在确认收入时对其进行摊销，计入营业成本。

企业在发生下列支出时，应当将其计入当期损益：①管理费用，除非费用明确由客户承担；②非正常消耗的直接材料、直接人工和制造费用，这些支出为履行合同发生，但未反映在合同价格中；③与履约义务中已履行部分相关的支出；④无法在尚未履行的与已履行的履约义务之间区分的相关支出。

2. 合同取得成本

企业为取得合同发生的增量成本预期能够收回的，应当作为合同取得成本确认为一项资产。增量成本指成本的发生取决于合同的取得，例如销售佣金等。在该资产摊销期限不超过一年时，可以在发生时计入当期损益简化处理。

企业为取得合同发生的、除预期能够收回的增量成本之外的其他支出，例如无论是否取得合同均会产生的差旅费等，应当在发生时计入当期损益，其中由客户明确承担的除外。

3. 摊销和减值

摊销：与合同成本相关的资产取得后，应当采用与该资产相关的商品收入确认相同的基础进行摊销，计入当期损益。

减值：与合同成本有关的资产，其账面价值高于以下两项差额的，超出部分应当计提减值准备，并确认为资产减值损失：①企业因转让与该资产相关的商品预期能够取得的剩余对价；②为转让该相关商品估计将要发生的成本。

当前期减值因素之后发生改变，使①减②的差额高于资产账面价值的，应当转回原已计提的资产减值准备，并计入当期损益，但转回后的资产账面价值不应超过假定不计提减值准备情况下该资产在转回日的账面价值。

第八节 关于特定交易的会计处理

一、附有销售退回条款的销售

对于附有销售退回条款的销售，企业应当在客户取得相关商品控制权时，按照由于向客户转让商品而预期有权收取的对价金额（不包含预期因销售退回将退还的金额）确认收入，按照预期因销售退回将退还的金额确认负债；同时，按照预期将退还商品转让时的账面价值，扣除收回该商品预计发生的成本（包括退回商品的价值减损）后的余额，确认为一项资产，按照所转让商品转让时的账面价值，扣除上述资产成本的净额结转成本。

每个资产负债表日，企业应当重新估计未来销售退回情况，如有变化，应当作为会计估计变更进行会计处理。

【例 7-13】 2020 年 6 月 1 日，A 公司向 B 企业销售一批家电，共计 5 000 台，单位销售价格为 500 元，单位成本为 400 元，开出的增值税专用发票上注明销售价格为 250 万元，增值税为 32.5 万元。家电已经发出，但款项尚未收到，B 公司将于 2020 年 12 月 31 日前完成支付。B 公司根据合同约定有权在 2012 年 6 月底前退还该批家电。根据以往经验，A 公司估计该批家电的退货率为 20%。2020 年 12 月 31 日，A 公司对退货率重新评估，降至 10%。A 公司作为增值税一般纳税人，家电发出时纳税义务已经发生。2021 年 6 月 30 日发生销售退回，实际退货数量为 400 件，退货款项已经支付。

解析：（金额单位：万元）。

（1）2020年6月1日销售商品时：

借：应收账款——B公司（250万+32.5万）　282.5

　　贷：主营业务收入（5 000×80%×500）　　　　200

　　　　预计负债——应付退货款（5 000×20%×500）　　50

　　　　应交税费——应交增值税（销项税额）　　　　32.5

借：主营业务成本（5 000×80%×400）　160

　　应收退货成本（5 000×20%×400）　40

　　贷：库存商品（5 000×400）　　　　200

（2）2020年12月31日之前收到还款：

借：银行存款　282.5

　　贷：应收账款——B公司　　　　282.5

（3）2020年12月31日重新估计退货率为10%。

借：预计负债——应付退货款（5 000×10%×500）　25

　　贷：主营业务收入　　　　25

借：主营业务成本（5 000×10%×400）　20

　　贷：应收退货成本　　　　20

（4）2021年6月30日实际发生退货时：

借：库存商品（400×400）　16

　　应交税费——应交增值税（销项税额）　2.6

　　预计负债——应付退货款　25

　　贷：银行存款　　　　22.6

　　　　主营业务收入　　　　5

　　　　应收退货成本　　　　16

借：主营业务成本　4

　　贷：应收退货成本　　　　4

二、附有质量保证条款的销售

对于附有质量保证条款的销售，企业应当评估该质量保证是否在向客户保证所销售商品符合既定标准之外提供了一项单独的服务。企业提供额外服务的，应当作为单项履约义务，按照《企业会计准则第14号——收入》规定进行会计处理；否则，质量保证责任应当按照《企业会计准则第13号——或有事项》规定进行会计处理。

在评估质量保证是否在向客户保证所销售商品符合既定标准之外提供了一项单独的服务时，企业应当考虑该质量保证是否为法定要求、质量保证期限以及企业承诺履行任务的性质等因素。客户能够选择单独购买质量保证的，该质量保证构成单项履约义务。

三、区分主要责任人与代理人

企业应当根据其在向客户转让商品前是否拥有对该商品的控制权，来判断其从事交易时的身份是主要责任人还是代理人。企业在向客户转让商品前能够控制该商品的，该企业为主要责任人，应当按照已收或应收对价总额确认收入；否则，该企业为代理人，应当按照预期有权收取的佣金或手续费的金额确认收入，该金额应当按照已收或应收对价总额扣除应支付给其他相关方的价款后的净额，或者按照既定的佣金金额或比例等确定。

企业向客户转让商品前能够控制该商品的情形包括：

（1）企业自第三方取得商品或其他资产控制权后，再转让给客户。

（2）企业能够主导第三方代表本企业向客户提供服务。

（3）企业自第三方取得商品控制权后，通过提供重大的服务将该商品与其他商品整合成某组合产出转让给客户。

在具体判断向客户转让商品前是否拥有对该商品的控制权时，企业不应仅局限于合同的法律形式，而应当综合考虑所有相关事实和情况，这些事实和情况包括：

（1）企业承担向客户转让商品的主要责任。

（2）企业在转让商品之前或之后承担了该商品的存货风险。

（3）企业有权自主决定所交易商品的价格。

【例7-14】 2020年1月，A旅行社从B航空公司购买了一定数量的折扣机票，并对外销售，A旅行社向旅客销售机票时，可自行决定机票的价格等，未出售的机票不能退还给B航空公司，分析A旅行社的身份是主要责任人还是代理人？

解析： 主要责任人。旅行社承担商品转让主要责任、存货风险，且可以自行决定其销售价格。

四、附有客户额外购买选择权的销售

对于附有客户额外购买选择权的销售，企业应当评估该选择权是否向客户提供了一项重大权利。企业提供重大权利的，应当作为单项履约义务，将交易价格分摊至该履约义务，在客户未来行使购买选择权取得相关商品控制权时，或者该选择权失效时，确认相应的收入。客户额外购买选择权的单独售价无法直接观察的，企业应当综合考虑客户行使和不行使该选择权所能获得的折扣的差异、客户行使该选择权的可能性等全部相关信息后，予以合理估计。

客户虽然有额外购买商品选择权，但客户行使该选择权购买商品时的价格反映了这些商品单独售价的，不应被视为企业向该客户提供了一项重大权利。

【例7-15】 2019年1月1日，A公司开始推行一项奖励积分计划。根据该计划，客户在A公司每消费10元可以获得1个积分，每个积分从次月开始在购物时可以抵减1元。2019年1月1日，客户共消费100万元，可以获得10万个积分，根据历史经验，A公司估计该积分的兑换率为80%。假定上述金额不包含增值税的影响。请问应如何对奖励积分进行会计处理？

解析： A公司授予客户的奖励积分为一项重大权利，单独作为一项履约义务进行处理。客户购买的单独售价为100万元，考虑到积分兑换的情况，积分单独售价为1元×10万个积分×80%＝8万元。A公司按照商品和积分分别的单独售价相对比例分摊交易价格：

商品交易价格＝[100÷（100＋8）]×100＝92.59（万元）

积分交易价格＝[8÷（100＋8）]×100＝7.41（万元）

假定1月1日客户取得商品控制权，A公司会计分录（金额单位：万元）。

借：银行存款 100
　　贷：主营业务收入 92.59
　　　　合同负债 7.41

截至2019年12月31日，客户共兑换了5万个积分，A公司对该积分兑换进行了重新评估，评估结果认为客户积分兑换率不变。因此，A公司以客户兑换积分数占预期将兑换积分总数的比例为基础确认收入，积分当年应当确认的收入为4.63（＝7.41×5÷8）万元，剩余未兑换的积分为2.78（＝6.41-4.63）万元，仍然作为合同负债（金额单位：万元）。

借：合同负债 4.63
　　贷：主营业务收入 4.63

五、企业向客户授予知识产权许可

企业向客户授予知识产权许可的，应当评估该知识产权许可是否构成单项履约义务，构成单项履约义务的，应当进一步确定其是在某一时间段内履行还是在某一时点履行。企业向客户授予知识产权许可，同时满足下列条件时，应当作为在某一时间段内履行的履约义务确认相关收入；否则，应当作为在某一时点履行的履约义务确认相关收入：①合同要求或客户能够合理预期企业将从事对该项知识产权有重大影响的活动；②该活动对客户将产生有利或不利影响；③该活动不会导致向客户转让某项商品。

六、售后回购

售后回购，是指企业销售商品的同时承诺或有权选择日后再将该商品（包括相同或几乎相同的商品，或以该商品作为组成部分的商品）购回的销售方式。对于售后回购交易，企业应当区分下列两种情形分别进行会计处理：

（1）企业因存在与客户的远期安排而负有回购义务或企业享有回购权利的，表明客户在销售时点并未取得相关商品控制权，企业应当作为租赁交易或融资交易进行相应的会计处理。其中，回购价格低于原售价的，应当视为租赁交易，按照《企业会计准则第 21 号——租赁》的相关规定进行会计处理；回购价格不低于原售价的，应当视为融资交易，在收到客户款项时确认金融负债，并将该款项和回购价格的差额在回购期间内确认为利息费用等。企业到期未行使回购权利的，应当在该回购权利到期时终止确认金融负债，同时确认收入。

（2）企业负有应客户要求回购商品义务的，应当在合同开始日评估客户是否具有行使该要求权的重大经济动因。客户具有行使该要求权的重大经济动因的，企业应当将售后回购作为租赁交易或融资交易，按照第（1）条规定进行会计处理；否则，企业应当将其作为附有销售退回条款的销售交易，按照"附有销售退回条款的销售"原则处理。

❖ 本章小结

1. 我国收入准则修订与国际发展趋势接轨，2017 年 7 月 5 日，财政部发布关于修订印发《企业会计准则第 14 号——收入》的通知，新的《企业会计准则第 14 号——收入》（CAS14）取代旧准则《企业会计准则第 15 号——建造合同》以及《企业会计准则第 14 号——收入》。修订后的准则分批次实施，其中境内外同时上市企业和在境外上市并采用国际财务报告准则或企业会计准则编制财务报告的企业于 2018 年 1 月 1 日起执行；其他境内上市企业于 2020 年 1 月 1 日起执行；执行企业会计准则的非上市企业则于 2021 年 1 月 1 日起执行。

2. 修订后的收入准则将收入的确认和计量分解成五个步骤：①识别与客户之间的合同；②识别合同中的单独履约义务；③确定交易价格；④将交易价格分配至合同中各项履约义务；⑤在履行履约义务的某时点（某段期间）确认收入。其中，第一、二、五个步骤与收入的确认有关，第三、四个步骤主要涉及收入的计量。

3. 识别与客户之间的有效合同是收入确认的先决条件。合同识别需同时满足以下条件：①合同各方已批准合同并承诺履行其

各自义务；②该合同明确了合同各方所转让商品或提供劳务的相关权利和义务；③该合同有明确的与所转让商品相关的支付条款；④该合同具有商业实质，即履行合同将改变企业未来现金流量的风险、时间分布或金额；⑤企业因向客户转让商品而有权取得的对价很有可能收回。

4. 履约义务是修订的收入准则中引入的新概念，指合同中企业向客户转让可明确区分商品的承诺。对于包含多重交易安排的合同，一份合同可以识别出多个单项履约义务。识别合同中的单项履约义务首先应判断商品或服务本身是否可以明确区分；其次应判断企业向客户转让商品的承诺与合同中的其他承诺是否可以单独区分。当存在以下情况时，通常认为企业向客户转让该商品的承诺与合同中的其他承诺不可明确区分：①企业需提供重大的服务将该商品与合同中承诺的其他商品进行整合，形成合同约定的某个或某些组合产出转让给客户；②该商品将对合同中承诺的其他商品予以重大修改或定制；③该商品与合同中承诺的其他商品具有高度关联性。

5. 单项履约义务可以分为在某个时点履行与在某一段时间内履行两种类别。当满足下

列条件之一时，可以判定为在一段时间内履行履约义务，并允许企业按照履约进度逐步确认收入，否则均视同于在某一时点履行：①客户在企业履约的同时即取得并消耗企业履约所带来的经济利益；②客户能够控制企业履约过程中在建的商品；③企业在履约过程中所产出的商品具有不可替代用途，且该企业在整个合同期间有权就累计至今已经完成的履约部分收取款项。

6. 确定交易价格需要考虑：①可变对价；②重大融资成分；③非现金对价；④应付客户对价等因素的影响。可变对价（如奖励、折扣、返利、退货权、货款抵扣、价格折让、绩效激励）可能导致商品的交易价格有所不同，合同中存在可变对价的，企业应当按照期望值或最有可能发生金额确定可变对价的最佳估计数。

7. 当合同中存在两项或以上履约义务时，企业应在合同开始日按照各项履约义务的单独售价分摊交易价格，且不随日后价格变化而改变分摊基础。企业不得因合同开始日之后的单独售价变动而重新分摊交易价

格。单独售价是指企业向客户单独销售商品的价格。当其无法观察时，企业应当综合考虑其能够获得的全部信息，并采用以下估计方法：市场调整法、成本加成法、余值法等。

8. 合同资产，是指企业已向客户转让商品而有权收取对价的权利，且该权利取决于时间流逝之外的其他因素。如企业向客户销售两项可明确区分的商品，企业因已交付其中一项商品而有权收取款项，但收取该款项还取决于企业交付另一项商品的，企业应当将该收款权利作为合同资产。合同负债，是指企业已收或应收客户对价而应向客户转让商品的义务。如奖励积分销售，在积分没有兑换之前，应将积分对应的交易价格作为合同负债。

9. 关于特定交易的会计处理：修订后的收入准则对于特定交易相关会计处理进行了细致阐述，例如包括附有销售退回条款的销售，附有质量保证条款的销售，附有客户额外购买选择权的销售，向客户授予知识产权许可，并着重强调了如何区分主要责任人和代理人。

◼ 关键术语

新收入准则、五步法确认收入、合同、 履约义务、单项履约义务、合同资产、合同负债

◼ 思考题

1. 新旧收入准则在确认收入上有何异同以及实施背景？

2. 新收入准则确认收入的模型的步骤和内容有哪些？

3. 如何识别单项履约义务？

4. 确定单项履约义务的价格分摊的基础有哪

些方法？存在合同折扣如何进行分摊？

5. 如何区分某一时间段或某一时点履行的履约义务？若为某一时间段履行如何确认履约进度？

6. 简述合同资产与应收账款、合同负债与预收账款的区别。

❖ 自测题

1. 甲公司承诺以每件300元的价格向乙公司销售150件A产品。产品在3个月内转移给乙公司，每件商品的控制权转移发生在某个时点。甲公司向乙公司转移80件A产品控制权后，合同进行了修改，协商额外向乙公司交付30件A产品，在协商过程中，乙公司发现已收到的80件产品存在瑕疵，甲公司对此进行赔偿，承诺针对已转移的80件商品每件优惠30元，且新增合同每件产品售价260元。下列有关说法中正确的是（　　　）。

　A. 甲公司应将新增的30件A产品识别为单独的新合同

　B. 甲公司应将新增的30件A产品连同原150件A产品合同识别为单独的新合同

　C. 对于追加的30件A产品，甲公司按每件288元确认收入

　D. 对于已售出的瑕疵产品优惠折让，计入当期销售费用

2. 下列履约义务组合中，分别构成单项履约义务的是（　　　）。

　A. 销售设备和专用耗材：甲公司承诺向客户销售医疗设备并提供专用耗材，专用耗材是该设备专用耗材且仅甲公司能生产，故客户只能向甲公司购买，耗材可单独出售

　B. 设计服务和生产服务：甲公司设计一项实验性产品并生产10个样品，样品的功能尚未得到明确证实

　C. 软件许可和定制安装服务：甲公司转让软件许可并提供安装服务。作为安装服务的一部分，软件将做重大定制以添加重要功能从而使其能和客户使用的其他软件对接

　D. 某合成药的专利许可和生产：甲公司转让药品专利权许可并承诺为客户生产该药品，该药品的生产特殊性高，没有其他公司能够仿制生产

3. 2020年6月，某大型快消品制造商甲公司与某大型超市卖场签订合同，合同期一年。卖场承诺，在合同期限内以约定价格购买至少价值1 500万元的产品，且同时约定，甲公司需在合同开始时向卖场支付150万元不可退回款项，该款项为卖场用于改造货架并放置甲公司产品的坑位费用。2020年年末甲公司向卖场销售货物开具发票金额为800万元。下列有关说法正确的是（　　　）。

　A. 甲公司应将在合同开始时支付的150万元坑位费确认为销售费用

　B. 甲公司应在合同开始时点将支付的150万元坑位费冲减当期营业收入

　C. 甲公司针对此合同在年末确认收入720万元

　D. 甲公司应将合同开始时点支付的150万元于合同结束时确认为一项费用或冲减收入

4. 下列项目中，属于在某一时点确认收入的是（　　　）。

　A. 在客户的场地上建造大楼

　B. 酒店管理服务

　C. 企业履约过程中产出的商品具有不可替代用途，且该企业在整个合同期间内有权就累计至今已完成的履约部分收取弥补其已投出成本的款项

　D. 企业履约过程中产出的商品具有不可替代用途，且该企业在整个合同期间内有权就累计至今已完成的履约部分收取相当于成本及利润的款项

5. 一支球队于2020年1月1日向一乳品企

业授予其4年期的球队形象使用许可，该乳品企业能依据合理方式在其牛奶售卖包装上使用其球队形象，球队不会向其转让其他商品并预期将持续在未来4年内参加体育赛事活动，球队因授予其形象许可在合同签订日一次性收取400万元以及乳品企业后续4年年销售额的万分之一，当年乳品企业销售额为20亿元，下列有关说法正确的是（　　）。

A. 球队应在收到款项时确认400万元收入

B. 球队应在授予形象许可后第4年确认400万元收入

C. 出于谨慎性原则，当年球队仅能确认100万元收入

D. 2020年球队应确认120万元收入

6. 2020年7月1日，甲公司承诺向乙公司转让两种可明确区分的产品A和产品B。产品A在合同开始日转让给乙公司，产品B于2021年3月31日转让给乙公司。乙公司承诺支付的对价包含固定对价2 000万元和估计值为200万元的可变对价，甲公司将其符合条件的可变对价计入交易价格。2020年11月30日，合同范围进行了修订：2021年6月30日前将产品C连同尚未交付的产品B转让给乙公司，合同价格增加了600万元固定对价，增加额并不反映产品C的单独售价。三种产品售价均相同且可明确区分，可变对价不符合仅分配给某单独一项履约义务的标准。在合同修订后，交付产品B和产品C前，甲公司将预期有权获得的可变对价修正为260万元，增加的60万元属于合同修改前的承诺的可变对价，且可纳入交易价格，在不确定消除时累计已确认收入极可能不会发生重大转回，关于增加的60万元可变对价，说法正确的有（　　）。

A. 产品A分摊30万元

B. 产品B分摊15万元

C. 产品C分摊15万元

D. 产品A、B和C分别分摊20万元

7. 2019年11月，甲公司与乙公司签订一项装修一栋建筑并安装新电梯的合同，总对价1 000万元。已承诺的装修服务（含电梯安装）是一项在一段时间内履行的履约义务。预计总成本800万元（含电梯成本300万元）。甲公司转让电梯前取得对该电梯的控制权。甲公司利用投入法基于已发生的成本计量其履约进度。乙公司在2019年12月电梯运抵建筑物时取得控制，直至2020年6月安装完成，至2019年12月31日，已发生成本100万元（不含电梯），下列会计处理正确的是（　　）。

A. 至2019年12月31日履约进度为20%

B. 电梯收入应在安装完毕检验合格后确认

C. 2019年确认营业收入440万元

D. 2019年确认营业成本400万元

8. 2019年1月1日，甲公司与乙公司签订一项向其销售产品的合同，合同约定2年后交货。合同提供两种付款方式，即乙公司可以2年后支付449.44万元，或者在合同签订时支付400万元。乙公司选择合同签订时支付400万元。该产品的控制权在交货时转移，甲公司于2019年1月1日收到货款。上述价格不考虑增值税并结合现行市场利率水平甲公司认为该合同包含重大融资成分且该融资费用不符合资本化条件。下列有关说法中正确的有（　　）。

A. 甲公司收到货款时确认未确认融资费用49.44万元

B. 甲公司收到货款时确认预收账款449.44万元

C. 甲公司2019年年末应确认财务费用24万元

D. 甲公司 2020 年该合同影响损益金额为 424 万元

9. 甲公司为一家网络直播电商企业，和品牌供应商乙公司合作销售商品，乙公司利用甲公司直播平台派专员进行销售，没有售出的商品归属于乙公司并承担存货未售出和丢失的风险。客户购买时通过甲公司的直播平台账户同甲公司结算，甲公司提供销售发票，扣除提成后与乙公司分成。甲公司会要求乙公司偶尔进行平台促销，甲公司主导的促销费用由乙公司承担，乙公司自行打折需要经过甲公司同意，需符合甲公司定位，在其他平台的打折幅度不能过高。商品出现问题时，客户可直接联系乙公司专员或甲公司客服，若联系甲公司客服，甲公司先行赔偿再同乙公司协商赔偿安排。下列说法正确的有（　　　）。

A. 从客户角度，甲公司承担主要责任

B. 销售前，存货风险由甲公司承担

C. 销售后，存货风险由甲公司和乙公司共同承担

D. 主要责任人是甲公司，按总额法确认收入

10. 甲公司经营一家会员制健身俱乐部，同客户签订了 2 年期合同，客户支付入会费 100 元以及健身费 3 000 元。入会费用于弥补注册登记以及制作会员卡等成本。甲公司收取的入会费和健身费无须返还。2020 年，甲公司同 500 名客户签订合同，并一次性收取入会费 5 万元以及健身费 150 万元，甲公司 2020 年会计处理错误的是（　　　）。

A. 收取的健身费 150 万元于年末确认收入

B. 收取的注册登记费用确认为一项负债，并于 2 年后确认收入

C. 一次性收取的 150 万元和注册登记费用 5 万元在 2 年内分摊确认收入

D. 一次性收取的 150 万元在 2 年内分摊确认收入，注册登记费用在第 1 年确认收入

❖ 练习题

1. 假设某啤酒销售企业于 2018 年 1 月 1 日与客户订立一项出售啤酒产品 A 的合同（单价为 100 元 / 件）。该合同规定，如果该客户在 1 年内购买超过 1 000 件产品 A，产品单价将追溯调整为 90 元 / 件。因此，合同的对价是可变的。

要求：

（1）截至 2018 年 3 月 31 日，该企业向该客户售出了 75 件产品 A。企业估计该客户在本公历年内的购买总数不会超过可获得数量折扣的指定门槛 1 000 件。如何确认该季度收入？

（2）截至 2018 年 6 月 30 日，该企业又另外向该客户售出了 500 件产品 A。企业估计该客户会超过可获得数量折扣的指定门槛 1 000 件。如何确认前两季度收入？

2. 某供电公司与客户签订 2 年的供电合同。合同约定：供电公司自 2017 年 1 月 1 日起向客户每月供电，并在月末收取电费，合同签订日客户一次性缴纳入网费 10 万元，合同期为 2 年，并预期能够取得 2 年的全部电费收入。客户从 2017 年 7 月起未支付电费，根据地方政府规定，不能立即停止供电，需要先履行催缴程序。经催告后仍不缴费的，则可自首次欠费后的第 5 个月（12 月末）起停止供电。请问供电公司何时判断供电合同不成立？

3. 甲公司为一家经营超市连锁、百货连锁、电器连锁的企业，在某市拥有多家连锁超市、百货商场和家电城。2020 年 1 月 1

日甲公司在该市新开一家分店，同时经营超市百货和家电的销售，开业之后向广大客户开展了一系列的促销和积分活动。具体情况如下：

（1）该分店的超市自2020年1月1日起，开始推行奖励积分计划。该计划约定，客户在甲公司每消费1元可获得一个积分，每个积分自下次购物时即可抵扣0.01元；甲公司所授予积分的有效期为1年（假定甲公司1月份授予的积分均于2020年12月31日过期），逾期未使用的积分将作废。至2020年1月31日，客户在甲公司超市共消费250万元，共授予积分250万分。甲公司根据历史经验估计该积分使用率为80%。至当月末，共有150万积分被使用。

（2）该分店内的电器城2020年1月1~3日开展元旦电器促销活动，活动内容如下。①购物领礼品：活动期间，在该分店购买电器产品超过3 000元的，即可获赠价值100元的餐具套装；超过5 000元的，可获赠价值200元的品牌电脑包；超过8 000元的，可获赠价值300元的家纺三件套；超过1万元的，可获赠价值500元的不锈钢厨具套装。②购物享折扣：活动期间，在该分店购买指定的X型号电视机，可享立减10%折扣的优惠。③购物享安心：活动期间，在该分店购买指定的Y型号空调，可享90天安心退货活动，即自售出后90天内产品出现质量问题影响使用的，可享不换不修直接退回活动。④特殊说明：上述三项活动不能同时享受；活动①赠品不叠加，按消费金额选择价值最高的赠品赠送；活动期间电器城的消费不积分。

活动期间，客户在电器城内的消费共计45万元（不含X型号电视机和Y型号空调），符合满3 000元领赠品条件的有50笔，满5 000元的20笔，满8 000元的10笔，满1万元的5笔。甲公司为进行促销购入赠品共支付价款3万元。

甲公司销售的X型号电视机售价为每台5 000元，成本为每台4 200元，活动期间共销售20台；销售的Y型号空调售价为每台8 200元，成本为每台7 400元，活动期间共销售50台，甲公司根据历史经验，估计该空调的退货率为10%。

（3）其他资料：假定上述销售活动均于当日收到销售款项，商品均已发出且满足收入确认条件；假定不考虑增值税等税费的影响；假定活动期间销售的Y型号空调退货期满日均为2020年3月31日，退货期满前预计退货率未发生变化。

要求：

（1）简要说明甲公司授予奖励积分的处理方法，计算甲公司当月应确认收入，并编制相关会计分录。

（2）假定甲公司会计小王针对购物领赠品的事项，认为应按照商品售价和赠品公允价值合计确认收入，并按成本合计结转销售成本，判断该观点是否正确，并简述理由。

（3）计算甲公司销售X型号电视机应确认收入、结转成本的金额。

（4）计算甲公司销售Y型号空调时应确认收入、结转成本的金额，并编制相关会计分录。

（5）假定活动期间销售的空调在退货期间共退回3台，编制退货期满时甲公司的会计分录。

（6）假定活动期间销售的空调在退货期内未发生退回，编制退货期满时甲公司的会计分录。

（7）假定 1 月份授予的奖励积分后续全部没有被使用，做出甲公司 2020 年年末与积分相关的会计处理。

4. 某公司承诺以 120 万元（每件产品 10 万元）的价格向客户出售 12 件产品。这些产品在 6 个月内转让给客户，在某一时点转移对每件产品的控制。该公司将其对 6 件产品的控制转移给客户后，合同进行了修订，要求公司向客户交付额外 3 件产品，每件价格经过协商为 8 万元（共计 15 件相同的产品）。请问如何处理该合同变更？

◈ 章后案例

中国移动有限公司（简称"中国移动"）于 1997 年 9 月在香港成立，同年在纽交所和港交所上市，是中国最大的通信服务供应商。目前，其主要服务和产品类型覆盖移动业务、宽带业务、终端销售和集团业务几种类型。其中，新收入准则对于终端捆绑销售和奖励积分业务产生重大影响。

终端捆绑销售业务指电信运营商采取购机赠话费、预存话费折扣购机或赠机等营销方式将终端设备与电信服务捆绑销售。若移动公司为主要销售责任人，新收入准则要求捆绑销售按照"公允价值法"，将交易价格分摊在多个不同的履约义务中，即以单独销售价格为基础在手机和服务之间分配。

假设中国移动公司开展购机赠送话费业务：客户以 6 000 元价格购买一款手机，同时绑定合约期为 24 个月，月保底套餐金额为 144 元的通信服务，可获赠 1 800 元话费，获赠话费按照 24 个月平均返还，每个月返还 75 元，手机单独零售价格为 8 000 元。其同时开展预存话费折扣购机业务：客户预存 1 800 元话费，分 24 期返还，每个月返还 75 元话费，同时绑定合约期为 24 个月，月保底套餐金额为 144 元的通信服务，可以以 4 200 元购买市场价值为 8 000 元的手机（见下表）。

项　目	购机赠话费（元）		折扣购机（元）	
	旧准则	新准则	旧准则	新准则
交易对价	7 656	7 656	7 656	7 656
通信服务	？	？	？	？
手机	？	？	？	？

分析并思考：

（1）中国移动公司以上两种收入项目在新旧准则实施前后，针对通信服务收入和终端销售收入的分配，会存在怎样的变化？

（2）此种变化对其经营业绩表现有何影响？

（3）新收入准则的实施为上市公司特别是如中国移动公司的通信服务类公司提供了哪些改善经营业绩的机会？这些机会是降低还是增加了管理层的盈余操纵可能性？

◈ 参考答案

扫码查看
参考答案

第八章
CHAPTER8
租赁会计

📖 学习目标

1. 了解租赁会计涉及的主要概念
2. 掌握租赁的识别
3. 掌握承租人和出租人的会计处理
4. 理解特殊租赁业务的会计处理

📖 章前案例

2018 年 12 月，财政部发布《企业会计准则第 21 号——租赁》（以下简称"新租赁准则"），要求在境内外同时上市的企业以及在境外上市并采用国际财务报告准则或企业会计准则编制财务报表的企业自 2019 年 1 月 1 日起施行，其他执行企业会计准则的企业自 2021 年 1 月 1 日起施行。在旧租赁准则下，承租人可以按照与租赁资产相关的风险报酬是否转移为标准，自行选择将租赁业务分类为经营租赁或者融资租赁进行会计处理，从而导致经济实质相同的交易可能会计处理迥异，降低了财务报表的可比性。新租赁准则取消了对租赁的分类，实行"两租合一"的处理方式，引入使用权模型，要求承租方对除金额相对较小和租赁期限短于 12 个月的租赁业务外的其他所有租赁业务进行"入表"处理，使财务报表全面反映租赁交易取得的权利和承担的义务。

新租赁准则的实施，必然会对存在大量经营租赁业务的承租企业产生较大影响。目前我国航空公司的机队由自有、经营租赁、融资租赁三种方式组成，上市航空公司以租赁方式持有的飞机数量占比已达 60% 以上。相关统计显示，中国国航、南方航空、东方航空的经营租赁飞机占比在 30% 左右，海航、春秋、吉祥、华夏等的经营租赁飞机占比则超过 50%。因此，新租赁准则对航空业的影响重大。根据规定，中国国航、南方航空和东方航空三家公司率先于 2019 年 1 月 1 日起施行新租赁准则。中国国航2019年年报所披露的执行新租赁准则后合并资产负债表各项目变动情况如下表所示。

中国国航首次执行新租赁准则对合并资产负债表各项目影响汇总表

（单位：百万元）

项目	2018 年 12 月 31 日	2019 年 1 月 1 日	调整数
预付账款	1 189	629	−560
长期股权投资	16 541	15 365	−1 176
固定资产	160 403	91 114	−69 289
使用权资产	—	106 281	106 281
长期待摊费用	606	512	−94
递延所得税资产	2 775	4 329	1 554
资产合计	243 716	280 433	36 717
一年内到期的流动负债	13 441	18 541	5 100
租赁负债	—	81 324	81 324
应付融资租赁款	45 848	—	−45 848
预计负债	432	2 810	2 378
递延收益	648	501	−147
负债合计	143 159	185 965	42 806
盈余公积	10 409	9 953	−456
未分配利润	42 881	37 776	−5 105
少数股东权益	7 341	6 812	−529
股东权益合计	100 557	94 468	−6 089

资料来源：中国国航2019年年报。

根据材料，思考以下问题：执行新租赁准则后，中国国航合并资产负债表中哪些项目发生了重大变化？为什么会发生这样的变化？这些变化会对中国国航产生什么影响？通过本章学习，我们将解答这些问题。

第一节　租赁会计概述

一、租赁准则概述

自二战结束以来，租赁一直是企业表外融资的重要方式，理论界与实务界对于"是否应当将租赁合同相关的权利和义务纳入资产负债表予以反映"的争论长达数十年之久。1949 年，美国会计程序委员会（CAP）发布《会计研究公报第 38 号——承租人财务报表中对长期租赁的披露》，要求企业在财务报表附注中披露与长期租赁相关的债务，是国际上关于租赁会计处理的最早规范。1982 年，国际会计准则委员会（IASC）发布《国际会计准则第 17 号——

租赁》（IAS17），对融资租赁和经营租赁进行分类和定义，要求企业对与融资租赁相关的资产和负债进行确认，对不可撤销的重大经营租赁在财务报表附注中进行披露。然而，租赁业务会计处理的"两租分离"模式存在降低财务报表可比性以及诱发企业利用经营租赁进行表外融资等弊端。随着租赁行业的迅猛发展、2000年以后财务报表舞弊事件的多发以及2008年全球金融危机的爆发，新租赁会计准则的出台刻不容缓。2016年，国际会计准则理事会（IASB）发布《国际财务报告准则第16号——租赁》（IFRS16），推出了全新的租赁会计准则，自2019年1月1日起正式生效，旨在促使财务报表使用者对企业财务状况和经营策略做出准确判断。新租赁准则的主要变化是除简化处理的短期租赁和低价值资产租赁外，承租人会计处理不再区分融资租赁和经营租赁，而是对经营租赁采用与融资租赁类似的使用权模型确认使用权资产和负债。

在我国企业会计准则与国际财务报告准则持续全面趋同的背景下，为进一步规范租赁的确认、计量和相关信息的列报，我国财政部通过广泛征求专家和社会意见，借鉴国际租赁准则，并结合我国实际，于2018年12月正式发布《企业会计准则第21号——租赁》（CAS21），要求上市企业区别不同情况分步实施：在境内外同时上市的企业以及在境外上市并采用国际财务报告准则或企业会计准则编制财务报表的企业，自2019年1月1日起正式实施新准则；其他执行企业会计准则的企业（包括A股上市公司）自2021年1月1日起全面实施新准则。与原租赁准则相比，在我国新租赁准则CAS21下，承租人对于租赁业务的会计处理将发生根本性变化，不再区分融资租赁和经营租赁，而是采用单一租赁会计处理模型，除简化处理的短期租赁和低价值资产租赁外，对所有租赁都确认使用权资产和租赁负债，并分别确认折旧和利息费用。出租人的会计处理基本上遵循了原租赁准则的规定，仍分为融资租赁和经营租赁两大类，并分别采用不同的会计处理方法。新租赁准则的发布，对于提高企业财务报表会计信息质量、推动租赁行业规范成熟有着重要的意义。

二、租赁的识别

租赁是指在一定期间内，出租人将资产的使用权让与承租人以获取对价的合同。租赁的主要特征是，在租赁期内转移资产的使用权，而不是转移资产的所有权，这种转移是有偿的，取得使用权以支付租金为代价。

在合同开始日，企业应当评估合同是否为租赁或者包含租赁。如果合同中一方让渡了在一定期间内控制一项或多项已识别资产使用的权利以换取对价，则该合同为租赁或者包含租赁。因此，一项合同被分类为租赁，必须具备以下三个要素。

（1）存在一定的期间。合同中，一定期间也可以表示为已识别资产的使用量，例如，某项设备的产出量。如果客户有权在部分合同期内控制已识别资产的使用，则合同包含一项在该部分合同期间的租赁。

（2）存在已识别资产。①已识别资产通常由合同明确指定，也可以在资产可供客户使用时隐性指定。②资产还需在物理上可区分。如果资产的部分产能在物理上可区分（例如，建筑物的一层），则该部分产能属于已识别资产。如果资产的某部分产能与其他部分在物理上不可区分（例如，光缆的部分容量），则该部分不属于已识别资产，除非其实质上代表该资产的全部产能，从而使客户获得因使用该资产所产生的几乎全部经济利益的权利。③供应方在整个使用期间对该资产没有实质性替换权。如果资产供应方拥有在整个使用期间替换资产的实际能力，而且资产供应方通过行使替换资产的权利将获得经济利益，则表明资产供应方拥有资产的实质性替换权。但是，如果合同仅赋予资产供应方在特定日期或者特定事件发生日或之后拥有替换资产的权利或义务，考虑到资产供应方没有在整个使用期间替换资产的实际能力，资产供应方的替换权不具有实质性。企业在评估资产供应方的替换权是否为实质性权利时，应基于合同开始日的事实和情况。

（3）资产供应方向客户转移对已识别资产使用权的控制。客户有权获得因使用资产所产生的几乎全部经济利益，且客户有权主导资产的使用：①客户有权在整个使用期间主导已识别资产的使用目的和使用方式；②已识别资产的使用目的和使用方式在使用期间前已预先确定，并且客户有权在整个使用期间自行或主导他人按照其确定的方式运营该资产，或者客户设计了已识别资产（或资产的特定方面）并在设计时已预先确定了该资产在整个使用期间的使用目的和使用方式。

【例8-1】　甲公司与乙公司签订了使用乙公司一节火车车厢的5年期合同。该车厢专为用于运输甲公司生产过程中使用的特殊材料而设计，未经重大改造不适合其他客户使用。合同中没有明确指定轨道车辆（例如，通过序列号），但是乙公司仅拥有一节适合客户甲公司使用的火车车厢。如果车厢不能正常工作，合同要求乙公司修理或更换车厢。请判断该火车车厢是否为可识别资产。

解析：在本例中，虽然具体哪节火车车厢用于运输甲公司材料并未在合同中明确指定，但因为乙公司仅拥有一节适合甲公司使用的火车车厢，必须使用其来履行合同，无法自由替换该车厢，因此该火车车厢被隐含指定，是一项已识别资产。

【例8-2】　甲公司与乙公司签订了一份为期10年的合同，以取得连接A、B城市光缆中三条指定的物理上可区分的光纤使用权。若光纤损坏，乙公司应负责修理和维护。乙公司拥有额外的光纤，但仅可因修理、维护或故障等原因替换指定给甲公司使用的光纤。请问这三条光纤是否属于可识别资产？

解析：在本例中，合同明确指定了三条光纤，并且这些光纤与光缆中的其他光纤在物理上可区分，乙公司不可因修理、维护或故障以外的原因替换光纤，因此这三条光纤属于可识别资产。

如果在本例中，甲公司约定的带宽相当于使用光缆中三条光纤的全部传输容量，而乙公司光缆包含15条传输容量相近的光纤，则属于甲公司仅使用光缆部分传输容量的情形，由于提供给甲公司使用的光纤与其余光纤在物理上不可区分且不代表光缆的几乎全部传输容量，因此不存在已识别资产。

【例 8-3】 甲公司是一家便利店运营企业，与机场运营商乙公司签订了使用机场内某处商业区域销售商品的 3 年期合同。合同规定了商业区域的面积，商业区域可以位于机场内的任一登机区域，乙公司有权在整个使用期间随时调整分配给甲公司的商业区域位置。甲公司使用易于移动的自有售货亭销售商品。机场有很多符合合同规定的区域可供甲公司使用。请问合同中是否存在已识别资产？

　　解析： 在本例中，一方面，乙公司在整个使用期间有变更甲公司使用的商业区域的实际能力，因为机场内有许多符合合同规定的商业区域，乙公司有权随时将甲公司使用商业区域的位置变更至其他区域而无须甲公司批准；另一方面，乙公司通过替换商业区域可以获得经济利益，因为售货亭易于移动，乙公司变更甲公司使用商业区域的成本极小，可以根据情况变化最有效地利用机场登机区域。甲公司控制的是自有售货亭，而合同约定的是机场内的商业区域，乙公司可随意变更该商业区域，因此乙公司有替换甲公司所使用商业区域的实质性权利。因此，尽管合同具体规定了甲公司使用的商业区域的面积，但合同中不存在已识别资产。

【例 8-4】 甲公司与乙公司签订合同，使用指定的乙公司船只将货物从甲地运至乙地。合同明确规定了船只、运输的货物以及装卸日期。乙公司没有替换船只的权利。运输的货物将占据该船只几乎全部的运力。乙公司负责船只的操作和维护，并负责船上货物的安全运输。合同期间，甲公司不得雇用其他人员操作船只或自行操作船只。请问合同中是否存在已识别资产？甲公司是否控制了已识别资产的使用权？

　　解析： 在本例中，合同明确指定了船只，且乙公司无权替换，因此合同存在已识别资产。合同预先确定了船只的使用目的和使用方式，即在规定的装卸日期将指定货物从甲地运至乙地。甲公司在使用期间无权改变船只的使用目的和使用方式，也没有关于船只使用的其他决策权，也未参与该船只的设计，因此甲公司在使用期间无权主导船只的使用，即甲公司未能控制已识别资产的使用权。

【例 8-5】 甲公司与乙公司签订了一份使用 10 个指定型号集装箱的 5 年期合同。合同指定了具体的集装箱，集装箱归乙公司所有。甲公司有权决定何时何地使用这些集装箱以及用其运输什么货物。不用时，集装箱存放在甲公司处。甲公司可将集装箱用于其他目的（如用于存储）。但合同明确规定甲公司不能运输特定类型的货物（如爆炸物）。若某个集装箱需要保养或维修，乙公司应以同类型的集装箱替换。除非甲公司违约，乙公司在该合同期内不得收回集装箱。

　　除集装箱外，合同还约定乙公司应按照甲公司的要求提供运输集装箱的卡车和司机。卡车存放在乙公司处，乙公司向司机发出指示详细说明甲公司的货物运输要求。乙公司可使用任一卡车满足甲公司的需求，卡车既可以用于运输甲公司的货物，也可以用于运输其他客户的货物，即如果其他客户要求运输货物的目的地与甲公司目的地距离不远且时间接近，乙公司可以用同一卡车运送甲公司使用的集装箱及其他客户的货物。请判断该项合同是否属于租赁？

解析: 在本例中,合同明确指定了10个集装箱,乙公司一旦交付集装箱给甲公司,仅在集装箱需要保养或维修时方可替换,因此,这10个集装箱是已识别资产。合同既未明确也未隐性指定卡车,因此运输集装箱的卡车不属于已识别资产。

甲公司可以在整个5年使用期内控制这10个集装箱的使用,原因在于:首先,甲公司有权获得在5年使用期内使用集装箱所产生的几乎全部经济利益,本例中甲公司在整个使用期间(包括不使用集装箱运输货物的期间)拥有这些集装箱的独家使用权;其次,在合同约定的使用权范围内,甲公司可以主导集装箱的使用目的和使用方式,决定何时何地使用集装箱以及使用集装箱运输什么货物。当集装箱不用于运输货物时,甲公司还可决定是否使用以及如何使用集装箱(例如用于存储)。甲公司在5年使用期内有权改变这些决定,因此甲公司有权主导集装箱的使用。

基于上述分析可以得出结论,该合同包含集装箱的租赁,甲公司拥有10个集装箱的5年使用权。关于卡车的合同条款并不构成一项租赁,而是一项服务。

三、租赁会计涉及的主要概念

1. 租赁期

租赁期(lease term),是指租赁合同所规定的不可撤销的租赁期间。租赁期一般在租赁合同中有明确的规定,是指承租人有权使用租赁资产且不可撤销的期间;承租人有续租选择权,即有权选择续租该资产,且合理确定将行使该选择权的,租赁期还应当包含续租选择权涵盖的期间;承租人有终止租赁选择权,即有权选择终止租赁该资产,但合理确定将不会行使该选择权的,租赁期应当包含终止租赁选择权涵盖的期间。

租赁期自租赁期开始日起计算。租赁期开始日,是指出租人提供租赁资产使其可供承租人使用的起始日期。如果承租人在租赁协议约定的起租日或租金起付日之前,已获得对租赁资产使用权的控制,则表明租赁期已经开始。租赁协议中对起租日或租金支付时间的约定,并不影响租赁期开始日的判断。

2. 续租选择权和终止租赁选择权

在租赁期开始日,企业应当评估承租人是否合理确定将行使续租或购买标的资产的选择权,或者将不行使终止租赁选择权。在评估时,企业应当考虑对承租人行使续租选择权或不行使终止租赁选择权带来经济利益的所有相关事实和情况,包括自租赁期开始日至选择权行使日之间的事实和情况的预期变化。

3. 不可撤销租赁

不可撤销租赁,指只在以下一种或数种情况下才可撤销的租赁:①发生某些很少出现的或有事项,如企业破产倒闭;②经出租人同意;③承租人与原出租人就同一资产或同类资产签订了新的租赁合同,即原租赁合同被新的租赁合同取代;④承租人额外支付一笔足够大的款项。

4. 不可撤销期间

在确定租赁期和评估不可撤销租赁期间时，企业应根据租赁条款约定确定可强制执行合同的期间。

如果承租人和出租人双方均有权在未经另一方许可的情况下终止租赁，且罚款金额不重大，则该租赁不再可强制执行。如果只有承租人有权终止租赁，则在确定租赁期时，企业应将该项权利视为承租人可行使的终止租赁选择权予以考虑。如果只有出租人有权终止租赁，则不可撤销的租赁期包括终止租赁选择权所涵盖的期间。

5. 担保余值

担保余值，是指与出租人无关的一方向出租人提供担保，保证在租赁结束时租赁资产的价值至少为某指定的金额。

6. 未担保余值

未担保余值，是指租赁资产余值中，出租人无法保证能够实现或仅由与出租人有关的一方予以担保的部分。

第二节 承租人的会计处理

在租赁期开始日，承租人应当对租赁确认使用权资产和租赁负债。对于短期租赁和低价值资产租赁，可以采用简化处理方法。

一、初始计量

（一）租赁负债的初始计量

租赁负债应当按照租赁期开始日尚未支付的租赁付款额的现值进行初始计量。识别应纳入租赁负债的相关付款项目是计量租赁负债的关键。

1. 租赁付款额

租赁付款额是指承租人向出租人支付的与在租赁期内使用租赁资产的权利相关的款项，包括以下 5 项内容。

（1）固定付款额及实质固定付款额，存在租赁激励的，扣除租赁激励相关金额。

实质固定付款额，是指在形式上可能包含变量但实质上无法避免的付款额。例如，付款额设定为可变租赁付款额，但该可变条款几乎不可能发生，没有真正的经济实质；承租人有多套付款额方案，但其中仅有一套是可行的；承租人有多套可行的付款额方案，但必须选择其中一套，在此情况下，承租人应采用总折现金额最低的一套作为租赁付款额。

租赁激励，是指出租人为达成租赁向承租人提供的优惠，包括出租人向承租人支付的与租赁有关的款项、出租人为承租人偿付或承担的成本等。存在租赁激励的，承租人在确定租赁付款额时，应扣除租赁激励相关金额。

【例8-6】　甲公司是一家知名零售商，从乙公司处租入已开发成熟的零售场所开设一家商店。根据租赁合同，甲公司在正常工作时间内必须经营该商店，且甲公司不得将商店闲置或进行分租。合同中关于租赁付款额的条款为：如果甲公司开设的这家商店没有发生销售，则甲公司应付的年租金为100元；如果这家商店发生了任何销售，则甲公司应付的年租金为1 000 000元。

解析：在本例中，该租赁包含每年1 000 000元的实质固定付款额。该金额不是取决于销售额的可变付款额。因为甲公司是一家知名零售商，根据租赁合同，甲公司应在正常工作时间内经营该商店，所以甲公司开设的这家商店不可能不发生销售。

（2）取决于指数或比率的可变租赁付款额。

可变租赁付款额，是指承租人为取得在租赁期内使用租赁资产的权利，向出租人支付的因租赁期开始日后的事实或情况发生变化（而非时间推移）而变动的款项。可变租赁付款额可能受以下条件的影响：由于市场比率或指数数值变动导致的价格变动、承租人源自租赁资产的绩效、租赁资产的使用等。

在可变租赁付款额中，纳入租赁负债初始计量的仅为取决于指数或比率的可变租赁付款额，包括与消费者价格指数挂钩的款项、与基准利率挂钩的款项等。此类可变租赁付款额应当根据租赁期开始日的指数或比率确定。除了取决于指数或比率的可变租赁付款额之外，其他可变租赁付款额均不纳入租赁负债的初始计量中，应当在实际发生时计入当期损益。

【例8-7】　承租人甲公司签订了一项为期10年的不动产租赁合同，每年的租赁付款额为50 000元，于每年年初支付。合同规定，租赁付款额在租赁期开始日后每两年基于过去24个月消费者价格指数的上涨进行上调。租赁期开始日的消费者价格指数为125。

解析：在本例中，甲公司在对租赁负债进行初始计量时，应基于租赁期开始日的消费者价格指数确定租赁付款额，无须对后续年度因消费者价格指数变动而导致的租金变动做出估计。因此，在租赁期开始日，甲公司应以每年50 000元的租赁付款额为基础计量租赁负债。

（3）购买选择权的行权价格，前提是承租人合理确定将行使该选择权。

在租赁期开始日，承租人应评估是否合理确定将行使购买标的资产的选择权。在评估时，承租人应考虑行使或不行使购买选择权产生经济激励的所有相关事实和情况。如果承租人合理确定将行使购买标的资产的选择权，则租赁付款额中应包含购买选择权的行权价格。

（4）行使终止租赁选择权需支付的款项，前提是租赁期反映出承租人将行使终止租赁选择权。

在租赁期开始日，承租人应评估是否合理确定将行使终止租赁的选择权。在评估时，承租人应考虑行使或不行使终止租赁选择权产生经济激励的所有相关事实和情况。如果承租人合理确定将行使终止租赁选择权，则租赁付款额中应包含行使终止租赁选择权需支付的款项，并且租赁期不应包含终止租赁选择权涵盖的期间。

【例 8-8】 承租人甲公司租入某办公楼的一层楼，为期 10 年。甲公司有权选择在第 5 年后提前终止租赁，并以相当于 6 个月的租金作为罚金。每年的租赁付款额为固定金额 120 000元。该办公楼是全新的，并且在周边商业园区的办公楼中处于技术领先水平。上述租赁付款额与市场租金水平相符。

解析： 在本例中，在租赁期开始日，甲公司评估后认为，6 个月的租金对于甲公司而言金额重大，同等条件下，也难以按更优惠的价格租入其他办公楼，可以合理确定不会选择提前终止租赁，因此其租赁负债不应包括提前终止租赁时需支付的罚金，租赁期确定为 10 年。

（5）根据承租人提供的担保余值预计应支付的款项。

如果承租人提供了对余值的担保，则租赁付款额应包含该担保下预计应支付的款项，它反映了承租人预计将支付的金额，而不是承租人担保余值下的最大敞口。

【例 8-9】 承租人甲公司与出租人乙公司签订了汽车租赁合同，租赁期为 5 年。合同中有关担保余值的规定为：如果标的汽车在租赁期结束时的公允价值低于 40 000 元，则甲公司需向乙公司支付 40 000 元与汽车公允价值之间的差额。因此，甲公司在该担保余值下的最大敞口为 40 000 元。

解析： 在本例中，如果甲公司在租赁期开始日预计标的汽车在租赁期结束时的公允价值为 40 000 元，则甲公司在担保余值下预计将支付的金额为零，甲公司在计算租赁负债时，与担保余值相关的付款额为零。

2. 折现率

租赁负债应当按照租赁期开始日尚未支付的租赁付款额的现值进行初始计量。在计算租赁付款额的现值时，承租人应当采用租赁内含利率作为折现率，无法确定租赁内含利率的，应当采用承租人增量借款利率作为折现率。

租赁内含利率，是指使出租人的租赁收款额的现值与未担保余值的现值之和等于租赁资产公允价值与出租人的初始直接费用之和的利率。

初始直接费用，是指为达成租赁所发生的增量成本。增量成本是指若企业不取得该租赁，则不会发生的成本，如佣金、印花税等。无论是否实际取得租赁都会发生的支出，不属于初始直接费用，例如为评估是否签订租赁而发生的差旅费、法律费等，此类费用应当在发生时计入当期损益。

【例 8-10】 承租人甲公司与出租人乙公司签订了一份车辆租赁合同，租赁期为 5 年。在租赁期开始日，该车辆的公允价值为 100 000 元，乙公司预计在租赁期结束时该车辆的公允价值（未担保余值）将为 10 000 元。租赁付款额为每年 23 000 元，于年末支付。乙公司发生的初始直接费用为 5 000 元。乙公司租赁内含利率 r 的计算方法如下：

$$23\,000 \times (P/A, r, 5) + 10\,000 \times (P/F, r, 5) = 100\,000 + 5\,000$$

通过计算可以得出，租赁内含利率 r 为 5.79%。

承租人增量借款利率，是指承租人在类似经济环境下为获得与使用权资产价值接近的资产，在类似期间以类似抵押条件借入资金须支付的利率。在实务中，承租人增量借款利率常见的参考基础包括承租人同期银行贷款利率、相关租赁合同利率、承租人最近一期类似资产抵押贷款利率、与承租人信用状况相似的企业发行的同期债券利率等。

（二）使用权资产的初始计量

使用权资产是指承租人可在租赁期内使用租赁资产的权利。在租赁期开始日，承租人应当按照成本对使用权资产进行初始计量，具体包括以下四项内容：①租赁负债的初始计量金额；②在租赁期开始日或之前支付的租赁付款额，存在租赁激励的，扣除已享受的租赁激励相关金额；③承租人发生的初始直接费用；④承租人为拆卸及移除租赁资产、复原租赁资产所在场地或将租赁资产恢复至租赁条款约定状态预计将发生的成本，通常应当按照或有事项准则进行确认和计量。

在某些情况下，承租人可能在租赁期开始前就发生了与标的资产相关的经济业务或事项，例如，租赁合同双方经协商在租赁合同中约定，标的资产需经建造或重新设计后方可供承租人使用；根据合同条款与条件，承租人需支付与资产建造或设计相关的成本。承租人如发生与标的资产建造或设计相关的成本，应适用其他相关准则（如固定资产准则）进行会计处理。同时，需要注意的是，与标的资产建造或设计相关的成本不包括承租人为获取标的资产使用权而支付的款项，此类款项无论在何时支付，均属于租赁付款额。

（三）会计处理

在租赁期开始日，承租人应当按成本借记"使用权资产"科目，按尚未支付的租赁付款额贷记"租赁负债——租赁付款额"科目；按尚未支付的租赁付款额与其现值的差额，借记"租赁负债——未确认融资费用"科目；按发生的初始直接费用，贷记"银行存款"等科目；按预计将发生的为拆卸及移除租赁资产、复原租赁资产所在场地或将租赁资产恢复至租赁条款约定状态等成本的现值，贷记"预计负债"科目。

【例 8-11】　承租人甲公司就某商场的某一层与出租人乙公司签订为期 10 年的租赁协议，并拥有 5 年的续租选择权。有关资料如下：①初始租赁期内的不含税租金为每年 100 000 元，续租期间为每年 110 000 元，所有款项应于每年年末支付；②为获得该项租赁，甲公司发生的初始直接费用为 40 000 元，其中，30 000 元为向该楼层前任租户支付的款项，10 000 元为向促成此租赁交易的房地产中介支付的佣金；③作为对甲公司的激励，乙公司同意补偿甲公司 5 000 元的佣金；④在租赁期开始日，甲公司评估后认为，不能合理确定将行使续租选择权，因此，将租赁期确定为 10 年；⑤甲公司无法确定租赁内含利率，其增量借款利率为每年 5%，该利率反映的是甲公司以类似抵押条件借入期限为 10 年、与使用权资产等值的相同币种的借款而必须支付的利率。为简化处理，假设不考虑相关税费影响。承租人甲公司在租赁期开始日应该怎样进行会计处理？

解析： 在本例中，甲公司应该做出以下会计处理：

（1）计算租赁期开始日尚未支付的租赁付款额和租赁付款额的现值，并确认租赁负债和使用权资产。

尚未支付的租赁付款额 $=100\,000\times10=1\,000\,000$（元）

尚未支付的租赁付款额的现值 $=100\,000\times(P/A,\,5\%,\,10)=772\,173.49$（元）

未确认的融资费用 $=1\,000\,000-772\,173.49=227\,826.51$（元）

借：使用权资产   772 173.49

  租赁负债——未确认融资费用 227 826.51

  贷：租赁负债——租赁付款额   1 000 000

（2）将初始直接费用计入使用权资产的初始成本。

借：使用权资产   40 000

  贷：银行存款   40 000

（3）将已收的租赁激励从使用权资产入账价值中扣除。

借：银行存款   5 000

  贷：使用权资产   5 000

在本例中，甲公司使用权资产的初始成本 $=772\,173.49+40\,000-5\,000=807\,173.49$（元）。

二、后续计量

（一）租赁负债的后续计量

1. 计量基础

在租赁期开始日后，承租人应当按以下原则对租赁负债进行后续计量：①确认租赁负债的利息时，增加租赁负债的账面金额；②支付租赁付款额时，减少租赁负债的账面金额；③因重估或租赁变更等原因导致租赁付款额发生变动时，重新计量租赁负债的账面价值。

承租人应当按照固定的周期性利率计算租赁负债在租赁期内各期间的利息费用，并计入当期损益，周期性利率是指承租人对租赁负债进行初始计量时所采用的折现率，或者因租赁付款额发生变动或因租赁变更而需按照修订后的折现率对租赁负债进行重新计量时，承租人所采用的修订后的折现率。

【例 8-12】 沿用【例 8-10】，甲公司应该如何进行后续计量？

（1）计算租赁期内各期的租赁负债利息（如表 8-1 所示）。

表 8-1　　　　　　　　　　　　　　　　　　　　　（单位：元）

年度	租赁负债年初金额	利息	租赁付款额	租赁负债年末金额
	①	②＝①×5%	③	④＝①＋②－③
1	772 173.49	38 608.67	100 000	710 782.16
2	710 782.16	35 539.11	100 000	646 321.27
3	646 321.27	32 316.06	100 000	578 637.33
4	578 637.33	28 931.87	100 000	507 569.20
5	507 569.20	25 378.46	100 000	432 947.66
6	432 947.66	21 647.38	100 000	354 595.04
7	354 595.04	17 729.75	100 000	272 324.79
8	272 324.79	13 616.24	100 000	185 941.03
9	185 941.03	9 297.05	100 000	95 238.08
10	95 238.08	4 761.92[①]	100 000	—

①尾数调整：4 761.92＝0－95 238.08＋100 000。

（2）第1年年末支付租金（金额单位：元）。

借：租赁负债——租赁付款额　　　　　　　　　　　100 000

　　贷：银行存款　　　　　　　　　　　　　　　　　　　　　100 000

（3）第1年年末确认租赁负债利息（金额单位：元）。

借：财务费用——利息费用　　　　　　　　　　　38 608.67

　　贷：租赁负债——未确认融资费用　　　　　　　　　　　38 608.67

之后各年年末支付租金和确认负债利息的会计分录略。

2. 租赁负债的重新计量

租赁期开始日后，当发生下列四种情形时，承租人应当按照变动后的租赁付款额的现值重新计量租赁负债，并相应调整使用权资产的账面价值。使用权资产的账面价值已调减至零，但租赁负债仍需进一步调减的，承租人应当将剩余金额计入当期损益。

（1）实质固定付款额发生变动。

如果租赁付款额最初是可变的，但在租赁期开始日后的某一时点转为固定，那么，在潜在可变性消除时，该付款额成为实质固定付款额，应纳入租赁负债的计量中。承租人应当按照变动后租赁付款额的现值重新计量租赁负债。在该情形下，承租人采用的折现率不变，即采用租赁期开始日确定的折现率。

【例8-13】 在【例8-10】中，如果假设租赁协议中约定，第1年的租金是可变的，按照该层商场第1年销售收入的20%确定；第2～10年每年的租金都按照该层商场第1年销售收入的20%确定，即租金将在第1年年末转变为固定付款额。假定在第1年年末，按照该层商场第1年销售收入的20%确认的租赁付款额为每年100 000元。甲公司在第1年年末应该进行怎样的会计处理？

解析：在本例中，在租赁期开始日，由于未来租金尚不确定，甲公司确认的租赁负债为零。第1年年末支付的租金为可变租赁付款额100 000元，应该计入当期损益。从第2年开始，租金的潜在可变性消除，成为实质固定付款额，即每年 100 000 元，甲公司应基于该租赁付款额重新计量租赁负债，并采用租赁期开始日确定的折现率 5% 进行折现。具体会计处理为：

（1）支付第 1 年租金。

借：销售费用   100 000

    贷：银行存款   100 000

（2）确认租赁负债和使用权资产。

尚未支付的租赁付款额＝100 000×9＝900 000（元）

尚未支付的租赁付款额的现值＝100 000×（P/A, 5%, 9）＝710 782.17（元）

未确认的融资费用＝900 000−710 782.17＝189 217.83（元）

借：使用权资产   710 782.17

    租赁负债——未确认融资费用   189 217.83

        贷：租赁负债——租赁付款额   900 000

（2）担保余值预计的应付金额发生变动。

在租赁期开始日后，承租人应对其在担保余值下预计支付的金额进行估计。该金额发生变动的，承租人应当按照变动后租赁付款额的现值重新计量租赁负债。在该情形下，承租人采用的折现率不变。

（3）用于确定租赁付款额的指数或比率发生变动。

在租赁期开始日后，因浮动利率的变动而导致未来租赁付款额发生变动的，承租人应当按照变动后租赁付款额的现值重新计量租赁负债。在该情形下，承租人应采用反映利率变动修订后的折现率进行折现。

在租赁期开始日后，因用于确定租赁付款额的指数或比率（浮动利率除外）的变动而导致未来租赁付款额发生变动的，承租人应当按照变动后租赁付款额的现值重新计量租赁负债。在该情形下，承租人采用的折现率不变。

需要注意的是，仅当现金流量发生变动时，即租赁付款额的变动生效时，承租人才应重新计量租赁负债，以反映变动后的租赁付款额。承租人应基于变动后的合同付款额，确定剩余租赁期内的租赁付款额。

（4）购买选择权、续租选择权或终止租赁选择权的评估结果或实际行使情况发生变化。

租赁期开始日后，发生下列情形的，承租人应采用修订后的折现率对变动后的租赁付款额进行折现，以重新计量租赁负债：

①发生承租人可控范围内的重大事件或变化，且影响承租人是否合理确定将行使续租选择权或终止租赁选择权的，承租人应当对其是否合理确定将行使相应选择权进行重新评估。上述选择权的评估结果发生变化的，承租人应当根据新的评估结果重新确定租赁期和租赁付款额。前述选择权的实际行使情况与原评估结果不一致等导致租赁期变化的，也应当根据新的租赁期重新确定租赁付款额。

②发生承租人可控范围内的重大事件或变化，且影响承租人是否合理确定将行使购买选

择权的，承租人应当对其是否合理确定将行使购买选择权进行重新评估。评估结果发生变化的，承租人应根据新的评估结果重新确定租赁付款额。

上述两种情形下，承租人在计算变动后租赁付款额的现值时，应当采用剩余租赁期间的租赁内含利率作为修订后的折现率；无法确定剩余租赁期间的租赁内含利率的，应当采用重估日的承租人增量借款利率作为修订后的折现率。

【例8-14】 沿用【例8-10】，如果在第5～6年，甲公司的销售显著增长，需要扩租。为了最大限度地降低成本，甲公司额外签订了一份为期8年、在同一商场内其他楼层的租赁合同，在第7年年初起租。将扩租场地安置到同一商场内其他楼层的决定，在甲公司的可控范围内，并影响其是否合理确定将行使现有租赁合同下的续租选择权。在第6年年末，甲公司重新评估后，合理确定将行使现有租赁合同下的续租选择权。假设甲公司无法确定剩余租赁期间的租赁内含利率，第6年年末的增量借款利率为4%。甲公司应如何进行后续会计处理？

解析： 在本例中，承租人甲公司应根据新的评估结果重新确定租赁期和租赁付款额。原租赁合同的租赁期为10年；在重新评估前，甲公司在第6年年末的租赁负债为354 595.05元 $[=100\,000\times(P/A,5\%,4)]$。在第6年年末，甲公司重新评估后的租赁期为15年，应将剩余租赁期（第7～15年）内的租赁付款额纳入租赁负债，并采用修订后的折现率进行折现，因此甲公司重新计量后的租赁负债为781 587.53元 $[=100\,000\times(P/A,4\%,4)+110\,000\times(P/A,4\%,5)\times(P/F,4\%,4)]$。因此，甲公司的租赁负债将增加426 992.48元，即重新计量后的租赁负债781 587.53元与重新计量前的租赁负债354 595.05元之间的差额。

（1）不考虑其他因素，甲公司相关账务处理为：

借：使用权资产   426 992.48

  租赁负债——未确认融资费用   123 007.52

   贷：租赁负债——租赁付款额（110 000×5）   550 000

（2）此后，租赁负债将按表8-2进行后续计量。

表 8-2   （单位：元）

年度	租赁负债年初金额 ①	利息 ②=①×4%	租赁付款额 ③	租赁负债年末金额 ④=①+②-③
7	781 587.53	31 263.50	100 000	712 851.03
8	712 851.03	28 514.04	100 000	641 365.07
9	641 365.07	25 654.60	100 000	567 019.67
10	567 019.67	22 680.79	100 000	489 700.46
11	489 700.46	19 588.02	110 000	399 288.48
12	399 288.48	15 971.54	110 000	305 260.02
13	305 260.02	12 210.40	110 000	207 470.42
14	207 470.42	8 298.82	110 000	105 769.24
15	105 769.24	4 230.76[①]	110 000	—

①尾数调整：4 230.76=0-105 769.24+110 000。

（二）使用权资产的后续计量

1. 计量基础

租赁期开始日后，承租人应当采用成本模式对使用权资产进行后续计量，即以成本减累计折旧及累计减值损失计量使用权资产。承租人按照新租赁准则有关规定重新计量租赁负债的，应当相应调整使用权资产的账面价值。

2. 使用权资产的折旧处理

承租人应当自租赁期开始日起对使用权资产计提折旧。使用权资产通常应自租赁期开始的当月计提折旧，当月计提确有困难的，为便于实务操作，也可以自租赁期开始的下月计提折旧，但应对同类使用权资产采取相同的折旧政策。计提的折旧金额应根据使用权资产的用途，计入相关资产的成本或者当期损益。具体会计处理为借记"制造费用（管理费用）"等科目，贷记"使用权资产累计折旧"科目。

承租人在确定使用权资产的折旧方法时，应当根据与使用权资产有关的经济利益的预期消耗方式做出决定。通常，承租人按直线法对使用权资产计提折旧，其他折旧方法更能反映使用权资产有关经济利益预期消耗方式的，应采用其他折旧方法。

承租人在确定使用权资产的折旧年限时，应遵循以下原则：承租人能够合理确定租赁期届满时取得租赁资产所有权的，应当在租赁资产剩余使用寿命内计提折旧；承租人无法合理确定租赁期届满时能够取得租赁资产所有权的，应当在租赁期与租赁资产剩余使用寿命两者孰短的期间内计提折旧。如果使用权资产的剩余使用寿命短于前两者，则应在使用权资产的剩余使用寿命内计提折旧。

3. 使用权资产的减值

在租赁期开始日后，承租人应当确定使用权资产是否发生减值，并对已识别的减值损失进行会计处理。使用权资产发生减值的，按应减记的金额，借记"资产减值损失"科目，贷记"使用权资产减值准备"科目。使用权资产减值准备一旦计提，不得转回。承租人应当按照扣除减值损失之后的使用权资产的账面价值，进行后续折旧。

三、短期租赁和低价值资产租赁

对于短期租赁和低价值资产租赁，承租人可以选择不确认使用权资产和租赁负债，将租赁付款额在租赁期内各个期间按照直线法或其他系统合理的方法计入相关资产成本或当期损益。

（一）短期租赁

短期租赁是指在租赁期开始日，租赁期不超过 12 个月的租赁。包含购买选择权的租赁不属于短期租赁。

对于短期租赁，承租人可以按照租赁资产的类别做出采用简化会计处理的选择。如果承租人对某类租赁资产做出了简化会计处理的选择，未来该类资产下所有的短期租赁都应采用简化会计处理。某类租赁资产是指企业运营中具有类似性质和用途的一组租赁资产。

按照简化会计处理的短期租赁发生租赁变更或者其他原因导致租赁期发生变化的，承租人应当将其视为一项新租赁，重新按照上述原则判断该项新租赁是否可以选择简化会计处理。

【例 8-15】 承租人与出租人签订了一份租赁合同，约定不可撤销期间为 10 个月，且承租人拥有 6 个月的续租选择权。在租赁期开始日，承租人判断可以合理确定将行使续租选择权，因为续租期的月租赁付款额明显低于市场价格。在这种情况下，承租人确定租赁期为 16 个月，不属于短期租赁，不能选择上述简化会计处理。

(二) 低价值资产租赁

低价值资产租赁，是指单项租赁资产为全新资产时价值较低的租赁。承租人在判断是不是低价值资产租赁时，应基于租赁资产在全新状态下的价值进行评估，不应考虑资产已被使用的年限。

对于低价值资产租赁，承租人可根据每项租赁的具体情况做出简化会计处理选择。只有当承租人能够从单独使用某项低价值资产或将其与易于获得的其他资源一起使用中获利，且该项低价值资产与其他租赁资产没有高度依赖或高度关联关系时，才能对该低价值资产租赁选择进行简化会计处理。

低价值资产租赁的标准应该是一个绝对金额，即仅与资产全新状态下的绝对价值有关，不受承租人规模、性质等影响，也不考虑该资产对于承租人或相关租赁交易的重要性。常见的低价值资产的例子包括平板电脑、普通办公家具、电话等小型资产。

但是，如果承租人已经或者预期要把相关资产进行转租赁，则不能将原租赁按照低价值资产租赁进行简化会计处理。

值得注意的是，符合低价值资产租赁条件并不代表如果承租人采取购入方式取得该资产，该资产一定不符合固定资产确认条件。

【例 8-16】 承租人与出租人签订了一份租赁合同，约定的租赁资产包括：①IT 设备，包括供员工个人使用的笔记本电脑、台式计算机、桌面打印机和手机等，全新单独价格均不超过人民币 10 000 元；②服务器，其中包括增加服务器容量的单独组件，这些组件根据承租人需要陆续添加到大型服务器以增加服务器存储容量，单独价格不超过人民币 10 000 元；③办公家具，如桌椅和办公隔断等，单独价格不超过人民币 10 000 元；④饮水机，单独价格不超过人民币 1 000 元。

在本例中，各种 IT 设备、办公家具、饮水机都能够单独使承租人获益，且与其他租赁资产没有高度依赖或高度关联关系，全新状态下的绝对价值较低，承租人可以将其作为低价值租赁资产，选择进行简化会计处理。对于服务器中的组件，尽管单独价格较低，但由于每个组件都与服务器中的其他部分高度相关，承租人若不租赁服务器就不会租赁这些组件，不构成单独的租赁部分，因此不能作为低价值租赁资产进行简化会计处理。

第三节　出租人的会计处理

一、出租人的租赁分类

（一）融资租赁和经营租赁

准则规定，出租人应当在租赁开始日将租赁分为融资租赁和经营租赁。

租赁开始日，是指租赁合同签署日与租赁各方就主要租赁条款做出承诺日中的较早者。租赁开始日可能早于租赁期开始日，也可能与租赁期开始日重合。

一项租赁属于融资租赁还是经营租赁取决于交易的实质，而不是合同的形式。如果一项租赁实质上转移了与租赁资产所有权有关的几乎全部风险和报酬，出租人应当将该项租赁分类为融资租赁。出租人应当将除融资租赁以外的其他租赁分类为经营租赁。

租赁开始日后，出租人无须对租赁的分类进行重新评估，除非发生租赁变更。租赁资产预计使用寿命、预计余值等会计估计变更或发生承租人违约等情况变化的，出租人不对租赁的分类进行重新评估。

（二）融资租赁的分类标准

一项租赁存在下列一种或多种情形的，通常分类为融资租赁：

（1）在租赁期届满时，租赁资产的所有权转移给承租人。

（2）承租人有购买租赁资产的选择权，所订立的购买价款与预计行使选择权时租赁资产的公允价值相比足够低，因而在租赁开始日就可以合理确定承租人将行使该选择权。

（3）资产的所有权虽然不转移，但租赁期占租赁资产使用寿命的大部分，"大部分"在实务中一般指租赁期占租赁开始日租赁资产使用寿命的 75% 以上（含 75%）。

（4）在租赁开始日，租赁收款额的现值几乎相当于租赁资产的公允价值，"几乎相当于"在实务中通常指在 90% 以上。

（5）租赁资产性质特殊，如果不做较大改造，只有承租人才能使用。

二、出租人对融资租赁的会计处理

（一）初始计量

在租赁期开始日，出租人应当对融资租赁确认应收融资租赁款，并终止确认融资租赁资产。出租人对应收融资租赁款进行初始计量时，应当以租赁投资净额作为应收融资租赁款的入账价值。

租赁投资净额为未担保余值和租赁期开始日尚未收到的租赁收款额按照租赁内含利率折现的现值之和。对出租人来说，融资租赁业务的实质是购买租赁资产进行投资，因此租赁投资净额相当于应收融资租赁款的摊余成本，就是出租人付出的租赁资产公允价值和初始直接费用之和，未来能够通过收取租金和未担保余值获得投资回报。出租人发生的初始直接费用包括在租赁投资净额中，即包含在应收融资租赁款的初始入账价值中。

租赁收款额是指出租人因让渡在租赁期内使用租赁资产的权利而应向承租人收取的款项，包括：①承租人需支付的固定付款额及实质固定付款额，存在租赁激励的，扣除租赁激励相关金额；②取决于指数或比率的可变租赁付款额，该款项在初始计量时根据租赁期开始日的指数或比率确定；③购买选择权的行权价格，前提是合理确定承租人将行使该选择权；④承租人行使终止租赁选择权需支付的款项，前提是租赁期反映出承租人将行使终止租赁选择权；⑤由承租人、与承租人有关的一方以及有经济能力履行担保义务的独立第三方向出租人提供的担保余值。

租赁内含利率，是指使出租人租赁收款额的现值与未担保余值的现值之和（即租赁投资净额）等于租赁资产公允价值与出租人初始直接费用之和的利率。

在租赁期开始日，出租人应当按尚未收到的租赁收款额，借记"应收融资租赁款——租赁收款额"科目，按预计租赁期结束时的未担保余值，借记"应收融资租赁款——未担保余值"科目，按已经收取的租赁款，借记"银行存款"等科目，按融资租赁方式租出资产的账面价值，贷记"融资租赁资产"等科目，按融资租赁方式租出资产的公允价值与其账面价值的差额，借记或贷记"资产处置损益"科目，按发生的初始直接费用，贷记"银行存款"等科目，差额贷记"应收融资租赁款——未实现融资收益"科目。

【例8-17】 2×19年12月1日，甲公司与乙公司签订了一份租赁合同，从乙公司租入塑钢机一台。租赁合同主要条款如下：

（1）租赁资产：全新塑钢机。

（2）租赁期开始日：2×20年1月1日。

（3）租赁期：2×20年1月1日～2×25年12月31日，共72个月。

（4）固定租金支付：自2×20年1月1日，每年年末支付租金160 000元。如果甲公司能够在每年年末的最后一天及时付款，则给予减少租金10 000元的奖励。

（5）取决于指数或比率的可变租赁付款额：租赁期限内，如遇中国人民银行贷款基准利率调整，出租人将对租赁利率做出同方向、同幅度的调整。基准利率调整日之前各期和调整日当期租金不变，从下一期租金开始按调整后的租金金额收取。

（6）租赁开始日租赁资产的公允价值：该机器在2×19年12月31日的公允价值为700 000元，账面价值为600 000元。

（7）初始直接费用：签订租赁合同过程中乙公司发生可归属于租赁项目的手续费、佣金10 000元。

（8）承租人的购买选择权：租赁期届满时，甲公司享有优惠购买该机器的选择权，购买价为 20 000 元，估计该日租赁资产的公允价值为 80 000 元。

（9）取决于租赁资产绩效的可变租赁付款额：2×21 年和 2×22 年两年，甲公司每年按该机器所生产的产品——塑钢窗户的年销售收入的 5% 向乙公司支付。

（10）承租人的终止租赁选择权：甲公司享有终止租赁选择权。在租赁期间，如果甲公司终止租赁，需支付的款项为剩余租赁期间的固定租金支付金额。

（11）担保余值和未担保余值均为零。

（12）全新塑钢机的使用寿命为 7 年。

出租人乙公司在租赁期开始日应该怎样进行会计处理？

解析： 在本例中，乙公司应该做出以下会计处理：

（1）判断租赁类型。

由于该项租赁中存在租赁期满优惠购买选择权，优惠购买价 20 000 元远低于行使选择权日租赁资产的公允价值 80 000 元，因此在 2×19 年 12 月 31 日就可以合理确定甲公司将会行使这种选择权。此外，租赁期 6 年占租赁开始日租赁资产使用寿命（7 年）的 86%，占租赁资产使用寿命的大部分。同时，乙公司综合考虑其他各种情形和迹象，认为该租赁实质上转移了与该项设备所有权有关的几乎全部风险和报酬，因此将其认定为融资租赁。

（2）确定租赁收款额。

①承租人的固定付款额扣除租赁激励后的金额。

（160 000-10 000）×6＝900 000（元）

②取决于指数或比率的可变租赁付款额。

该金额在初始计量时根据租赁期开始日的指数或比率确定，因此在租赁期开始日不做考虑。

③承租人购买选择权的行权价格。

租赁期满，甲公司享有优惠购买该机器的选择权，购买价为 20 000 元，估计该日租赁资产的公允价值为 80 000 元。由于优惠购买价远低于行使选择权日租赁资产的公允价值，因此在 2×19 年 12 月 31 日就可以合理确定甲公司将会行使这种选择权，租赁收款额中应包括承租人购买选择权的行权价格 20 000 元。

④终止租赁的罚款。

虽然甲公司享有终止租赁选择权，但若终止租赁，甲公司需支付的款项为剩余租赁期间的固定租金支付金额，因此可以合理确定甲公司不会行使终止租赁选择权。

⑤承租人向出租人提供的担保余值。

甲公司向乙公司提供的担保余值为零元。

综上所述，租赁收款额应为 920 000（＝900 000+20 000）元。

（3）确定租赁投资总额。

租赁投资总额＝融资租赁下出租人应收的租赁收款额＋未担保余值＝920 000（元）

（4）确认租赁投资净额和未实现融资收益。

租赁投资净额＝租赁资产在租赁期开始日的公允价值＋出租人发生的租赁初始直接费用

$$=700\ 000+10\ 000=710\ 000（元）$$

未实现融资收益＝租赁投资总额－租赁投资净额＝920 000-710 000＝210 000（元）

（5）计算租赁内含利率。

租赁内含利率是使租赁收款额的现值与未担保余值的现值之和（即租赁投资净额）等于租赁资产在租赁开始日的公允价值与出租人的初始直接费用之和的利率。根据（160 000-10 000）×$(P/A,r,6)$＋20 000×$(P/F,r,6)$＝710 000，计算得到租赁的内含利率为7.82%。

（6）租赁期开始日（2×20年1月1日）乙公司的账务处理应为：

借：应收融资租赁款——租赁收款额	920 000	
贷：银行存款		10 000
融资租赁资产		600 000
资产处置损益		100 000
应收融资租赁款——未实现融资收益		210 000

若某融资租赁合同必须以收到租赁保证金为生效条件，出租人收到承租人交来的租赁保证金，借记"银行存款"科目，贷记"其他应付款——租赁保证金"科目。承租人到期不交租金，以保证金抵作租金时，借记"其他应付款——租赁保证金"科目，贷记"应收融资租赁款"科目。承租人违约，按租赁合同或协议规定没收保证金时，借记"其他应付款——租赁保证金"科目，贷记"营业外收入"等科目。

（二）后续计量

出租人应当按照固定的周期性利率计算并确认租赁期内各个期间的利息收入。

【例8-18】 沿用【例8-15】，乙公司应该如何进行后续计量？

（1）计算租赁期内各期的利息收入（如表8-3所示）。

表 8-3 （单位：元）

日期	租金	确认的利息收入	租赁投资净额余额
	①	②＝期初③×7.82%	期末③＝期初③-①+②
2×20年1月1日			710 000
2×20年12月31日	150 000	55 522	615 522
2×21年12月31日	150 000	48 134	513 656
2×22年12月31日	150 000	40 168	403 824
2×23年12月31日	150 000	31 579	285 403
2×24年12月31日	150 000	22 319	157 722
2×25年12月31日	150 000	12 278[①]	20 000
2×25年12月31日	20 000		
合计	920 000	210 000	

①尾数调整：12 278＝150 000＋20 000－157 722。

（2）会计分录为：

2×20 年 12 月 31 日收到第 1 期租金时。

借：银行存款	150 000	
贷：应收融资租赁款——租赁收款额		150 000
借：应收融资租赁款——未实现融资收益	55 522	
贷：租赁收入		55 522

2×21 年 12 月 31 日收到第 2 期租金时。

借：银行存款	150 000	
贷：应收融资租赁款——租赁收款额		150 000
借：应收融资租赁款——未实现融资收益	48 134	
贷：租赁收入		48 134

之后各年收到租金的会计分录略。

　　纳入出租人租赁投资净额的可变租赁付款额只包含取决于指数或比率的可变租赁付款额。在初始计量时，应当采用租赁期开始日的指数或比率进行初始计量。出租人应定期复核计算租赁投资总额时所使用的未担保余值。若预计未担保余值降低，出租人应修改租赁期内的收益分配，并立即确认预计的减少额。

　　出租人取得的未纳入租赁投资净额计量的可变租赁付款额，如与资产的未来绩效或使用情况挂钩的可变租赁付款额，应当在实际发生时计入当期损益。

【例 8-19】　沿用【例 8-15】，假设 2×21 年和 2×22 年，甲公司分别实现塑钢窗户年销售收入 1 000 000 元和 1 500 000 元。根据租赁合同，乙公司 2×21 年和 2×22 年应向甲公司收取的与销售收入挂钩的租金分别为 50 000 元和 75 000 元。

2×21 年会计分录为：

借：银行存款（或应收账款）	50 000	
贷：租赁收入		50 000

2×22 年会计分录为：

借：银行存款（或应收账款）	75 000	
贷：租赁收入		75 000

【例 8-20】　沿用【例 8-15】，租赁期届满承租人行使购买权。

会计分录为：

借：银行存款	20 000	
贷：应收融资租赁款——租赁收款额		20 000

三、出租人对经营租赁的会计处理

1. 租金的处理

在租赁期内各个期间，出租人应采用直线法或者其他系统合理的方法将经营租赁的租赁收款额确认为租金收入。

2. 出租人提供激励措施的处理

出租人提供免租期的，应将租金总额在不扣除免租期的整个租赁期内按直线法或其他合理的方法进行分配，免租期内应当确认租金收入，出租人承担了承租人的某些费用的，出租人应将该费用自租金收入总额中扣除，按扣除后的租金收入余额在租赁期内进行分配。

3. 初始直接费用

出租人发生的与经营租赁有关的初始直接费用应当资本化，在租赁期内按照与租金收入确认相同的基础进行分摊，分期计入当期损益。

4. 折旧和减值

对于经营租赁资产中的固定资产，出租人应当采用类似资产的折旧政策计提折旧；对于其他经营租赁资产，应当根据该资产适用的企业会计准则，采用系统合理的方法进行摊销。出租人应当按照资产减值准则规定，确定经营租赁资产是否发生减值，并对已识别的减值损失进行会计处理。

5. 可变租赁付款额

出租人取得的与经营租赁有关的可变租赁付款额，如果是与指数或比率挂钩的，应在租赁期开始日计入租赁收款额；除此之外的可变租赁付款额，应当在实际发生时计入当期损益。

6. 经营租赁的变更

经营租赁发生变更的，出租人应自变更生效日起将其作为一项新的租赁进行会计处理，与变更前租赁有关的预收或应收租赁收款额应当视为新租赁的收款额。

第四节　特殊租赁业务的会计处理

一、生产商或经销商出租人的融资租赁会计处理

生产商或经销商通常为客户提供购买或租赁其产品或商品的选择。如果生产商或经销商出租其产品或商品构成融资租赁，则该交易产生的损益应相当于按照考虑适用的交易量或商业折扣后的正常售价直接销售标的资产所产生的损益。构成融资租赁的，生产商或经销商出租人在租赁期开始日应当按照租赁资产公允价值与租赁收款额按市场利率折现的现值两者孰低确认收入，并按照租赁资产账面价值扣除未担保余值的现值后的余额结转销售成本，收入和销售成本的差额作为销售损益。生产商或经销商进行融资租赁所发生的成本主要与其赚取的销售利得相关，应当在租赁期开始日计入损益，不属于初始直接费用，不计入租赁投资净额。具体会计处理如下：

（1）确认销售收入。

借：应收融资租赁款——租赁收款额

　　贷：主营业务收入（租赁资产公允价值与租赁收款额按市场利率折现现值中的较低者）

　　　　应收融资租赁款——未实现融资收益

（2）结转销售成本。

借：主营业务成本（租赁资产账面价值扣除未担保余值现值后的余额）

　　贷：库存商品

（3）确认融资租赁发生的相关成本。

借：销售费用

　　贷：银行存款

【例8-21】　甲公司是一家设备生产商，与乙公司（生产型企业）签订了一份租赁合同，向乙公司出租所生产的设备，合同主要条款如下：①租赁资产：设备 A；②租赁期：2×19 年1月1日至 2×21 年12月31日，共3年；③租金支付：自 2×19 年起每年年末支付年租金1 000 000 元；④租赁合同规定的利率：5%（年利率），与市场利率相同；⑤该设备于 2×19 年1月1日的公允价值为 2 700 000 元，账面价值为 2 000 000 元；⑥甲公司进行融资租赁发生的相关成本为 5 000 元；⑦该设备于 2×19 年1月1日交付乙公司，预计使用寿命为8年，无残值，租赁期届满时，乙公司可以以 100 元购买该设备，预计租赁到期日该设备的公允价值不低于 1 500 000 元，乙公司对此金额提供担保；租赁期内该设备的保险、维修等费用均由乙公司自行承担。假设不考虑其他因素和各项税费影响。请问甲公司应该如何进行会计处理？

在本例中，甲公司应该按照下列步骤进行会计处理：

（1）判断租赁类型。

在该项租赁中，租赁期满乙公司可以按照远低于租赁到期日租赁资产公允价值的金额购买租赁资产，可以合理确定乙公司将行使购买选择权，综合考虑其他因素，与该项资产所有权有关的几乎所有风险和报酬已实质转移给乙公司，因此甲公司将该租赁认定为融资租赁。

（2）计算租赁收款额和租赁期开始日租赁收款额按市场利率折现的现值，确认销售收入金额。

租赁收款额＝租金×期数＋购买价格＝1 000 000×3＋100＝3 000 100（元）

租赁收款额按市场利率折现的现值＝1 000 000×（P/A, 5%, 3）＋100×（P/F, 5%, 3）

$$＝2 723 286（元）$$

按照租赁资产公允价值与租赁收款额按市场利率折现的现值两者孰低原则，确认收入为2 700 000 元。

（3）计算租赁资产账面价值扣除未担保余值现值后的余额，确定销售成本金额。

销售成本＝账面价值－未担保余值的现值＝2 000 000－0＝2 000 000（元）

（4）2×19年1月1日（租赁期开始日）的会计分录应为：

①确认销售收入。

借：应收融资租赁款——租赁收款额　　　　　　　　　　3 000 100

　　贷：主营业务收入　　　　　　　　　　　　　　　　　　　　2 700 000

　　　　应收融资租赁款——未实现融资收益　　　　　　　　　　　300 100

②同时结转销售成本。

借：主营业务成本　　　　　　　　　　　　　　　　　　2 000 000

　　贷：库存商品　　　　　　　　　　　　　　　　　　　　　　2 000 000

③确认租赁相关成本。

借：销售费用　　　　　　　　　　　　　　　　　　　　　　5 000

　　贷：银行存款　　　　　　　　　　　　　　　　　　　　　　　　5 000

（5）后续计量。

由于甲公司在确定营业收入和租赁投资净额（即应收融资租赁款）时，是基于租赁资产的公允价值，因此需要根据租赁收款额、未担保余值和租赁资产公允价值重新计算租赁内含利率。根据公式 $1\ 000\ 000\times(P/A,r,3)+100\times(P/F,r,3)=2\ 700\ 000$（元），计算得出 $r=5.460\ 6\%$。因此，租赁期内各期分摊的融资收入如表8-4所示。

表　8-4　　　　　　　　　　（单位：元）

日期	收取租赁款项	确认的融资收入	应收租赁款减少额	应收租赁款净额
	①	②＝期初④×5.460 6%	③＝①－②	期末④＝期初④－③
2×19年1月1日				2 700 000
2×19年12月31日	1 000 000	147 436	852 564	1 847 436
2×20年12月31日	1 000 000	100 881	899 119	948 317
2×21年12月31日	1 000 000	51 783[①]	948 217[①]	100
2×21年12月31日	100		100	
合计	3 000 100	300 100	2 700 000	

①尾数调整：51 783＝1 000 000－948 217；948 217＝948 317－100。

2×19年12月31日会计分录应为：

借：应收融资租赁款——未实现融资收益　　　　　　　　147 436

　　贷：租赁收入　　　　　　　　　　　　　　　　　　　　　147 436

借：银行存款　　　　　　　　　　　　　　　　　　　1 000 000

　　贷：应收融资租赁款——租赁收款额　　　　　　　　　　1 000 000

2×20年12月31日和2×21年12月31日会计分录略。

为吸引客户，生产商或经销商出租人有时以较低利率报价，使用该利率会导致出租人在租赁期开始日确认的收入偏高。在这种情况下，生产商或经销商出租人应当将销售利得限制为采用市场利率所能取得的销售利得。

二、售后租回交易的会计处理

(一) 售后租回的含义和本质

售后租回是指卖方将自制或外购的资产出售，然后向买方租回使用，同时向买方支付租金的行为。在售后租回交易中，卖方既是租赁资产的销售者，又是租赁资产的承租人；买方既是租赁资产的购买者，又是租赁资产的出租人。

售后租回交易本质上是一种融资业务。在售后租回交易中，卖方（承租人）首先通过销售其拥有的资产迅速获得经营所需资金，再通过租回该资产的方式获得资产的长期使用权，不间断从事日常生产经营活动，并用租赁资产未来产生的经营收入分期支付租金，从而实现融资目的；买方则通过先买后租的方式，从事了一项风险较小且回报有保障的投资活动。

(二) 售后租回交易的会计处理

若卖方（承租人）将资产转让给买方（出租人），并从买方租回该项资产，则卖方和买方均应按照售后租回交易的规定进行会计处理。企业应当按照《企业会计准则第 14 号——收入》的规定，评估确定售后租回交易中的资产转让是否属于销售，并区别进行会计处理。

在标的资产的法定所有权转移给出租人并将资产租赁给承租人之前，承租人可能会先获得标的资产的法定所有权。但是，是否具有标的资产的法定所有权本身并非会计处理的决定性因素。如果承租人在资产转移给出租人之前已经取得对标的资产的控制，则该交易属于售后租回交易。然而，如果承租人未能在资产转移给出租人之前取得对标的资产的控制，那么即便承租人在资产转移给出租人之前先获得标的资产的法定所有权，该交易也不属于售后租回交易。

1. 售后租回交易中的资产转让属于销售

卖方（承租人）应当按照原资产账面价值中与租回获得的使用权有关的部分，计量售后租回所形成的使用权资产，并仅就转让至买方（出租人）的权利确认相关利得或损失。卖方（出租人）根据其他适用的企业会计准则对资产购买进行会计处理，并根据租赁准则对资产出租进行会计处理。

如果销售对价的公允价值与资产的公允价值不同，或者出租人未按市场价格收取租金，应当进行以下调整：①销售对价低于市场价格的款项作为承租人的预付租金进行会计处理；②销售对价高于市场价格的款项作为出租人向承租人提供的额外融资进行会计处理。同时，承租人按照公允价值调整相关销售利得或损失，出租人按市场价格调整租金收入。在进行上述调整时，应当按以下两者中较易确定者进行：①销售对价的公允价值与资产的公允价值之差；②合同付款额的现值与按市场租金计算的付款额的现值之差。

【例 8-22】 2×19 年 1 月 1 日，甲公司（卖方兼承租人）以货币资金 80 000 000 元的价格向乙公司（买方兼出租人）出售一栋建筑物，交易前该建筑物的账面原值是 48 000 000 元，累计折旧是 8 000 000 元。该建筑物在销售当日的公允价值为 72 000 000 元。与此同时，甲公司与乙公司签订了合同，取得了该建筑物 18 年的使用权（全部剩余使用年限为 40 年），年租金为 4 800 000 元，于每年年末支付。根据交易的条款和条件，甲公司转让建筑物符合收入准则中关于销售成立的条件。甲、乙公司均确定租赁内含年利率为 4.5%。假设不考虑其他因素。已知（P/A，4.5%，18）＝12.16。请问甲公司和乙公司在 2×19 年 1 月 1 日和 2×19 年 12 月 31 日分别应该如何进行相关初始和后续会计处理？（本题计算结果保留整数。）

解析：

（1）甲公司会计处理。

在本例中，由于该建筑物的销售对价并非公允价值，甲公司和乙公司应当分别进行调整，按照公允价值计量销售收益和租赁应收款，超额售价 8 000 000（＝80 000 000−72 000 000）元作为乙公司向甲公司提供的额外融资进行确认。

年付款额现值为 4 800 000×（P/A，4.5%，18）＝58 368 000（元），其中 8 000 000 元与额外融资相关，50 368 000 元与租赁相关。

额外融资年付款额＝8 000 000/（P/A，4.5%，18）＝657 895（元）

租赁相关年付款额＝4 800 000−657 895＝4 142 105（元）

租赁负债——租赁付款额＝4 142 105×18＝74 557 890（元）

租赁负债——未确认融资费用＝74 557 890−50 368 000＝24 189 890（元）

售后租回形成的使用权资产＝租赁资产账面价值×（租赁付款额现值/租赁资产公允价值）＝（48 000 000−8 000 000）×（50 368 000÷72 000 000）＝27 982 222（元）

出售该建筑物的全部利得＝72 000 000−（48 000 000−40 000 000）＝32 000 000（元）

与该建筑物使用权相关的利得＝32 000 000×（租赁付款额现值 50 368 000÷公允价值 72 000 000）＝22 385 778（元），不予确认。

与转让至乙公司的权利相关的利得＝32 000 000−22 385 778＝9 614 222（元），确认为资产处置损益。

①租赁期开始日 2×19 年 1 月 1 日的会计处理。

与额外融资相关的分录为：

借：银行存款 　　　　　　　　　　　　　　　　8 000 000

　　长期应付款——未确认融资费用 　　　　　　3 842 110（倒挤）

　　贷：长期应付款——名义付款额（657 895×18）　　　　　11 842 110

与租赁相关的分录为：

借：银行存款 　　　　　　　　　　　　　　　　72 000 000

　　使用权资产 　　　　　　　　　　　　　　　27 982 222

　　累计折旧 　　　　　　　　　　　　　　　　8 000 000（转销余额）

　　租赁负债——未确认融资费用 　　　　　　　24 189 890

　　贷：固定资产 　　　　　　　　　　　　　　　　　　48 000 000（转销余额）

　　　　租赁负债——租赁付款额 　　　　　　　　　　　74 557 890

　　　　资产处置损益 　　　　　　　　　　　　　　　　9 614 222

②2×19 年 12 月 31 日后续计量的会计处理。

与额外融资相关的分录为：

借：长期应付款——名义付款额 657 895

　　贷：银行存款 657 895

借：财务费用（8 000 000×4.5%） 360 000

　　贷：长期应付款——未确认融资费用 360 000

与租赁相关的分录为：

借：租赁负债——租赁付款额 4 142 105

　　贷：银行存款 4 142 105

借：财务费用（50 368 000×4.5%） 2 266 560

　　贷：租赁负债——未确认融资费用 2 266 560

（2）乙公司会计处理。

综合考虑租期占该建筑物剩余使用年限的比例等因素，乙公司将该建筑物的租赁分类为经营租赁。

①租赁期开始日 2×19 年 1 月 1 日的会计处理。

借：固定资产 72 000 000（公允价值）

　　长期应收款 8 000 000

　　贷：银行存款 80 000 000

②2×19 年 12 月 31 日后续计量的会计处理。

借：银行存款 4 800 000

　　贷：租赁收入 4 142 105

　　　　利息收入（8 000 000×4.5%） 360 000

　　　　长期应收款（657 895−360 000） 297 895

2. 售后租回交易中的资产转让不属于销售

卖方（承租人）不终止确认所转让的资产，而应当将收到的现金作为金融负债，并按照《企业会计准则第 22 号——金融工具确认和计量》进行会计处理。买方（出租人）不确认被转让资产，而应当将支付的现金作为金融资产，并按照《企业会计准则第 22 号——金融工具确认和计量》进行会计处理。

【例 8-23】 甲公司（卖方兼承租人）以货币资金 24 000 000 元的价格向乙公司（买方兼出租人）出售一栋建筑物，交易前该建筑物的账面原值是 24 000 000 元，累计折旧是 4 000 000 元。该建筑物在销售当日的公允价值为 36 000 000 元。与此同时，甲公司与乙公司签订了合同，取得了该建筑物 18 年的使用权（全部剩余使用年限为 40 年），年租金为 2 000 000 元，于每年年末支付，租赁期满时，甲公司将以 100 元购买该建筑物。根据交易的条款和条件，甲公司转让建筑物不符合收入准则中关于销售成立的条件。假设不考虑其他因素。请问甲公司和乙公司在租赁期开始日应该如何进行会计处理？

解析：

（1）在租赁期开始日，甲公司对该交易的会计分录为：

借：银行存款 24 000 000

　　贷：长期应付款 24 000 000

（2）在租赁期开始日，乙公司对该交易的会计分录为：

借：长期应收款 24 000 000

　　贷：银行存款 24 000 000

❈ 本章小结

1. 在合同开始日，企业应当评估合同是否为租赁或者包含租赁。如果合同一方让渡了在一定期间内控制一项或多项已识别资产使用的权利以换取对价，则该合同为租赁或者包含租赁。因此，一项合同被分类为租赁，必须具备以下3个要素：①存在一定的期间；②存在已识别资产；③资产供应方向客户转移对已识别资产使用权的控制。

2. 在租赁期开始日，承租人应当对租赁确认使用权资产和租赁负债。使用权资产应当按照成本进行初始计量，租赁负债应当按照租赁期开始日尚未支付的租赁付款额的现值进行初始计量。

3. 租赁付款额是指承租人向出租人支付的与在租赁期内使用租赁资产的权利相关的款项，包括以下5项内容：①固定付款额及实质固定付款额，存在租赁激励的，扣除租赁激励相关金额；②取决于指数或比率的可变租赁付款额；③购买选择权的行权价格，前提是承租人合理确定将行使该选择权；④行使终止租赁选择权需支付的款项，前提是承租人合理确定将行使终止租赁选择权；⑤根据承租人提供的担保余值预计应支付的款项。

4. 使用权资产是指承租人可在租赁期内使用租赁资产的权利，具体包括以下4项内容：①租赁负债的初始计量金额；②在租赁期开始日或之前支付的租赁付款额，存在租赁激励的，扣除已享受的租赁激励相关金额；③承租人发生的初始直接费用；④承租人为拆卸及移除租赁资产、复原租赁资产所在场地或将租赁资产恢复至租赁条款约定状态预计将发生的成本。

5. 在租赁期开始日后，承租人应当按以下原则对租赁负债进行后续计量：①确认租赁负债的利息时，增加租赁负债的账面金额；②支付租赁付款额时，减少租赁负债的账面金额；③因重估或租赁变更等原因导致租赁付款额发生变动时，重新计量租赁负债的账面价值。

6. 租赁期开始日后，当发生下列四种情形时，承租人应当按照变动后的租赁付款额的现值重新计量租赁负债，并相应调整使用权资产的账面价值：①实质固定付款额发生变动；②担保余值预计的应付金额发生变动；③用于确定租赁付款额的指数或比率发生变动；④购买选择权、续租选择权或终止租赁选择权的评估结果或实际行使情况发生变化。

7. 租赁期开始日后，承租人应当采用成本模式对使用权资产进行后续计量，即以成本减累计折旧及累计减值损失计量使用权资产。承租人按照新租赁准则有关规定重新计量租赁负债的，应当相应调整使用权资产的账面价值。

8. 对于短期租赁和低价值资产租赁，承租人可以选择不确认使用权资产和租赁负债，将租赁付款额在租赁期内各个期间按照直线法或其他系统合理的方法计入相关资产成本或当期损益。

9. 如果一项租赁实质上转移了与租赁资产所有权有关的几乎全部风险和报酬，出租人应当将该项租赁分类为融资租赁。出租人应当将除融资租赁以外的其他租赁分类为经营租赁。

10. 在租赁期开始日，出租人应当对融资租赁确认应收融资租赁款，并终止确认融资租赁资产。出租人对应收融资租赁款进行初始计量时，应当以租赁投资净额作为应收融资租赁款的入账价值。租赁投资净额为未担保余值和租赁期开始日尚未收到的租赁收款额按照租赁内含利率折现的现值之和。

11. 租赁收款额是指出租人因让渡在租赁期内使用租赁资产的权利而应向承租人收取的款项，包括：①承租人需支付的固定付款额及实质固定付款额，存在租赁激励的，扣除租赁激励相关金额；②取决于指数或比率的可变租赁付款额，该款项在初始计量时根据租赁期开始日的

指数或比率确定；③购买选择权的行权价格，前提是合理确定承租人将行使该选择权；④承租人行使终止租赁选择权需支付的款项，前提是租赁期反映出承租人将行使终止租赁选择权；⑤由承租人、与承租人有关的一方以及有经济能力履行担保义务的独立第三方向出租人提供的担保余值。

12. 如果生产商或经销商出租其产品或商品构成融资租赁，生产商或经销商出租人在租赁期开始日应当按照租赁资产公允价值与租赁收款额按市场利率折现的现值两者孰低确认收入，并按照租赁资产账面价值扣除未担保余值的现值后的余额结转销售成本，收入和销售成本的差额作为销售损益。

13. 如果售后租回交易中的资产转让属于销售，卖方（承租人）应当按照原资产账面价值中与租回获得的使用权有关的部分，计量售后租回所形成的使用权资产，并仅就转让至买方（出租人）的权利确认相关利得或损失。买方（出租人）根据其他适用的企业会计准则对资产购买进行会计处理，并根据租赁准则对资产出租进行会计处理。

14. 如果售后租回交易中的资产转让不属于销售，卖方（承租人）不终止确认所转让的资产，而应当将收到的现金作为金融负债，买方（出租人）不确认被转让资产，而应当将支付的现金作为金融资产。

◈ 关键术语

租赁、已识别资产、租赁期、租赁开始日、租赁期开始日、续租选择权、终止租赁选择权、不可撤销租赁、不可撤销期间、担保余值、未担保余值、租赁付款额、租赁内含利率、初始直接费用、租赁收款额、使用权资产、融资租赁、经营租赁、售后租回

思考题

1. 什么是租赁？如何识别租赁合同？

2. 什么是租赁付款额？租赁付款额包括哪些内容？

3. 什么是使用权资产？使用权资产包括哪些内容？

4. 承租人应该如何对租赁进行初始确认和后续计量？

5. 在哪些情况下，承租人需要重新计量租赁负债？

6. 承租人应该如何对短期租赁和低价值资产租赁进行会计处理？

7. 划分经营租赁和融资租赁的具体标准有哪些？

8. 什么是租赁收款额？租赁收款额包括哪些内容？

9. 出租人应该如何对融资租赁进行初始确认和后续计量？

10. 出租人应该如何对经营租赁进行会计处理？

11. 生产商或经销商出租人进行融资租赁应该如何进行会计处理？

12. 售后租回交易中的资产转让属于销售情况下，应该如何进行会计处理？

13. 售后租回交易中的资产转让不属于销售情况下，应该如何进行会计处理？

自测题

1. 在某商铺的租赁安排中，出租人 2×19 年 12 月 20 日与承租人签订协议，出租人于 2×20 年 1 月 1 日将房屋钥匙交付承租人，承租人在收到钥匙后，就可以自主安排对商铺的装修布置，并安排搬迁。合同约定有 3 个月的免租期，起租日为 2×20 年 4 月 1 日，承租人 2×20 年 4 月 2 日开始支付租金。租赁期开始日为（　　　）。

A. 2×19 年 12 月 20 日

B. 2×20 年 1 月 1 日

C. 2×20 年 4 月 1 日

D. 2×20 年 4 月 2 日

2. 甲公司与供应商签订了使用指定船只的 5 年期合同。船只在合同中有明确规定，且供应商没有替换权。在整个 5 年使用期内，甲公司决定所运输的货物、船只是否航行以及航行的时间和目的港，但需遵守合同规定的限制条件。这些限制条件防止甲公司将船只驶入遭遇海盗风险较高的水域或装载危险品。供应商负责船只的操作与维护，并负责船上货物的安全运输。合同期间，甲公司不得雇用其他人员操作船只或自行操作船只。下列项目表述中错误的是（　　　）。

A. 该合同包含租赁

B. 该合同存在已识别资产

C. 甲公司在整个 5 年使用期内拥有控制船只使用的权利

D. 船只可航行区域和可运输货物的合同限制是供应商对船只和供应商人员的投资的实质性权利

3. 某项使用权资产租赁，甲公司租赁期开始日之前支付的租赁付款额为 20 万元，租赁期开始日尚未支付的租赁付款额的现值为 100 万元，甲公司发生的初始直接费用为 2 万元，甲公司为将租赁资产恢复至租赁条款约定状态预计将发生成本的现值为 3 万元，已享受的租赁激励为 5 万元。甲公司该项使用权资产的初始成本为（　　　）万元。

A. 105　　　　　B. 122

C. 120　　　　　D. 125

4. 承租人甲公司与出租人乙公司于2×19年1月1日签订了为期7年的商铺租赁合同。每年的租赁付款额为90万元，在每年年末支付。甲公司确定租赁内含利率为5.04%。在租赁期开始日，甲公司按租赁付款额的现值所确认的租赁负债为520万元。不考虑其他因素，2×19年12月31日租赁负债的账面价值为（　　）万元。

A. 430　　　　　B. 456.21

C. 493.80　　　　D. 540

5. 20×9年1月1日，甲公司与乙公司签订租赁合同，将其一栋物业租赁给乙公司作为商场使用。根据合同约定，物业的租金为每月50万元，于每季末支付，租赁期为5年，自合同签订日开始算起，租赁期首3个月为免租期，乙公司免予支付租金，如果乙公司每年的营业收入超过10亿元，乙公司应向甲公司支付经营分享收入100万元。乙公司20×9年度实现营业收入12亿元。甲公司认定上述租赁为经营租赁。不考虑增值税及其他因素，上述交易对甲公司20×9年度营业利润的影响金额是（　　）。

A. 570万元　　　B. 600万元

C. 700万元　　　D. 670万元

6. 关于使用权资产的后续计量，下列表述中正确的有（　　）。

A. 承租人重新计量租赁负债的，应当相应调整使用权资产的账面价值

B. 使用权资产通常应自租赁期开始的当月计提折旧

C. 在租赁期开始日后，承租人应当采用成本模式计量使用权资产

D. 承租人应当按照使用权资产的成本减

累计折旧、累计减值损失以及标的资产的净残值计量使用权资产

7. 关于出租人对租赁的分类，下列说法不正确的有（　　）。

A. 在租赁开始日后，租赁资产预计使用寿命发生变化，出租人需要重新评估租赁的分类

B. 在租赁开始日，租赁收款额的现值几乎相当于租赁资产的公允价值的，对出租人来说应分类为融资租赁

C. 在租赁开始日，资产租赁期占资产尚可使用年限的比例在75%以上的，对出租人来说均应分类为融资租赁

D. 承租人有购买租赁资产的选择权的，对出租人来说属于融资租赁

8. 关于租赁相关概念，下列表述中正确的有（　　）。

A. 初始直接费用是指为达成租赁所发生的增量成本

B. 租赁负债应当按照租赁期开始日尚未支付的租赁付款额的现值进行初始计量

C. 担保余值是指与出租人无关的一方向出租人提供担保，保证在租赁结束时租赁资产的价值至少为某指定的金额

D. 未担保余值是指租赁资产余值中出租人无法保证能够实现的部分，不含与出租人有关的一方予以担保的部分

9. 下列关于租赁会计处理的表述中，正确的有（　　）。

A. 承租人未纳入租赁负债计量的可变租赁付款额应于发生时计入当期损益

B. 承租人在租赁中发生的初始直接费用应当在发生时计入当期损益

C. 承租人应当按照成本对使用权资产进行初始计量

D. 对于租赁业务，承租人和出租人均应

当区分融资租赁和经营租赁进行处理

10. 在租赁合同中设有规定优惠购买选择权的情况下，下列项目中，构成出租人的最低租赁收款额的有（   ）。

A. 租赁期内，承租人支付的固定租金之和

B. 租赁期届满时，由承租人担保的资产余值

C. 租赁期届满时，与承租人有关的第三方担保的资产余值

D. 取决于指数或比率的可变租赁付款额

练习题

1. 承租人甲公司于 2×20 年 1 月 1 日签订了一份为期 5 年的机器租赁合同，用于生产 A 产品。租金于每年年末支付，并按以下方式确定：第 1 年，租金是可变的，根据该机器在第 1 年下半年的实际产能确定；第 2～5 年，每年的租金根据该机器在第 1 年下半年的实际产能确定，即租金将在第 1 年年末转变为固定付款额。在租赁期开始日，甲公司无法确定租赁内含利率，其增量借款年利率为 6%。假设在第 1 年年末，根据该机器在第 1 年下半年的实际产能所确定的租赁付款额为每年 200 000 元。已知 $(P/A, 6\%, 4)=3.4651$。假定使用权资产按直线法在 4 年内计提折旧，利息费用不符合资本化条件，不考虑其他因素（本题金额单位以元表示）。

要求：

（1）编制 2×20 年 12 月 31 日支付租金的会计分录。

（2）计算 2×20 年 12 月 31 日租赁付款额、租赁付款额现值、未确认融资费用，并编制相关会计分录。

（3）编制 2×21 年 12 月 31 日确认利息费用和支付租金的会计分录。

（4）编制 2×21 年使用权资产计提折旧的会计分录。

（5）计算 2×22 年确认的利息费用。

2. 承租人甲公司于 2×19 年 1 月 1 日与乙公司签订了一项为期 5 年的不动产（供管理部门使用）租赁合同，用银行存款支付初始直接费用 1.4 万元，每年的租赁付款额为 100 万元，于每年年初支付。合同规定，租赁付款额在租赁期开始日后每两年基于过去 24 个月消费者价格指数的上涨进行上调。租赁期开始日的消费者价格指数为 110。假设该租赁 2×21 年年初的消费者价格指数为 120。甲公司在租赁期开始日采用的年折现率为 5%，2×21 年年初的年折现率为 6%。已知 $(P/A, 5\%, 4)=3.5460$，$(P/A, 5\%, 2)=1.8594$，$(P/A, 6\%, 2)=1.8334$。使用权资产按直线法在 5 年内计提折旧。假定利息费用不符合资本化条件，不考虑其他因素。

要求：

（1）编制甲公司 2×19 年 1 月 1 日有关会计分录。

（2）编制甲公司 2×19 年 12 月 31 日使用权资产计提折旧、确认利息费用的会计分录。

（3）编制甲公司 2×20 年 1 月 1 日支付租金，2×20 年 12 月 31 日使用权资产计提折旧、确认利息费用的会计分录。

（4）编制甲公司 2×21 年 1 月 1 日有关会计分录。

3. 2×19 年 12 月 1 日，甲公司与乙公司签订了一份租赁合同，从乙公司租入生产设备一台。租赁合同主要条款如下：

（1）租赁资产：全新生产设备。

（2）租赁期开始日：2×20年1月1日。

（3）租赁期：2×20年1月1日至2×23年12月31日，共48个月。

（4）固定租金支付：自2×20年1月1日，每年年末支付租金2 100 000元。如果甲公司能够在每年年末的最后一天及时付款，则给予减少租金100 000元的奖励。

（5）租赁开始日租赁资产的公允价值：该设备在2×20年1月1日的公允价值为6 900 000元，账面价值为5 200 000元。

（6）初始直接费用：签订租赁合同过程中乙公司发生可归属于租赁项目的手续费、佣金30 211元。

（7）担保余值和未担保余值均为0。

（8）全新生产设备的使用寿命为5年。

假定租赁内含利率为6%，且甲公司均在每年年末付款，不考虑其他因素（本题金额单位以元表示）。

要求：

（1）判断乙公司的租赁类型，并说明理由。

（2）计算租赁收款额。

（3）计算租赁投资净额和未实现融资收益。

（4）编制租赁期开始日乙公司的会计分录。

（5）编制乙公司2×20年12月31日收到第一期租金时的会计分录。

4. 甲公司（卖方兼承租人）于2×19年1月1日以银行存款2 000万元的价格向乙公司（买方兼出租人）出售一栋建筑物。交易前该建筑物的账面原值是1 200万元，

累计折旧是200万元，账面价值为1 000万元。同时，甲公司与乙公司签订了合同，取得了该建筑物18年的使用权（全部剩余使用年限为40年），年付款额为120万元，于每年年末支付。根据交易的条款和条件，甲公司转让建筑物符合《企业会计准则第14号——收入》中关于销售成立的条件。假设不考虑初始直接费用和各项税费的影响。该建筑物在销售当日的公允价值为1 800万元。假定甲公司与乙公司均确定租赁内含利率为4.5%。已知（P/A, 4.5%, 18）= 12.16。乙公司将该建筑物的租赁分类为经营租赁。假定不考虑其他因素。

要求：

（1）关于销售对价高于市场公允价值的差额，说明甲公司和乙公司如何进行会计处理。

（2）计算年付款额现值、年付款额120万元中的额外融资年付款额和租赁相关年付款额。

（3）计算租赁期开始日甲公司使用权资产入账价值、与该建筑物使用权相关利得以及转让至乙公司的权利相关的利得。

（4）编制甲公司租赁期开始日的会计分录。

（5）编制甲公司2×19年12月31日的会计分录（不考虑折旧处理）。

（6）编制乙公司租赁开始日的会计分录。

（7）编制乙公司2×19年12月31日的会计分录（不考虑折旧处理）。

◈ 章后案例

为规范租赁的确认、计量与列报，同时保持我国企业会计准则与国际财务报告准则趋同，财政部于2018年12月发布修订的《企业会计准则第21号——租赁》，核心

变化是将经营租赁由"表外融资"纳入表内核算。由于购买飞机需要耗费巨资而且短期内难以收回投资,为使资产负债率维持在合理水平,同时在引进和退出飞机方面保持更大灵活性,航空公司普遍存在大量的飞机经营租赁业务,因此租赁准则的变化势必会给航空企业带来重大冲击。根据普华永道的研究,新租赁准则对零售业的影响最大,航空业紧随其后。

南方航空公司是我国三大航空公司之一,2018年年底经营租赁飞机数量占比高达38.81%,在三大航空中居于首位。与此同时,根据相关规定,作为在境内外同时上市的公司,南方航空于2019年1月1日起开始施行新租赁准则。在南方航空公司发布的2019年年报中,披露了以追溯调整后的比较财务报表为基础,执行新租赁准则对2019年1月1日合并资产负债表、合并利润表以及合并现金流量表中各相关项目的影响,如下表所示。

南方航空公司首次执行新租赁准则对合并报表各项目影响汇总表

（单位：百万元）

项 目	2018年12月31日	2019年1月1日	调整数
预付账款	3 695	2 884	−811
长期股权投资	5 992	5 465	−527
固定资产	170 039	81 198	−88 841
使用权资产	—	134 342	134 342
长期待摊费用	732	522	−210
递延所得税资产	1 574	2 291	717
资产合计	246 655	291 325	44 670
应付账款	13 921	13 838	−83
其他应付款	7 221	6 824	−397
一年内到期的流动负债	23 557	30 923	7 366
租赁负债	—	103 456	103 456
应付融资租赁款	62 666	—	−62 666
大修理准备	2 831	3 611	780
递延收益	906	760	−146
递延所得税负债	668	490	−178
负债合计	168 472	216 604	48 132
盈余公积	2 670	2 398	−272
未分配利润	23 983	21 131	−2 852
少数股东权益	13 180	12 842	−338
股东权益合计	78 183	74 721	−3 462
营业成本——折旧费	13 582	23 477	9 895
营业成本——租赁费	8 726	1 412	−7 314
财务费用——利息费用	3 202	5 845	2 643
经营活动产生的现金流量：			
购买商品、接受劳务支付的现金	113 611	107 054	−6 577
支付给职工以及为职工支付的现金	25 245	26 816	1 571
支付的各项税费	3 247	3 091	−156

（续）

项　目	2018 年 12 月 31 日	2019 年 1 月 1 日	调整数
经营活动现金流出小计	143 891	138 131	−5 760
筹资活动产生的现金流量：			
偿还债务支付的现金	46 538	106 109	59 571
分配股利、利润或偿付利息支付的现金	5 362	7 709	2 347
支付其他与筹资活动有关的现金	—	—	—
筹资活动现金流出小计	51 900	113 818	61 918

资料来源：中国南方航空公司 2019 年年报。

根据南方航空公司 2019 年年报相关数据，计算新租赁准则对关键财务指标的影响，如下表所示。

南方航空新租赁准则对关键财务指标的影响

财务指标	南方航空	
	2018 年 12 月 31 日	2019 年 1 月 1 日
资产负债率（%）	68.30	74.87
总资产周转率（%）	61.78	51.64
净资产收益率（%）	4.42	4.02
息税折旧摊销前利润（百万元）	22 055	34 525
利息保障倍数	2	1
现金利息保障倍数	6	7

资料来源：作者根据年报相关数据计算。

分析并思考：

（1）观察新租赁准则实施后，南方航空的资产负债表、利润表和现金流量表中哪些项目发生了变化？为什么会发生这样的变化？

（2）观察实施新租赁准则后，南方航空的关键财务指标发生了怎样的变化？为什么会发生这样的变化？

（3）面对新租赁准则实施带来的挑战，南方航空应该如何应对？

◆ 参考答案

扫码查看
参考答案

第九章
CHAPTER9

所得税会计

📖 学习目标

1. 理解资产负债表债务法会计处理的一般原理
2. 掌握资产、负债计税基础和暂时性差异的计算
3. 理解递延所得税资产和递延所得税负债的确认与计量
4. 掌握所得税费用的确认与计量

📖 章前案例

  永辉超市是以零售业为龙头，以现代物流为支撑，以现代农业和食品工业为两翼，以实业开发为基础的大型集团企业。目前在福建、重庆等24个省、直辖市已发展出超过700家连锁超市，经营面积超过500万平方米，是行业内为数不多的依然在扩张，并能够在大部分地区盈利的超市企业。依据德勤会计师事务所发布的2017～2019年度《全球零售力量报告》，在上榜的全球250家零售企业中，永辉超市分别排名第146位、第137位、第127位，排名逐年提高。

  以下是永辉超市2018年关于递延所得税的数据及附注信息。

递延所得税资产、递延所得税负债余额 （金额单位：元）

项 目	2018年12月31日	2017年12月31日
递延所得税资产	202 696 586.41	165 417 367.59
递延所得税负债	127 093 772.45	44 877 679.84

递延所得税资产的注释 （金额单位：元）

项 目	可抵扣暂时性差异	递延所得税资产
资产减值准备	116 940 974.29	27 003 734.38
内部交易未实现利润	46 555 743.49	10 113 542.86

（续）

项　　目	可抵扣暂时性差异	递延所得税资产
可抵扣亏损	338 885 053.98	73 552 075.25
公允价值变动损益	15 817 500.22	3 954 375.05
累计折旧暂时性差异	15 398 067.29	3 849 516.81
预计负债	6 359 264.00	1 329 816.00
股权激励	331 574 104.24	82 893 526.06
合计	871 530 707.51	202 696 586.41

递延所得税负债的注释		（金额单位：元）
项　　目	应纳税暂时性差异	递延所得税负债
非同一控制企业合并资产评估增值	12 956 385.4	3 239 096.35
可供出售金融资产公允价值变动	217 183 262.72	38 902 053.55
固定资产一次性扣除	402 191 549.36	84 952 622.55
合计	632 331 197.48	127 093 772.45

　　　　资料来源：永辉超市 2018 年年度报告。

　　根据上述资料，思考以下问题：什么是可抵扣暂时性差异和应纳税暂时性差异？什么是递延所得税资产和递延所得税负债？可抵扣暂时性差异的期末余额与递延所得税资产的期末余额有什么关系？通过本章的学习，我们将解答以上问题。

第一节　所得税会计概述

一、所得税会计处理发展

　　在 2006 年，为了趋近国际会计准则，促进资本在全世界更便利地流通，我国财政部发布了《企业会计准则——基本准则》，其中《企业会计准则第 18 号——所得税》也引入了国际认同的所得税账务处理方法——资产负债表债务法。在该项准则实施之前，我国大部分上市企业运用的是应付税款法这种比较简单的所得税处理方法。我们来比较一下这两种方法。

　　应付税款法强调的是利润分配观，它将所得税费用视为国家作为管理者对企业利润的分配所得，在这种方法下，要求所得税费用按照税法计算，当期所得税费用就是应交所得税，不存在单个项目会计与税法的差异，也不存在跨期分摊的问题。应付税款法的好处在于会计处理简单，但其弊端是，当会计准则下确认的所得税费用与税法下确认的所得税费用差异较大时，运用应付税款法不能真实地反映企业的财务状况和经营成果。

　　在资产负债表债务法下，企业会对资产、负债（除递延所得税资产和递延所得税负债以外）的账面价值与计税基础之间的差异确认为暂时性差异，并将暂时性差异对所得税金额的影响递延和分配到以后各期，同时转回原已确认的递延所得税对当期所得税金额的影响，当税率发生变化时，将当期发生或转销的递延所得税金额用现行税率进行调整。也就是说，在资产负债表债务法中,利润表中的所得税费用与应纳税款并不相同,所得税费用是当期所得税和递延所得税之和。相对应付税款来说,其计算更加复杂,需要会计人员有一定的专业素质。但是它能更加真实、公允地反映企业资产和负债未来可为企业带来的现金流,更加符合会计信息真实性的需要。

二、资产负债表债务法的含义

资产负债表债务法是以资产负债表为基础,通过比较资产、负债的账面价值与计税基础,计算二者差异并进一步确定其对所得税影响的方法,它贯彻的是资产负债表观。

在资产负债表债务法下,企业会根据资产、负债的账面价值与计税基础的差额,确认暂时性差异。暂时性差异分为应纳税暂时性差异和可抵扣暂时性差异,应纳税暂时性差异会增加未来期间的应纳税所得额和应交所得税,也就是现在不纳税,以后期间纳税。而可抵扣暂时性差异则会减少未来期间的应纳税所得额和应交所得税,即现在纳税,以后期间不纳税,企业以此为基础确认递延所得税。

三、资产负债表债务法处理的一般程序

企业在采用资产负债表债务法计算所得税时,应当在每个资产负债表日进行所得税核算。一般来说,企业应当按照下列程序进行所得税核算。

1. 确定资产负债表中资产和负债的账面价值

企业应当根据会计准则确定除了递延所得税资产和递延所得税负债以外的资产和负债的账面价值。资产、负债的账面价值就是它们体现在资产负债表上的金额。

2. 确定资产负债表中资产和负债的计税基础

企业应当根据税法规定确定除了递延所得税资产和递延所得税负债以外的资产和负债的计税基础。

3. 确定递延所得税

比较资产、负债的账面价值和计税基础,按照对以后期间所得税金额的影响,将差异确认为应纳税暂时性差异或可抵扣暂时性差异,并确认递延所得税负债或递延所得税资产的金额。

4. 确定当期所得税

企业应当按照税法规定,将当期会计利润调整为应纳税所得额,然后根据使用的所得税税率计算出当期应交所得税。

5. 确定所得税费用

在资产负债表债务法下,所得税费用由当期所得税和递延所得税组成。企业应当根据税

法确定当期应纳税所得额和适用税率，二者的乘积就是当期所得税。如果当期确认递延所得税负债，那么所得税费用为递延所得税负债与当期所得税（应交税费——应交所得税）之和，如果当期确认递延所得税资产，那么所得税费用为当期所得税（应交税费——应交所得税）与递延所得税资产的差额。

第二节　资产和负债的计税基础

一、资产的计税基础

资产的计税基础，是指企业收回资产账面价值的过程中，计算应纳税所得额时按照税法规定可以自应税经济利益中抵扣的金额，即某一项资产在未来期间计税时按照税法规定可以税前扣除的总金额。例如，固定资产在使用过程中会产生折旧费用，折旧费用计入利润表，抵减利润，按照税法规定可以税前扣除的总费用即计税基础。

资产计税基础的计算是立足于当前资产的状态，因此其数额不是一成不变的，会随着资产的使用而减少。在资产的初始确认过程中，其计税基础是取得成本，即为取得该资产付出的成本。一般来说，该成本可以在税前全部扣除。在资产的持续使用过程中，其计税基础是资产的取得成本减去以前期间按照税法规定已经税前扣除的金额后的金额。例如，固定资产在资产负债表日的计税基础是其取得成本扣除按照税法规定已在以前期间税前扣除的累计折旧额。

（一）固定资产

无论固定资产是以何种方式取得的，其计税基础一般是其取得成本，即取得固定资产时的入账价值。

在固定资产的后续计量中，由于税法与会计准则对于折旧方法、折旧期限以及减值提取有不同的规定，因此会导致计税基础与账面价值的差异，在计算固定资产的计税基础时，应当在其账面价值的基础上进行调整。

1. 折旧方法、折旧年限的差异

会计准则规定，企业应当根据与固定资产有关的经济利益的预期实现方式合理选择折旧方法，一般有年限平均法、双倍余额递减法、年数总和法等。税法准则规定，除特殊情况可以采用加速折旧法外，一般都要按照年限平均法计提折旧，此外，税法还规定了每一类固定资产的最低折旧年限，如房屋、建筑物为 20 年；飞机、火车、轮船、机器、机械和其他生产设备为 10 年。

2. 计提减值准备导致的差异

会计准则规定，在固定资产持有期间存在减值迹象的，应计算可收回金额，如果资产的

可收回金额低于账面价值，应当将其差额确认为资产减值损失，同时计提资产减值准备。而税法规定，企业计提的资产减值准备在发生实质性损失前不允许税前扣除，也就是说，在资产减值准备变为实际损失前，固定资产的账面价值和计税基础存在着差异。

【例9-1】 甲公司2×18年12月31日购买了一项固定资产，成本为10万元，预计净残值为零。会计和税法规定使用寿命为10年。甲公司决定对该固定资产折旧采用双倍余额抵减法，税法上，该项固定资产应该用年限平均法计提折旧。2×19年12月31日，甲公司对该项固定资产计提了1万元减值准备，请计算2×19年12月31日该项固定资产的账面价值和计税基础。

解析： 2×19年12月31日，该项固定资产的账面价值＝10-10×20%-1＝7（万元）

2×19年12月31日，该项固定资产的计税基础＝10-10÷10＝9（万元）

该项固定资产的账面价值7万元与计税基础9万元之间产生了2万元可抵扣暂时性差异，会减少公司在未来期间的应纳税所得额。

（二）无形资产

无形资产账面价值与计税基础的差异主要是由两方面引起的。其一，无形资产与固定资产类似，由于税法与会计准则对摊销以及减值的规定不同，造成了无形资产账面价值与计税基础的差异。其二，税法对无形资产有特殊规定，企业内部研究开发形成的无形资产的成本可以加计扣除（未形成无形资产计入当期损益的部分，按照研究开发费用的150%扣除；形成无形资产的，按照无形资产成本的150%进行摊销），形成了无形资产的账面价值与计税基础的又一差异。

1.是否进行摊销、摊销方法、计提减值准备的差异

关于是否对无形资产进行摊销，会计准则与税法有不同的规定。会计准则中将无形资产按照使用寿命分为使用寿命有限的无形资产和使用寿命不确定的无形资产，其中使用寿命不确定的无形资产不应进行摊销。而在税法中，对于所有的无形资产，企业都可以按照税法确定的摊销额进行税前扣除。

在摊销方法方面，会计准则和税法做了不同的规定，会计准则中规定，企业应当按照与无形资产有关的经济利益的预期实现方式选择摊销方法，无法可靠确定预期实现方式的，应当采用直线法摊销。税法中规定，无形资产的摊销采用直线法计算。摊销方法的不同造成了无形资产账面价值与计税基础之间的差异。

在计提减值准备方面，与固定资产类似，会计准则下，企业应当对无形资产进行减值测试并计提减值损失，而税法规定企业计提的无形资产减值准备在转变为实质性损失前不允许税前扣除，从而导致无形资产的账面价值与计税基础的差异。

【例 9-2】 甲公司 2×19 年 1 月 1 日购买一项无形资产，成本为 10 万元，甲公司将其划分为使用寿命不确定的无形资产。2×19 年的减值测试表明，该项无形资产未发生减值。税法中规定，该项资产应采用直线法在 10 年内摊销完毕。请计算 2×19 年 12 月 31 日该项无形资产的账面价值和计税基础。

解析：2×19 年 12 月 31 日，该项无形资产的账面价值为 10 万元。

2×19 年 12 月 31 日，该项无形资产的计税基础为 10−10÷10＝9（万元）。

该项无形资产的账面价值与计税基础之间产生了 1 万元暂时性差异，在本期计算应交所得税时已经扣除，未来期间转回时会使应纳税所得额增加。

2. 自行研发形成的无形资产

对于内部研发形成的无形资产，企业会计准则规定，相关支出区分为两个阶段，研究阶段的支出应当费用化计入当期损益，而开发阶段符合资本化条件的支出应当资本化作为无形资产的成本。根据《财政部 税务总局 科技部 关于提高研究开发费用税前加计扣除比例的通知》（财税〔2018〕99 号），企业开展研发活动中实际发生的支出，未形成无形资产计入当期损益的，在按规定据实扣除的基础上，在 2018 年 1 月 1 日至 2020 年 12 月 31 日期间，再按照实际发生额的 75% 在税前加计扣除；形成无形资产的，在上述期间按照无形资产成本的 175% 在税前摊销。

【例 9-3】 甲企业 2×19 年发生研发支出 1 000 万元，其中研究阶段支出 100 万元，开发阶段符合资本化条件前发生的支出为 300 万元，符合资本化条件后至达到预定用途前发生的支出为 600 万元。税法规定，企业为开发新技术、新产品、新工艺发生的研发费用，未形成无形资产计入当期损益的，按照研发费用的 75% 加计扣除；形成无形资产的，按照无形资产成本的 175% 摊销。假定开发形成的无形资产在期末已达到预定用途但尚未开始摊销。请计算 2×19 年 12 月 31 日该项无形资产的账面价值和计税基础。

解析：甲企业当期发生的研发支出中，按照会计准则规定应予费用化的金额为 400 万元，资本化为无形资产的成本为 600 万元，因此 2×19 年 12 月 31 日无形资产的账面价值为 600 万元。

甲企业当期发生的 1 000 万元研发支出中，按税法规定可在当期税前扣除的金额为 700（＝400×175%）万元。无形资产在未来期间可予税前扣除的金额为 1 050（＝600×175%）万元，计税基础为 1 050 万元，形成可抵扣暂时性差异 450 万元，会减少未来期间的应纳税所得额。

（三）以公允价值计量且其变动计入当期损益的金融资产

会计准则规定，以公允价值计量且其变动计入当期损益的金融资产，其期末账面价值为公允价值，而在税法中，企业以公允价值计量的金融资产、金融负债以及投资性房地产等，持有期间公允价值的变动不计入应纳税所得额，只有在实际处置或结算时，处置取得的价款扣除其历史成本后的差额应计入处置或结算期间的应纳税所得额。上述规定表明，有关金融资产的计税基础是其取得成本，公允价值的变动不会引起计税基础的变化，因此形成了有关金融资产账面价值与计税基础的差异。

【例9-4】 甲公司2×19年6月购买了乙公司的股权并将其划分为以公允价值计量且其变动计入当期损益的金融资产，成本为10万元，2×19年12月31日，该项金融资产的公允价值变为30万元，计算2×19年12月31日该项金融资产的账面价值与计税基础。

解析：该项金融资产公允价值上升，在会计上，甲公司应当增加其账面价值，因此2×19年12月31日甲公司金融资产的公允价值为30万元，但是在税法中，该项金融资产的计税基础依旧是10万元，因此，两者形成20万元的暂时性差异，会增加未来该资产处置期间的应纳税所得额。

（四）投资性房地产

投资性房地产是指为赚取租金或资本增值，或二者兼而持有的房地产。会计准则规定，企业对投资性房地产进行后续计量时，可以采用两种模式：一种是成本模式，采用该种模式计量的投资性房地产，按照月计提折旧或摊销，其账面价值与计税基础的确定与固定资产、无形资产类似；另一种是公允价值模式，其账面价值的确定与以公允价值计量的金融资产相同，但是由于税法中没有投资性房地产的概念与处理方式，因此其计税基础的确定类似于固定资产或无形资产的计税基础。

【例9-5】 2×19年1月1日，甲公司与乙公司签订租赁协议，将自用厂房出租，该厂房的成本为1 000万元，预计使用年限为20年，已计提累计折旧200万元，企业按照年限平均法计提折旧，预计净残值为零，未计提减值准备。甲公司采用公允价值对该投资性房地产进行后续计量。假定税法规定的折旧方法、折旧年限及净残值与会计规定相同。同时，税法规定资产在持有期间的公允价值变动不计入应纳税所得额，待处置时一并计算。2×19年12月31日，该项投资性房地产的公允价值为1 200万元。请计算2×19年12月31日该项金融资产的账面价值与计税基础。

解析：2×19年12月31日，该投资性房地产的账面价值为1 200万元。

2×19年12月31日，该投资性房地产的计税基础＝1 000-200-1 000÷20＝750（万元）。

该项投资性房地产的账面价值1 200万元与计税基础750万元之间产生了450万元暂时性差异，会增加企业在未来期间的应纳税所得额。

（五）其他计提减值准备的资产

资产计提减值准备后，账面价值会随之下降，但税法规定资产在发生实质性损失之前，预计的减值损失不允许税前扣除，即计税基础不会因减值准备的提取而变化，从而导致在计提资产减值准备后，发生资产账面价值与计税基础之间的差异。

【例9-6】 甲公司2×19年12月31日应收账款余额为3 000万元，该公司期末对应收账款计提了300万元的坏账准备。税法规定，不符合国务院财政、税务主管部门规定的各项资产减值准备不允许税前扣除。假定该公司应收账款及坏账准备的期初余额均为零。请计算2×19年12月31日该项应收账款的账面价值与计税基础。

　　解析： 2×19年12月31日，该项应收账款的账面价值为2 700（＝3 000-300）万元。

　　2×19年12月31日，该项应收账款的计税基础为3 000万元。

　　该项应收账款的计税基础3 000万元与账面价值2 700万元之间产生了300万元暂时性差异，在应收账款发生实质性损失时，会减少未来期间的应纳税所得额。

二、负债的计税基础

　　负债的计税基础，是指负债的账面价值减去未来期间计算应纳税所得额时按照税法可予抵扣的金额。用公式表示为：

　　　　负债的计税基础＝账面价值－未来期间按照税法规定可予税前扣除的金额

　　一般来说，负债的确认与偿还不会影响企业的损益，也不会影响其应纳税所得额，比如，企业用商业票据购买一批原材料，分别确认存货和应付票据，这两个科目不影响损益，也不影响应纳税所得额，因此未来期间计算应纳税所得额时按照税法规定可予抵扣的金额为零，计税基础即为账面价值。但是，在某些情况下，负债的确认可能会影响企业的损益和应纳税所得额，使该负债账面价值与计税基础产生差异。

（一）预收账款

　　预收账款是指企业在收到客户预付的款项时，因不符合收入确认条件，会计上将其确认为负债。在会计准则中，企业应当在履行了合同的履约义务，即在客户取得相关商品控制权时确认收入。一般情况下，税法中对于收入确认的规定与会计规定相同，当会计上未确认收入时，税法上也不应确认收入，则该部分经济利益在未来期间计税时可予税前抵扣的金额为零，按照负债计税基础的等式，其计税基础等于账面价值，不产生暂时性差异。

　　在一些情况下，预收账款在会计上不得确认为收入，但按照税法应当确认收入，并计入应纳税所得额。由于已经在当期纳税，以后期间确认会计收入时预收账款的金额可以税前扣除，因此计税基础为零，会产生暂时性差异。

【例9-7】 甲公司2×19年12月10日收到乙公司的合同预付款50万元，因不符合会计中收入的确认原则，将其确认为预收账款。按照税法相关规定，该款项应计入当期的应纳税所得额计算应交所得税。请计算该项预收账款2×19年12月31日的账面价值与计税基础。

　　解析： 2×19年12月31日，该项预收账款的账面价值＝50万元。

　　2×19年12月31日，该项预收账款的计税基础＝账面价值－未来期间可以税前扣除的金额＝50-50＝0（万元）。

　　该项预收账款的账面价值与计税基础之间形成了 50 万元的暂时性差异，该项预收账款在当期纳税，会减少未来的应纳税所得额，因此该项差异为可抵扣暂时性差异。

（二）应付职工薪酬

　　职工薪酬是指企业为获得职工提供的服务或解除劳动关系而给予的各种形式的报酬或补偿，应计入企业成本费用，在未支付前确认为负债。税法中规定，对于企业发生的合理工资、薪金支出，准予税前扣除，因此，对于这部分应付职工薪酬，其未来可税前抵扣的金额为零，账面价值等于计税基础。但与此同时，税法中也对一些类型的职工费用规定了税前扣除标准，例如对于职工福利费支出，只有不超过工资薪金总额 14% 的部分准予扣除。在这种情况下，一方面，因为超出规定标准部分在当期不允许税前扣除，而且以后期间也不允许税前扣除，不会对未来期间计税产生影响，因此应付职工薪酬负债的账面价值仍然等于计税基础，不形成暂时性差异；另一方面，按照会计准则规定计入成本费用的金额超过税法规定扣除标准的部分，会形成一项永久性差异，应该进行纳税调整。

【例 9-8】　甲公司 2×19 年 12 月计入成本费用的职工薪酬为 1 000 万元，截至 2×19 年 12 月 31 日尚未支付。根据税法规定，该项职工薪酬税前可扣除的合理部分为 800 万元，请计算 2×19 年 12 月 31 日该项应付职工薪酬的账面价值与计税基础。

　　解析：2×19 年 12 月 31 日，该项应付职工薪酬的账面价值为 1 000 万元。

　　2×19 年 12 月 31 日，该项应付职工薪酬的计税基础＝账面价值－未来期间可税前扣除的金额＝1 000-0＝1 000（万元）。

　　该项负债的账面价值与计税基础相同，不形成暂时性差异。

（三）预计负债

　　当企业销售商品并提供质保服务，承诺商品发生质量问题由企业无偿提供修理服务时，未来的修理服务构成不确定事项，企业会确认预计负债。如果税法规定，与销售商品相关的支出可以在实际发生时于税前扣除，那么，其未来期间可抵扣的金额就等于账面价值，即预计负债的计税基础为零。

　　如果是其他交易或事项中确认的预计负债，应当按照税法的规定确定其计税基础。如果税法规定该项支出无论是否发生都不可税前扣除，则未来期间可抵扣的金额为零，该项预计负债的计税基础等于账面价值。

【例 9-9】　甲公司 2×19 年推出了一款新产品并承诺，3 年之内出现任何质量问题，甲公司免费提供维修服务。当年甲公司销售该产品的收入为 100 万元，预计将会发生 10 万元的保修金额，因此确认了 10 万元的预计负债，2×19 年甲公司未发生任何保修支出，请计算 2×19 年 12 月 31 日该预计负债的账面价值与计税基础。

　　解析：2×19 年 12 月 31 日，该项预计负债的账面价值为 10 万元。

2×19 年 12 月 31 日，该项预计负债的计税基础＝账面价值－未来期间可税前扣除的金额＝10-10=0（万元）。

该项预计负债的账面价值与计税基础之间产生了 10 万元的暂时性差异。税法中规定，保修费用在实际发生时可以税前扣除，因此形成可抵扣暂时性差异，会减少未来期间的应纳税所得额。

（四）其他负债

其他负债比如企业应交的罚款、滞纳金等，按照会计规定，在实际支出前应确认为费用和负债。税法中规定，由于违反法律法规而承担的罚款和滞纳金，在发生当期和以后期间都不允许税前扣除，即未来期间可抵扣的金额为零，因此计税基础等于账面价值，不形成暂时性差异。但是，当期按照会计和税法规定对罚款和滞纳金的不同处理，会形成一项永久性差异，应该进行纳税调整。

【例 9-10】 甲公司 2×19 年 12 月因违反环保法规接到处罚通知，要求其支付罚款 500 万元。税法规定，企业因违反国家有关法律法规支付的罚款和滞纳金，计算应纳税所得额时不允许税前扣除。至 2×19 年 12 月 31 日，该项罚款尚未支付。请计算 2×19 年 12 月 31 日该预计负债的账面价值与计税基础。

解析：该项负债的账面价值为 500 万元。

该项负债的计税基础＝账面价值－未来期间计算应纳税所得额时按照税法规定可予抵扣的金额＝500-0＝500（万元）。

该项负债的账面价值与计税基础相同，不形成暂时性差异。

三、特殊交易或事项中资产、负债的计税基础

除企业正常生产经营活动中产生的资产、负债外，企业合并过程中也会产生账面价值与计税基础不一样的情况。

会计准则中规定，按照参与合并各方在合并前后是否为同一方或者相同的多方控制，合并分为同一控制下的合并和非同一控制下的合并。同一控制下的企业合并，合并方在企业合并中取得的资产和负债，应当按照合并日在被合并方的账面价值计量。对于非同一控制下的企业合并，合并方取得的资产、负债应当按照购买日的公允价值计量，合并成本大于合并中取得的被购买方可辨认净资产公允价值份额的差额，确认为商誉；合并成本小于合并中取得的被购买方可辨认净资产公允价值份额的差额，计入当期损益。

在税法中，并不区分同一控制和非同一控制，企业应当按照公允价值计算合并所得，并缴纳所得税。但是当企业合并满足税法中规定的免税合并条件时，合并企业按照被合并企业的账面价值确定计税基础。比如，同一控制下企业不需要支付对价的企业合并，企业股东在该企业合并发生时取得的股权支付金额不低于其交易支付总额的 85%，满足免税合并的条

件，被合并企业不确认全部资产的转让所得或损失，不计算缴纳所得税，合并企业按照账面价值确定计税基础。

在企业合并中，由于会计准则与税法的规定不同，导致资产与负债的账面价值与计税基础产生差异。比如，在同一控制下的合并，会计处理时合并方按照合并日被合并方的账面价值计量，但按照税法规定，被合并方的资产、负债应当按照公允价值来确定，因此资产、负债的账面价值与计税基础就会产生差异，从而需要确认递延所得税资产或递延所得税负债。此外，在非同一控制下，购买方应当按照购买日被购买方资产、负债的公允价值进行计量，但是如果该项合并也满足税法免税合并的条件时，其计税基础应当按照被购买方资产、负债的账面价值进行确认，造成资产、负债的账面价值与计税基础不相等。

第三节　暂时性差异

暂时性差异是指资产、负债的账面价值与其计税基础不同产生的差额。如果资产、负债的暂时性差异会导致未来期间应纳税所得额减少，该项差异为可抵扣暂时性差异，当期应确认递延所得税资产，如果资产、负债的暂时性差异会导致未来期间应纳税所得额增加，那么该项差异是应纳税暂时性差异，当期应确认递延所得税负债。

一、应纳税暂时性差异

应纳税暂时性差异，是指在未来收回资产或清偿负债期间，导致产生应税金额的暂时性差异，即该暂时性差异的发生，会增加未来期间的应纳税所得额和应交所得税金额，因此应当在当期确认递延所得税负债。

应纳税暂时性差异通常产生于以下两种情况。

（一）资产的账面价值大于计税基础

资产的账面价值是企业在持续使用及最终出售该项资产时将取得的经济利益的总额，而计税基础是资产在未来期间可予以税前扣除的总金额。资产的账面价值大于其计税基础，该项资产产生的经济利益的总额大于税前可扣除的金额，两者之间的差异形成了未来期间的应纳税所得额，需要交税。

（二）负债的账面价值小于计税基础

负债的账面价值代表的是企业预计在未来期间清偿该项负债时的经济利益流出，而计税基础是账面价值与按照税法未来期间可税前抵扣金额之间的差额。负债的账面价值小于计税基础，意味着负债未来期间可税前抵扣的金额为负数，也就是说，应当增加未来期间的应纳税所得额，确认递延所得税负债。

二、可抵扣暂时性差异

可抵扣暂时性差异是指未来收回资产或清偿负债期间，导致产生可抵扣金额的暂时性差异，即该差异在未来期间会减少应纳税所得额和应交所得税，因此应当在当期确认递延所得税资产。

可抵扣暂时性差异一般产生于以下两种情况。

（一）资产的账面价值小于计税基础

资产的账面价值小于计税基础，也就是未来按税法规定可予以税前扣除的金额大于资产产生的经济利益，两者之间的差额可以减少企业的应纳税所得额和应交所得税，确认递延所得税资产。

（二）负债的账面价值大于计税基础

负债的账面价值与计税基础的差额部分就是未来按税法规定可予以税前扣除的金额，这部分金额会减少未来期间的应纳税所得额和应交所得税，应当确认递延所得税资产。

三、特殊项目的暂时性差异

（一）未作为资产、负债确认的项目产生的暂时性差异

有些交易或事项发生后，虽然不能根据会计准则确认为资产或负债，但是可以根据税法确定其计税基础，两者之间的差额形成暂时性差异。例如，企业发生的广告费和宣传费用，会计处理时计入销售费用，不确认为资产，但是按照税法规定，该项费用不超过当年销售收入15%的部分准予扣除，超过部分准予在以后纳税年度扣除，由此产生的账面价值与计税基础的差异形成暂时性差异。

【例9-11】 甲公司在2×19年发生了400万元的广告费和业务宣传费，全部计入了当期的销售费用。甲公司当年实现的收入为1 000万元，税法规定，广告费和业务宣传费不超过当年销售收入15%的部分准予扣除，超过部分允许结转以后年度税前扣除，请计算该项业务的账面价值与计税基础。

解析： 甲公司发生了400万元的广告费和业务宣传费，已经计入当期的销售费用，不体现为期末资产负债表中的资产，因此如果将其视为资产，账面价值为零。

按照税法规定，当年可抵扣部分是销售收入的15%，即150（＝1 000×15%）万元，从而400万元可以分为两部分，一部分是当年可抵扣的150万元，另一部分是以后期间可抵扣的250万元，因此计税基础为250万元。

账面价值与计税基础之间产生了250万元暂时性差异，在未来期间可以减少企业应纳税所得额，为可抵扣暂时性差异。

四、可抵扣亏损及税款抵减产生的暂时性差异

税法规定，企业当期发生的亏损可以在以后年度弥补，减少未来期间的应纳税所得额和应交所得税，虽然它们不是由于资产、负债的账面价值与计税基础不同引起的，但与可抵扣暂时性差异具有同样的作用，会计处理上可视同可抵扣暂时性差异，符合条件情况下确认相关的递延所得税资产。

第四节　递延所得税的确认与计量

一、递延所得税负债的确认与计量

（一）递延所得税负债的确认

企业在确认递延所得税负债时，除税法中规定可不确认递延所得税负债的情况外，企业对于所有的应纳税暂时性差异应确认递延所得税负债。

但是在有些情况下，资产、负债的账面价值与其计税基础不同，产生了应纳税暂时性差异，按照所得税准则规定可不确认递延所得税负债：

（1）商誉的初始确认。会计准则规定，在非同一控制下企业合并中，企业合并成本大于合并中取得的被购买方可辨认净资产公允价值份额的差额应当确认为商誉。如果税法中规定该项合并属于免税合并，那么商誉的计税基础为零，其账面价值与计税基础形成应纳税暂时性差异，但并不确认递延所得税负债。

（2）除企业合并以外的其他交易或事项中，如果该项交易或事项发生时既不影响会计利润，也不影响应纳税所得额，那么由此形成应纳税暂时性差异的，不确认相应的递延所得税负债。

（3）与子公司、联营企业、合营企业投资等相关的应纳税暂时性差异，如果同时满足以下两个条件：一是投资企业能够控制暂时性差异转回的时间，二是该暂时性差异在可预见的未来很可能不会转回，那么投资企业可以运用自身的影响力决定暂时性差异的转回，如果不希望其转回，则在可预见的未来期间该项暂时性差异即不会转回，对未来期间计税不产生影响，从而无须确认相应的递延所得税负债。

（二）递延所得税负债的计量

根据所得税准则的规定，在资产负债表日，企业应当根据适用税法规定，按照预期收回资产或清偿负债期间的适用税率来计量递延所得税负债，也就是用应纳税暂时性差异乘以适用税率来确定。无论应纳税暂时性差异的转回期间如何，相关的递延所得税负债不考虑时间价值，不要求折现。

【例9-12】 甲公司2×19年6月支付100万元价款购入乙公司发行的股票20万股，占乙公司总股本的1%，将其指定为以公允价值计量且其变动计入其他综合收益的非交易性权益工具投资。2×19年12月31日，甲公司持有的股票公允价值上升为150万元，甲公司适用的所得税税率为25%。2×19年12月31日，甲公司的会计处理应为：

（1）反映该项金融资产的公允价值上升。

借：其他权益工具投资——公允价值变动　　　　　　　　　　500 000

　　贷：其他综合收益——其他权益工具投资公允价值变动　　　　　　　　500 000

（2）确认递延所得税。

该项金融资产的账面价值为150万元，计税基础为100万元，差额50万元应当按照所得税税率确认递延所得税负债。

借：其他综合收益（500 000×25%）　　　　　　　　　　　　125 000

　　贷：递延所得税负债　　　　　　　　　　　　　　　　　　　　　125 000

二、递延所得税资产的确认与计量

（一）递延所得税资产的确认

企业发生交易或者事项，产生了可抵扣暂时性差异时，应当确认递延所得税资产，但是其确认金额应当以未来期间能取得的应纳税所得额为限。也就是说，如果在未来期间内，企业无法产生足够的应纳税所得额用以利用可抵扣暂时性差异的影响，那么就不应确认递延所得税资产；如果企业有明确的证据表明其在未来期间可产生足够的应纳税所得额，那么应当以应纳税所得额为限，确认递延所得税资产。

在判断企业于可抵扣暂时性差异转回的未来期间是否能够产生足够的应纳税所得额时，应考虑两个因素：一是企业在未来期间通过正常的生产经营活动能够实现的应纳税所得额，二是以前期间产生的应纳税暂时性差异在未来期间转回时应增加的应纳税所得额。

（1）对与子公司、联营企业、合营企业的投资相关的可抵扣暂时性差异，同时满足下列条件的，应当确认相关的递延所得税资产：一是暂时性差异在可预见的未来很可能转回；二是未来很可能获得用来抵扣可抵扣暂时性差异的应纳税所得额。

（2）对于按照税法规定可以结转到以后年度的未弥补亏损，如果预计未来期间内能够取得足够的应纳税所得额弥补亏损时，企业应当以很可能取得的应纳税所得额为限，确认相应的递延所得税资产，同时减少确认当期的所得税费用。

与递延所得税负债类似，如果企业发生的某项交易或事项不属于企业合并，并且交易发生时既不影响会计利润也不影响应纳税所得额，由此而产生可抵扣暂时性差异的，不确认相应的递延所得税资产。

（二）递延所得税资产的计量

同递延所得税负债类似，在产生可抵扣暂时性差异时，企业应当以预期收回该资产期间的适用所得税税率为基础计算确定递延所得税资产，即用可抵扣暂时性差异金额乘以适用税率来计算。无论相关的可抵扣暂时性差异转回期间如何，递延所得税资产均不考虑时间价值，不要求折现。另外，递延所得税资产和递延所得税负债的计量，其税率与计税基础应当与收回资产或清偿债务的预期方式相一致。

企业在确认了递延所得税资产后，应当在资产负债表日对其账面价值进行复核。如果未来期间很可能无法取得足够的应纳税所得额用以利用可抵扣暂时性差异带来的利益，应当减记递延所得税资产的账面价值。如果以后期间根据新的环境和情况判断能够产生足够的应纳税所得额用以利用可抵扣暂时性差异，使得递延所得税资产包含的经济利益能够实现的，应相应恢复递延所得税资产的账面价值。

【例9-13】　甲公司融资租入一项固定资产，该资产在租赁开始日的公允价值为100万元，融资租赁合同约定的最低租赁付款额为120万元，最低租赁付款额的现值为98万元，请计算该项资产的账面价值和计税基础，并确认递延所得税的影响。

解析：该项资产的账面价值＝公允价值与最低租赁付款额现值中较低者＝98万元。

该项资产的计税基础＝120万元。

该项资产的账面价值与计税基础之间产生了暂时性差异，但由于交易发生时，既不影响会计利润，也不影响应纳税所得额，因此不确认暂时性差异对纳税的影响。

【例9-14】　甲公司于2×19年2月20日外购一栋写字楼并于当日对外出租，取得成本为24 000万元，采用公允价值模式进行后续计量。2×19年12月31日，该写字楼公允价值跌到22 400万元，税法规定，该类写字楼采用年限平均法计提折旧，折旧年限为20年，预计净残值为零。甲公司适用的所得税税率为15%，预计未来期间不会发生变化，请计算2×19年12月31日该项投资性房地产的账面价值与计税基础，并确认暂时性差异对纳税的影响。

解析：2×19年12月31日，该项投资性房地产的账面价值＝22 400万元。

2×19年12月31日，该项投资性房地产的计税基础＝24 000－（24 000÷20）×（10÷12）＝23 000（万元）。

该项投资性房地产的账面价值小于计税基础，产生可抵扣暂时性差异，应确认递延所得税资产的金额为90［＝（23 000－22 400）×15%］万元。

【例9-15】　甲公司于2×19年因政策性原因发生经营亏损2 000万元，按照税法规定，该亏损可用于抵减以后5个年度的应纳税所得额。2×19年及以后适用的所得税税率为25%。请计算在以下三种情况下，甲公司2×19年12月31日应确认的递延所得税资产：①预计未来5年期间能够产生足够的应纳税所得额用以弥补该亏损；②预计未来5年期间的税前会计利润为800万元；③预计未来5年无利润。

解析：在本例中，该经营亏损不是资产、负债的账面价值与其计税基础不同产生的，但从性质上可以减少未来期间企业的应纳税所得额和应交所得税，属于可抵扣暂时性差异。

①预计未来 5 年有足够的应纳税所得额可用于弥补亏损。

2×19 年 12 月 31 日应确认递延所得税资产＝2 000×25%＝500（万元）。

②预计未来 5 年的税前会计利润为 800 万元。

2×19 年 12 月 31 日应确认递延所得税资产＝800×25%＝200（万元）。

③预计未来 5 年无利润。

2×19 年 12 月 31 日不确认递延所得税资产。

三、特殊交易或事项中递延所得税的确认和计量

（一）与直接计入所有者权益的交易或事项相关的所得税

与当期及以前期间直接计入所有者权益的交易或事项相关的递延所得税应当计入所有者权益，这些交易或事项主要包括：会计政策变更采用追溯调整法或对前期差错更正采用追溯重述法调整期初留存收益；以公允价值计量且其变动计入其他综合收益的金融资产公允价值的变动金额；同时包含负债及权益成分的金融工具在初始确认时计入所有者权益；自用房地产转为采用公允价值模式计量的投资性房地产时公允价值大于原账面价值的差额计入其他综合收益等。

（二）与企业合并相关的递延所得税

在企业合并中，如果购买方取得的可抵扣暂时性差异不符合递延所得税资产的确认条件，不应予以确认；但如果购买日后 12 个月内，取得进一步的信息表明购买日可抵扣暂时性差异带来的经济利益能够实现的，应该确认递延所得税资产，同时减少商誉，商誉不足冲减的，差额部分确认为当期损益。除上述情况以外，确认与企业合并相关的递延所得税资产，应当计入当期损益。

（三）与股份支付相关的递延所得税

与股份支付相关的支出在按照会计准则规定确认为成本费用时，如果税法规定与股份支付相关的支出不允许税前扣除，则不形成暂时性差异；如果税法规定与股份支付相关的支出可以税前扣除，企业应当估计可税前扣除的金额，计算确定计税基础以及由此产生的暂时性差异，并确认相关的递延所得税。

四、适用税率变化对已确认递延所得税资产和递延所得税负债的影响

如果由于税收法规的变化，导致企业在某一会计期间适用的所得税税率发生变化，企业应当按照新的税率对已确认的递延所得税资产和递延所得税负债进行重新计量。

第五节　所得税费用的确认、计量与披露

在资产负债表债务法下，利润表中的所得税费用包括两个部分：当期所得税和递延所得税。

一、当期所得税

当期所得税是指企业按照税法规定计算确定的针对当期发生的交易和事项，应交纳给税务部门的所得税金额。

企业在确定当期应交所得税时，对于当期发生的交易或事项，会计处理与税法处理不同的，应当在会计利润的基础上，按照税法规定进行调整，计算出当期应纳税所得额。具体公式为：

应纳税所得额＝会计利润＋按照会计准则规定计入利润表但计税时不允许税前扣除的费用
　　　　　　　± 计入利润表的费用与按照税法规定可予税前抵扣的金额之间的差额
　　　　　　　± 计入利润表的收入与按照税法规定应计入应纳税所得额的收入之间的差额
　　　　　　　－ 税法规定的不征税收入 ± 其他需要调整的因素

在计算出应纳税所得额后，用应纳税所得额乘以适用税率，确定当期应交所得税。

二、递延所得税

递延所得税是指按照所得税准则规定当期应予确认的递延所得税资产和递延所得税负债金额，具体公式为：

递延所得税＝（递延所得税负债的期末余额－递延所得税负债的期初余额）
　　　　　　－（递延所得税资产的期末余额－递延所得税资产的期初余额）

一般情况下，企业确认的递延所得税应当计入所得税费用，但以下两种情况除外：①某项交易或事项按照会计准则规定应计入所有者权益，由该交易或事项产生的递延所得税资产或递延所得税负债也应计入所有者权益；②企业合并中取得的资产、负债，其账面价值与计税基础不同，递延所得税的确认影响商誉或计入当期损益的金额，不影响所得税费用。

三、所得税费用

利润表中的所得税费用为当期所得税和递延所得税之和，用公式表示为：

所得税费用＝当期所得税＋递延所得税

【例9-16】 甲公司2×19年度的利润总额为2 000万元，适用的所得税税率为25%，递延所得税资产和递延所得税负债不存在期初余额。2×19年发生的交易和事项与所得税核算相关的有：

（1）2×19年3月31日购入的一项固定资产，成本为200万元（不含税），增值税税额为26万元，购入后由管理部门使用，预计使用年限为5年，预计净残值为零，会计处理采用双倍余额递减法计提折旧，税法规定采用直线法计提折旧，税法规定的使用年限和净残值与会计规定相同。

（2）向关联企业捐赠现金400万元。假定按照税法规定，不允许税前扣除。

（3）取得作为交易性金融资产核算的股票投资，支付价款1 000万元，2×19年12月31日的公允价值为1 300万元。税法规定，以公允价值计量的金融资产持有期间市价变动不计入应纳税所得额。

（4）违反环保法规规定应支付罚款250万元。

（5）期末计提存货跌价准备100万元。

（6）收到国债利息收入200万元。

请计算2×19年当期应交所得税、递延所得税、所得税费用，并进行确认所得税费用的账务处理。

解析：（1）2×19年当期应交所得税。

应纳税所得额$=2\ 000+\left(200\times\dfrac{2}{5}\times\dfrac{3}{4}-200\times\dfrac{1}{5}\times\dfrac{3}{4}\right)+400-（1\ 300-1\ 000）+250+100-200=2\ 280$（万元）

应交所得税$=2\ 280\times25\%=570$（万元）

（2）20×19年递延所得税。

递延所得税资产$=\left[\left(200\times\dfrac{2}{5}\times\dfrac{3}{4}-200\times\dfrac{1}{5}\times\dfrac{3}{4}\right)+100\right]\times25\%=32.5$（万元）

递延所得税负债$=300\times25\%=75$（万元）

递延所得税$=75-32.5=42.5$（万元）

（3）2×19年利润表中应确认的所得税费用。

所得税费用$=570+42.5=612.5$（万元），账务处理应为：

借：所得税费用　　　　　　　　　　　　　　　　6 125 000

　　递延所得税资产　　　　　　　　　　　　　　325 000

　　贷：应交税费——应交所得税　　　　　　　　　　　5 700 000

　　　　递延所得税负债　　　　　　　　　　　　　　　750 000

四、所得税的列报与披露

（一）列报

企业应当在利润表和资产负债表中列示所得税费用的相关数据。递延所得税资产和递延所得税负债应当分别作为非流动资产和非流动负债在资产负债表中列示，所得税费用应当在利润表中单独列示。

（二）披露

企业应当在附录中披露与所得税有关的信息，具体包括：

（1）所得税费用（收益）的组成部分。

（2）所得税费用（收益）与会计利润的关系。

（3）未确认递延所得税资产的可抵扣暂时性差异，可抵扣亏损的金额（如果存在到期日，还应披露到期日）。

（4）根据每一类暂时性差异及可抵扣亏损，在列报期间确认的递延所得税资产或递延所得税负债的金额，确认递延所得税资产的依据。

（5）未确认递延所得税负债的，与对子公司、联营企业及合营企业投资相关的暂时性差异金额。

◈ 本章小结

1. 在资产负债表债务法下，企业会根据资产、负债的账面价值与计税基础的差额，确认暂时性差异。暂时性差异分为应纳税暂时性差异和可抵扣暂时性差异，应纳税暂时性差异会增加未来期间的应纳税所得额和应交所得税，而可抵扣暂时性差异则会减少未来期间的应纳税所得额和应交所得税。

2. 资产计税基础的计算是立足于当前资产的状态，因此其数额不是一成不变的，会随着资产的使用而减少。在资产的初始确认过程中，其计税基础是取得成本，即为取得该资产付出的成本。一般来说，该成本可以在税前全部扣除。在资产的持续使用过程中，其计税基础是资产的取得成本减去以前期间按照税法规定已经税前扣除的金额后的金额。

3. 负债的计税基础是指负债的账面价值减去未来期间计算应纳税所得额时，按照税法可予抵扣的金额。用公式表示为：负债的计税基础＝账面价值－未来期间按照税法规定可予税前扣除的金额。

4. 在资产负债表债务法下，所得税会计的确认分为 5 步：确定资产负债表中资产和负债的账面价值；确定资产负债表中资产和负债的计税基础；确定递延所得税；确定当期所得税；确定所得税费用。

5. 所得税费用包括当期所得税和递延所得税两部分，其中当期所得税是根据应纳税所得额和适用税率计算得出的，递延所得税是根据资产、负债产生的可抵扣暂时性差异或应纳税暂时性差异计算确定的。在特殊情况下，资产、负债形成的暂时性差异不需要确认对纳税的影响。

◈ 关键术语

暂时性差异、应纳税暂时性差异、可抵扣暂时性差异、递延所得税、递延所得税资产、递延所得税负债、当期所得税、所得税费用

◈ 思考题

1. 如何理解资产负债表债务法？

2. 资产和负债的计税基础是什么？

3. 如何理解应纳税暂时性差异与可抵扣暂时性差异？

4. 哪些情况下确认递延所得税？哪些情况下不确认暂时性差异的纳税影响？

5. 如何对所得税费用进行确认与计量？

◈ 自测题

1. 下列各项交易或事项形成的负债中，其计税基础为零的是（　　　）。
   A. 赊购商品
   B. 从银行取得的短期借款
   C. 因确认保修费用形成的预计负债
   D. 因各项税收滞纳金和罚款确认的其他应付款

2. 下列各项资产中，不产生暂时性差异的是（　　　）。
   A. 自行研发无形资产发生的符合资本化条件的研发支出
   B. 已计提减值准备的固定资产
   C. 应税合并条件下非同一控制下吸收合并购买日产生的商誉
   D. 采用公允价值模式进行后续计量的投资性房地产公允价值变动

3. 甲公司2×19年因政策性原因发生经营亏损1 000万元，按照税法规定，该亏损可用于抵减以后5个会计年度的应纳税所得额。该公司预计未来5年期间能够产生足够的应纳税所得额用以弥补亏损，甲公司采用资产负债表债务法核算所得税，适用的所得税税率为25%。下列关于该经营亏损的表述中，正确的是（　　　）。
   A. 产生可抵扣暂时性差异1 000万元
   B. 产生应纳税暂时性差异1 000万元
   C. 不产生暂时性差异
   D. 产生暂时性差异，但不确认递延所得税资产

4. 甲公司适用的所得税税率为25%，2×19年税前合计利润为100 000万元。按照税法规定，与产品售后服务相关的费用在实际发生时允许税前扣除。2×18年年末"预计负债"科目余额为500万元（因计提产品保修费用确认），其对应的"递延所得税资产"余额为125万元。甲公司2×19年实际支付保修费用400万元，且本期计提了产品保修费用600万元。2×19年度因该业务确认的递延所得税费用为（　　　）万元。
   A. 50　　　　　　　　B. 2 500
   C. −50　　　　　　　D. 0

5. 甲公司于2×19年12月1日收到与资产相关的政府补助1 000万元（采用总额法核算）。至2×19年12月31日相关资产尚未达到可使用状态。假定该政府补助不属于免税项目，税法规定，该项政府补助在收到时应计入应纳税所得额。甲公司2×19年12月31日递延收益的计税基础为（　　　）万元。
   A. 100　　　　　　　B. 0
   C. 1 000　　　　　　D. 900

6. 下列项目中产生可抵扣暂时性差异的有（　　　）。
   A. 以公允价值计量且变动计入当期损益的金融负债账面价值小于计税基础
   B. 按税法规定可以结转以后年度的未弥

补亏损

C. 因奖励积分确认的合同负债（税法已计入当期应纳税所得额）

D. 发生超标的业务招待费

7. 下列关于递延所得税会计处理的表述中，错误的有（　　）。

A. 企业应将当期发生的可抵扣暂时性差异全部确认为递延所得税资产

B. 递延所得税费用是按规定当期应予确认的递延所得税资产加上当期应予确认的递延所得税负债的金额

C. 企业应在资产负债表日对递延所得税资产的账面价值进行复核

D. 企业应当对递延所得税资产和递延所得税负债进行折现

8. 若某公司未来期间有足够的应纳税所得额用以抵扣可抵扣暂时性差异，则下列交易或事项中，会引起"递延所得税资产"科目余额增加的有（　　）。

A. 本期发生净亏损，税法允许在以后5年内弥补

B. 转回以摊余成本计量的金融资产计提的损失准备

C. 计提产品质量保证金

D. 确认国债利息收入

9. 下列关于企业递延所得税负债会计处理的表述中，正确的有（　　）。

A. 吸收合并免税合并下商誉初始确认时形成的应纳税暂时性差异应确认相应的递延所得税负债

B. 与损益相关的应纳税暂时性差异确认的递延所得税负债应计入所得税费用

C. 应纳税暂时性差异转回期间超过一年的，相应的递延所得税负债应以现值进行计量

D. 递延所得税负债以相关应纳税暂时性差异转回期间适用的企业所得税税率计量

10. 2×19年12月31日，甲公司对商誉计提减值准备1 000万元。该商誉是2×17年12月8日甲公司从丙公司处购买丁公司100%净资产吸收合并丁公司时形成的，初始计量金额为3 500万元，丙公司根据税法规定已经交纳与转让丁公司100%股权相关的所得税及其他税费。根据税法规定，甲公司购买丁公司产生的商誉在整体转让或者清算相关资产、负债时，允许税前扣除，甲公司适用的所得税税率为25%，下列会计处理中正确的有（　　）。

A. 2×17年12月8日商誉的计税基础为零

B. 2×17年12月8日商誉的计税基础为3 500万元

C. 2×19年12月31日商誉产生的可抵扣暂时性差异不确认递延所得税资产

D. 2×19年12月31日应确认递延所得税资产250万元

练习题

1. 甲公司适用的所得税税率为25%。甲公司2×19年发生的有关交易或事项中，会计处理与所得税处理存在差异的包括以下事项：

1月1日，甲公司以3 800万元取得对乙公司20%的股权，并自取得当日起向乙公司董事会派出1名董事，能够对乙公司财务和经营决策施加重大影响。取得股权时，乙公司可辨认净资产的公允价值与账面价值相同，均为16 000万元。

乙公司 2×19 年实现净利润 500 万元，当年取得的作为以公允价值计量且其变动计入其他综合收益的金融资产核算的债券投资 2×19 年年末市价相对于取得成本上升 200 万元。甲公司与乙公司 2×19 年未发生其他交易。

甲公司拟长期持有对乙公司的投资。税法规定，我国境内设立的居民企业间的股息、红利免税。

要求：

（1）根据资料，确定截至 2×19 年 12 月 31 日所形成资产的账面价值与计税基础，并说明是否应确认相关的递延所得税资产或负债及其理由。

（2）计算甲公司 2×19 年应交所得税。

2. 甲公司适用的所得税税率为 25%，预计以后期间不会变更，未来期间有足够的应纳税所得额用以抵扣可抵扣暂时性差异。2×19 年甲公司发生以下事项，其会计处理与所得税法规规定存在差异：甲公司持有乙公司 30% 股权并具有重大影响，采用权益法核算，其初始投资成本为 1 000 万元，截至 2×19 年 12 月 31 日，甲公司该股权投资的账面价值为 1 900 万元。甲公司计划于 2×20 年出售该项股权投资，但出售计划尚未经董事会和股东大会批准。税法规定，居民企业间的股息、红利免税。

要求：

根据上述资料，说明甲公司长期股权投资权益法核算下的账面价值与计税基础是否产生暂时性差异；如果产生暂时性差异，说明是否应当确认递延所得税负债或资产，并说明理由。

3. 甲公司适用的所得税税率为 25%。假定未来期间有足够的应纳税所得额用以抵扣可抵扣暂时性差异，相关资料如下：

（1）2×16 年 12 月 31 日，甲公司以银行存款 44 000 万元购入一栋达到预定可使用状态的写字楼，并立即以经营租赁方式对外出租，租期为 2 年，并办妥相关手续。该写字楼的预计可使用寿命为 22 年，预计净残值为零，取得时该写字楼成本和计税基础一致。

（2）甲公司对该写字楼采用公允价值模式进行后续计量。所得税纳税申报时，该写字楼在其预计使用寿命内每年允许税前扣除的折旧金额为 2 000 万元。

（3）2×17 年 12 月 31 日和 2×18 年 12 月 31 日，该写字楼的公允价值分别为 45 500 万元和 50 000 万元。

（4）2×18 年 12 月 31 日，租期届满，甲公司收回该写字楼，并供本公司行政管理部门使用。甲公司自 2×19 年开始对写字楼按平均年限法计提折旧，预计尚可使用 20 年，预计净残值为零，所得税纳税申报时，该写字楼在其预计使用寿命内每年允许税前扣除折旧的金额均为 2 000 万元。

要求：

（1）编制甲公司 2×16 年 12 月 31 日购入并立即出租该写字楼的相关会计分录。

（2）编制 2×17 年 12 月 31 日投资性房地产公允价值变动的会计分录（不考虑递延所得税的处理）。

（3）计算确定 2×17 年 12 月 31 日投资性房地产账面价值、计税基础及暂时性差异，并计算递延所得税资产或递延所得税负债的金额。

（4）编制 2×18 年 12 月 31 日甲公司收回该写字楼的相关会计分录（不考虑递延所得税的处理）。

（5）计算确定 2×19 年 12 月 31 日该

写字楼的账面价值、计税基础及暂时性差异；并计算递延所得税资产或递延所得税负债的余额。

4. 甲公司2×19年年初递延所得税负债的余额为0，递延所得税资产的余额为30万元（由2×18年年末应收账款的可抵扣暂时性差异产生）。甲公司2×19年度有关交易和事项的会计处理中，与税法规定存在差异的有：

（1）2×19年1月1日，购入一项非专利技术并立即用于生产A产品，成本为200万元，因无法合理预计其带来经济利益的期限，作为使用寿命不确定的无形资产核算。2×19年12月31日，对该项无形资产进行减值测试后未发现减值。根据税法规定，企业在计税时，对该无形资产按照10年的期限摊销，有关摊销额允许税前扣除。

（2）2×19年1月1日，按面值购入当日发行的3年期国债1 000万元，作为持有至到期投资核算。该债券票面年利率为5%，每年年末付息一次，到期偿还面值。2×19年12月31日，甲公司确认了50万元的利息收入。根据税法规定，国债利息收入免征企业所得税。

（3）2×19年12月31日，应收账款账面余额为10 000万元，减值测试前坏账准备的余额为200万元，减值测试后补提坏账准备100万元。根据税法规定，提取的坏账准备不允许税前扣除。

（4）2×19年度，甲公司实现的利润总额为10 070万元，适用的所得税税率为15%，预计从2×20年度开始适用的所得税税率为25%，且未来期间保持不变。

假设未来期间能够产生足够的应纳税所得额用以抵扣暂时性差异，不考虑其他因素。

要求：

（1）计算2×19年度甲公司应纳税所得额和应交所得税的金额。

（2）计算2×19年年末甲公司资产负债表"递延所得税资产""递延所得税负债"项目期末余额。

5. 2×19年1月1日，甲公司递延所得税资产的账面价值为100万元（系下表中固定资产项目形成），递延所得税负债的账面价值为零。2×19年12月31日，甲公司有关资产、负债的账面价值和计税基础如下：

项目名称	账面价值（万元）	计税基础（万元）
固定资产	12 000	15 000
无形资产	900	1 575
其他债权投资	5 000	3 000
预计负债	5 000	3 000

上表中，固定资产在初始计量时，入账价值与计税基础相同，无形资产账面价值是当年末新增的符合资本化条件的开发支出形成的，按照税法规定对于企业自行研发形成无形资产的，按照形成无形资产成本的175%作为计税基础。假定在确定无形资产账面价值及计税基础时均不考虑当年度摊销因素。

2×19年度，甲公司实现净利润8 000万元，发生广告费用1 500万元，按照税法规定准予从当年应纳税所得额中扣除的金额1 000万元，其余可结转以后年度扣除。

甲公司使用的所得税税率为25%，在有关可抵扣暂时性差异转回期间内，甲公司预计能够产生足够的应纳税所得额用于抵扣可抵扣暂时性差异的所得税影响，除所得税外，不考虑其他税费及其他因素影响。

要求：

（1）对上述事项或项目产生的暂时性差异，分别确定是否应确认递延所得税负债或递延所得税资产，并说明理由。

（2）说明哪些暂时性差异的所得税影响应直接计入所有者权益。

（3）计算甲公司2×19年度应确认的递延所得税费用。

◈ 章后案例

乐视网于2004年11月成立于北京中关村高科技园区，是一家高新技术上市公司。2016年起，乐视网的财务问题初现端倪，随后其财务危机和信用危机不断加深；2017年5月，乐视网的经营危机全面爆发。2016年之前，乐视网看似无懈可击的财务报表却暗流涌动，其合并报表的净利润远远大于利润总额（见下表），这一异象背后的始作俑者就是递延所得税资产。

乐视网合并报表 2012～2016 年递延所得税表 （单位：万元）

项　　目	2012 年	2013 年	2014 年	2015 年	2016 年
营业利润	19 741.12	23 670.76	4 786.65	6 942.28	−33 749.9
利润总额	22 801.17	24 640.09	7 289.91	7 416.92	−32 870.9
所得税费用	3 804.59	1 402.01	−5 589.75	−14 294.76	−10 681.59
净利润	18 996.58	23 238.08	12 879.66	21 711.68	−22 189.3
递延所得税资产	238.05	2 675.70	19 621.86	50 725.15	76 334.34

2014～2016年，乐视网连续3年的净利润大于利润总额，递延所得税资产由2012年的238.05万元增至2016年的7.63亿元，增长速度分别为1 024.01%、633.34%、158.51%和50.59%，实现了5年间近320.67倍的增长。乐视网确认了大量递延所得税资产，却极少确认递延所得税负债。乐视网之所以会形成如此高额的递延所得税资产，主要原因就是非全资子公司的亏损（见下表）。

乐视网 2012～2016 年递延所得税资产构成表 （单位：万元）

项　　目	2012 年	2013 年	2014 年	2015 年	2016 年
内部未实现利润	0	0	0	4 723.24	2 536.11
可抵扣亏损	0	1 987.07	18 013.25	42 423.70	65 054.99
坏账准备	211.10	595.81	1 477.63	3 387.81	7 861.25
存货跌价准备	0	79.93	121.25	82.52	746.11
无形资产减值准备	26.95	12.89	9.72	78.86	75.36
融资租赁摊销利息	0	0	0	29.01	60.54
合计	26.95	2 675.70	19 621.86	50 725.15	76 334.34

乐视网巨亏的非全资子公司的实际控制人均为乐视网董事长或者与乐视网有关联的公司，表面上看是其他少数股东亏损，实际上却是通过子公司少数股东的亏损向大股东

输送巨额利益，粉饰了乐视网的经营业绩，实现了股价和业绩的不断上涨，以为其进行利润输送奠定基础。

资料来源：王艳林，杨松岩．递延所得税资产、盈余管理与大股东掏空——基于乐视网递延所得税资产过度确认的案例分析 [J]. 财会通讯，2019(1): 3-6.

分析并思考：

根据上述材料，思考企业确认递延所得税资产的过程以及企业确认过多递延所得税资产的动机。

◈ 参考答案

扫码查看
参考答案

第十章

CHAPTER10

股份支付

▓ 学习目标

1. 理解股份支付的概念和主要环节
2. 理解可行权条件的含义和种类
3. 掌握以权益结算的股份支付和以现金结算的股份支付的会计处理
4. 理解可行权条件修改和限制性股票的会计处理

▓ 章前案例

　　为了激励职工，永辉超市于2018年决定授予员工股票，并于2018年9月15日披露了《2018年限制性股票激励计划（草案）》，拟向激励对象授予合计7 650 900股限制性股票，约占本激励计划草案公告日公司股本总额的0.08%，授予价格为4.15元/股。激励对象为核心管理层及核心业务骨干共计21人。拟授予的股票来源于公司从二级市场回购本公司A股普通股437 500股股票及2017年限制性股票激励计划授予登记完成后公司回购账户中剩余的7 213 400股股票。2018年9月13日，在公司第三届董事会第四十一次会议上，董事会认为，公司本次限制性股票激励计划的授予条件已经成就，确定授予日为2018年11月1日。

　　下面是永辉超市2018年年度报告中与股份支付有关的科目信息。

　　1. 资本公积（见下表）

（单位：元）

项　　目	期初余额	本期增加	本期减少	期末余额
资本溢价（股本溢价）	6 494 492 126.27			6 494 492 126.27
其他资本公积	144 497 638.15	921 623 737.84	3 363 138.77	1 062 758 237.22
合计	6 638 989 764.42	921 623 737.84	3 363 138.77	7 557 250 363.49

本期变动说明如下：

（1）报告期，公司因实施股权激励授予员工限制性股票，股份支付计入资本公积金额为664 104 480.32元。

（2）2018年12月，本公司与股东A先生签订关于永辉云创科技有限公司股权转让协议，因处置子公司导致对其持股比例发生变动，本公司资本公积增加257 519 257.52元。

（3）资本公积本年减少3 363 138.77元，系非全资子公司富平永辉现代农业发展有限公司股权变动所致。

2. 库存股（见下表）

（单位：元）

项　目	期初余额	本期增加	本期减少	期末余额
库存股		1 628 807 235.59		1 628 807 235.59
合计		1 628 807 235.59		1 628 807 235.59

本期变动说明如下：

（1）公司回购专用证券账户于2018年1月通过上海证券交易所大宗交易平台受让A先生持有的公司股票166 343 400.00股，均价为9.77元/股，占公司股本总额的比例为1.74%。

（2）根据2018年9月13日本公司召开的第三届董事会第四十一次会议，本公司回购437 500.00股，回购均价为7.11元/股。截至2018年12月31日，本公司累计回购股数166 780 900股，占公司股本总额的比例为1.74%。

3. 管理费用（见下表）

项　目	期末余额	期初余额
股权激励	664 104 480.32	

注：本期增加了股权激励664 104 480.32元，计入了管理费用。

资料来源：永辉超市2018年度报告。

根据以上资料，我们可以看出，永辉超市实行了股权激励计划，采用了向职工授予限制性股票这种方式，那么，什么是股份支付？股份支付有哪些环节？以权益结算的股份支付与以现金结算的股份支付的会计处理有什么不同？集团内进行的股份支付应该如何处理？这些都是本章的重点知识。

第一节　股份支付概述

一、股份支付的含义

股份支付，是指企业为获取职工和其他方提供的服务而授予权益工具或者承担以权益工具为基础确定的负债的交易。

股份支付主要具有如下几个特征：

（1）股份支付是企业与职工或其他方之间发生的交易。

（2）股份支付的目的是获取职工或其他方提供的服务或取得这些服务的权利。

（3）股份支付金额的确定取决于企业自身权益工具的未来价值。股份支付分为以权益结算的股份支付和以现金结算的股份支付，企业所需交付的权益工具或现金均与企业权益工具的未来价值相关。

二、股份支付工具的主要类型

（一）以权益结算的股份支付

以权益结算的股份支付，是指企业为获取服务而以股份或其他权益工具作为对价进行结算的交易。以权益结算的股份支付的常用工具有限制性股票和股票期权。

限制性股票是指企业预先授予员工或其他方一定数量的本公司股票，激励对象达到股份支付协议规定中的约定条件时，可以出售该股票以获得收益。股票期权是公司授予职工或其他方在未来一定期限内可按预先确定的价格和条件购买本企业一定数量股票的权利。

（二）以现金结算的股份支付

以现金结算的股份支付，是指企业为获取服务而承担的以股份或其他权益工具为基础计算的交付现金或其他资产义务的交易。以现金结算的股份支付的常用工具有模拟股票和股票增值权。

模拟股票和股票增值权是用现金支付模拟的股权激励机制，即与股票挂钩，但用现金支付。模拟股票是企业授予员工或其他方的一种虚拟股票，虽然实施该类型的股份支付不需要发行新股，但是模拟股票激励需要用现金结算，会影响企业现金流的稳定性。股票增值权是一种增值权形式的与股票价值挂钩的薪酬工具，即企业授予激励对象获得相应数量企业股票股价上升收益的权利，但不能实际拥有该股票，不享有股东的权利。

三、股份支付的四个主要环节

股份支付通常涉及四个环节：授予、可行权、行权和出售，如图10-1所示。

（1）授予日。授予日是指股份支付协议获得批准的日期。股份支付协议获得批准通常需满足以下条件：第一，企业与职工在对股份支付协议的内容充分形成一致理解的基础上，均接受其条款和条件；第二，该协议获得股东大会或类似机构的批准；第三，已经按照相关规定，履行必要的审批程序或满足相关要求。

（2）可行权日。可行权日是指可行权条件得到满足、职工或其他方可从企业取得权益工具或现金权利的日期。有的股份支付协议是一次性可行权，有的则是分批可行权。只有可行权的股票期权，职工才能择机行权。授予日至可行权日之间的时段，是可行权条件得到满足的期间，称为"等待期"。可行权日至期权到期日之间的时段，称为"行权有效期"。

（3）行权日。行权日是指职工和其他方行使权利、获取现金或权益工具的日期。

（4）出售日。出售日是指股票的持有人将行使期权所取得的期权股票出售的日期。按照我国法律规定，用于期权激励的股份支付协议，应在行权日与出售日之间设立禁售期，其中国有控股上市公司的禁售期不得低于两年。

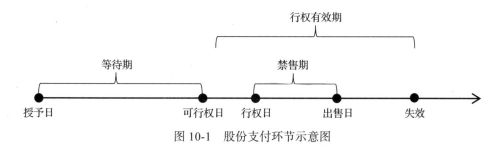

图 10-1 股份支付环节示意图

四、可行权条件的种类

股份支付中通常涉及可行权条件。可行权条件是指能够确定企业是否得到职工或其他方提供的服务，且该服务使职工或其他方具有获取股份支付协议规定的权益工具或现金等权利的条件。在满足这些条件之前，职工或其他方无法获得股份或现金。可行权条件包括服务期限条件和业绩条件。

服务期限条件是指职工或其他方为行使股份支付权利而必须完成的服务年限。例如，在股份支付协议中规定，职工自 2×17 年 1 月 1 日起连续在本企业服务满 3 年，即可享受一定数量的股票期权。如果以服务期限作为可行权条件，在等待期的每个资产负债表日，都要计算从授予日到该资产负债表日的期限，将其与可行权条件相比较，以便计算应确认的成本或费用金额。

业绩条件是指职工或其他方完成规定服务期限且企业已达到特定业绩目标才可行权的条件，包括市场条件和非市场条件。市场条件是指行权价格、可行权条件以及行权可能性与权益工具的市场价格相关的业绩条件，例如，股份支付协议中规定，股价必须上升到每股 15 元，才能获得公司 100 股股份。企业在确定权益工具在授予日的公允价值时，应考虑市场条件的影响，但市场条件是否得到满足，不影响企业对预计可行权情况的估计。非市场条件是指除市场条件之外的其他业绩条件，例如，股份支付协议中规定，当年利润要达到 100 万元，才能获取公司 100 股股权。企业在确定权益工具在授予日的公允价值时，不考虑非市场条件的影响，但非市场条件是否得到满足，影响企业对预计可行权情况的估计。因此，对于行权条件为业绩条件的股份支付，只要满足非市场条件，企业就应该确认相关成本费用，无须考虑市场条件的影响，因为市场条件在确认授予日权益工具的公允价值时已经考虑。

【例10-1】 2×17年1月，为激励高管，上市公司甲公司与管理层签署股份支付协议，规定如果管理层成员在其后3年中都在公司任职服务，并且公司股价每年均提高10%以上，管理层成员即可以低于市价的价格购买一定数量的本公司股票。

甲公司以期权定价模型估计此项期权在授予日的公允价值为6 000 000元。在授予日，甲公司估计3年内管理层离职的比例为每年10%；第2年年末，甲公司调整其估计离职率为5%；到第3年年末，公司实际离职率为6%。第1年，公司股价提高了10.5%，第2年提高了11%，第3年提高了6%。公司在第1年和第2年年末均预计下一年能实现股价增长10%以上的目标。请分析本例中涉及哪些可行权条件以及甲公司应如何进行相应的处理。

解析： 如果不同时满足服务满3年和公司股价年增长10%以上的要求，管理层成员就无权行使其股票期权，因此两者都属于可行权条件，其中服务满3年是一项服务期限条件，10%的股价增长要求是一项市场业绩条件。

按照股份支付准则的规定，第1年年末应确认的服务费用为：

$$6\,000\,000\times1/3\times90\%=1\,800\,000（元）$$

第2年年末应累计确认的服务费用为：

$$6\,000\,000\times2/3\times95\%=3\,800\,000（元）$$

由此，第2年应确认的费用为：

$$3\,800\,000-1\,800\,000=2\,000\,000（元）$$

第3年年末累计应确认的服务费用为：

$$6\,000\,000\times94\%=5\,640\,000（元）$$

第3年应确认的费用为：

$$5\,640\,000-3\,800\,000=1\,840\,000（元）$$

最后，尽管股价年增长10%以上的市场业绩条件未得到满足，但94%的管理层成员满足了市场条件之外的全部可行权条件，因此甲公司在各年年末均应确认相应的费用。

第二节　股份支付的确认、计量与披露

一、以权益结算的股份支付的确认与计量

（一）以权益结算的股份支付的确认与计量原则

1. 换取职工服务的股份支付的确认与计量原则

对于换取职工服务的股份支付，企业应当以股份支付所授予的权益工具的公允价值计量。企业应在等待期内的每个资产负债表日，用可行权权益工具数量的最佳估计数乘以权益工具在授予日的公允价值，将当期取得的服务计入相关资产成本或当期费用，同时计入资本

公积（其他资本公积）。

对于授予后立即可行权的换取职工提供服务的权益结算的股份支付，应在授予日按照权益工具的公允价值，将取得的服务计入相关资产的成本或费用，同时计入资本公积（股本溢价）。

2. 换取其他方服务的股份支付的确认与计量原则

对于换取其他方服务的股份支付，企业应当以股份支付所换取的服务的公允价值计量，计入相关资产成本或费用。

如果其他方服务的公允价值不能可靠计量，但权益工具的公允价值能够可靠计量，企业应当按照权益工具在服务取得日的公允价值，计入相关资产成本或费用。

3. 权益工具公允价值无法可靠确定时的处理

如果权益工具的公允价值无法可靠计量，企业应在获取服务的时点、后续的每个资产负债表日和结算日，以内在价值计量该权益工具，内在价值的变动应计入当期损益。内在价值就是交易对方有权认购或取得的股份的公允价值，与其按照股份支付协议应当支付的价格间的差额。同时，企业应当以最终可行权或实际行权的权益工具数量为基础，确认所取得服务的金额。

（二）以权益结算的股份支付的会计处理

1. 授予日

除非股份是立即可行权的，否则企业在授予日不做会计处理。对于立即可行权的股份支付，其授予日会计处理与可行权日相同。

2. 等待期每个资产负债表日

企业应当在等待期的每个资产负债表日，将取得职工或其他方提供的服务计入成本费用，同时确认所有者权益，入账金额应当按照权益工具的公允价值来确定，如果在后续期间公允价值发生变动，不确认其变动。

如果权益工具存在活跃市场，应当按照活跃市场的报价确定其公允价值；如果权益工具不存在活跃市场，应当采用期权定价模型等估值技术确定其公允价值。

在等待期的每个资产负债表日，企业应当根据最新取得的可行权职工人数变动信息做出最佳估计，修正预计可行权的权益工具数量。在可行权日，最终预计可行权权益工具的数量应当与实际可行权权益工具的数量相同。

企业应当根据上述权益工具的公允价值和预计可行权的权益工具数量，计算截至当期累计应确认的成本费用金额，再减去前期累计已确认金额，作为当期应确认的成本费用金额。具体计算公式如下：

$$截至当期累计应确认的成本费用金额＝授予日权益工具的公允价值$$
$$×预计可行权权益工具数量$$
$$当期应确认的成本费用金额＝截至当期累计应确认的成本费用金额$$
$$-前期累计已确认的成本费用金额$$

在等待期的每个资产负债表日，企业按照授予日权益工具的公允价值乘以预计可行权的权益工具数量，借记"管理费用"等成本费用类科目，同时贷记"资本公积——其他资本公积"科目。

3. 可行权日之后

由于在等待期内已经将最终的预计可行权权益工具调整为实际值，因此在可行权日后，不需要再对已经确认的成本费用和所有者权益总额进行调整。

4. 行权日

行权日是职工实际获取权益工具的日期，企业应当根据行权数量等结转等待期内已确认的资本公积（其他资本公积），同时确认股本和股本溢价。企业应当根据实际行权时收到的款项，借记"银行存款"科目，结转等待期内已经累积的资本公积，贷记"资本公积——其他资本公积"科目，按照新增股本面值，贷记"股本"科目，按照差额贷记"资本公积——股本溢价"科目。

【例 10-2】 2×16 年 12 月，甲公司董事会批准了一项股份支付协议。协议规定，2×17 年 1 月 1 日公司向其 200 名管理人员每人授予 100 份股票期权，这些管理人员从 2×17 年 1 月 1 日起在该公司连续服务满 3 年，即可以每股 4 元购买 100 股甲公司股票。公司估计该期权在授予日的公允价值为 15 元。

第 1 年有 20 名管理人员离开甲公司，甲公司估计 3 年中离开的管理人员比例将达到 20%；第 2 年又有 10 名管理人员离开公司，公司将估计的管理人员离开比例修正为 15%；第 3 年又有 15 名管理人员离开。第 4 年年末，有 10 名管理人员放弃了股票期权。2×21 年 12 月 31 日，甲公司股票的公允价值为每股 25 元，未离开的管理人员全部行权，甲公司股票面值为每股 1 元。

根据上述资料，甲公司应做以下会计处理：

1. 计算费用和资本公积

甲公司各年费用和资本公积的计算过程如表 10-1 所示。

表 10-1 （单位：元）

年份	计算	当期费用	累计费用
2×17	200×100×（1-20%）×15×1/3	80 000	80 000
2×18	200×100×（1-15%）×15×2/3-80 000	90 000	170 000
2×19	155×100×15-170 000	62 500	232 500

2. 账务处理

（1）授予日（2×17 年 1 月 1 日）：

不做账务处理。

（2）等待期内的每个资产负债表日：

2×17 年 12 月 31 日：

借：管理费用　　　　　　　　　　　　　　　　80 000

　　贷：资本公积——其他资本公积　　　　　　　　　　80 000

2×18 年 12 月 31 日：

借：管理费用　　　　　　　　　　　　　　　　90 000

　　贷：资本公积——其他资本公积　　　　　　　　　　90 000

2×19 年 12 月 31 日：

借：管理费用　　　　　　　　　　　　　　　　62 500

　　贷：资本公积——其他资本公积　　　　　　　　　　62 500

（3）可行权日之后：

2×20 年 12 月 31 日，不调整成本费用和资本公积。

（4）行权日（2×21 年 12 月 31 日）：

借：银行存款（145×100×4）　　　　　　　　　58 000

　　资本公积——其他资本公积　　　　　　　　232 500

　　贷：股本（145×100×1）　　　　　　　　　　　　14 500

　　　　资本公积——股本溢价　　　　　　　　　　　276 000

【例 10-3】　2×17 年 1 月 1 日，甲公司为其 200 名管理人员每人授予 100 份股票期权：2×17 年年末的可行权条件为企业当年净利润增长率达到 20%；2×18 年年末的可行权条件为企业 2×17～2×18 年两年间净利润平均增长 15%；2×19 年年末的可行权条件为企业 2×17～2×19 年三年间净利润平均增长 10%。每份期权在 2×17 年 1 月 1 日的公允价值为 20 元。

2×17 年 12 月 31 日，公司净利润增长了 18%，同时有 15 名管理人员离开，公司预计 2×18 年将以同样速度增长，即 2×17～2×18 年两年间净利润平均增长能够达到 18%，因此预计将于 2×18 年 12 月 31 日可行权。另外，公司预计 2×18 年也将有 15 名管理人员离开公司。

2×18 年 12 月 31 日，公司净利润仅增长了 10%，但公司预计 2×17～2×19 年三年间净利润平均增长能够达到 12%，因此预计 2×19 年 12 月 31 日可行权。另外，实际有 20 名管理人员离开，预计第 3 年将有 24 名管理人员离开公司。

2×19 年 12 月 31 日，公司净利润增长了 8%，三年平均增长率为 12%，达到可行权条件。当年有 18 名管理人员离开。

按照股份支付会计准则，本例中的可行权条件是一项非市场业绩条件。

根据上述资料，甲公司应做以下会计处理：

1.计算费用和资本公积

甲公司各年费用和资本公积的计算过程如表 10-2 所示。

表　10-2

（单位：元）

年　份	计　　算	当期费用	累计费用
2×17	（200-15-15）×100×20×1/2	170 000	170 000
2×18	（200-15-20-24）×100×20×2/3-170 000	18 000	188 000
2×19	（200-15-20-18）×100×20-188 000	106 000	294 000

2.账务处理

（1）授予日（2×17 年 1 月 1 日）：

不做账务处理。

（2）等待期内的每个资产负债表日：

2×17 年 12 月 31 日：

借：管理费用　　　　　　　　　　　　　　　　　　　170 000

　　贷：资本公积——其他资本公积　　　　　　　　　　　　　　170 000

2×18 年 12 月 31 日：

借：管理费用　　　　　　　　　　　　　　　　　　　18 000

　　贷：资本公积——其他资本公积　　　　　　　　　　　　　　18 000

2×19 年 12 月 31 日：

借：管理费用　　　　　　　　　　　　　　　　　　　106 000

　　贷：资本公积——其他资本公积　　　　　　　　　　　　　　106 000

二、以现金结算的股份支付的确认与计量

（一）以现金结算的股份支付的确认与计量原则

企业应当在等待期的每个资产负债表日，以对可行权情况的最佳估计为基础，按照企业承担负债的公允价值，将当期取得的服务计入相关资产成本或当期费用，同时计入负债，并在结算前的每个资产负债表日和结算日对负债的公允价值重新计量，将其变动计入损益。

对于授予后立即可行权的以现金结算的股份支付，企业应当在授予日按照企业承担负债的公允价值计入相关成本或费用，同时计入负债，并在结算前的每个资产负债表日和结算日对负债的公允价值重新计量，将其变动计入当期损益。

（二）以现金结算的股份支付的会计处理

1.授予日

与权益结算的股份支付相同，除立即可行权的股份支付外，企业在授予日不做会计处理。

2. 等待期内每个资产负债表日

企业应当在等待期内的每个资产负债表日，将取得职工或其他方提供的服务计入成本费用，同时确认负债，入账金额应当按照权益工具的公允价值来确定，如果公允价值发生变动，应当按照每个资产负债表权益工具的公允价值重新计量。

在等待期的每个资产负债表日，企业应当根据最新取得的可行权职工人数变动信息做出估计，修正预计可行权的权益工具数量，最终的估计数应当与实际可行权权益工具数量相同。

在等待期的每个资产负债表日，企业按照授予日权益工具的公允价值乘以预计可行权的权益工具数量，借记"管理费用"等成本费用类科目，同时贷记"应付职工薪酬——股份支付"科目。

3. 可行权日之后

企业已经获取了职工或其他方的服务，因此不需要再确认新的成本费用，但是负债仍然要按照权益工具公允价值的变动进行调整，变动金额计入当期损益，即借记或贷记"公允价值变动损益"科目，贷记或借记"应付职工薪酬——股份支付"科目。

4. 结算日

企业应当按照支付给职工的现金结转已确认的负债，同时减少资产，即借记"应付职工薪酬——股份支付"科目，贷记"银行存款"科目。

【例10-4】　2×16年12月，甲公司为其200名管理人员每人授予100份现金股票增值权，并规定这些管理人员从2×17年1月1日起在公司连续服务3年，即可按照当时股价的增长幅度获得现金，该增值权应在2×21年12月31日前行使，甲公司估计的该增值权在负债结算之前的每一资产负债表日以及结算日的公允价值和可行权后的每份增值权现金支出额如表10-3所示：

表10-3　增值权的公允价值及可行权后的现金支出表　　（单位：元）

年　　份	公允价值	支付现金
2×17	28	
2×18	30	
2×19	36	32
2×20	42	40
2×21		50

第1年有20名管理人员离开公司，公司估计3年中还将有15名管理人员离开；第2年又有10名管理人员离开公司，公司估计还有10名管理人员离开；第3年又有15名管理人员离开，第3年年末，有70人行使股份增值权取得了现金。第4年年末，有50人行使了股份增值权。第5年年末，剩余35人也行使了股份增值权。

根据上述资料，甲公司应做以下会计处理：

1. 计算费用和负债

甲公司各年费用和负债的计算过程如表 10-4 所示。

表 10-4 （单位：元）

年 份	负债计算	支付现金计算	负债	支付现金	当期费用
2×17	（200-35）×100×28×1/3		154 000		154 000
2×18	（200-20-10-10）×100×30×2/3		320 000		166 000
2×19	（200-20-10-15-70）×100×36	70×100×32	306 000	224 000	210 000
2×20	（200-20-10-15-70-50）×100×42	50×100×40	147 000	200 000	41 000
2×21	0	35×100×50	0	175 000	28 000
总 计				599 000	599 000

2. 账务处理

（1）授予日（2×17 年 1 月 1 日）：

不做账务处理。

（2）等待期内的每个资产负债表日、每个结算日：

2×17 年 12 月 31 日：

借：管理费用	154 000	
贷：应付职工薪酬——股份支付		154 000

2×18 年 12 月 31 日：

借：管理费用	166 000	
贷：应付职工薪酬——股份支付		166 000

2×19 年 12 月 31 日：

借：管理费用	210 000	
贷：应付职工薪酬——股份支付		210 000
借：应付职工薪酬——股份支付	224 000	
贷：银行存款		224 000

2×20 年 12 月 31 日：

借：公允价值变动损益	41 000	
贷：应付职工薪酬——股份支付		41 000
借：应付职工薪酬——股份支付	200 000	
贷：银行存款		200 000

2×21 年 12 月 31 日：

借：公允价值变动损益	28 000	
贷：应付职工薪酬——股份支付		28 000
借：应付职工薪酬——股份支付	175 000	
贷：银行存款		175 000

三、股份支付的信息披露

根据股份支付会计准则，企业应当在会计报表附注中披露与股份支付有关的下列信息：①当期授予、行权和失效的各项权益工具总额；②期末发行在外的股份期权或其他权益工具行权价格的范围和合同剩余期限；③当期行权的股份期权或其他权益工具以其行权日价格计算的加权平均价格；④权益工具公允价值的确定方法。

企业还应在附注中披露股份支付交易对当期财务状况和经营成果的影响，至少包括下列信息：①当期因以权益结算的股份支付而确认的费用总额；②当期因以现金结算的股份支付而确认的费用总额；③当期以股份支付换取的职工服务总额及其他方服务总额。

第三节　股份支付的特殊问题

一、股份支付可行权条件的修改

通常情况下，股份支付协议生效后，不应该对其条款随意修改，但是为了取得更好的激励效果，在由董事会做出决议并经股东大会审议批准或由股东大会授权董事会决定的情况下，有关法规也允许企业调整行权价格或股票期权数量。可行权条件的修改分为两种类型：一种是条款和条件的有利修改，另一种是条款和条件的不利修改。

（一）条款和条件的有利修改

条款和条件的有利修改主要有以下三种情形：①修改增加了所授予权益工具的公允价值，例如企业授予职工股票期权，将行权价格降低，那么股票期权的公允价值便会增加，企业应当依据权益工具公允价值的增加相应确认取得服务的增加，权益工具公允价值的增加是指修改前后的权益工具在修改日公允价值之间的差额；②修改增加了所授予权益工具的数量，例如企业授予职工股票期权，将行权数量增加，那么职工可获得的股票期权公允价值就会增加，企业应按增加的权益工具的公允价值，相应确认取得服务的增加；③企业按照有利于职工的方式修改可行权条件，例如缩短等待期、变更或取消业绩条件（非市场条件），在处理可行权条件时，应当考虑修改后的可行权条件。

（二）条款和条件的不利修改

如果企业以减少所授予权益工具公允价值的方式或其他不利于职工的方式修改条款和条件，企业仍应按照原有条款对取得的服务进行会计处理，视同该项变更没有发生，除非企业取消了部分或全部已授予的权益工具。条款和条件的不利修改主要有以下几种情况：①修改减少了所授予权益工具的公允价值，企业应当继续以权益工具在授予日的公允价值为基础，确认取得服务的金额，不应考虑权益工具公允价值的减少；②修改减少了所授予权益工具的数量，企业应将减少部分作为已授予权益工具的取消进行处理；③企业按照不利于职工的方式修改可行权条件，例如延长等待期、增加或变更业绩条件（非市场条件），在处理可行权条件时，不应考虑修改后的可行权条件。

【例10-5】 甲公司于2×17年1月1日向其60名高级管理人员每人授予10万份股票期权，根据股份支付协议的规定，这些高级管理人员必须自权益工具授予日起在公司服务满3年，即自2×19年12月31日起满足可行权条件的员工可以行权。授予日每份期权的公允价值为5元，2×17年年底，甲公司的股价已经大幅下跌，2×18年1月1日，管理层选择降低期权的行权价格。在重新定价的当天，原授予的每份期权的公允价值为1元，重新定价后每份期权的公允价值为3元。因此，修改后每份期权的公允价值增加2元。

2×17年12月31日，甲公司管理层估计将有10%的高级管理人员在3年内离职。2×18年甲公司实际离职人数明显少于管理层的预期，因此，2×18年12月31日，甲公司管理层将离职率修正为5%，2×19年年底实际有55名高级管理人员行权。假定权益工具的公允价值的增加在新奖励的等待期内摊销。请计算2×17年、2×18年、2×19年每期计入管理费用的金额。

解析：2×17年计入管理费用的金额＝60×（1-10%）×10×5×1/3＝900（万元）。

2×18年12月31日累计计入管理费用的金额＝60×（1-5%）×10×5×2/3＋60×（1-5%）×10×2×1/2＝2 470（万元），2×18年计入管理费用金额＝2 470-900＝1 570（万元）。

2×19年12月31日累计计入管理费用的金额＝55×10×5×3/3＋55×10×2×2/2＝3 850（万元），2×19年计入管理费用的金额＝3 850-2 470＝1 380（万元）。

（三）取消或结算

如果企业在等待期内取消或者结算了所授予的权益工具，可能涉及两种情况，一种是未满足可行权条件，另一种是满足了可行权条件。

如果由于未满足可行权条件，职工或其他方不能获得权益工具时，企业应当将前期已确认的成本费用转回。如果是满足了可行权条件而取消授予结算工具，企业应当将取消或结算作为加速可行权处理，立即确认原本应当在剩余等待期确认的金额，同时将支付给职工或其他方的款项作为权益的回购处理，回购支付的金额高于权益工具在回购日公允价值的部分，计入当期费用。

【例10-6】 2×18年1月1日，甲公司授予100名高管每人100份股票期权，协议约定，可行权条件为两年内每年的销售增长率达到20%，单位股票期权在授予日的公允价值为5元，2×18年12月31日，公司销售增长率为30%，预计下一年也将保持同样的增速，2×19年12月31日，该公司的销售增长率仅为8%。

根据上述资料，甲公司应做出以下会计处理：

2×18年12月31日（授予日）：

借：销售费用（100×100×5×1/2） 25 000

　　贷：资本公积——其他资本公积 25 000

2×19 年 12 月 31 日（未满足可行权条件）：

借：资本公积——其他资本公积 25 000

　　贷：销售费用 25 000

二、回购股份进行职工期权激励

企业以回购股份形式激励职工，属于权益结算的股份支付。企业回购股份时，应按实际支付的价款借记"库存股"科目，贷记"银行存款"科目，同时进行备查登记；企业在等待期内的每个资产负债表日，应按权益工具在授予日的公允价值，借记"管理费用"等科目，贷记"资本公积——其他资本公积"科目；在职工行权购买股票时，企业应按收到的股票价款，借记"银行存款"科目，按转销等待期内资本公积累计确认的金额，借记"资本公积——其他资本公积"科目，按交付给职工的库存股成本，贷记"库存股"科目，按差额贷记"资本公积——股本溢价"科目。

三、限制性股票的会计处理

限制性股票是指上市公司按照预先确定的条件授予激励对象一定数量的本公司股票，激励对象只有在服务年限或业绩目标符合股权激励计划规定条件的，才可出售限制性股票并从中获益。实务中常见的做法是上市公司以非公开发行的方式向激励对象授予一定数量的公司股票，并规定锁定期和解锁期，在锁定期和解锁期内，不得上市流通和转让。如果达到解锁条件，可以解锁；如果全部或部分股票未被解锁而失效或作废，通常由上市公司按照事先约定的价格立即进行回购。

（一）授予日的会计处理

在限制性股票授予日，公司应该按照有关规定履行增资手续，根据收到职工缴纳的认股款借记"银行存款"科目，按照股本金额贷记"股本"科目，按照差额贷记"资本公积——股本溢价"科目；同时，就回购义务确认负债，按照发行限制性股票的数量以及相应的回购价格计算确定的金额，借记"库存股"科目，贷记"其他应付款——限制性股票回购义务"等科目。

（二）等待期内的会计处理

上市公司应当按照权益结算股份支付的确认与计量原则，进行与股份支付相关的会计处理。在等待期内的每个资产负债表日，后续信息表明可解锁限制性股票的数量与以前估计不同的，应当进行调整，并在解锁日调整至实际可解锁的限制性股票数量。

上市公司在等待期内发放现金股利的会计处理，应根据所发放现金股利是否可撤销采取不同的处理方法。①如果现金股利可撤销，对于预计未来可解锁限制性股票持有者，上市公司分配给限制性股票持有者的现金股利应当作为利润分配进行会计处理，借记"利润分配——应付现金股利或利润"科目，贷记"应付股利——限制性股票股利"科目，同时按分配的现金股利金额，借记"其他应付款——限制性股票回购义务"等科目，贷记"库存股"科目，实际支付时借记"应付股利——限制性股票股利"科目，贷记"银行存款"等科目。对于未来不可解锁限制性股票持有者，上市公司分配给限制性股票持有者的现金股利应当冲减相关负债，借记"其他应付款——限制性股票回购义务"等科目，贷记"应付股利——限制性股票股利"科目，实际支付时借记"应付股利——限制性股票股利"科目，贷记"银行存款"等科目。②如果现金股利不可撤销，对于预计未来可解锁限制性股票持有者，上市公司分配给限制性股票持有者的现金股利应当作为利润分配进行会计处理，借记"利润分配——应付现金股利或利润"科目，贷记"应付股利——限制性股票股利"科目，实际支付时借记"应付股利——限制性股票股利"科目，贷记"银行存款"等科目，对于预计未来不可解锁限制性股票持有者，上市公司分配给限制性股票持有者的现金股利应当计入当期成本费用，借记"管理费用"等科目，贷记"应付股利——应付限制性股票股利"科目，实际支付时借记"应付股利——限制性股票股利"科目，贷记"银行存款"等科目。后续信息表明不可解锁限制性股票的数量与以前估计不同的，应当作为会计估计变更处理，直到解锁日预计不可解锁限制性股票的数量与实际未解锁限制性股票的数量一致。

(三) 解锁日的会计处理

上市公司对未达到限制性股票解锁条件而需回购的股票，按照应支付的金额，借记"其他应付款——限制性股票回购义务"等科目，贷记"银行存款"等科目，同时按照注销的限制性股票数量相对应的股本金额，借记"股本"科目，按照注销的限制性股票数量相对应的库存股的账面价值，贷记"库存股"科目，按照差额借记"资本公积——股本溢价"科目。上市公司对达到限制性股票解锁条件而无须回购的股票，按照解锁股票相对应的负债的账面价值，借记"其他应付款——限制性股票回购义务"等科目，按照解锁股票相对应的库存股的账面价值，贷记"库存股"科目。

【例 10-7】 甲公司为上市公司，采用授予职工限制性股票的形式实施股权激励计划。2×17 年 1 月 1 日，公司以非公开发行方式向 100 名管理人员每人授予 10 万股自身股票（每股面值为 1 元），授予价格为每股 6 元。当日，100 名管理人员全部出资认购，总认购款项为 6 000 万元，甲公司履行了相关增资手续。甲公司估计该限制性股票股权激励在授予日的公允价值为每股 6 元。

激励计划规定，这些管理人员从 2×17 年 1 月 1 日起在甲公司连续服务满 3 年的，所授予股票于 2×20 年全部解锁；在此期间离职的，甲公司将按照原授予价格每股 6 元回购。

2×17年1月1日至2×20年1月1日期间，所授予股票不得上市流通或转让。

2×17年度，甲公司有5名管理人员离职，甲公司估计3年中离职的管理人员合计为10名；2×18年度，又有2名管理人员离职，甲公司将3年离职人员合计数调整为8人；2×19年度，甲公司没有管理人员离职。

根据上述资料，甲公司应做以下会计处理（金额单位：万元）：

（1）2×17年1月1日（授予日）：

借：银行存款	6 000	
贷：股本		1 000
资本公积		5 000
借：库存股	6 000	
贷：其他应付款		6 000

（2）等待期内各个资产负债表日、回购日：

2×17年12月31日：

借：管理费用［（100-10）×10×6×1/3］	1 800	
贷：资本公积——其他资本公积		1 800
借：其他应付款——限制性股票回购义务（5×6×10）	300	
贷：银行存款		300
借：股本（5×1×10）	50	
资本公积——股本溢价	250	
贷：库存股（5×10×6）		300

2×18年12月31日：

借：管理费用［（100-8）×10×6×2/3-1 800］	1 880	
贷：资本公积——其他资本公积		1 880
借：其他应付款——限制性股票回购义务（2×6×10）	120	
贷：银行存款		120
借：股本（2×1×10）	20	
资本公积——股本溢价	100	
贷：库存股（2×6×10）		120

2×19年12月31日：

借：管理费用［（100-5-2）×10×6-1 800-1 880］	1 900	
贷：资本公积——其他资本公积		1 900

（3）2×20年1月1日解锁日：

借：其他应付款——限制性股票回购义务	5 580	
贷：库存股（6 000-300-120）		5 580

四、集团股份支付的处理

企业集团内部发生股份支付交易时，应当按照下列规定进行会计处理：①结算企业（支付股份、现金的企业）以其本身权益工具结算的，应当将该股份支付交易作为权益结算的股份支付处理，其他情况下应当按照现金结算的股份支付处理。②如果接受服务企业没有结算义务或授予本企业职工的是其本身权益工具的，应当按照权益结算股份支付来进行处理；如果接受服务企业有结算义务且授予本企业职工的是集团内其他企业权益工具的，该股份支付交易应当按照现金结算的方式处理。

❖ 本章小结

1. 股份支付是指企业为获取职工和其他方提供的服务而授予权益工具或者承担以权益工具为基础确定的负债的交易。股份支付主要具有如下几个特征：①股份支付是企业与职工或其他方之间发生的交易；②股份支付的目的是获取职工或其他方的服务或取得这些服务的权利；③股份支付金额的确定取决于企业权益工具的未来价值。

2. 股份支付通常涉及四个环节：授予、可行权、行权和出售。授予日是指股份支付协议获得批准的日期。可行权日是指可行权条件得到满足、职工或其他方可从企业取得权益工具或现金权利的日期。行权日是指职工和其他方行使权利、获取现金或权益工具的日期。出售日是指股票的持有人将行使期权所取得的期权股票出售的日期。

3. 股份支付有两种方式，分别是以权益结算的股份支付和以现金结算的股份支付。以权益结算的股份支付是指企业为获取服务而以股份或其他权益工具作为对价进行结算的交易，常用工具有限制性股票和股票期权。以现金结算的股份支付是指企业为获取服务而承担的以股份或其他权益工具为基础计算的交付现金或其他资产义务

的交易，常用工具有模拟股票和股票增值权。

4. 可行权条件是指能够确定企业是否得到职工或其他方提供的服务，且该服务使职工或其他方具有获取股份支付协议规定的权益工具或现金等权利的条件。可行权条件包括服务期限条件和业绩条件。服务期限条件是指职工或其他方为行使股份支付权利而必须完成的服务年限。业绩条件是指职工或其他方完成规定服务期限且企业已达到特定业绩目标才可行权的条件，包括市场条件和非市场条件。

5. 在进行股份支付的计量时，授予日一般不做会计分录，为了符合匹配原则，在等待期的每个资产负债表日，将职工或其他方提供的服务分别计入成本费用和所有者权益或负债，在职工或其他方行权之后，结转等待期确认的权益或负债。对于以权益结算的股份支付，换取职工或其他方的服务应按授予日权益工具的公允价值计量，不确认后续公允价值变动。对于以现金结算的股份支付，应在结算前的每个资产负债表日和结算日对负债的公允价值重新计量，将其变动计入当期损益。

6. 关于股份支付信息披露，准则要求企业应

当在附注中披露与股份支付有关的各期权益工具总额、行权价格的范围和合同剩余期限、权益工具以其行权日价格计算的加权平均价格、公允价值的确定方法等相关信息，同时还应在附注中披露股份支付交易对当期财务状况和经营成果的影响。

7. 可行权条件的修改包括两种情况：条款和条件的有利修改以及条款和条件的不利修改。条款和条件的有利修改应考虑修改后的可行权条件，将增加的权益工具的公允价值相应地确认为取得服务的增加。条款

和条件的不利修改视同该项变更没有发生，企业仍应按照原有条款对取得的服务进行会计处理，除非企业取消了部分或全部已授予的权益工具。

8. 限制性股票是指上市公司按照预先确定的条件授予激励对象一定数量的本公司股票，激励对象只有在服务年限或业绩目标符合股权激励计划规定条件的，才可出售限制性股票并从中获益。限制性股票的会计处理包括授予日的会计处理，等待期内的会计处理，以及解锁日的会计处理。

关键术语

股份支付、股权激励、以权益结算的股份支付、以现金结算的股份支付、授予日、等待期、可行权日、行权日、可行权条件、服务期限条件、业绩条件、市场条件、非市场条件、限制性股票

思考题

1. 如何理解股份支付？股份支付的主要环节是什么？

2. 什么是股份支付的可行权条件？可行权条件有哪些种类？

3. 以权益结算的股份支付与以现金结算的股份支付的会计处理的差别有哪些？

4. 股份支付取消或结算的原因有哪些？会计处理有哪些不同？

5. 对于可行权条件或条款的变更与修改，应如何进行处理？

6. 什么是限制性股票？应如何进行会计处理？

自测题

1. 关于权益结算的股份支付的计量，下列说法中错误的是（　　　）。

   A. 应按授予日权益工具的公允价值计量，不确认其后续公允价值变动

   B. 对于换取职工服务的股份支付，企业应当按在等待期内的每个资产负债表日的公允价值计量

   C. 对于授予后立即可行权的换取职工提供服务的权益结算的股份支付，应在授予日按照权益工具的公允价值计量

   D. 对于换取职工服务的股份支付，企业应当按照权益工具在授予日的公允价值，将当期取得的服务计入相关资产成本或当期费用，同时计入资本公积中的其他资本公积

2. 2×18年1月1日，甲公司向50名高管人员每人授予2万份股票期权，这些人员从被授予股票期权之日起连续服务满2年，即可按每股6元的价格购买甲公司2万股普通股股票（每股面值1元）。该

期权在授予日的公允价值为每股 12 元。2×19 年 10 月 20 日，甲公司从二级市场以每股 15 元的价格回购本公司普通股股票 100 万股，拟用于高管人员股权激励。在等待期内，甲公司没有高管人员离职。2×19 年 12 月 31 日，高管人员全部行权，当日甲公司普通股市场价格为每股 16 元。2×19 年 12 月 31 日，甲公司因高管人员行权应确认的股本溢价为（　　）万元。

A. 200 　　　　 B. 300

C. 500 　　　　 D. 1 700

3. 下列各项中，应当作为以现金结算的股份支付进行会计处理的是（　　）。

A. 以低于市价向员工出售限制性股票的计划

B. 授予高管人员低于市价购买公司股票的期权计划

C. 授予研发人员以预期股价相对于基准日股价的上涨幅度为基础支付奖励款的计划

D. 公司承诺达到业绩条件时向员工无对价定向发行股票的计划

4. 2×18 年 1 月 1 日，B 公司为其 100 名中层以上管理人员每人授予 20 万份现金股票增值权，根据股份支付协议规定，这些人员从 2×18 年 1 月 1 日起必须在该公司连续服务满 4 年，即可按照当时股价的增长幅度获得现金，该现金股票增值权应在 2×18 年 12 月 31 日之前行使完毕。2×18 年 12 月 31 日因该股份支付确认的"应付职工薪酬"科目贷方余额 2 000 万元。2×19 年 12 月 31 日每份现金股票增值权的公允价值为 5 元，至 2×19 年年末有 20 名管理人员离开 B 公司，B 公司估计未来 2 年还将有 10 名管理人员离

开。则 2×19 年计入管理费用的金额为（　　）万元。

A. 1 750 　　　　 B. 750

C. 3 500 　　　　 D. 1 500

5. 甲公司为一上市公司，2×19 年 1 月 1 日，甲公司向其 100 名管理人员每人授予 20 万份股票期权，根据股份支付协议规定，这些人员自 2×19 年 1 月 1 日起在公司连续服务满 3 年，即可以每股 10 元的价格购买公司 20 万股甲公司普通股股票，从而获益，甲公司估计每份期权在授予日的公允价值为 15 元。第 1 年有 10 名管理人员离开公司，甲公司预计 3 年中离职人员比例将达到 20%。2×18 年 12 月 31 日每份期权的公允价值为 16 元，则 2×19 年年末甲公司因该股份支付确认的"资本公积——其他资本公积"科目贷方发生额为（　　）万元。

A. 8 534 　　　　 B. 24 000

C. 400 　　　　 D. 8 000

6. 甲公司为母公司，其所控制的企业集团内 2×19 年发生以下与股份支付相关的交易或事项：①甲公司与其子公司（乙公司）高管签订协议，授予乙公司高管 100 万份股票期权，待满足行权条件时，乙公司高管可以每股 4 元的价格自甲公司购买乙公司股票；②乙公司授予其研发人员 20 万份现金股票增值期权，这些研发人员在乙公司连续服务满 2 年，即可按照乙公司股份的增值幅度获得现金；③乙公司自市场回购本公司股票 100 万股，并与销售人员签订协议，如未来 3 年销售业绩达标，销售人员将无偿取得该部分股票；④乙公司向丁公司发行 500 万股本公司股票，作为支付丁公司为乙公司提供咨询服务的价款。不考虑其他因素，下列各项中，乙公

司应当作为以权益结算的股份支付的有
（　　）。

A. 乙公司与本公司研发人员签订的股份
支付协议

B. 乙公司与本公司销售人员签订的股份
支付协议

C. 乙公司高管与甲公司签订的股份支付
协议

D. 乙公司以定向发行本公司股票取得咨
询服务的协议

7. 关于股份支付中的取消或者结算，下列各
项表述中正确的是（　　）。

A. 将取消或结算作为加速可行权处理，
立即确认原本应在剩余等待期内确认
的金额

B. 如果向职工授予新的权益工具，并在
新权益工具授予日认定所授予的新权
益工具是用于替代被取消的权益工具
的，企业应以与处理原权益工具条款
和条件修改相同的方式，对所授予的
替代权益工具进行处理

C. 在取消或结算时支付给职工的所有款
项均应作为权益的回购处理，回购支
付的金额高于该权益工具在回购日公
允价值的部分，计入当期损益

D. 在取消或结算时支付给职工的所有款
项均应作为权益的回购处理，回购支
付的金额高于该权益工具在回购日公
允价值的部分，计入所有者权益

8. 下列关于股份支付会计处理的表述中，正
确的有（　　）。

A. 以权益结算的股份支付，相关权益性
工具的公允价值在授予日后不再调整

B. 附市场条件的股份支付，应在市场及非
市场条件均满足时确认相关成本费用

C. 除立即可行权的股份支付外，现金结
算的股份支付以及权益结算的股份支
付在授予日均不做处理

D. 业绩条件为非市场条件的股份支付，
等待期内应根据后续信息调整对可行
权情况的估计

9. 下列关于条款和条件的修改的表述中，正
确的有（　　）。

A. 如果修改增加了所授予的权益工具的公
允价值，企业应按照权益工具账面价值
的增加相应地确认为取得服务的增加

B. 如果修改增加了所授予的权益工具的
数量，企业应将增加的权益工具的公
允价值相应地确认为取得服务的增加

C. 如果修改增加了所授予的权益工具的
公允价值，企业应按照权益工具公允
价值的增加相应地确认为取得服务的
增加

D. 如果企业按照有利于职工的方式修改
可行权条件，企业在处理可行权条件
时，不应当考虑修改后的可行权条件

10. 下列关于股份支付的会计处理的表述中，
错误的有（　　）。

A. 以回购股份奖励本企业职工的，应作
为以权益结算的股份支付进行处理

B. 权益结算的股份支付应在可行权日后
对已确认的成本费用和所有者权益进
行调整

C. 对于权益结算的股份支付，如果全部
或部分权益工具未被行权而失效或作
废，应在行权有效期截止日将资本公
积（其他资本公积）冲减成本费用

D. 对于现金结算的股份支付，在可行权
之后负债（应付职工薪酬）公允价值
的变动应当计入成本费用

❖ 练习题

1. A公司为上市公司，2×17年1月1日，为奖励并激励高管人员，A公司与其管理层成员签署股份支付协议。A公司向其50名管理人员每人授予100 000股股票期权，规定这些人员从2×17年1月1日起必须在该公司连续服务3年，服务期满时能以每股5元的价格购买100 000股A公司股票，A公司股票面值为1元。A公司每份股票期权在授予日的公允价值为12元。

2×17年有6名管理人员离开A公司，A公司估计3年中离开的管理人员比例将达到20%；2×18年又有2名管理人员离开公司，A公司将管理人员离开比例修正为18%；2×19年又有2名管理人员离开，2×20年12月31日未离开公司的管理人员全部行权。

要求：

（1）分别计算2×17~2×19年每年计入当期费用的金额。

（2）编制2×17~2×20年与股份支付有关的会计分录。

2. 2×19年1月，为奖励并激励高管，上市公司A公司与其管理层成员签署股份支付协议，规定如果管理层成员在其后3年都在公司中任职服务，并且公司股价每年均提高10%以上，管理层成员即可以低于市价的价格购买一定数量的本公司股票。

同时作为协议的补充，公司把全体管理层成员的年薪提高了50 000元，但公司将这部分年薪按月存入公司专门建立的内部基金，3年后，管理层成员可用属于其个人的部分抵减未来行权时支付的购买股票款项。如果管理层成员决定退出这项基金，可随时全额提取。A公司以期权定价模型估计授予的此项期权在授予日的公允价值为6 000 000元。

在授予日，A公司估计3年内管理层离职的比例为10%；第2年年末，A公司调整其估计离职率为5%；到第3年年末，公司实际离职率为6%。

第1年公司股价提高了10.5%，第2年提高了11%，第3年提高了6%，公司在第1年和第2年年末均预计下一年能实现当年股价增长10%以上的目标。

要求：

计算3年应确认的服务费用。

3. A公司为B公司的母公司，2×17年1月1日，A公司以其本身权益工具为B公司的100名管理人员每人授予10万份股票期权，每份期权在2×17年1月1日的公允价值为24元。第1年年末能够行权的条件是B公司净利润增长率要达到20%，第2年年末能够行权的条件是B公司的净利润两年平均增长率达到15%，第3年年末的行权条件是B公司3年净利润增长率达到10%。每份期权在满足条件后可以每股5元的价格购买A公司1股普通股股票。

2×17年B公司净利润增长率为18%，有8名管理人员离开，预计未来还有8名管理人员离开。预计第2年的净利润增长率为18%，即预计2×18年12月31日可行权。2×18年B公司净利润只增长10%，未达到两年平均增长15%，当年又有10名管理人员离开，预计第3年还将有12名管理人员离开，且预计

2×19 年 12 月 31 日可行权。2×19 年 B 公司净利润增长了 8%，3 年平均增长了 12%，当年有 8 名管理人员离开。2×19 年 12 月 31 日剩余管理人员全部行权。

要求：

（1）编制 A 公司个别财务报表中 2×17~2×19 年与股份支付相关的会计分录。

（2）编制 B 公司 2×17~2×19 年与股份支付有关的会计分录。

（3）计算合并财务报表中 2×17 年和 2×18 年确认的管理费用的金额。

4. 2×18 年 1 月 1 日，某上市公司向 100 名高级管理人员每人授予 10 000 份股票期权，条件是自授予日起在该公司连续服务满 3 年，允许以 4 元/股的价格行权。授予日公司股票价格为 8 元/股，预计 3 年后价格为 12 元/股，公司估计该期权在授予日的公允价值为 9 元/份。上述高级管理人员在第 1 年有 10 人离职，公司在 2×18 年 12 月 31 日预计 3 年中离职人员的比例将达 20%；第 2 年有 4 人离职，公司将比例修正为 15%；第 3 年有 8 人离职。

要求：

上述股份支付交易，公司在 2×20 年利润表中应确认的相关费用为多少万元？

5. 甲公司为上市公司，2×17 年 1 月 2 日，甲公司进行了限制性股票激励计划的授权，一次性授予高级管理人员共 3 600 万股限制性股票。2×17~2×19 年，每年年末，在达到当年行权条件的前提下，每年解锁 1 200 万股，在解锁时高级管理人员应当在职，当年未满足条件不能解锁的股票作废，假定限制性股票授予日的公允价值为每股 1 元，至 2×19 年年末甲公司没有高级管理人员离职。

要求：

计算 2×17 年、2×18 年、2×19 年应计入管理费用的金额。

章后案例

科沃斯机器人股份有限公司（股票简称：科沃斯，股票代码：603486）成立于 1998 年 3 月 11 日，2016 年改制为股份有限公司，注册资金 36 000 万元。公司主要经营业务为各类家庭服务机器人、清洁类小家电等智能家用设备及相关零部件的研发、设计、生产与销售。

2016 年 6 月 20 日，员工持股平台以低于公允价值的价格 3 942.91 万元向科沃斯增资获得公司 12.881 4% 的股权，以低于公允价值的价格 2 000 万元获得转让的公司 2.5% 的股权。科沃斯以具有证券期货从业资格的第三方资产评估机构出具的中和评报字（2016）第 BJV4034 号评估报告的截至 2015 年年底净资产公允价值 91 340.76 万元作为计提股份支付费用的依据，在 2016 年计提股份支付费用 8 106.58 万元。

科沃斯股权激励的时间是 2016 年 6 月 20 日，权益工具公允价值的确定依据为 2015 年年底公司净资产的公允价值，而没有采用临近的 2016 年 6 月 30 日的净资产公允价值。中和评估出具的中和评报字（2016）第 BJV4043 号评估报告中表明截至 2016 年 6 月 30 日，科沃斯评估的净资产公允价值为 12.09 亿元，与 2015 年年底评估的公允价值相差约 3 亿元。

科沃斯的股份支付会计处理引起了

证监会的关注，证监会对科沃斯的反馈意见第20条提到了这次入股的股权支付费用确认的公允性、合理性是否符合会计准则有关规定："20、根据招股说明书披露，公司2013年、2014年、2015年管理费用分别为15 956.24万元、19 944.62万元、23 086.41万元，占营业收入的比例分别为8.20%、8.62%、8.57%，主要为职工薪酬、股份支付费用、测试费等。请发行人：①补充披露公司管理费用中主要类别在报告期各期波动的原因；②补充披露2016年股份支付时公允价值的确定依据并说明是否公允。"

2018年对该股份支付会计处理进行了会计差错更正，股份支付公允价值的确认基础更改为按照每股收益乘以所处行业的平均市盈率的价格，费用计入管理费用并且选择一次性摊销。不同的会计处理方法使得财务报表中数据变化巨大，致使2016年公司净利润由16 035.51万元骤降到5 286.03万元。公司原股份支付处理方法存在少计提费用、粉饰财务报表的嫌疑。

资料来源：高萌晨.IPO企业股份支付会计处理研究[D].青岛：青岛大学，2019.

分析并思考：

根据以上案例，思考科沃斯在进行IPO股权激励的会计处理时，犯了什么错误？其动因是什么？对净利润有什么影响？

◈ 参考答案

扫码查看
参考答案

参考文献

[1]　中国注册会计师协会.注册会计师全国统一考试辅导教材：会计 [M].北京：中国财政经济出版社，2020.

[2]　中华人民共和国财政部.企业会计准则应用指南：2020 年版 [M].上海：立信会计出版社，2020.

[3]　企业会计准则编审委员会.企业会计准则案例讲解：2020 年版 [M].上海：立信会计出版社，2020.

[4]　企业会计准则编审委员会.企业会计准则详解与实务：2020 年版 [M].北京：人民邮电出版社，2020.

[5]　李玉环.国际财务报告准则导读 [M].北京：经济科学出版社，2016.

[6]　裴仁斯，弗拜尔，盖森，等.国际财务报告准则：阐释与应用：原书第 10 版 [M].3 版.上海：上海财经大学出版社，2019.

[7]　斯科特.财务会计理论：第 6 版 [M].陈汉文，等译.北京：中国人民大学出版社，2015.

[8]　魏明海，龚凯颂.会计理论 [M].4 版.大连：东北财经大学出版社，2014.

[9]　周华.高级财务会计 [M].3 版.北京：中国人民大学出版社，2019.

[10]　刘永泽，傅荣.高级财务会计 [M].6 版.大连：东北财经大学出版社，2019.

[11]　余恕莲，赵旸.高级财务会计 [M].6 版.北京：对外经济贸易大学出版社，2016.

[12]　天职国际会计师事务所专业技术委员会.新收入准则理论与实务 [M].北京：中国财政经济出版社，2020.

[13]　张志凤.2020 年注册会计师考试应试指导及全真模拟测试：会计 [M].北京：北京科学技术出版社，2020.